VERWALTUNGSRECHT II

Hemmer/Wüst/Christensen/Grieger

Hemmer/Wüst Verlagsgesellschaft

Das Skript ist urheberrechtlich geschützt. Die dadurch begründeten Rechte, insbesondere des Nachdrucks, der Wiedergabe auf photomechanischem oder ähnlichem Wege und der Speicherung in Datenverarbeitungsanlagen bleiben, auch bei nur auszugsweiser Verwertung, der Hemmer/Wüst-Verlagsgesellschaft vorbehalten.

Hemmer/Wüst/Christensen/Grieger, Verwaltungsrecht II

ISBN 978-3-86193-900-9

14. Auflage 2020

gedruckt auf chlorfrei gebleichtem Papier
von Schleunungdruck GmbH, Marktheidenfeld

VORWORT
Verwaltungsrecht II mit der hemmer-Methode

Wer in vier Jahren sein Studium abschließen will, kann sich einen Irrtum in Bezug auf Stoffauswahl und -aneignung nicht leisten. Hoffen Sie nicht auf leichte Rezepte und den einfachen Rechtsprechungsfall. Hüten Sie sich vor Übervereinfachung beim Lernen. Stellen Sie deswegen frühzeitig die Weichen richtig.

Im Öffentlichen Recht gilt: Wenig Dogmatik – viel Gesetz. Vermittelt wird anwendungsorientierte Methodik. Es werden in unseren Skripten Verwaltungsrecht I-III die im Verwaltungsrecht typischerweise vorkommenden Problemkreise dort behandelt, wo sie im Klausuraufbau zu prüfen sind. Damit können die Skripten wie ein großes Schema gelesen werden. Lernen Sie mit der **hemmer-Methode** die richtige Einordnung. Nur so macht Ihnen auch „Ö-Recht" Spaß.

Im Skript **Verwaltungsrecht II** wird inzident die richtige Einordnung der Prüfungspunkte im Rahmen der Zulässigkeit und Begründetheit von Verpflichtungsklage, Fortsetzungsfeststellungsklage, Leistungsklage, Feststellungsklage und Normenkontrolle eingeübt.

Die **hemmer-Methode** vermittelt Ihnen die **erste richtige Einordnung** und das **Problembewusstsein**, welches Sie brauchen, um an einer Klausur bzw. dem Ersteller nicht vorbeizuschreiben. Häufig ist dem Studierenden nicht klar, warum er schlechte Klausuren schreibt. Wir geben Ihnen **gezielte Tipps**! Vertrauen Sie auf unsere **Expertenkniffe**.

Durch die ständige Diskussion mit unseren Kursteilnehmerinnen und Kursteilnehmern ist uns als erfahrenen Repetitoren klar geworden, welche **Probleme** die Studierenden haben, ihr **Wissen anzuwenden**. Wir haben aber auch von unseren Kursteilnehmerinnen und Kursteilnehmern profitiert und von ihnen erfahren, welche **Argumentationsketten** in der Prüfung zum Erfolg geführt haben.

Die **hemmer-Methode** gibt **jahrelange Erfahrung** weiter, erspart Ihnen viele schmerzliche Irrtümer, setzt richtungsweisende Maßstäbe und begleitet Sie als **Gebrauchsanweisung** in Ihrer Ausbildung:

1. Grundwissen:

Die **Grundwissenskripten** sind für die Studierenden in den ersten Semestern gedacht. In den Theoriebänden Grundwissen werden leicht verständlich und kurz die wichtigsten Rechtsinstitute vorgestellt und das notwendige Grundwissen vermittelt. Die Skripten werden durch den jeweiligen Band unserer **Reihe „Die wichtigsten Fälle"** ergänzt.

2. Basics:

Das Grundwerk für Studium und Examen. Es schafft schnell **Einordnungswissen** und mittels der hemmer-Methode richtiges Problembewusstsein für Klausur und Hausarbeit. Wichtig ist, **wann und wie** Wissen in der Klausur angewendet wird.

3. Skriptenreihe:

Vertiefendes Prüfungswissen: Über 1.000 Klausuren wurden auf ihre „essentials" abgeklopft.

Anwendungsorientiert werden die für die Prüfung nötigen Zusammenhänge umfassend aufgezeigt und wiederkehrende Argumentationsketten eingeübt.

Gleichzeitig wird durch die **hemmer-Methode** auf **anspruchsvollem Niveau** vermittelt, nach welchen Kriterien Prüfungsfälle beurteilt werden. Mit dem Verstehen wächst die Zustimmung zu Ihrem Studium. Spaß und Motivation beim Lernen entstehen erst durch Verständnis.

Lernen Sie, durch Verstehen am juristischen Sprachspiel teilzunehmen. Wir schaffen den „background", mit dem Sie die innere Struktur von Klausur und Hausarbeit erkennen: „**Problem erkannt, Gefahr gebannt**". Profitieren Sie von unserem **strategischen Wissen**. Wir werden Sie mit unserem know-how auf das Anforderungsprofil einstimmen, das Sie in Klausur und Hausarbeit erwartet.

Die Theoriebände Grundwissen, die Basics, die Skriptenreihe und der Hauptkurs sind als **modernes, offenes und flexibles Lernsystem** aufeinander abgestimmt und ergänzen sich ideal. Die **studentenfreundliche Preisgestaltung** ermöglicht den **Erwerb als Gesamtwerk**.

4. Hauptkurs:

Schulung am examenstypischen Fall mit der Assoziationsmethode. Trainieren Sie unter professioneller Anleitung, was Sie im Examen erwartet und wie Sie bestmöglich mit dem Examensfall umgehen.

Nur wer die Dramaturgie eines Falles verstanden hat, ist in Klausur und Hausarbeit auf der sicheren Seite! Häufig hören wir von unseren Kursteilnehmenden: „**Erst jetzt hat Jura richtig Spaß gemacht**".

Die Ergebnisse unserer Kursteilnehmerinnen und Kursteilnehmer geben uns Recht. Maßstab ist der Erfolg. Die Examensergebnisse zeigen, dass unsere Kursteilnehmenden überdurchschnittlich abschneiden.

**Die Examensergebnisse unserer Kursteilnehmerinnen und Kursteilnehmer können auch Ansporn für Sie sein, intelligent zu lernen: Wer nur auf vier Punkte lernt, landet leicht bei drei.
Lassen Sie sich aber nicht von diesen Supernoten verschrecken, sehen Sie dieses Niveau als Ansporn für Ihre Ausbildung.**

Wir hoffen, mit unserem Gesamtangebot bei der Konkretisierung des Rechts mitzuwirken und wünschen Ihnen **viel Spaß beim Durcharbeiten** unserer Skripten.

Wir würden uns freuen, mit Ihnen in unserem Hauptkurs und mit der **hemmer-Methode** gemeinsam Verständnis an der Juristerei zu trainieren. Nur wer erlernt, was ihn im Examen erwartet, lernt richtig!

So leicht ist es, uns kennenzulernen: Probehören ist jederzeit in den jeweiligen Kursorten möglich.

Karl-Edmund Hemmer & Achim Wüst

Juristisches Repetitorium hemmer

VORBEREITUNG AUF DAS ERSTE STAATSEXAMEN

KURSORTE IM ÜBERBLICK

AUGSBURG
Wüst
Mergentheimer Str. 44
97082 Würzburg
Tel.: (0931) 79 78 230
Fax: (0931) 79 78 234
Mail: augsburg@hemmer.de

BAYREUTH
Daxhammer/d´Alquen
Parkweg 7
97944 Boxberg
Tel.: (07930) 99 23 38
Fax: (07930) 99 22 51
Mail: bayreuth@hemmer.de

BERLIN-DAHLEM
Gast
Schumannstraße 18
10117 Berlin
Tel.: (030) 240 45 738
Fax: (030) 240 47 671
Mail: mitte@hemmer-berlin.de

BERLIN-MITTE
Gast
Schumannstraße 18
10117 Berlin
Tel.: (030) 240 45 738
Fax: (030) 240 47 671
Mail: mitte@hemmer-berlin.de

BIELEFELD
Lück
Salzstr. 14/15
48143 Münster
Tel.: (0251) 67 49 89 70
Fax.: (0251) 67 49 89 71
Mail: bielefeld@hemmer.de

BOCHUM
Schlömer/Sperl
Salzstr. 14/15
48143 Münster
Tel.: (0251) 67 49 89 70
Fax: (0251) 67 49 89 71
Mail: bochum@hemmer.de

BONN
Ronneberg/Clobes/Geron
Meckenheimer Allee 148
53115 Bonn
Tel.: (0228) 91 14 125
Fax: (0228) 91 14 141
Mail: bonn@hemmer.de

BREMEN
Hemmer/Wüst
Mergentheimer Str. 44
97082 Würzburg
Tel.: (0931) 79 78 257
Fax: (0931) 79 78 240
Mail: bremen@hemmer.de

DRESDEN
Stock
Zweinaundorfer Str. 2
04318 Leipzig
Tel.: (0341) 6 88 44 90
Fax: (0341) 6 88 44 96
Mail: dresden@hemmer.de

DÜSSELDORF
Ronneberg/Clobes/Geron
Meckenheimer Allee 148
53113 Bonn
Tel.: (0228) 91 14 125
Fax: (0228) 91 14 141
Mail: duesseldorf@hemmer.de

ERLANGEN
Grieger/Tyroller
Mergentheimer Str. 44
97082 Würzburg
Tel.: (0931) 79 78 230
Fax: (0931) 79 78 234
Mail: erlangen@hemmer.de

FRANKFURT/M.
Geron/Hahn/Bold
Dreifaltigkeitsweg 49
53489 Sinzig
Tel.: (02642) 61 44
Fax: (02642) 61 44
Mail: frankfurt.main@hemmer.de

FRANKFURT/O.
Gast
Schumannstraße 18
10117 Berlin
Tel.: (030) 240 45 738
Fax: (030) 240 47 671
Mail: mitte@hemmer-berlin.de

FREIBURG
Behler/Rausch
Rohrbacher Str. 3
69115 Heidelberg
Tel.: (06221) 65 33 66
Fax: (06221) 65 33 30
Mail: freiburg@hemmer.de

GIESSEN
Sperl
Parkweg 7
97944 Boxberg
Tel.: (07930) 99 23 38
Fax: (07930) 99 22 51
Mail: giessen@hemmer.de

GÖTTINGEN
Schlömer/Sperl
Kirchhofgärten 22
74635 Kupferzell
Tel.: (07944) 94 11 05
Fax: (07944) 94 11 08
Mail: goettingen@hemmer.de

GREIFSWALD
Burke/Lück
Buchbinderstr. 17
18055 Rostock
Tel.: (0381) 3 77 74 00
Fax: (0381) 3 77 74 01
Mail: greifswald@hemmer.de

HALLE
Luke/Weber
Täubchenweg 83
04317 Leipzig
Tel.: (0175) 93 13 967
Mail: halle@hemmer.de

HAMBURG
Schlömer/Sperl
Steinhöft 5-7
20459 Hamburg
Tel.: (040) 317 669 17
Fax: (040) 317 669 20
Mail: hamburg@hemmer.de

HANNOVER
Daxhammer/Sperl
Matzenhecke 23
97204 Höchberg
Tel.: (0931) 400 337
Fax: (0931) 404 3109
Mail: hannover@hemmer.de

HEIDELBERG
Behler/Rausch
Rohrbacher Str. 3
69115 Heidelberg
Tel.: (06221) 65 33 66
Fax: (06221) 65 33 30
Mail: heidelberg@hemmer.de

JENA
Richard Weber
c/o Kanzlei Luke
Haferkornstr. 46
04129 Leipzig
Tel.: (0175) 93 13 967
Mail: halle@hemmer.de

KIEL
Onoszko/Lück
Knieperstraße 20
18439 Stralsund
Tel.: (0176) 22 59 28 56
Fax: (03831) 26 27 28
E-Mail: kiel@hemmer.de

KÖLN
Ronneberg/Clobes/Geron
Meckenheimer Allee 148
53113 Bonn
Tel.: (0228) 91 14 125
Fax: (0228) 91 14 141
Mail: koeln@hemmer.de

KONSTANZ
Guldin/Kaiser
Hindenburgstr. 15
78467 Konstanz
Tel.: (07531) 69 63 63
Fax: (07531) 69 63 64
Mail: konstanz@hemmer.de

LEIPZIG
Luke
Haferkornstr. 46
04129 Leipzig
Tel.: (0341) 49 25 54 70
Fax: (0341) 49 25 54 71
Mail: leipzig@hemmer.de

MAINZ
Geron
Dreifaltigkeitsweg 49
53489 Sinzig
Tel.: (02642) 61 44
Fax: (02642) 61 44
Mail: mainz@hemmer.de

MANNHEIM
Behler/Rausch
Rohrbacher Str. 3
69115 Heidelberg
Tel.: (06221) 65 33 66
Fax: (06221) 65 33 30
Mail: mannheim@hemmer.de

MARBURG
Sperl
Parkweg 7
97944 Boxberg
Tel.: (07930) 99 23 38
Fax: (07930) 99 22 51
Mail: marburg@hemmer.de

MÜNCHEN
Wüst
Mergentheimer Str. 44
97082 Würzburg
Tel.: (0931) 79 78 230
Fax: (0931) 79 78 234
Mail: muenchen@hemmer.de

MÜNSTER
Schlömer/Sperl
Salzstr. 14/15
48143 Münster
Tel.: (0251) 67 49 89 70
Fax.: (0251) 67 49 89 71
Mail: muenster@hemmer.de

OSNABRÜCK
Fethke
Liebknechtstr. 35
99086 Erfurt
Tel.: (0541) 18 55 21 79
Mail: osnabrueck@hemmer.de

PASSAU
Rath/Wenzl
Mergentheimer Str. 44
97082 Würzburg
Tel.: (0931) 79 78 230
Fax: (0931) 79 78 234
Mail: passau@hemmer.de

POTSDAM
Gast
Schumannstraße 18
10117 Berlin
Tel.: (030) 240 45 738
Fax: (030) 240 47 671
Mail: mitte@hemmer-berlin.de

REGENSBURG
Daxhammer/d´Alquen
Parkweg 7
97944 Boxberg
Tel.: (07930) 99 23 38
Fax: (07930) 99 22 51
Mail: regensburg@hemmer.de

ROSTOCK
Burke/Lück
Buchbinderstr. 17
18055 Rostock
Tel.: (0381) 3777 400
Fax: (0381) 3777 401
Mail: rostock@hemmer.de

SAARBRÜCKEN
Bold/Hein/Issa
Preslesstraße 2
66987 Thaleischweiler-Fröschen
Tel.: (06334) 98 42 83
Fax: (06334) 98 42 83
Mail: saarbruecken@hemmer.de

TRIER
Geron
Dreifaltigkeitsweg 49
53489 Sinzig
Tel.: (02642) 61 44
Fax: (02642) 61 44
Mail: trier@hemmer.de

TÜBINGEN
Guldin/Kaiser
Hindenburgstr. 15
78465 Konstanz
Tel.: (07531) 69 63 63
Fax: (07531) 69 63 64
Mail: tuebingen@hemmer.de

WÜRZBURG
- ZENTRALE -
Mergentheimer Str. 44
97082 Würzburg
Tel.: (0931) 79 78 230
Fax: (0931) 79 78 234
Mail: wuerzburg@hemmer.de

VORBEREITUNG AUF DAS ZWEITE STAATSEXAMEN

ASSESSORKURSORTE IM ÜBERBLICK

BAYERN
WÜRZBURG/MÜNCHEN/NÜRNBERG/REGENSBURG/POSTVERSAND
RA Gold
Mergentheimer Str. 44
97082 Würzburg
Tel.: (0931) 79 78 2-50
Fax: (0931) 79 78 2-51
Mail: assessor@hemmer.de

BADEN-WÜRTTEMBERG
KONSTANZ/TÜBINGEN/POSTVERSAND
RAe Guldin/Kaiser
Hindenburgstr. 15
78467 Konstanz
Tel.: (07531) 69 63 63
Fax: (07531) 69 63 64
Mail: konstanz@hemmer.de

STUTTGART
RAin Rödl / RA Baier
Mergentheimerstr. 44
97082 Würzburg
Tel. 0931-7978230
Fax. 0931-7978234
Mail: stuttgart@hemmer.de

BERLIN/POTSDAM/BRANDENBURG
BERLIN
RA Gast
Schumannstr. 18
10117 Berlin
Tel.: (030) 24 04 57 38
Fax: (030) 24 04 76 71
Mail: mitte@hemmer-berlin.de

BREMEN/HAMBURG
HAMBURG/POSTVERSAND
RAe Sperl/Clobes/Dr. Schlömer
Kirchhofgärten 22
74635 Kupferzell
Tel.: (07944) 94 11 05
Fax: (07944) 94 11 08
Mail: assessor-nord@hemmer.de

HESSEN
FRANKFURT
RA Geron
Dreifaltigkeitsweg 49
53489 Sinzig
Tel.: (02642) 61 44
Fax: (02642) 61 44
Mail: frankfurt.main@hemmer.de

MECKLENBURG-VORPOMMERN
POSTVERSAND
RAe Burke/Lück
Buchbinderstr. 17
18055 Rostock
Tel.: (0381) 37 77 40 0
Fax: (0381) 37 77 40 1
Mail: rostock@hemmer.de

RHEINLAND-PFALZ
POSTVERSAND
RA Geron
Dreifaltigkeitsweg 49
53489 Sinzig
Tel.: (02642) 61 44
Fax: (02642) 61 44
Mail: trier@hemmer.de

NIEDERSACHSEN
HANNOVER
RAe Sperl/Schlömer
Steinhöft 5 - 7
20459 Hamburg
Tel.: (040) 317 669 17
Fax: (040) 317 669 20
Mail: assessor-nord@hemmer.de

HANNOVER POSTVERSAND
RAe Sperl/Clobes/Dr. Schlömer
Kirchhofgärten 22
74635 Kupferzell
Tel.: (07944) 94 11 05
Fax: (07944) 94 11 08
Mail: assessor-nord@hemmer.de

NORDRHEIN-WESTFALEN
KÖLN/BONN/DORTMUND/DÜSSELDORF/POSTVERSAND
RAin Dr. Ronneberg
Meckenheimer Allee 148
53113 Bonn
Tel.: (0228) 91 14 125
Fax: (0228) 91 14 141
Mail: koeln@hemmer.de

SCHLESWIG-HOLSTEIN
POSTVERSAND
RAe Sperl/Clobes/Dr. Schlömer
Kirchhofgärten 22
74635 Kupferzell
Tel.: (07944) 94 11 05
Fax: (07944) 94 11 08
Mail: assessor-nord@hemmer.de

THÜRINGEN
POSTVERSAND
RA Stock, RA Hunger & Kollegen
Zweinaundorfer Str. 2
04318 Leipzig
Tel.: (0341) 6 88 44 90 oder -93
Fax: (0341) 6 88 44 96
Mail: dresden@hemmer.de

SACHSEN
DRESDEN/LEIPZIG/POSTVERSAND
RA Stock, RA Hunger & Kollegen
Zweinaundorfer Str. 2
04318 Leipzig
Tel.: (0341) 6 88 44 90 oder -93
Fax: (0341) 6 88 44 96
Mail: dresden@hemmer.de

SACHSEN-ANHALT
POSTVERSAND
RA Stock, RA Hunger & Kollegen
Zweinaundorfer Str. 2
04318 Leipzig
Tel.: (0341) 6 88 44 90 oder -93
Fax: (0341) 6 88 44 96
Mail: dresden@hemmer.de

juris by hemmer.
Jetzt noch einfacher suchen.

hemmer Kursteilnehmerinnen und Kursteilnehmer nutzen **juris by hemmer** 6 Monate kostenlos.*

- Über 900.000 Entscheidungen, juris PraxisKommentar zum BGB und Fachzeitschriften – genau auf den Bedarf Ihrer Ausbildung abgestimmt.

- Nutzen Sie die digitale Recherche für die Scheine, den Abruf neuester Entscheidungen vor dem Examen, die Vorbereitung auf die mündliche Prüfung, das Nachlesen der Originalentscheidung passend zur Life&LAW sowie den hemmer Skripten. Im Referendariat ist die Online-Recherche unentbehrlich. Im Anwaltsberuf oder im Staatsdienst ist der schnelle Zugriff obligatorisch.

- Recherchieren Sie bequem von überall – ob zuhause, im Zug oder in der Uni.

www.juris.de/hemmer

* Teilnehmende des hemmer Haupt-, Klausuren- oder Individualkurses bzw. des Assessorkurses, die sich während der Kursteilnahme anmelden und gleichzeitig hemmer.club-Mitglied sind, nutzen juris by hemmer 6 Monate lang kostenfrei.

INHALTSVERZEICHNIS

§ 3 VERPFLICHTUNGSKLAGE 1

  A) Eröffnung des Verwaltungsrechtsweges 2

    I. Zuordnungsprobleme 2

      1. Zulassung zu einer öffentlichen Einrichtung 2

        a) Zwei-Stufen-Theorie 2

        b) Fallgruppen 4

          aa) Benutzung öffentlich-rechtlich 4

          bb) Benutzung privat-rechtlich 4

        c) Sonderproblem: Klageantrag bei Betrieb der öffentlichen Einrichtung in privatrechtlicher Form 6

      2. Subventionsfälle 6

        a) Typische Fallkonstellationen: 7

        b) Zuordnungsproblem und Zwei-Stufen-Theorie 7

    II. Keine andere Rechtswegzuweisung, § 40 I S. 1 HS 2 und S. 2 VwGO (sog. abdrängende Sonderzuweisung) 8

  B) Zulässigkeit der Verpflichtungsklage 8

    I. Statthaftigkeit 8

      1. Begehren eines Verwaltungsakts 9

        a) Abgrenzung Verwaltungsakt / Realakt 9

          aa) Geldleistungsansprüche 9

          bb) Erteilung einer Auskunft/Widerruf von Äußerungen 10

          cc) Folgenbeseitigungsansprüche 10

        b) Sonderfall: Mitwirkung anderer Behörden 10

          aa) Im Verhältnis Bürger – Staat 10

          bb) Im Verhältnis von Trägern öffentlicher Gewalt untereinander 12

        c) Keine Erledigung des begehrten Verwaltungsakts 13

      2. Fälle der Verpflichtungsklage 13

        a) Versagungsgegenklage, § 42 I Alt. 2 UF 1 VwGO 13

        b) Untätigkeitsklage, § 42 I Alt. 2 UF 2 VwGO 14

        c) „Bescheidungsklage", § 113 V S. 2 VwGO 15

      3. Sonderprobleme der Statthaftigkeit 15

        a) Klagen Dritter 15

          aa) Nachbarklagen 15

          bb) Wirtschaftliche Konkurrentenklage 16

          cc) Beamtenrechtliche Konkurrentenklage 17

        b) Isolierte Anfechtung 18

        c) Rechtsschutz gegen Nebenbestimmungen 19

        d) Genehmigungsfiktion nach § 42a VwVfG 20

    II. Klagebefugnis, § 42 II VwGO 21

      1. Möglicher Anspruch als subjektives Recht 22

      2. Ermessensfälle 23

      3. Fehlender Antrag 23

    III. Vorverfahren 24

      1. Untätigkeitsklage i.S.d. § 42 I VwGO 24

      2. § 75 VwGO bei der Versagungsgegenklage 25

      3. Sonderfälle 26

    IV. Klagefrist, § 74 VwGO 26

      1. Klagefrist der Versagungsgegenklage 26

      2. Klagefrist bei Klagen nach § 75 VwGO 26

    V. Übrige Zulässigkeitsvoraussetzungen 27

  C) Beiladung und Klagehäufung 27

    I. Beiladung 27

    II. Objektive Klagehäufung 27

D) Begründetheit der Verpflichtungsklage 27

    I. Obersatzbildung 28

    II. Passivlegitimation 29

    III. Anspruchsaufbau (Vornahmeklage) 30

        1. Anspruchsgrundlage 30

        2. Formelle Anspruchsvoraussetzungen 30

        3. Materielle Anspruchsvoraussetzungen – „Genehmigungsfälle" 31

            a) Genehmigungspflichtigkeit 32

            b) Genehmigungsfähigkeit 33

        4. Sonderfall - Die Zusicherung als Anspruchsgrundlage 33

            a) Allgemeines 33

            b) Klausurschwerpunkte 33

                aa) Verpflichtungsklage 33

                bb) Anfechtungsklage 34

            c) Abgrenzungen 34

                aa) Zusicherung und unverbindliche Auskunft 34

                bb) Zusicherung und Vorbescheid 34

            d) Klausurfall 36

    IV. Prüfung bei Ermessen – Aufbau bei Verbescheidungsklagen 37

        1. Vornahmeklage 37

        2. Verbescheidungsklage 37

            a) Rechtswidrigkeit der Ablehnung/Unterlassung des Verwaltungsakts 38

            b) Subjektive Rechtsverletzung 38

    V. Prüfung bei Beurteilungsspielraum 38

    VI. Entscheidungsrelevanter Zeitpunkt 41

    VII. Nachschieben von Gründen 42

    VIII. Entscheidung 43

E) ANHANG: Sonderfälle zu §§ 48, 49, 51 VwVfG: Beseitigung eines bestandskräftigen Verwaltungsakts als Rechtsschutzziel 43

    I. Wiederaufgreifen des Verfahrens nach § 51 VwVfG 43

    II. Begehren einer Aufhebung nach §§ 48, 49 VwVfG 45

    III. Vorgehen in der Klausur bei Wiederaufgreifen des Verfahrens gem. § 51 VwVfG 47

        1. Zulässigkeit der Verpflichtungsklage 47

            a) Klageart 47

            b) Klagebefugnis 47

        2. Begründetheit der Verpflichtungsklage 47

            a) Zulässigkeit des Antrags auf Wiederaufgreifen 47

                aa) Nicht-Anfechtbarkeit des Verwaltungsakts 47

                bb) Kein Verschulden, § 51 II VwVfG 48

                cc) Drei-Monats-Frist, § 51 III S. 1 VwVfG 48

            b) Begründetheit des Antrags auf Wiederaufgreifen 48

                aa) Vorliegen eines Wiederaufgreifensgrundes 48

                bb) Erheblichkeit des Wiederaufgreifensgrundes 48

            c) Neue Entscheidung in der Sache 49

    IV. Fallbeispiel 50

§ 4 FORTSETZUNGSFESTSTELLUNGSKLAGE 52

A) Überblick 52

B) § 113 I S. 4 VwGO (direkte Anwendung): Die Fortsetzungsfeststellungsklage bei Erledigung des Verwaltungsakts nach Erhebung einer Anfechtungsklage 53

    I. Eröffnung des Verwaltungsrechtsweges 54

        1. § 23 I S. 1 EGGVG als abdrängende Sonderzuweisung 54

        2. Art. 18 II S. 2 BayPAG / § 14 II MEPolG 1977 als abdrängende Sonderzuweisung 56

- II. Zulässigkeit der Fortsetzungsfeststellungsklage 56
  - 1. Statthaftigkeit 56
    - a) Erledigung durch Aufhebung des Verwaltungsakts 57
    - b) Erledigung durch Zeitablauf 58
    - c) Erledigung auf andere Weise 58
  - 2. Zulässigkeitsvoraussetzungen der Anfechtungsklage 60
  - 3. Feststellungsinteresse 61
    - a) Wiederholungsgefahr 61
    - b) Rehabilitationsinteresse 62
    - c) Vorbereitung eines Amtshaftungsprozesses 62
    - d) Schwerwiegender Grundrechtseingriff 64
    - e) Nicht ausreichend: sich typischerweise kurzfristig erledigende Verwaltungsakte 64
- III. Begründetheit 65

C) § 113 I S. 4 VwGO (analog): Die Verpflichtungsfortsetzungsfeststellungsklage 65

- I. Eröffnung des Verwaltungsrechtsweges, § 40 I VwGO 66
- II. Zulässigkeit der Verpflichtungsfortsetzungsfeststellungsklage 67
  - 1. Statthaftigkeit 67
    - a) Erledigung der Begehr des Verwaltungsakts 67
      - aa) Hypothetische Erledigung 67
      - bb) Änderung der Sach- und Rechtslage 68
      - cc) Nachträglicher Erlass des Verwaltungsaktes 68
    - b) Analoge Anwendung 68
  - 2. Besondere Zulässigkeitsvoraussetzungen der Verpflichtungsklage 70
  - 3. Feststellungsinteresse 70
- III. Begründetheit 70

D) Erledigung des Verwaltungsakts vor Klageerhebung (erweiterte Fortsetzungsfeststellungsklage), § 113 I S. 4 VwGO analog 71

- I. Problemstellung 71
- II. Analoge Anwendung des § 113 I S. 4 VwGO 72
- III. Problem: Zulässigkeitsvoraussetzungen der Anfechtungs- bzw. Verpflichtungsklage ..73
  - 1. Vorverfahren 73
    - a) Literatur: Umgestellte Anfechtungs-/Verpflichtungsklage 73
    - b) Rechtsprechung: „Fortsetzungswiderspruchsverfahren" unstatthaft 73
    - c) Erledigung während des Widerspruchsverfahrens 74
  - 2. Klagefrist 74
- IV. Feststellungsinteresse 75
- V. Begründetheit 76

E) Sonstige Anwendungsfälle 76

- I. Fortsetzungsfeststellungsklage bei Realakten 76
- II. Sonderfall: Fortsetzungsfeststellungsklage bei Kommunalverfassungsstreitigkeit 77
- III. Aufhebung des Verwaltungsakts ist ausgeschlossen 77

F) Fortsetzungsfeststellungswiderspruch 78

G) Beiderseitige und einseitige Erledigungserklärung 78

- I. Übereinstimmende Erledigungserklärungen 79
- II. Einseitige Erledigungserklärung 80
  - 1. Voraussetzungen 80
  - 2. Entscheidungsmöglichkeiten des Gerichts 81
    - a) Erledigung ist tatsächlich eingetreten 81
    - b) Keine (tatsächliche) Erledigung 81

§ 5 ALLGEMEINE LEISTUNGSKLAGE ... 82

A) Allgemeine Leistungsklage im System der verwaltungsgerichtlichen Rechtsbehelfe ... 82
I. Dogmatische Herleitung ... 82
II. Abgrenzung ... 82

B) Eröffnung des Verwaltungsrechtsweges, § 40 I VwGO ... 84
I. Öffentlich-rechtliche Streitigkeit ... 84
1. Äußerungen von Beamten ... 84
   - a) Äußerung als Privatmann ... 84
   - b) Äußerung in Ausübung der Dienstgeschäfte ... 85
   - c) Problemfälle ... 85
     - aa) fiskalische Hilfsgeschäfte ... 85
     - bb) Wahrnehmung öffentlicher Aufgaben in privatrechtlicher Form ... 85
2. Immissionsfälle ... 85
   - a) Zusammenhang mit förmlichem Verwaltungshandeln ... 85
   - b) Zweck und Funktionszusammenhang ... 86
3. Sonderproblem: Streitigkeiten mit Beteiligung einer Kirche ... 86

II. Sonderzuweisungen ... 87
1. § 40 II S. 1 VwGO ... 87
2. § 49 VI S. 3 VwVfG ... 88

C) Zulässigkeit der allgemeinen Leistungsklage ... 89
I. Statthaftigkeit / richtige Klageart ... 89
1. Leistungs-Vornahme-Klage ... 89
   - a) Erteilung einer Auskunft ... 90
   - b) Die Gewährung von Akteneinsicht ... 92
   - c) Geldzahlungen, Schadensersatz ... 93
     - aa) Klagen des Bürgers gegen den Staat ... 93
     - bb) Klagen des Staats gegen den Bürger ... 94
   - d) Allgemeine Leistungsklage in Bezug auf Normen ... 94
     - aa) Begriff der Norm, Problemstellung ... 94
     - bb) Normenkontrollklage i.w.S. ... 96
     - cc) Normerlassklage ... 97
2. Leistungs-Unterlassungs-Klage ... 99
   - a) Klage auf Unterlassung eines schlichten Verwaltungshandelns ... 99
   - b) Klage auf Unterlassung eines Verwaltungsakts ... 100

II. Klagebefugnis ... 100
III. Vorverfahren, Klagefrist ... 101
IV. Allgemeines Rechtsschutzbedürfnis ... 101
1. Allgemeine Leistungsklage des Bürgers gegen den Staat ... 102
2. Allgemeine Leistungsklage des Staates gegen den Bürger ... 102

V. Sonstige Zulässigkeitsvoraussetzungen ... 103

D) Klagehäufung, Beiladung, Streitgenossenschaft ... 103

E) Die Begründetheit der allgemeinen Leistungsklage ... 103
I. Obersatz ... 103
II. Passivlegitimation ... 104
III. Bestehen des Leistungsanspruches ... 104
IV. Durchsetzbarkeit des Anspruches ... 105
V. Sonderproblem: Aufrechnung mit rechtswegfremder Forderung ... 105

F) Klagen zur Geltendmachung von öffentlich-rechtlichen Abwehransprüchen **106**
    I. Begriff der Abwehransprüche 106
        1. Öffentlich-rechtliche Unterlassungsansprüche 106
        2. Öffentlich-rechtliche Beseitigungsansprüche...107
            a) Öffentlich-rechtliche Folgenbeseitigungsansprüche (im Folgenden mit FBA abgekürzt) 107
            b) Öffentlich-rechtliche Erstattungsansprüche 107
    II. Eröffnung des Verwaltungsrechtsweges, § 40 I VwGO 108
    III. Zulässigkeit der Klage 108
        1. Statthafte Klageart 108
            a) Fallrelevante Probleme 108
                aa) Abgrenzung zum Verwaltungsakt..108
                bb) Der sog. Vollzugs-FBA 109
            b) Typische Fallkonstellationen 109
                aa) Beschlagnahmefälle 109
                bb) Widerruf von amtlichen Äußerungen 109
                cc) Erstattungsansprüche 110
        2. Klagebefugnis, § 42 II VwGO analog...110
        3. Rechtsschutzbedürfnis..110
        4. Sonstige Zulässigkeitsvoraussetzungen 110
    IV. Begründetheit der Leistungs-Vornahme-Klage 110
        1. Passivlegitimation 111
        2. Bestehen des Abwehranspruches...111
            a) Die öffentlich-rechtlichen Folgenbeseitigungsansprüche..111
                aa) Rechtsgrundlage 111
                bb) Die einzelnen Voraussetzungen..112
            b) Die öffentlich-rechtlichen Erstattungsansprüche 117
                aa) Geschriebene Erstattungsansprüche 117
                bb) Ungeschriebene Erstattungsansprüche 118

G) Die allgemeine Leistungsklage im Zusammenhang mit öffentlich-rechtlichen Verträgen **121**
    I. Eröffnung des Verwaltungsrechtsweges, § 40 I VwGO 121
        1. Problem: Öffentlich-rechtliche Streitigkeit...121
        2. Rechtsnatur des Vertrages 121
    II. Zulässigkeit der Klage 122
        1. Klageart...122
        2. Klagebefugnis, § 42 II VwGO analog...122
        3. Sonstige Zulässigkeitsvoraussetzungen 123
    III. Begründetheit 123
        1. Passivlegitimation 123
        2. Bestehen des Leistungsanspruchs..123
            a) Vorliegen eines Vertrages..123
                aa) Verwaltungsvertrag und zustimmungsbedürftiger Verwaltungsakt...................124
                bb) Öffentlich-rechtlicher Vertrag und Zusicherung, § 38 VwVfG 124
            b) wirksamer Vertragsschluss...124
            c) Wirksamkeit des öffentlich-rechtlichen Vertrages 124
                aa) Formelle Rechtmäßigkeit...125
                bb) Materielle Rechtmäßigkeit..126
                cc) Nichtigkeit des öffentlich-rechtlichen Vertrages, § 59 VwVfG 129
    IV. Fallbeispiel..130

H) Kommunalverfassungsrechtliche Streitigkeit... **134**
    I. Begriff 134
    II. Eröffnung des Verwaltungsrechtsweges, § 40 I VwGO 134

III. Zulässigkeit der Klage 135
    1. Statthafte Klageart 135
        a) Anfechtungs- und Verpflichtungsklage vorrangig 135
        b) Klageart bei Verneinung eines Verwaltungsakts 136
    2. Klagebefugnis, § 42 II VwGO analog 138
    3. Beteiligtenfähigkeit, § 61 VwGO 138
        a) Gemeinderat 138
        b) Gemeinderatsfraktion 138
        c) Einzelnes Gemeinderatsmitglied 139
        d) Der Erste Bürgermeister 139
    4. Sonstige Zulässigkeitsvoraussetzungen 139
IV. Begründetheit der Kommunalverfassungsstreitigkeit 139
    1. Passivlegitimation, § 78 I Nr. 1 VwGO analog 139
    2. Bestehen des Leistungsanspruchs 140

§ 6 ALLGEMEINE FESTSTELLUNGSKLAGE 141

A) Die Eröffnung des Verwaltungsrechtsweges, § 40 I VwGO 142

B) Zulässigkeit der allgemeinen Feststellungsklage 143

I. Statthaftigkeit 143
    1. Feststellung des Bestehens oder Nichtbestehens eines Rechtsverhältnisses 143
        a) Ausgangspunkt: Klagebegehren 143
        b) Das Rechtsverhältnis 144
            aa) Definition des Rechtsverhältnisses 144
            bb) Beziehungen zwischen Personen und Sachen 144
            cc) Begründungsmöglichkeiten 144
            dd) Rechtliche Beziehung und subjektives öffentliches Recht 146
            ee) Gegenwärtige Rechtsverhältnisse 147
            ff) Vergangene und zukünftige Rechtsverhältnisse 148
            gg) Abgrenzung zur vorbeugenden Feststellungsklage 148
            hh) Die Beteiligten des Rechtsverhältnisses 148
        c) Schlüssige Behauptung des Bestehens bzw. Nichtbestehens eines
           Rechtsverhältnisses 149
        d) Fallbeispiel zur Feststellung eines Rechtsverhältnisses 149
    2. Feststellung der Nichtigkeit eines Verwaltungsakts 149
        a) Abgrenzung zu § 43 I Alt. 1 VwGO 150
        b) Abgrenzung zur Anfechtungsklage 150
        c) Keine Feststellung der Wirksamkeit 151
        d) Analoge Anwendung auf Nicht-Verwaltungsakte? 151
II. Subsidiarität gemäß § 43 II S. 1 VwGO 151
    1. Hintergrund der Subsidiarität 151
    2. Ausnahmen 152
        a) Rechtsschutzinteresse nur durch Feststellung gedient 152
        b) Beklagter ist öffentlich-rechtliche Körperschaft 152
        c) Beamtenrechtliche Klagen 153
    3. Keine Anwendung auf Nichtigkeitsfeststellungsklage, § 43 II S. 2 VwGO 153
III. Klagebefugnis analog § 42 II VwGO? 153
    1. Standpunkt der h.M. 153
    2. Gegenansicht 154
IV. Berechtigtes Interesse an baldiger Feststellung als besonderes Rechtsschutzbedürfnis 154
    1. Berechtigtes Interesse 154
    2. Interesse an baldiger Feststellung 155
    3. Fallgruppen zu § 113 I S. 4 VwGO 155
V. Allgemeines Rechtsschutzbedürfnis 155
    1. Verwirkung 155
    2. Verwaltungsakt-Befugnis der Behörde 156
    3. Antrag gemäß § 44 V VwVfG 156

VI. Vorverfahren und Klagefrist 156

VII. Sonstige allgemeine Sachurteilsvoraussetzungen 157

VIII. Fallbeispiel: 157

C) Begründetheit der allgemeinen Feststellungsklage 159

I. Passivlegitimation 159
1. Positive Feststellungsklage 159
2. Negative Feststellungsklage 159
3. Nichtigkeitsfeststellungsklage 159

II. Die weitere Begründetheitsprüfung 159
1. Die positive / negative Feststellungsklage 159
2. Nichtigkeitsfeststellungsklage 160

D) Sonderproblem 160

I. Kommunalverfassungsstreitigkeiten 160

II. Normerlassklage 160

§ 7 VERWALTUNGSGERICHTLICHES NORMENKONTROLLVERFAHREN, § 47 VWGO 161

A) Einordnung der verwaltungsgerichtlichen Normenkontrolle (NK) 161

I. Prüfungsrecht und Verwerfungsrecht 161

II. Prinzipale und inzidente Normenkontrolle 161
1. Begriff 161
2. Unterschiedliche Rechtsfolgen 162
3. Mischfunktion der verwaltungsgerichtlichen Normenkontrolle 163

B) Zulässigkeitsvoraussetzungen des § 47 VwGO 163

I. Statthaftigkeit der Normenkontrolle 164
1. Satzungen i.S.d. § 47 I Nr. 1 VwGO 164
2. Rechtsvorschriften i.S.d. § 47 I Nr. 2 VwGO 164
   a) Allgemeine Erwägungen 165
   b) Maßgeblichkeit der äußeren Form 165
   c) Verwaltungsvorschriften 166
   d) Geschäftsordnung des Gemeinderates 167
3. Vorschriften, „die erlassen worden sind" 167

II. Entscheidung nur i.R.d. Gerichtsbarkeit des OVG/VGH 168

III. Antragsberechtigung 169

IV. Antragsbefugnis 169
1. Bebauungspläne 170
2. Andere Rechtsvorschriften 172
3. Antragsbefugnis von Behörden 172

V. Antragsfrist 173

VI. Landesverfassungsgerichtlicher Vorbehalt 173

VII. Ordnungsgemäße Antragstellung 174

VIII. Rechtsschutzbedürfnis 174
1. Von natürlichen und juristischen Personen 174
   a) Rechtsmissbrauch / Verwirkung: 174
   b) Verhältnis zu Anfechtungs- und Verpflichtungsklage 175
   c) Außerkrafttreten einer Norm 175
2. Von Behörden 176
   a) Normverwerfungskompetenz der Verwaltung? 176
   b) Bei gemeindlichen Satzungen 176

IX. Weitere Zulässigkeitsvoraussetzungen 177

X. ANHANG: Fall.. 177

C) Beiladung Dritter, § 65 VwGO? 178

D) Begründetheit der Normenkontrolle 179

I. Richtiger Antragsgegner, § 47 II S. 2 VwGO.. 179

II. Festlegung des Prüfungsmaßstabes: § 47 III VwGO 179

III. Grundsätzliche Prüfungsfolge bei Rechtsverordnungen und Satzungen 180
    1. Feststellung der möglichen Rechtsgrundlage... 181
       a) Satzungen 181
       b) Verordnungen... 181
    2. Formelle Rechtmäßigkeit 181
       a) Satzungen 182
          aa) Zuständigkeit 182
          bb) Verfahren 182
       b) Verordnungen... 182
    3. Materielle Rechtmäßigkeit.. 182
       a) Wirksamkeit der Rechtsgrundlage 182
          aa) Satzungen 182
          bb) Rechtsverordnungen 183
       b) I.R.d. Rechtsgrundlage (Subsumtion) 183
          aa) Satzungen 183
          bb) Verordnungen... 183
       c) Ermessen 184
          aa) Dimensionen des Ermessens... 184
          bb) Überprüfung des Ermessens 184

IV. Sonderfall: Konstellation bei Bebauungsplänen... 186
    1. Rechtsgrundlage.. 186
    2. Formelle Rechtmäßigkeit 186
       a) Zuständigkeit.. 186
       b) Verfahren... 186
       c) Unbeachtlichkeit nach §§ 214, 215 BauGB 187
    3. Materielle Rechtmäßigkeit.. 187
       a) Planrechtfertigung 187
       b) Äußere Abwägungsfehler, zwingende Planungsleitsätze 188
       c) Abwägung, § 1 VII BauGB 188

V. Entscheidung... 189

Kommentare:

Bauer/Böhle/Ecker	Bayerische Kommunalgesetze, Kommentar, Stand Juni 2019
Eyermann	Verwaltungsgerichtsordnung, Kommentar, 15. Aufl. 2019
Jäde/Dirnberer	Baugesetzbuch und Baunutzungsverordnung, Kommentar, 9. Aufl. 2018
Kopp/Schenke	Verwaltungsgerichtsordnung, Kommentar, 25. Aufl. 2019
Kopp/Ramsauer	Verwaltungsverfahrensgesetz, Kommentar, 20. Aufl. 2019
Palandt	Bürgerliches Gesetzbuch, Kommentar, 78. Aufl. 2019
Redeker/von Oertzen	Verwaltungsgerichtsordnung, 16. Aufl. 2014
Sodan/Ziekow	Verwaltungsgerichtsordnung, 5. Aufl. 2018
Stelkens/Bonk/Sachs	Verwaltungsverfahrensgesetz, Kommentar, 9. Aufl. 2018
Thomas/Putzo	Zivilprozessordnung, Kommentar, 39. Aufl. 2018

Lehrbücher:

Burgi	Kommunalrecht, 6. Aufl. 2019
Degenhart	Staatsrecht I Staatsorganisationsrecht, 34. Aufl. 2018
Detterbeck	Allgemeines Verwaltungsrecht, 17. Aufl. 2019
König	Baurecht Bayern, 5. Aufl. 2015

LITERATURVERZEICHNIS

Ehlers/Pünder	Allgemeines Verwaltungsrecht, 15. Aufl. 2016
Hufen	Verwaltungsprozessrecht, 11. Aufl. 2019
Maurer/Waldhoff	Allgemeines Verwaltungsrecht, 19. Aufl. 2017
Ossenbühl/Cornils	Staatshaftungsrecht, 6. Aufl. 2013
Pietzner/Ronellenfitsch	Das Assessorexamen im öffentlichen Recht 14. Aufl. 2019
Schenke	Verwaltungsprozessrecht, 16. Aufl. 2019
Schmalz	Allgemeines Verwaltungsrecht, 3. Aufl. 1998
Schmalz	Verwaltungsrecht - Fälle und Lösungen - 2. Aufl. 1995
Schmitt-Glaeser	Verwaltungsprozessrecht, 14. Aufl. 1997
Schoch	Übungen im öffentlichen Recht II, 1991
Schwerdtfeger	Öffentliches Recht in der Fallbearbeitung, 13. Aufl. 2008
Stern/Blanke	Verwaltungsprozessrecht in der Klausur, 9. Aufl. 2008
Ule/Laubinger	Verwaltungsverfahrensrecht, 4. Aufl. 1995

§ 3 VERPFLICHTUNGSKLAGE

Klage auf Erlass eines Verwaltungsakts

Die Verpflichtungsklage ist eine Unterart der Leistungsklage (vgl. Überblickskizze in **Hemmer/Wüst, Verwaltungsrecht I, Rn. 10**). Mit ihr wird die Verurteilung zum Erlass eines Verwaltungsakts begehrt. Der Urteilsspruch wirkt daher im Unterschied zur Anfechtungsklage grundsätzlich nicht rechtsgestaltend.[1] Die Verwaltung wird lediglich verpflichtet, den begehrten Verwaltungsakt zu erlassen (§ 113 V S. 1 VwGO, Vornahmeklage[2]) bzw. unter Beachtung der Rechtsauffassung des Gerichts neu zu verbescheiden, falls die Sache noch nicht spruchreif ist (§ 113 V S. 2 VwGO, sog. Bescheidungsklage).

> **hemmer-Methode:** Das Gericht kann also durch seinen Urteilsspruch nicht selbst einen Verwaltungsakt in die Welt setzen, sondern vermag die Verwaltung maximal zur Vornahme, d.h. zum Erlass des Verwaltungsakts, zu verpflichten, § 113 V VwGO. Folgt die Verwaltung dem rechtskräftigen Urteilsspruch nicht, so muss der Bürger nach § 172 VwGO die Vollstreckung mittels Zwangsgelds einleiten. § 172 VwGO geht als speziellere Regelung dem Verweis des § 167 VwGO auf die ZPO vor. Eine Fiktion des Verwaltungsakt-Erlasses mit Rechtskraft des Urteils, wie sie § 894 ZPO für Willenserklärungen vorsieht, kennt das Verwaltungsvollstreckungsrecht nicht.

häufige Fälle:

> **Die meisten Fälle der Verpflichtungsklage sind in folgenden drei Bereichen anzusiedeln:**
>
> ⇨ Leistungsverwaltung (Subventionen, Zugang zu öffentlichen Einrichtungen),
>
> ⇨ Präventives Verbot mit Erlaubnisvorbehalt/Genehmigungserfordernis (Baugenehmigung, immissionsschutzrechtliche Genehmigung, Gaststättenerlaubnis),
>
> ⇨ Anspruch auf sicherheitsbehördliches Tätigwerden.

> **Sachentscheidungsvoraussetzungen der Verpflichtungsklage, § 42 I Alt. 2 VwGO**
>
> **A)** Eröffnung des Verwaltungsrechtsweges, § 40 I VwGO
>
> **B)** Zulässigkeit der Verpflichtungsklage
>
>   **I.** Statthaftigkeit: Begehren = Verurteilung zum Erlass eines Verwaltungsakts i.S.v. § 35 VwVfG, § 42 I Alt. 2 VwGO
>
>   **II.** Klagebefugnis, § 42 II VwGO
>
>   **III.** Vorverfahren, §§ 68 ff. VwGO
>
>   **IV.** Klagefrist, § 74 VwGO
>
>   **V.** weitere Zulässigkeitsvoraussetzungen (sofern problematisch)

viele Parallelprobleme bei der Anfechtungsklage

Wegen der gemeinsamen gesetzlichen Regelungen in §§ 42 I,II, 68 ff. VwGO können viele Probleme gleichfalls sowohl bei der Anfechtungsklage als auch bei der Verpflichtungsklage auftreten.

---

1   Allerdings wirkt die stattgebende Entscheidung insofern rechtsgestaltend, als der versagende Bescheid zumindest konkludent aufgehoben wird (i.E. str. Kopp/Schenke, § 113 VwGO, Rn. 179.; BVerwGE 1, 291 = **juris**byhemmer. (Wenn dieses Logo hinter einer Fundstelle abgedruckt wird, finden Sie die Entscheidung bei juris unter www.hemmer.de.). Insoweit umfasst die Verpflichtungsklage die Anfechtungsklage mit (was für die Streitfrage der Zulässigkeit der isolierten Anfechtungsklage von Bedeutung ist). Hier darf man sich aber nicht verwirren lassen! Gegenstand der gerichtlichen Überprüfung ist nämlich nicht der Versagungsbescheid als solcher, sondern nur die Frage, ob die Versagung (Wortlaut des § 113 I S. 1 VwGO) der beantragten Begünstigung rechtswidrig ist.

2   Vornahme- und Bescheidungsklage sind keine eigenen Klagearten. Der Kläger muss allerdings seinen Klageantrag entsprechend der Spruchreife seines Begehrens stellen, da sein Antrag sonst als teilweise unbegründet verworfen werden kann.

Beispielhaft seien hier nur die Fragen der Eröffnung des Verwaltungsrechtsweges, des Vorliegens eines Verwaltungsakts, der Durchführung des Vorverfahrens oder der Einhaltung der Klagefrist sowie die sonstigen Zulässigkeitsvoraussetzungen erwähnt. Diese Problemschwerpunkte werden daher nachfolgend nur problematisiert, soweit sie spezifische Fragestellungen der Verpflichtungsklage darstellen.

> **hemmer-Methode:** Vergleichen Sie deshalb zu den allgemeinen Voraussetzungen der Verpflichtungsklage wie Vorverfahren, Partei- und Prozessfähigkeit, Rechtsschutzbedürfnis etc. parallel die Ausführungen in Hemmer/Wüst, Verwaltungsrecht I, Rn. 146 ff.

A) Eröffnung des Verwaltungsrechtsweges

Obersatz, § 40 I VwGO

Der Weg zu den Verwaltungsgerichten ist zunächst dann einzuschlagen, wenn eine aufdrängende Sonderzuweisung wie § 126 BBG einschlägig ist. Ist dies (in der Regel) nicht der Fall, ist die Zuständigkeit der Verwaltungsgerichte gem. § 40 I S. 1 VwGO in allen öffentlich-rechtlichen Streitigkeiten nichtverfassungsrechtlicher Art gegeben, soweit diese Streitigkeit nicht einem anderen Gericht gesetzlich ausdrücklich zugewiesen ist.

I. Zuordnungsprobleme

Dreierschritt

Das Vorliegen einer öffentlich-rechtlichen Streitigkeit ist i.R.d. Verpflichtungsklage am besten anhand eines Dreierschritts zu bestimmen:

> **1. Schritt:** Festlegung des Streitgegenstandes[3]
> **2. Schritt:** Festlegung der streitentscheidenden Normen (Zuordnung)
> **3. Schritt:** Qualifikation der streitentscheidenden Normen[4]

In der Verpflichtungsklage kann insbesondere der zweite Schritt der Zuordnung problematisch sein.

1. Zulassung zu einer öffentlichen Einrichtung

> **Bsp.:** Die X-Partei möchte die gemeindeeigene Halle für eine Wahlkampfveranstaltung anmieten. Die Halle ist über Jahre hinweg für derartige Anlässe zur Verfügung gestellt worden.

Klage auf Nutzung von öffentlicher Einrichtung

Das Zuordnungsproblem kann in mehrfacher Hinsicht auftauchen. Betrachtet man das Rechtsverhältnis zwischen Bewerber und Träger der öffentlichen Einrichtung als Gesamtvorgang, kommen als streitentscheidende Normen sowohl solche des öffentlichen Rechts (z.B. Art. 21 BayGO,[5] aber auch §§ 69 ff. GewO) als auch solche des Privatrechts (insb. §§ 535 ff. BGB - Mietrecht) in Betracht.

a) Zwei-Stufen-Theorie

Zwei-Stufen-Theorie

I.R.d. Leistungsverwaltung haben die Gemeinden hinsichtlich der Organisations- und der Kontrahierungsform ein (ggf. doppeltes) Wahlrecht.

---

[3] Vgl. **Hemmer/Wüst, Verwaltungsrecht I, Rn. 24 ff.**
[4] Vgl. **Hemmer/Wüst, Verwaltungsrecht I, Rn. 39 ff.**
[5] Bzw. entsprechende Vorschriften anderer Gemeindeordnungen.

Die jeweilige Gemeinde kann zum einen selbst die Organisation der öffentlichen Einrichtung übernehmen, sie kann aber auch die Organisation einer privatrechtlichen Gesellschaft (i.d.R. eine GmbH) übertragen.[6] Erfolgt allerdings eine Übertragung auf eine GmbH, so kann die beauftragte GmbH gegenüber dem Bürger nur noch privatrechtlich handeln, also auch nur noch privatrechtliche (Miet-) Verträge schließen. Zum Handeln in hoheitlicher Form ist die GmbH als juristische Person des Privatrechts somit nicht befugt.

hemmer-Methode: Zweifelhaft ist in den Fällen, in denen die Einrichtung unmittelbar von einer juristischen Person des Privatrechts betrieben wird, ob überhaupt eine öffentliche Einrichtung i.S.d. Art. 21 BayGO vorliegt. Dies ist nur dann zu bejahen, wenn die Gemeinde aufgrund der vertraglichen Beziehungen mit dieser juristischen Person einen beherrschenden Einfluss ausüben kann, der Gemeinde also die Letztentscheidungskompetenz zusteht.

Behält die Gemeinde hingegen die Organisationsgewalt, so kann sie sich entscheiden, ob die Benutzungsform öffentlich-rechtlich (durch Verwaltungsakt, aber besonders durch öffentlich-rechtlichen Vertrag) oder privatrechtlich (Mietvertrag) erfolgen soll.

Doppeltes Wahlrecht bei der Leistungsverwaltung

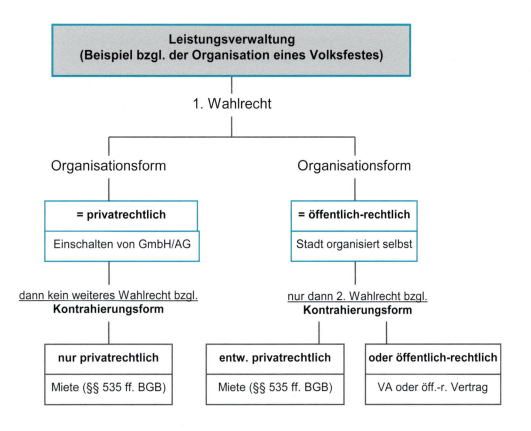

Zwei-Stufen-Theorie:
1. „Ob" der Zulassung immer öffentlich-rechtlich!
2. „Wie" der Benutzung: str.

Herkömmlicherweise wird zwischen Zulassung und letztendlicher Benutzung der öffentlichen Einrichtung differenziert, sog. Zwei-Stufen-Theorie (s. dazu auch nachfolgende Skizze unter Rn. 9). Die Zulassung zur öffentlichen Einrichtung („Ob" der Benutzung) soll dabei auf erster Stufe durch Verwaltungsakt oder öffentlich-rechtlichen Vertrag erfolgen. Die Ausgestaltung des Benutzungsverhältnisses („Wie" der Benutzung) steht auf zweiter Stufe des Gesamtvorgangs und richtet sich entweder nach Privatrecht oder nach öffentlichem Recht.

---

6   Auf Grund dieses Wahlrechts können Gemeinden das Parken auf Flächen, an welchen kein Gemeingebrauch besteht, privatrechtlich regeln, vgl. BayVGH, BayVBl. 1999, 50.

Die Begründung für diese Unterscheidung liegt darin, dass durch die Ausübung des Wahlrechts seitens der Behörde der Anspruch des Bürgers nicht geschmälert werden darf. Dieser im öffentlichen Recht begründete Anspruch wäre für den Bürger vor einem Zivilgericht aber schon deswegen nur schwer durchsetzbar, weil er auf einen für das Zivilrecht fremden Kontrahierungszwang hinausläuft. Außerdem ist der Verwaltungsprozess für den Bürger schon deshalb günstiger, weil hier nach § 86 VwGO der Amtsermittlungsgrundsatz und nicht wie im Zivilprozessrecht der Beibringungsgrundsatz gilt.

Die in diesen Fällen häufigsten Anspruchsgrundlagen werden Art. 21 I (evtl. i.V.m. IV, V) BayGO bzw. die Parallelvorschriften Art. 15 BayLKrO oder Art. 15 BayBezO[7] sein (ggf. auch §§ 69 ff. GewO bei einem festgesetzten Volksfest). Daneben kann ein Anspruch in der Satzung, die die Benutzung der Einrichtung regelt, normiert sein. Nur in Ausnahmefällen kommt ein Anspruch direkt aus den Grundrechten in Betracht[8] (insbesondere Art. 3 I GG evtl. i.V.m. Art. 21 GG, § 5 PartG).

b) Fallgruppen

einzelne Fallgruppen

Grundsätzlich sind folgende Fallgruppen zu unterscheiden:

⇨ Die Zulassung zur öffentlichen Einrichtung und Benutzung der öffentlichen Einrichtung sind öffentlich-rechtlich - etwa durch Satzung - gestaltet.

⇨ Die Zulassung zur öffentlichen Einrichtung ist öffentlich-rechtlich geregelt, die konkrete Ausgestaltung aber privatrechtlich.

⇨ Die Gemeinde bedient sich einer privatrechtlichen Organisationsform (GmbH, AG) und muss dementsprechend auch das Benutzungsverhältnis privatrechtlich ausgestalten. Insoweit handelt es sich um eine Modifikation der gerade genannten Fallgruppe.

aa) Benutzung öffentlich-rechtlich

In dieser ersten Fallgruppe ergeben sich keine Probleme. Es muss nur festgestellt werden, dass eine Benutzungsordnung nach öffentlichem Recht vorliegt. Hierfür sind Indizien, wie Bezeichnung der Benutzungsordnung (Satzung statt AGB), Bezeichnung des Entgeltes (Gebühr statt Nutzungsentgelt) oder die Art der Auflösung (Widerruf statt Kündigung) maßgebend. Kommt danach nur eine Benutzungsordnung nach öffentlichem Recht in Betracht, so ergeben sich keine Zuordnungsprobleme, der streitentscheidende Normenkomplex ist in jeden Fall öffentlich-rechtlich, der Verwaltungsrechtsweg ist somit eröffnet. Ein Rückgriff auf die Zwei-Stufen-Theorie ist nicht nötig.

bb) Benutzung privat-rechtlich

nur erste Stufe öffentlich-rechtlich

Ist die Benutzung privatrechtlich geregelt, sei es durch die Gemeinde selbst, sei es durch eine Gesellschaft, an der die Gemeinde beteiligt ist, empfiehlt es sich, in der Klausur mit der Zwei-Stufen-Theorie zu arbeiten.

---

7   Bzw. der entsprechenden jeweiligen Landesvorschriften.
8   Schwerdtfeger, § 23, Rn. 364.

Will der Kläger geklärt wissen, ob er überhaupt einen Anspruch auf Zulassung hat, so ist die erste Stufe des Rechtsverhältnisses betroffen, als streitentscheidende Norm kommt nur der öffentlich-rechtliche Zulassungsanspruch (z.B. aus Art. 21 BayGO) in Betracht.

Entstehen Streitigkeiten über die Art und Weise („Wie") der Abwicklung - etwa die Höhe des zu entrichtenden Mietzinses -, so steht der Weg zu den ordentlichen Gerichten offen, § 13 GVG, sogenannte zweite Stufe.

hemmer-Methode: Regelmäßig wird es sich in der öffentlich-rechtlichen Klausur um Streitigkeiten auf der ersten Stufe handeln, z.B. Aufnahme in den Kindergarten, Zugang zur Stadthalle, Anschluss an die gemeindliche Wasserleitung. Ein Fall auf der zweiten Stufe liegt vor, wenn nur um die Bewirtung während der Benutzung der Stadthalle gestritten wird.[9]

Zwei-Stufen-Theorie bei öffentlicher Einrichtung

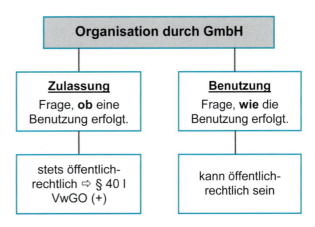

Kritik: Zwei-Stufen-Theorie lebensfremd

Die Zwei-Stufen-Theorie sieht sich allerdings zunehmender Kritik ausgesetzt. In der Literatur wird vorgebracht, die Annahme eines Zwei-Stufen-Verhältnisses beruhe auf einer Fiktion. Tatsächlich würde nur zugelassen, die Annahme eines nachfolgenden Vertrages sei eine Unterstellung, ein an sich einheitlicher Lebenssachverhalt werde künstlich auseinander gerissen.

Als Alternative wird ein einheitliches Benutzungsverhältnis vorgeschlagen, das sowohl die Zulassung als auch die eigentliche Nutzung umfasst. Dabei hat die Verwaltung die Wahl, dieses, in Verwirklichung des Zulassungsanspruches, durch Verwaltungsakt, öffentlich-rechtlichen oder privatrechtlichen Vertrag zu regeln.[10]

Einheitstheorie: Privatrecht

Nach der Einheitstheorie ist das gesamte Benutzungsverhältnis in dem Fall der Ausgestaltung durch privatrechtlichen Vertrag dem Privatrecht zuzuordnen. Wird dem Bürger die Zulassung zu der Einrichtung verweigert, muss er seinen Anspruch gegen die juristische Person des Privatrechts vor den Zivilgerichten geltend machen.

aber: keine Flucht ins Privatrecht

Dabei ist aber zu beachten, dass sich die Gemeinde durch die Wahl der privatrechtlichen Rechtsform dem gemeinderechtlichen Zulassungsanspruch nicht entziehen kann. Vielmehr handelt die Gemeinde auch hier auf dem Gebiet der Leistungsverwaltung zur öffentlich-rechtlichen Daseinsfürsorge.

---

9 BayVGH, BayVBl. 2002, 565 = **juris**byhemmer.
10 Zur Vertiefung Maurer/Waldhoff, § 17, Rn. 16 ff.

Eine „Flucht ins Privatrecht" ist abzulehnen. Wenn ein Benutzungsanspruch gegen die Gemeinde besteht, ist auch der privatrechtlich organisierte Betreiber zur Zulassung des Bürgers zu verurteilen. Die Einheitstheorie nimmt aus diesem Grund im Zivilrecht ausnahmsweise einen Kontrahierungszwang an.

c) Sonderproblem: Klageantrag bei Betrieb der öffentlichen Einrichtung in privatrechtlicher Form

Weitere Probleme ergeben sich in dem Fall, dass die öffentliche Einrichtung nicht durch die Gemeinde selbst, sondern durch eine juristische Person des Privatrechts betrieben wird, an der die Gemeinde beteiligt ist oder die die öffentliche Einrichtung von der Gemeinde gepachtet hat.

> **Bsp.:** *Die Stadthalle wird betrieben durch eine Stadthallen-GmbH. Einziger Gesellschafter der GmbH ist die Gemeinde G.*

Einwirkungsanspruch gegen die Gemeinde (jur. Pers. des ÖR)

Zwar kommt in diesen Fällen eine direkte Verurteilung der Gemeinde zur Zulassung des Antragstellers durch das Verwaltungsgericht nicht in Betracht, erwirkt werden kann aber die Verurteilung der Gemeinde, auf das von ihr kontrollierte Privatrechtssubjekt derart einzuwirken, dass dem Antragsteller Zugang gewährt wird. Auch dieser „Einwirkungsanspruch" ergibt sich aus Art. 21 BayGO.

Eine öffentlich-rechtliche Streitigkeit liegt vor.[11] Da diese Einwirkung auf der Ebene des Privatrechts stattfindet, kann es sich nicht um einen Verwaltungsakt i.S.d. § 35 VwVfG handeln, sodass allerdings nur eine allgemeine Leistungsklage in Betracht kommt.

> **hemmer-Methode:** Voraussetzung für die Anwendung der Zwei-Stufen-Theorie bei dem Betrieb der Einrichtung in privatrechtlicher Form ist aber immer, dass trotz der Privatisierung noch eine öffentliche Einrichtung vorliegt. Hieran fehlt es, wenn die Gemeinde nicht mehr die Verfügungsgewalt hat, beispielsweise weil sie in einer Stadt-Hallen-GmbH nur Minderheitengesellschafter ist oder weil sie die Halle ohne atypische Klauseln an einen privaten Betreiber verpachtet hat. Im Fall einer vollständigen auch materiellen Privatisierung liegt keine öffentliche Einrichtung mehr vor. Eine solche materielle Privatisierung ist grundsätzlich auch zulässig, da keine Pflicht besteht, öffentliche Einrichtungen zu betreiben.[12] Allerdings kann der entsprechende Pacht- bzw. Gesellschaftsvertrag nach Ansicht des BVerwG gegen Art. 57 I (Bay)GO bzw. vergleichbare landesrechtliche Vorschriften verstoßen. Nach dieser Vorschrift kann die Gemeinde in den Grenzen ihrer Leistungsfähigkeit unter Umständen verpflichtet sein, die für ihr Gemeindeleben wesentlichen öffentlichen Einrichtungen zu unterhalten. Entsprechende öffentliche Einrichtungen dürfen dann nicht vollständig privatisiert werden, da die Gemeinde hierdurch ihre Einflussmöglichkeiten verliert. Der entsprechende Vertrag soll dann wegen einer Verletzung des Art. 57 GO (wohl in Verbindung mit § 134 BGB) nichtig sein.[13]

2. Subventionsfälle

Subventionen, Definition

Subventionen sind vermögenswerte Zuwendungen des Staates oder eines anderen Verwaltungsträgers an Privatpersonen zur Förderung eines im öffentlichen Interesse liegenden Zwecks, vgl. auch § 264 VIII StGB.

---

11 Nach BVerwG, NVwZ 1991, 59 = **juris**by**hemmer**, ist es auch möglich, die juristische Person des Privatrechts unmittelbar in Anspruch zu nehmen.
12 VG Freiburg, NVwZ-RR 2002, 139 = **Life&Law 2002, 479** für ein Volksfest. Unser Service-Angebot an Sie: kostenlos hemmer.club-Mitglied werden (www.hemmer-club.de) und Entscheidungen der Life&Law lesen und downloaden.
13 BVerwG, Urteil vom 27.05.2009, 8 C 10.08 = **juris**by**hemmer** = **Life&Law 01/ 2010, 44 ff.**

§ 3 VERPFLICHTUNGSKLAGE

Im Einzelnen sind Subventionen: nicht zurückzuzahlende Geldleistungen, Darlehen, Vergabe von Sicherungen für Darlehen sowie Realförderungen. Nicht um Subventionen im verwaltungsrechtlichen Sinne handelt es sich bei Steuervergünstigungen.[14]

a) Typische Fallkonstellationen:

aa) Der Kläger begehrt eine Subvention, die ihm die Behörde versagt.

bb) Der Kläger will, dass ein Subventionsbescheid zugunsten eines Konkurrenten aufgehoben wird.

cc) Die nur einmal zu vergebende Subvention wird einem Mitbewerber zugeteilt. Um die Subvention selbst zu bekommen, genügt es nicht, lediglich die Förderung des Konkurrenten zu beseitigen (**Hemmer/Wüst, Verwaltungsrecht I, Rn. 32**). Der eigene Subventionsanspruch muss durch Klageerhebung geltend gemacht werden.[15]

b) Zuordnungsproblem und Zwei-Stufen-Theorie

Zwei-Stufen-Theorie

In diesen Fällen ist grundsätzlich eine Beurteilung der Streitigkeit sowohl nach Privatrecht (etwa: Gewährung eines Darlehens, §§ 488 ff. BGB) als auch nach öffentlichem Recht (öffentlich-rechtlicher Bewilligungsbescheid) möglich. Das Zuordnungsproblem stellt sich.

Ausnahme: verlorene Zuschüsse

Grundsätzlich kann auch hier mit der Zwei-Stufen-Theorie gearbeitet werden: Die Gewährung der Subvention geschieht durch erststufigen öffentlich-rechtlichen Bewilligungsakt, die Abwicklung des Leistungsverhältnisses erfolgt ggf. durch den zweistufigen privatrechtlichen Vertrag. Ein Rückgriff auf die Zwei-Stufen-Theorie erübrigt sich allerdings in den Fällen der verlorenen Zuschüsse, d.h. wenn die ausgezahlte Summe vom Empfänger nicht zurück zu zahlen ist. In diesen Fällen gibt es keine zweite Stufe, sondern nur die Entscheidung über das „Ob" der Auszahlung.

Zwei-Stufen-Theorie bei Erteilung von Subventionen

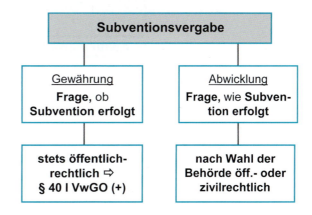

---

14 Beachten Sie, dass hier der Begriff der Beihilfe im Europarecht, Art. 107 AEUV, weiter gefasst ist, vgl. hierzu EuGH, NVwZ 2000, 784.

15 Zur Frage, ob für diese Mitbewerberklage eine Verpflichtungsklage ausreicht oder in objektiver Klagehäufung eine Anfechtungsklage ebenfalls zu erheben ist, siehe Rn. 29.

Zur Anwendbarkeit der Zwei-Stufen-Theorie auf die verschiedenen Subventionsarten siehe auch **Hemmer/Wüst, Verwaltungsrecht I, Rn. 34 bis 38**.

II. Keine andere Rechtswegzuweisung, § 40 I S. 1 HS 2 und S. 2 VwGO (sog. abdrängende Sonderzuweisung)

abdrängende Zuweisung

Der Rechtsweg zu den allgemeinen Verwaltungsgerichten ist nach § 40 I S. 1 HS 2 VwGO nicht gegeben, wenn eine Zuweisung an die besonderen Zweige der Verwaltungsgerichtsbarkeit (§ 51 SGG an die Sozialgerichte, § 33 FGO an die Finanzgerichte) besteht. Daneben kommt eine Zuweisung vor allem an die ordentlichen Gerichte in Betracht.

> **hemmer-Methode:** Es gibt immer wieder Reformbestrebungen, die Sozial- und die Verwaltungsgerichte zusammenzulegen, was durchaus Sinn macht, da zwischen beiden Rechtsgebieten große Parallelen und Überschneidungen bestehen.

§ 49 VI S. 3 VwVfG: Entschädigung beim Widerruf

Eine möglicherweise examensrelevante Verweisung findet sich in § 49 VI S. 3 VwVfG für die Entschädigung beim Widerruf eines rechtmäßigen Verwaltungsakts.

aber: keine Verweisung bei Entschädigung wegen Rücknahme!

Geht es hingegen um die Rücknahme rechtswidriger Verwaltungsakte, dann ist bzw. bleibt für Entschädigungsansprüche das Verwaltungsgericht zuständig, da es keine Verweisung an die ordentlichen Gerichte gibt.

> **hemmer-Methode:** Geht es um die Geltendmachung von Entschädigungsansprüchen wegen Aufhebung von Verwaltungsakten, so muss streng genommen die Problematik, ob der Verwaltungsakt rechtmäßig oder rechtswidrig war, als Vorfrage i.R.d. Rechtswegentscheidung vorab geprüft werden: Nur so kann die Rechtswegfrage im Hinblick auf § 48 III VwVfG und § 49 VI VwVfG entschieden werden. Gleichwohl sollte es hier insgesamt nicht zu einer Vorwegnahme der Begründetheit kommen, sodass diesbezügliche Ausführungen kurzgehalten werden sollten.
> Beachten Sie schließlich für den Fall der Entschädigung das Problem der richtigen Klageart (unten Rn. 18): Hier kommt es dann nämlich auf die Abgrenzung von Verpflichtungs- und Leistungsklage an!

B) Zulässigkeit der Verpflichtungsklage

I. Statthaftigkeit

statthaft bei Begehren eines Verwaltungsakts

Nach der Legaldefinition des § 42 I Alt. 2 VwGO ist die Verpflichtungsklage eine Klageart, mit der die Verurteilung zum Erlass eines abgelehnten (UF. 1) oder unterlassenen (UF. 2) Verwaltungsakts begehrt wird. Nach ständiger Rspr. des BVerwG muss die begehrte Leistung objektiv einen Verwaltungsakt darstellen. Aus dem Umstand, dass die VwGO in § 113 V S. 1 den Begriff der „Amtshandlung" neben dem des Verwaltungsakts gebraucht, kann nicht geschlossen werden, dass die VwGO von einem weiteren Verwaltungsakt-Verständnis ausgeht als das VwVfG.[16]

---

[16] Vgl. dazu die lesenswerte Grundsatzentscheidung BVerwGE 31, 301 = **juris**byhemmer.

1. Begehren eines Verwaltungsakts

Abgrenzung zu Nicht-Verwaltungsakt

Bei der Festlegung der richtigen Klageart kann es entscheidend auf die Abgrenzung zwischen Verwaltungsakt und Nicht-Verwaltungsakt ankommen (vgl. dazu **Hemmer/Wüst, Verwaltungsrecht I, Rn. 55 bis 100**). Wird die Verurteilung zu einer anderen Leistung als eines Verwaltungsakts begehrt, ist die Klage keine Verpflichtungs-, sondern eine allgemeine Leistungsklage. Da die allgemeine Leistungsklage kein Vorverfahren und auch keine Klagefrist kennt (§§ 68 ff., 74 VwGO), kann diese Differenzierung entscheidungserheblich sein.

hemmer-Methode: Auch wenn es in der Klausur nicht auf die Abgrenzung ankommt, sollten Sie es tunlichst vermeiden, die Klageart dahingestellt sein zu lassen. Die Lösungstechnik des „selbst wenn, dann auch" ist zwar ein eleganter und von der Rspr. selbst gern praktizierter Weg.[17] Als Student und Examenskandidat dürfen Sie über dieses Standardproblem aber nicht ohne weiteres hinweg schreiben.

a) Abgrenzung Verwaltungsakt / Realakt

aa) Geldleistungsansprüche

Realakte, insbes. Zahlung

Das Abgrenzungsproblem Verwaltungsakt/Nicht-Verwaltungsakt stellt sich insbesondere bei der Geltendmachung von Geldleistungsansprüchen durch den Bürger: Es ist darauf zu achten, ob es eines Festsetzungsbescheides (z.B. §§ 48 III S. 3, 49a I S. 2 VwVfG, etwas exotischer: § 19a I ParteiG) bedarf oder ob dieser bereits erlassen worden ist.

Bsp.: In Deutschland wird eine Investitionsbeihilfe für die Not leidende Textilindustrie eingeführt, ohne dass die Bundesregierung die EG-Kommission gemäß Art. 108 III AEUV davon unterrichtet. Die Textil-AG bekommt daraufhin vom Bundeswirtschaftsminister eine Beihilfe von 500.000,-€ beschieden. Kurz vor der Auszahlung bemerkt das Ministerium das Versäumnis. Es nimmt zwar den Bescheid nicht zurück, will aber vor der Entscheidung der Kommission gemäß Art. 108 II AEUV das Geld auch nicht auszahlen.

Der Bewilligungsbescheid ist hier bereits erlassen und weiterhin wirksam, es bedarf aus der Sicht der Textil-AG nur noch des Realaktes der Auszahlung. Daher ist die allgemeine Leistungsklage richtige Klageart.[18]

Bsp.: Aufgrund der Rücknahme eines Verwaltungsakts entstehen dem X Schäden in hohem Umfang. Er klagt deshalb vor dem Verwaltungsgericht auf Zahlung einer Entschädigung nach § 48 III VwVfG.

Die Festlegung des Entschädigungsanspruchs erfolgt hier durch die Behörde selbst, nicht durch die Verwaltungsgerichte. Richtige Klageart ist damit die Verpflichtungsklage, da der X die Verurteilung zum Erlass eines Verwaltungsakts begehrt.[19]

hemmer-Methode: Kenntnisse des Europarechts lassen sich in der Examensklausur besonders gut im Staatshaftungsrecht und innerhalb der §§ 48, 49 VwVfG abfragen. Erarbeiten Sie sich zu letzterem Problemkreis dieser ohnehin extrem wichtigen Normen Hemmer/Wüst, Europarecht, Rn. 340 ff.!

---

17 Vgl. etwa BVerwGE 31, 301 (302) = **juris**byhemmer.
18 Davon zu unterscheiden ist der Fall, in dem die Behörde eine Subvention durch Leistungsklage zurückfordert. U.U. fehlt es ihr am Rechtsschutzbedürfnis, wenn sie mittels eines Leistungsbescheides einfacher zum Ziel kommen kann (s.u. Rn. 195 ff.).
19 Dazu Kopp/Ramsauer, § 48 VwVfG, Rn. 129.

bb) Erteilung einer Auskunft/Widerruf von Äußerungen

Auskunft u. Widerruf im Einzelfall

Die Mitteilung von Tatsachen stellt mangels unmittelbarer Rechtswirkung keine Regelung dar. Anders bei Auskünften gemäß § 15 BVerfSchG: Hier muss die Behörde erst in einer komplexen Subsumtion entscheiden, ob überhaupt ein Auskunftsanspruch besteht. Der Schwerpunkt der Handlung liegt daher nach Ansicht des BVerwG in der Rechtsentscheidung über den Anspruch. Deshalb sei ausnahmsweise von einer Verpflichtungsklage auszugehen.[20]

cc) Folgenbeseitigungsansprüche

Bsp.: Werden Obdachlose in eine Privatwohnung durch die Gemeinde zwangseingewiesen, kann der Eigentümer die Wohnungsbeschlagnahme zunächst anfechten. Muss E nach Zeitablauf der bestandskräftigen Beschlagnahme die allgemeine Leistungsklage auf Herausgabe oder die Verpflichtungsklage erheben, da die Gemeinde gegen die Bewohner erst eine Ausweisungsverfügung erlassen muss?

bei Folgenbeseitigungsanspruch grds. Leistungsklage

Folgenbeseitigungsansprüche werden grds. mit der allgemeinen Leistungsklage geltend gemacht (vgl. auch die Regelung in § 113 I S. 2, IV VwGO). Schließlich ist es dem Bürger egal, welche Maßnahmen die Behörde zur Verwirklichung des Anspruchs treffen muss, und das erst recht, wenn der zu erlassende Verwaltungsakt gegen einen Dritten ergehen muss. Man kann auch nicht darauf abstellen, dass in der bloßen Nichtvornahme des begehrten Realakts ein konkludenter Versagungsbescheid liegt. In der Konsequenz hieße das nämlich, dass für die allgemeine Leistungsklage praktisch kein eigener Anwendungsbereich bliebe.[21]

Anders liegt der Fall, wenn ausdrücklich der Erlass eines Verwaltungsakts beantragt wird (im obigen Bsp. also die Ausweisung der Obdachlosen). Dann ist danach abzugrenzen, innerhalb welchen Rechtsverhältnisses der Verwaltungsakt begehrt wird.

Bsp.: Der Eigentümer kann im Fall der Obdachloseneinweisung neben der Freigabe der Wohnung auch direkt einen „Ausweisungs-Verwaltungsakt" gegenüber den Obdachlosen begehren. Problematisch hieran sind allerdings die Klagebefugnis und das Rechtsschutzbedürfnis, da man bezweifeln kann, ob der Eigentümer auch einen Anspruch auf eine ganz bestimmte Art der Räumung hat. Es kann ihm grundsätzlich egal sein, aus welchem Grund die Obdachlosen seine Wohnung wieder verlassen, ob dies freiwillig, aufgrund einer Vereinbarung mit der Behörde oder zwangsweise infolge der Durchsetzung des Ausweisungs-Verwaltungsakts geschieht.[22]

b) Sonderfall: Mitwirkung anderer Behörden

aa) Im Verhältnis Bürger – Staat

Hier ist problematisch, ob Genehmigungs- oder Zustimmungsakte von Drittbehörden, die dem Einzelnen nicht handelnd gegenübertreten, selbstständig anfechtbare Verwaltungsakte sind oder ob es ihnen an Außenwirkung mangelt, sodass nur die allgemeine Leistungsklage einschlägig wäre.

---

20 BVerwG, NJW 1990, 2761 = **juris**byhemmer; a.A. Schenke, § 5, Rn. 202: Auskünfte sind immer Realakte; ausführlich hierzu Fallbeispiel in Rn. 176.
21 Schenke, § 5, Rn. 202 und § 8, Rn. 347.
22 Maurer/Waldhoff, § 30, Rn. 14 f. Nach a.A. handelt es sich um einen Anspruch auf polizeiliches Einschreiten; ein Klausurbeispiel zum Klassiker der Wohnungszwangseinweisung finden Sie in JA 1993, 196.

mehrstufige Verwaltungsakte	*Beispiele sind insbesondere das Einvernehmen der Gemeinde bei Erteilung einer Baugenehmigung, § 36 I S. 1 BauGB, die Genehmigung des gemeindlichen Bebauungsplanes durch die zuständige Behörde, § 10 II BauGB sowie die Zustimmung der obersten Landesstraßenbehörde nach § 9 II BFernStrG.*
Mitwirkungshandlung i.d.R. nicht auf unmittelbare Außenwirkung gerichtet	Der Bürger, dem etwa die Erteilung der Baugenehmigung versagt wird, wird zwar in letzter Hinsicht durch die Versagung des Einvernehmens betroffen. Auf unmittelbare Außenwirkung i.S.d. § 35 S. 1 VwVfG sind verwaltungsbehördliche Maßnahmen aber nur dann gerichtet, wenn sie ihrem objektiven Sinngehalt nach dazu bestimmt sind, über den verwaltungsinternen Bereich hinauszugreifen. Es reicht daher nicht aus, dass eine Maßnahme **faktisch** Wirkungen im Außenbereich zeitigt, entscheidend ist vielmehr, dass sie diese Wirkungen rechtlich auch entfalten soll. So liegen die genannten Fälle aber nicht.
	hemmer-Methode: Teilweise wird ausnahmsweise die Außenwirkung der Mitwirkungshandlung bejaht, nämlich dann, wenn der mitwirkenden Behörde gesetzlich die selbstständige und ausschließliche Geltendmachung bestimmter Gesichtspunkte gegenüber dem Bürger übertragen ist, sog. inkongruente Prüfungskompetenz. Dem kann nur gefolgt werden, wenn die mitwirkende Behörde dem Bürger gegenüber direkt auftritt.[23]
kein Anspruch des Bürgers auf interne Mitwirkungshandlung	Unmittelbare Rechtswirkung für den Einzelnen entfaltet im Regelfall nur die Versagung der Baugenehmigung, nicht also die verweigerte Zustimmung der mitwirkenden Behörde. Insofern ist mangels Klagebefugnis auch eine Leistungsklage unzulässig.
Klage auf Genehmigung, Beiladung der „Mitwirkungsbehörde"	Zulässig ist aber eine Verpflichtungsklage auf Genehmigungserteilung. Die Behörde, die die Mitwirkung versagt hat, ist als notwendige Beigeladene am Verfahren beteiligt, § 65 II VwGO, sodass die verweigerte Mitwirkungshandlung gegebenenfalls durch das Gericht ersetzt werden kann.[24]
	hemmer-Methode: Arbeiten Sie immer heraus, aus welchem Grund die angeprüfte Klage nicht einschlägig ist, z.B. wegen welcher fehlenden Verwaltungsakt-Eigenschaft oder fehlender Klagebefugnis. Denn nur die Begründung bringt Punkte!

Klagemöglichkeiten bei mehrstufigem Verwaltungsakt

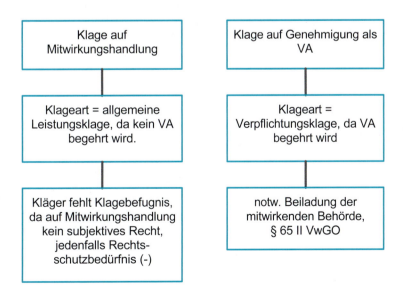

---

[23] Für den Fall des gemeindlichen Einvernehmens ließe sich auch die Gegenansicht vertreten, da die Gemeinde in Selbstverwaltungsangelegenheiten gegenüber der Baubehörde als Staatsbehörde auftritt und damit die Maßnahme Außenwirkung hat. Es handelt sich gleichsam um ein Spiegelbild zur rechtsaufsichtlichen Maßnahme, bei der die Außenwirkung unstreitig ist. Allerdings würde auch bei Bejahung eines Verwaltungsakts dem Bürger die Klagebefugnis und jedenfalls das Rechtsschutzbedürfnis für eine Klage auf Erteilung des Einvernehmens fehlen.

[24] BVerwG, MDR 1969, 783 = **juris**byhemmer.

> **hemmer-Methode:** In der Klausur wird regelmäßig ein Gutachten über die Erfolgsaussichten gerichtlicher Schritte erstellt werden müssen. Dann müssen Sie beide Klagevarianten anprüfen und sich letztendlich für die Verpflichtungsklage entscheiden.
> Von dieser Konstellation zu unterscheiden ist der Fall der (widerrechtlichen) Genehmigung eines gemeindlichen Bebauungsplanes. Gegenüber dem Einzelnen ist die Genehmigung einer Satzung oder einer Rechtsverordnung kein Verwaltungsakt, sondern Teil des Rechtsetzungsverfahrens.[25] Sie ist für ihn daher überhaupt nicht selbstständig anfechtbar. Ihre Rechtmäßigkeit kann nur noch im Rahmen einer Normenkontrollklage überprüft werden. Gegenüber der Gemeinde stellt sich die Genehmigung bzw. deren Verweigerung hingegen als Einzelfallregelung und somit als Verwaltungsakt dar[26] (dazu weiter unter Rn. 22).

bb) Im Verhältnis von Trägern öffentlicher Gewalt untereinander

Klage einer Gemeinde

Begehrt ein Träger öffentlicher Gewalt von einem anderen Träger öffentlicher Gewalt ein Tätigwerden, kann das zentrale Problem des Falles darin liegen, ob damit ein Verwaltungsakt begehrt wird und somit die Verpflichtungsklage einschlägig ist.

> **Bsp.:** Die bayerische kreisangehörige Gemeinde G will eine bestimmte örtliche Verbrauchssteuer erstmalig in Bayern einführen. Das LRA L als Rechtsaufsichtsbehörde verweigert die nach Art. 2 III KAG erforderliche Genehmigung der Satzung. Kann die G Verpflichtungsklage erheben?

G begehrt hier eine Genehmigung der L gem. Art. 2 III BayKAG. Die Statthaftigkeit der Verpflichtungsklage hängt davon ab, ob die begehrte Genehmigung ein Verwaltungsakt i.S.d. Art. 35 S. 1 BayVwVfG (entspricht dem Bundes-VwVfG) ist.

Das KAG weist das Genehmigungserfordernis dem Aufgabenbereich der Rechtsaufsichtsbehörde zu. Der Streit, ob Maßnahmen der Fachaufsichtsbehörde Verwaltungsakt-Charakter besitzen, muss daher nicht geklärt werden. Handelte es sich um eine Maßnahme der Fachaufsicht, würde der Gesetzgeber nicht die Rechtsaufsichtsbehörde für zuständig erklärt haben.

Die h.M. qualifiziert zwar Maßnahmen der Rechtsaufsicht generell als Verwaltungsakte, doch darf daraus nicht geschlossen werden, dass die Satzungsgenehmigung automatisch als Verwaltungsakt zu behandeln ist. Die Genehmigung könnte nämlich auch als integrierter Bestandteil des Rechtsetzungsverfahrens betrachtet werden, für dessen Ausübung die Rechtsaufsichtsbehörde lediglich zuständige Stelle ist. Letztere Ansicht ist jedoch abzulehnen. Die Genehmigung wird der Gemeinde gegenüber als selbstständiges Rechtssubjekt erklärt bzw. versagt. Sie hat damit Regelungswirkung und Außenwirkung, ist daher Verwaltungsakt.[27] Die Verpflichtungsklage ist statthaft.

> **hemmer-Methode:** Die Satzungsgenehmigung ist nicht etwa ein Verwaltungsakt mit Drittwirkung, sodass der abgabenpflichtige Bürger (oder der böse Nachbar im Baurecht) die Genehmigung anfechten könnte. Ihm gegenüber ist sie nur Teil des Rechtsetzungsverfahrens. Rechtsschutz ist daher nur durch eine Normenkontrollklage nach § 47 VwGO möglich.[28] Insoweit kann man von einem „relativen" Verwaltungsakt sprechen. Sobald die Satzung wirksam wurde, ist die Genehmigung auch aus Sicht der Genehmigungsbehörde nur noch als Teil des Rechtsetzungsverfahrens zu bewerten, sodass eine Rücknahme nach § 48 VwVfG ausscheidet.

---

[25] Auch hier ließe sich eine andere Ansicht vertreten. Die Genehmigung ist gegenüber jedermann Verwaltungsakt. Dem Bürger fehlt aber jedenfalls die Klagebefugnis, um dagegen vorzugehen, da er nicht unmittelbar durch die Genehmigung in seinen Rechten betroffen ist.

[26] BVerwGE 34, 301 = **juris**byhemmer.

[27] BVerwGE 16, 83 f. = **juris**byhemmer; 34, 301, 303 = **juris**byhemmer.

[28] Beachte in Bayern daneben die Möglichkeit einer Popularklage zum BayVerfGH nach Art. 98 S. 4 BV, Art. 55 VerfGHG.
Eine alternative Lösung wäre, auch dem Bürger gegenüber von einem Verwaltungsakt auszugehen, eine Klage des Bürgers aber an der Klagebefugnis scheitern zu lassen.

> Ein Vorgehen gegen die Satzung kommt nur noch nach aufsichtsrechtlichen Vorschriften in Betracht.
> Vergleichen Sie zum Unterschied von Rechts- und Fachaufsicht Hemmer/Wüst, Verwaltungsrecht I, Rn. 89 ff.

c) Keine Erledigung des begehrten Verwaltungsakts

wenn (vorherige) Erledigung, dann FFK

Weiterhin dürfte der Verwaltungsakt, sofern er erlassen worden wäre, noch nicht seine Erledigung gefunden haben.[29] Erledigung bedeutet in diesem Zusammenhang, dass der Erlass des Verwaltungsakts nicht mehr möglich oder im jetzigen Zeitpunkt sinnlos wäre.[30]

> **hemmer-Methode:** In der Situation der Verpflichtungsklage erledigt sich nicht der Verwaltungsakt als solcher. Dieser existiert schließlich noch gar nicht, da er ja gerade nicht erlassen wurde. Es erledigt sich vielmehr das Begehren auf Erlass des Verwaltungsakts.

Der Kläger kann im Fall der Erledigung nur noch die Feststellung begehren, dass der Nichterlass des Verwaltungsakts rechtswidrig gewesen ist. Für dieses Klagebegehren steht in entsprechender Anwendung des § 113 I S. 4 VwGO die Fortsetzungsfeststellungsklage (FFK) zur Verfügung.[31]

> **hemmer-Methode:** Allerdings neigt das BVerwG in den Fällen der Erledigung vor Klageerhebung dazu, eine allgemeine Feststellungsklage nach § 43 VwGO anzunehmen.[32] Bis sich hier eine Verfestigung abzeichnet, sollten Sie jedoch auf der gewohnten Schiene der Fortsetzungsfeststellungsklage weiterfahren,[33] schon um die Probleme hinsichtlich Vorverfahren und Klagefrist ernsthaft diskutieren zu können.

2. Fälle der Verpflichtungsklage

a) Versagungsgegenklage, § 42 I Alt. 2 UF 1 VwGO

Unterfall: Versagungsgegenklage

Hat die Behörde den Erlass des begehrten Verwaltungsakts nach Antragstellung abgelehnt, ist die Verpflichtungsklage in ihrem Unterfall der Versagungsgegenklage die richtige Klageart. Für das Verständnis der Versagungsgegenklage ist es wichtig, sich klar zu machen, dass nicht der Versagungsbescheid selbst Gegenstand der Klage ist. Während bei der Anfechtungsklage der belastende Verwaltungsakt direkt angegriffen wird, ist bei der Versagungsgegenklage die Beseitigung des Versagungs-Verwaltungsakts nur Nebenfolge. Unmittelbar wird die Leistung, also der Erlass des beantragten Verwaltungsakts begehrt.

---

29 Schmitt-Glaeser, Rn. 173.
30 Zum Begriff der Erledigung siehe Rn. 99, 107 ff.
31 Ausführlich zur Fortsetzungsfeststellungsklage vgl. unten Rn. 99 ff.
32 BVerwG, NVwZ 2000, 63 = **juris**byhemmer = **Life&Law 2000, 197**, hierzu auch unten Rn. 99 ff.
33 Vgl. m.w.N. Rozek, „Fortsetzung folgt?", JuS 2000, 1162.

Zeitstrahl bei Versagungsgegenklage als Unterfall der Verpflichtungsklage:

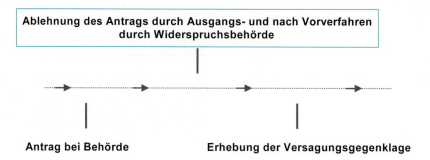

> **hemmer-Methode:** Die Verpflichtungsklage als Versagungsgegenklage hat somit Doppelcharakter: Sie hebt den Ablehnungsbescheid im Tenor auf[34] **und** sie verpflichtet im Tenor gleichzeitig den Beklagten, den beantragten Verwaltungsakt zu erlassen.

b) Untätigkeitsklage, § 42 I Alt. 2 UF 2 VwGO

Untätigkeitsklage als Problem des Vorverfahrens

Die Untätigkeitsklage ist auf den Erlass eines unterlassenen Verwaltungsakts gerichtet (vgl. Wortlaut § 42 I Alt. 2 UF 2 VwGO). Voraussetzung ist also, dass die Behörde auf einen Antrag hin untätig geblieben ist. Für diesen Fall der Verpflichtungsklage sieht das Gesetz allerdings in § 75 S. 1 Alt. 2 VwGO besondere Zulässigkeitsregelungen wie die Drei-Monats-Frist vor, sodass die Untätigkeitsklage als Unterfall der Verpflichtungsklage weniger bei der Klageart, sondern vor allem bei der Frage, ob ein Vorverfahren notwendig ist, § 68 II VwGO, und eine Klagefrist zu wahren ist, § 74 II VwGO, eine Rolle spielt.

Zeitstrahl bei Untätigkeitsklage als Unterfall der Verpflichtungsklage:

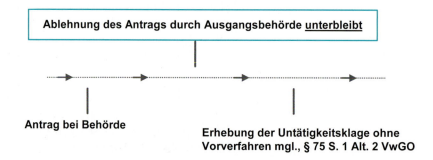

> **hemmer-Methode:** Beachten Sie im Zusammenhang mit der Untätigkeitsklage auch die Genehmigungsfiktion des § 42a I VwVfG. Greift diese, gilt nach Ablauf der drei Monate der begehrte Verwaltungsakt als erteilt, eine Verpflichtungsklage ist dann nicht mehr nötig und damit auch nicht mehr statthaft.[35]
> § 75 VwGO kann auch in einem ganz anderen Kontext Bedeutung erlangen. Im Staatshaftungsrecht gilt der Rechtsgedanke des Mitverschuldens (§ 254 BGB, § 839 III BGB als Sondervorschrift hierzu). Der Anspruchsteller muss daher die Möglichkeiten der Unrechtsabwehr ausschöpfen. Hierzu gehört auch die Erhebung einer Anfechtungs- oder Verpflichtungsklage gemäß § 75 VwGO.

---

34 Nicht unstreitig, Kopp/Schenke, § 113 VwGO, Rn. 179, bezeichnet dies zwar als zweckmäßig und üblich, aber keineswegs als zwingend!
35 Ausführlicher unten Rn. 35a.

c) „Bescheidungsklage", § 113 V S. 2 VwGO

Bescheidungsklage als Problem der Begründetheit

Die so genannte Bescheidungsklage (§ 113 V S. 2 VwGO) stellt kein Problem der Zulässigkeit, sondern der Begründetheit der Verpflichtungsklage dar (vgl. unten Rn. 59), sodass sich Ausführungen zu der Frage, ob eine Bescheidungsklage als Unterfall der Verpflichtungsklage zulässig ist, erübrigen.

> **hemmer-Methode:** Anders kann dies im Zweiten Staatsexamen sein! Wenn Sie hier aus Anwaltssicht eine Klage formulieren, sollten Sie bei mangelnder Spruchreife nur eine Verbescheidungsklage erheben, da Sie andernfalls ein Teilunterliegen riskieren und somit auch die Kosten anteilig tragen müssten.

3. Sonderprobleme der Statthaftigkeit

a) Klagen Dritter

Drittbeteiligungsfälle: wichtig ist vor allem Klagebefugnis

Abgrenzungsschwierigkeiten zur Anfechtungsklage können mitunter in den Drittbeteiligungsfällen entstehen, also wenn sich nicht der Adressat, sondern ein Dritter gegen den Verwaltungsakt wendet. Typische Fallkonstellationen hierfür sind die Nachbarklage im Baurecht und Immissionsschutzrecht, das Vorgehen eines Nachbarn gegen eine gaststättenrechtliche Erlaubnis sowie die Fälle der wirtschaftlichen und beamtenrechtlichen Konkurrentenklage. Das Hauptaugenmerk wird aber regelmäßig auf das Bestehen der Klagebefugnis zu richten sein.

aa) Nachbarklagen

Das Klagebegehren des Nachbarn zielt meist darauf ab, die ihn belastende Begünstigung des Adressaten aus der Welt zu schaffen. Hierfür sind Anfechtungswiderspruch und Anfechtungsklage die richtigen Rechtsbehelfe.

Klage auf Beifügung von Nebenbestimmung

(1) Anders verhält es sich, wenn der Nachbar, ohne die Erteilung der Genehmigung selbst anzugreifen, auf die Beifügung einer Nebenbestimmung klagt (z.B. nachträgliche Anordnung nach § 17 I BImSchG oder Verbindung mit einer Auflage nach § 12 BImSchG).

Ebenso wie man die Möglichkeit der selbstständigen Anfechtung von Nebenbestimmungen aus dem Wortlaut des § 113 I S. 1 VwGO („Soweit ... ") grundsätzlich bejaht, ist auch diese Möglichkeit der Ergänzung eines Verwaltungsakts durch Neuerlass eines Teils aus dem Wortlaut des § 113 V S. 1 VwGO herzuleiten.[36]

> **hemmer-Methode:** Lernen Sie in Zusammenhängen! Beim Nachbarschutz kann es zu Überschneidungen von Öffentlichem Recht und dem Zivilrecht kommen: Hält der Adressat einer immissionsschutzrechtlichen Genehmigung z.B. eine ihm auferlegte Lärmschutzauflage nicht ein, kann der Nachbar ihn u.U. auf dem Zivilrechtsweg zur Einhaltung der öffentlich-rechtlichen Auflage zwingen. Anspruchsgrundlage ist § 823 II BGB i.V.m. einem Schutzgesetz, hier z.B. §§ 12 oder 17 BImSchG.[37]

---

[36] Die Rechtmäßigkeit einer nachträglichen Nebenbestimmung setzt nach h.M. voraus, dass sowohl die Voraussetzungen des § 36 VwVfG wie die der §§ 48, 49 VwVfG gegeben sind, vgl. VGH Mannheim, DVBl. 2008, 1001 = **juris**byhemmer = **Life&Law 2009, 109**.

[37] Weiterführend dazu BGH, NJW 1993, 1580 = **juris**byhemmer und Fritzsche, NJW 1995, 1121.

Klage aufgrund von Zusicherung

(2) Möglich ist auch, dass der Nachbar gar kein drittschützendes subjektives Recht geltend machen kann, die Bauaufsichtsbehörde ihm aber die Zusicherung erteilt hat, das objektive Recht einzuhalten. Dann kann er zumindest mittelbaren Nachbarschutz durch eine Verpflichtungsklage auf Einhaltung der Zusicherung erwirken.[38]

Sofortvollzug kein Verwaltungsakt, Vorgehen nach § 80a III VwGO

(3) Stellt dagegen der Adressat des begünstigenden Verwaltungsaktes aufgrund des Anfechtungswiderspruchs eines Dritten einen Antrag auf Anordnung der sofortigen Vollziehung nach §§ 80a I Nr. 1, 80 II Nr. 4 VwGO und kommt dem die Behörde nicht nach, so muss er seinen Anspruch auf fehlerfreie Ermessensausübung gerichtlich über §§ 80a III, 80 V S. 1 VwGO durchsetzen. Die Verpflichtungsklage scheidet aus, weil die Anordnung der sofortigen Vollziehung mangels Regelung keinen Verwaltungsakt darstellt. Gleiches gilt für den umgekehrten Fall, wenn also der Rechtsbehelf des Dritten bspw. nach § 80 II S. 1 Nr. 1 VwGO i.V.m. § 212a BauGB keine aufschiebende Wirkung hat und dieser einen Antrag nach § 80a I Nr. 2 VwGO stellt. Auch hier muss er bei Ablehnung dieses Antrags zwingend nach §§ 80a III, 80 V S. 1 VwGO vorgehen und einen Antrag auf Aussetzung der Vollziehung stellen.

genehmigungsfreies Vorhaben, Klage auf Einschreiten

(4) Probleme tauchen auch dann auf, wenn der Bauherr keiner Baugenehmigung bedarf, das Vorhaben also nicht genehmigungspflichtig ist[39], oder er einen Schwarzbau errichtet. In einer solchen Situation scheidet eine Anfechtungsklage mangels Vorliegens eines angreifbaren Verwaltungsakts aus. Der Nachbar muss Verpflichtungsklage auf Einschreiten der Behörde gegen den Nachbar stellen.[40]

Die gleiche Problematik taucht auf, wenn der Nachbar sich auf die Verletzung solcher Vorschriften beruft, die im (vereinfachten) Genehmigungsverfahren nicht zu prüfen sind. Auch hier macht eine Anfechtungsklage keinen Sinn, da die Baugenehmigung nicht aufgrund dieser Rechtsverstöße rechtswidrig sein kann. Stattdessen muss der Bauherr wiederum über eine Verpflichtungsklage einen Anspruch auf bauaufsichtliches Einschreiten geltend machen.

bb) Wirtschaftliche Konkurrentenklage

Unter dem Begriff der Konkurrentenklage werden mehrere Fallgestaltungen zusammengefasst.

negative Konkurrentenklage: Anfechtungsklage

(1) Wehrt sich ein Mitbewerber gegen die einem Konkurrenten gewährte Begünstigung, bezeichnet man dies als negative bzw. defensive Konkurrentenklage. Der Mitbewerber muss mittels der Anfechtungsklage wie bei der baurechtlichen Nachbarklage die Aufhebung zu erreichen suchen.

positive Konkurrentenklage: Verpflichtungsklage str.

(2) Begehrt der Mitbewerber selbst eine Begünstigung, handelt es sich um eine positive bzw. offensive Konkurrentenklage. Eine echte Konkurrenzsituation entsteht aber an sich erst dann, wenn die Begünstigung nur einem der Antragsteller erteilt werden kann (*Mitbewerberklage*). Hier liegen die größten Schwierigkeiten.

---

38 BVerwGE 49, 244 = **juris**byhemmer; Schenke, § 6, Rn. 271.
39 Das Vorhaben fällt bspw. unter Art. 57, 58 BayBO.
40 Anspruchsgrundlagen wären bspw. Art. 75, 76 BayBO. Diese geben dem Nachbarn allerdings allenfalls dann einen Anspruch, wenn sich die Baurechtswidrigkeit (auch) in nachbarschützenden Vorschriften begründet und wenn das Ermessen der Behörde auf Null reduziert ist, was die h.M. nur in Ausnahmefällen bejaht. Im Normalfall kommt nur ein Anspruch auf ermessensfehlerfreie Entscheidung in Betracht, vgl. hierzu BVerwG, Beschluss vom 04.06.2008, 4 B 35.08 und OVG Lüneburg, NVwZ-RR 2008, 374 = **juris**byhemmer, beides in **Life&Law 2008, 830 ff**. Deutlich großzügiger ist hier der VGH Mannheim, Urteil vom 24.03.2014, 8 S 1938/12. Der VGH bejaht regelmäßig einen Anspruch des Nachbarn auf Einschreiten, wenn die Anlage gegen drittschützende Vorschriften verstößt.

Typische Anwendungsfälle sind in nur begrenzter Zahl verfügbare gewerberechtliche Genehmigungen, Genehmigungen nach dem PBefG, vgl. § 13 IV PBefG,[41] Genehmigungen nach den Landesrundfunkgesetzen, die Zulassung zu öffentlichen Einrichtungen.

Anfechtung allein nicht ausreichend

Mit der Anfechtung der Drittbegünstigung ist dem Mitbewerber alleine nicht gedient, er begehrt ja seine eigene Begünstigung. Andererseits scheint ihm die Verpflichtungsklage auch nicht weiterzuhelfen. Diese richtet sich unmittelbar nur gegen die eigene Versagung, nicht gegen die Drittbegünstigung. Zudem ist die begehrte Leistung erst dann möglich, wenn die Drittbegünstigung aufgehoben wird.

Daher wird vertreten, dass zusätzlich zur Verpflichtungsklage eine Anfechtungsklage erhoben werden müsse.[42]

nach BVerwG Verpflichtungsklage (+)

Gegen diese dogmatisch saubere Lösung wird der Grundsatz der Rechtsschutzeffektivität des Art. 19 IV GG angeführt. Der übergangene Bewerber werde angesichts einer Vielzahl möglicher Konkurrenten, die einen positiven Bescheid erhalten haben, überfordert. Er müsste dann, um seine Chancen zu wahren, gleich mehrere Anfechtungsklagen erheben. Deshalb erkennt das BVerwG eine auf erneute Verbescheidung gerichtete Verpflichtungsklage jedenfalls im Bereich des GüKG, wenn es also typischerweise um eine Vielzahl von Zulassungen geht, als ausreichend an.[43]

hemmer-Methode: Dies bedeutet aber nur, dass der Bürger nicht zwingend die Kombination von Anfechtungsklage und Verpflichtungsklage erheben muss, sondern er sich auf die Verbescheidungsklage beschränken kann. Im Interesse eines effektiven Rechtsschutzes bleibt es ihm aber unbenommen, sich für die Kombination beider Klagen zu entscheiden. Soweit nur ein einziger Konkurrent im Spiel ist, wird teilweise der bloßen Verbescheidungsklage aber das Rechtsschutzbedürfnis versagt und die Kombination von Drittanfechtungsklage und Verpflichtungsklage als zwingend angesehen.
Schwieriger wird es, wenn ein Dritter die Aufhebung eines Subventionsbescheides und die Rückerstattung der ausgezahlten Subventionen begehrt. Hier sind zwei Wege möglich:
1. Verpflichtungsklage in obj. Klagehäufung auf Erlass eines Aufhebungsbescheides gem. §§ 48, 49 VwVfG und Erlass eines Erstattungsbescheides gem. § 49a (i.V.m. § 49 V S. 2) VwVfG.
2. Anfechtungsklage und Geltendmachung eines Folgenbeseitigungsanspruchs gem. § 113 I S. 2 VwGO.

Für die Anfechtungsklage spricht die Gestaltungswirkung sowie die Wirkung des § 50 VwVfG als der effizientere Weg. Außerdem steht der Behörde nach §§ 48 f. VwVfG ein Ermessen zu, d.h. sie kann trotz Rechtswidrigkeit der Subventionierung von einer Rücknahme absehen. Andererseits ist nicht unumstritten, ob ein FBA bei Verwaltungsakten mit Drittwirkung anzuerkennen ist. Die mittlerweile h.M. bejaht diese Möglichkeit grundsätzlich.[44] Folge ist, dass einer gleichwohl erhobenen Verpflichtungsklage das Rechtsschutzbedürfnis fehlt. Der Kläger muss den effizienteren Weg der Anfechtungsklage wählen.

cc) Beamtenrechtliche Konkurrentenklage

Besonderheiten im Beamtenrecht

Diese Fälle entsprechen grds. den Mitbewerberklagen. Der Drittschutz für die Anfechtungsklage wird aus Art. 33 II GG abgeleitet.[45]

---

41 Sartorius Nr. 950.
42 Pietzner/Ronellenfitsch, § 16, Rn. 526; a.A. jetzt Kopp/Schenke, § 42 VwGO, Rn. 48 ff.
43 BVerwGE 80, 270, 272 f.; a.A. OVG Magdeburg, NVwZ 1996, 815: alle Entscheidungen = **juris**byhemmer.
44 M.w.N. Kopp/Schenke, § 113 VwGO, Rn. 83; bejahend Schenke, § 20, Rn. 825.
45 Kopp/Schenke, § 42 VwGO, Rn. 148.

Klage fehlt Rechtsschutzbedürfnis

Besonderheiten zeigen sich aber nach vollzogener Ernennung des Konkurrenten. Nach h.M. gibt es gegen die bereits vollzogene Ernennung eines Konkurrenten keine bzw. nur sehr eingeschränkte Rechtsmittel des um einen Dienstposten konkurrierenden Beamten. Eine Anfechtungsklage gegen die Ernennung des Dritten wurde lange für unzulässig erachtet, da aufgrund der sogenannten „Ämterstabilität" und mangels entsprechender Regelungen in den Beamtengesetzen die Aufhebung einer vollzogenen Ernennung unzulässig sein soll.[46] Diese Rechtsprechung wurde zumindest teilweise aufgegeben. Die Ernennung des Konkurrenten ist zumindest dann anfechtbar, wenn der Kläger seine Rechte im Auswahlverfahren nicht effektiv geltend machen konnte.[47]

Soweit eine Anfechtung der Ernennung des Konkurrenten nicht in Betracht kommt, scheitert eine Verpflichtungsklage auf Ernennung folgerichtig grundsätzlich am fehlenden Rechtsschutzbedürfnis, da kein Beförderungsposten mehr frei ist. Eine Ausnahme muss nunmehr in den Fällen gelten, in denen die Ernennung des Konkurrenten anfechtbar ist, der Posten also „frei gemacht" werden kann. Auch eine Fortsetzungsfeststellungsklage scheidet grundsätzlich aus, da weder ein Rehabilitationsinteresse noch eine Wiederholungsgefahr besteht, es mithin an einem berechtigten Interesse fehlt.

hemmer-Methode: Wenn karrierebewusste Beamte sich streiten, ist das eher ein Thema für den Schwerpunktbereich.[48] Angesichts der durch das BVerfG abgesegneten Rspr.[49] erscheint die Einbettung der Problematik in eine Klausur zum vorläufigen Rechtsschutz wahrscheinlicher. Vor Vollzug der Ernennung ist dieser der Erfolg versprechende Weg. Die Ernennung muss verhindert werden, damit der begehrte Posten nicht aufgrund der Ämterstabilität endgültig verloren ist.

b) Isolierte Anfechtung

isolierte Anfechtung von Versagungsbescheid (-), da Verpflichtungsklage spezieller

Problematisch ist es, wenn der Bürger lediglich den die beantragte Begünstigung versagenden Bescheid anfechten möchte, statt Verpflichtungsklage auf Erlass des beantragten Verwaltungsakts zu erheben. Die h.M.[50] erachtet die isolierte Anfechtung hier als grundsätzlich unzulässig. Denn zum einen ist die Verpflichtungsklage die speziellere Klageart, zum anderen fehlt es dem Kläger am Rechtsschutzbedürfnis, da sein urspr. Begehren durch die Anfechtungsklage nicht ausgeschöpft wird.

aber: Bindung der Behörde an das Gesetz, Art. 20 III GG

Dagegen wird aber Folgendes vorgebracht: Zwar habe in der Tat der Kläger nach einer als erfolgreich unterstellten Anfechtungsklage noch nicht die gewünschte Genehmigung, die Behörde sei aber aufgrund ihrer Bindung an Recht und Gesetz, Art. 20 III GG, nun verpflichtet, von sich aus dem Antrag zu entsprechen.[51] Es wird auf die entsprechende Rechtsprechung der Zivilgerichte zur Zulässigkeit der Feststellungsklage (anstelle der Leistungsklage) gegen den Staat verwiesen.

aber: Verpflichtungsklage sonst überflüssig

Mit dieser Sicht ließe sich die Zulässigkeit der isolierten Anfechtungsklage gegen ablehnende Bescheide aber fast immer begründen. Anders als vor den Zivilgerichten ist nämlich vor dem Verwaltungsgericht regelmäßig eine Behörde Klagegegner.

---

46 M.w.N. Kopp/Schenke, § 42 VwGO, Rn. 148.
47 BVerwGE 138, 102, vgl. auch BVerfG, NVwZ 2011, 1191.
48 Literaturhinweis: BVerwGE 80, 127 = NVwZ 1989, 158 = **juris**byhemmer; Maaß, NJW 1985, 303; Müller, JuS 1985, 275; Günther, NVwZ 1986, 697.
49 BVerfG, NJW 1990, 501 = **juris**byhemmer.
50 Z.B. Schwerdtfeger, Rn. § 10, 163.
51 BVerwGE 38, 99 (102) = **juris**byhemmer; Kopp/Schenke, § 42 VwGO, Rn. 30.

Zwar ist die Verwaltung in der Tat an Recht und Gesetz gebunden und müsste grundsätzlich nach der Gerichtsentscheidung im Sinne des Klägers verfahren, die VwGO stellt dafür aber ein anderes Mittel zur Verfügung - die Verpflichtungsklage in Form der Versagungsgegenklage.

Ließe man in diesen Fällen eine isolierte Anfechtungsklage zu, wäre die Versagungsgegenklage regelmäßig überflüssig.

Ausnahme: Verwaltungsakt im Moment nicht begehrt

Gleichwohl ist ausnahmsweise auch eine isolierte Anfechtungsklage zulässig. Das ist einmal dann der Fall, wenn der Kläger zwischenzeitlich das Interesse am begehrten Verwaltungsakt verloren hat, sich aber für die Zukunft die Möglichkeit der Neuerteilung erhalten und daher verhindern will, dass die Ablehnung bestandskräftig wird.

> **Bsp.:** *Die beantragte Baugenehmigung wurde als planungsrechtlich unzulässig abgelehnt. Der Bauwerber verfolgt sein Vorhaben zurzeit nicht weiter. Aus diesem Grund ist ihm mit einer Verpflichtungsklage auch nicht gedient, da die bei Erfolg der Verpflichtungsklage erlassene Baugenehmigung auf vier Jahre befristet ist, Art. 69 BayBO. Durch die Anfechtungsklage kann er aber verhindern, dass die Genehmigungsbehörde sich bei einem erneuten Bauantrag auf die Ablehnung berufen kann.*

Vertreten lässt sich eine isolierte Anfechtungsklage auch bei Ermessensentscheidungen. In diesen Fällen nämlich kann der Kläger auch mit der Versagungsgegenklage die Behörde gerichtlich nur zur Neuverbescheidung unter Gebrauch ihres Ermessens verpflichten.[52] Erhebt er daher isolierte Anfechtungsklage, so steht er nach deren Erfolg genauso da wie im Fall der erfolgreichen Versagungsgegenklage. Die Anfechtungsklage könnte daher das einfachere Rechtsmittel sein.

> **hemmer-Methode:** In der Klausur sollte auf diese Problematik nur näher eingegangen werden, wenn der Sachverhalt begründeten Anlass dazu gibt. Es ist aber sicherlich unschädlich, in Fällen, in denen nach der Literaturmeinung eine isolierte Anfechtungsklage in Betracht kommt, mit einem kurzen Satz auf das Problem hinzuweisen. Z.B.: „Nicht in Betracht kommt dagegen eine isolierte Anfechtungsklage. Zwar wäre im Erfolgsfalle die Behörde wegen Art. 20 III GG prinzipiell gezwungen, nun einen rechtmäßigen Verwaltungsakt zu erlassen; würde man ein solches Vorgehen aber zulassen, wäre die in der VwGO vorgesehene Versagungsgegenklage als Rechtsschutzmittel obsolet."

c) Rechtsschutz gegen Nebenbestimmungen

Verpflichtungsklage bei Nebenbestimmungen

Entspricht der erlassene Verwaltungsakt nicht dem Leistungsbegehren, stellt sich die Frage, auf welchem Wege der Antragsteller doch noch zu „seinem" Verwaltungsakt kommen kann. Ob hier die (teilweise) Anfechtungsklage oder die Versagungsgegenklage die richtige Klageart ist, hängt von der rechtlichen Einordnung der Abweichung ab.

In **Hemmer/Wüst, Verwaltungsrecht I, Rn. 407 ff.** wird dazu ausführlich Stellung genommen. Hier soll eine kurze Zusammenfassung genügen.

Die teilweise Anfechtung ist für den Genehmigungsinhaber schon deshalb interessanter, da die Anfechtungsklage als Gestaltungsklage rechtsschutzintensiver ist als die Verpflichtungsklage: Während er bei der Anfechtungsklage durch das gerichtliche Urteil die uneingeschränkte Genehmigung erhält, gibt ihm das Verpflichtungsurteil nur einen Anspruch auf diese Genehmigung.

---

52 Eyermann, § 42 VwGO, Rn. 16.

Anfechtung nur bei echten Nebenbestimmungen

Die teilweise Anfechtung kommt nur bei echten Nebenbestimmungen in Betracht. Im Falle einer bloßen Inhaltsbestimmung, des Hinweises auf die Rechtslage, einer Teilgenehmigung oder einer modifizierten Gewährung (aliud) kann die Abweichung nicht als selbstständiger Teil vom Verwaltungsakt abgetrennt werden. Es bleibt hier nur die Verpflichtungsklage.

Das Gleiche gilt für die modifizierende Auflage,[53] die zwar echte Nebenbestimmung ist, aber wegen ihrer Nähe zur modifizierten Gewährung nicht selbstständig anfechtbar ist.[54]

Die Auffassung, dass auch eine echte Nebenbestimmung nur ein unselbstständiger Teil des Verwaltungsakts ist, ist jedenfalls bei der Auflage, die nach allgemeiner Ansicht aufgrund ihres Anordnungscharakters und der selbstständigen Vollstreckbarkeit als eigenständiger Verwaltungsakt angesehen wird, kaum vertretbar.

Das BVerwG und die h.M. der Literatur gehen von der Anfechtbarkeit aller echten Nebenbestimmungen aus, sofern der verbleibende Rest-Verwaltungsakt nicht rechtswidrig ist.

Gut vertreten lässt sich auch die Ansicht, dass eine teilweise Anfechtung dann ausscheidet, wenn der Entscheidung über Verwaltungsakt und Nebenbestimmung eine einheitliche Ermessensbetätigung zugrunde liegt, da anderenfalls der Behörde eine Entscheidung aufgezwungen werde, die sie so nicht erlassen hätte.

> **hemmer-Methode:** Man sollte nicht zu viel Energie darauf verwenden, sich alle möglichen Meinungen zur Anfechtbarkeit von Nebenbestimmungen einzuprägen. Das Hauptaugenmerk ist vielmehr auf das saubere Herausarbeiten der Einordnung als echte oder unechte Nebenbestimmung zu legen. Diese Entscheidung ist schließlich wegweisend (und lässt den Meinungsstreit u.U. überflüssig werden).
> Wichtig ist außerdem, die Zulässigkeitsprüfung nicht zu kopflastig werden zu lassen. Ob der Rest-Verwaltungsakt alleine rechtmäßig ist und damit Teilbarkeit besteht, ist Frage der Begründetheit. Kommt man dort zum Ergebnis, dass keine Teilung möglich ist, muss auf eine Verpflichtungsklage umgestellt werden. Eine umfassende Darstellung der Problematik finden Sie bei Hemmer/Wüst, Verwaltungsrecht I, Rn. 407 ff.

d) Genehmigungsfiktion nach § 42a VwVfG

Genehmigungsfiktion nach § 42a VwVfG

Nach § 42a I VwVfG gilt eine beantrage Genehmigung nach Ablauf einer für die Entscheidung festgelegten Frist als erteilt, wenn dies durch Rechtsvorschrift angeordnet und der Antrag hinreichend bestimmt ist. Die maßgebliche Frist beträgt, soweit in den Fachgesetzen nichts anderes bestimmt ist, drei Monate, § 42a II VwVfG.

Die Genehmigungsfiktion ist insoweit ein Spezialfall der Verpflichtungsklage, da hier mit Ablauf der Drei-Monats-Frist nicht wie sonst eine Untätigkeitsklage ohne vorheriges Vorverfahren erhoben werden kann bzw. muss, §§ 42 I Alt. 2 UF 2, 75 S. 1 VwGO, sondern der begehrte Verwaltungsakt ohne Weiteres als erteilt gilt, die Verpflichtungsklage hier also gerade überflüssig und damit unstatthaft wird.

---

[53] Deren Existenz wird von der h.L. in Frage gestellt. Sie sieht hierin lediglich eine modifizierte Gewährung, vgl. Maurer/Waldhoff, § 12, Rn. 16 f. sowie m.w.N. Brenner, JuS 1996, 281, 285.

[54] Anders Schenke, § 6, Rn. 301, der wie bei der Auflage nach der Rechtswirksamkeit des Rest-Verwaltungsakts unter Berücksichtigung des Gedankens von § 44 IV VwVfG fragt.

§ 3 VERPFLICHTUNGSKLAGE

Ziel: Beschleunigung von Genehmigungsverfahren

Die Genehmigungsfiktion des § 42a VwVfG soll zu einer merklichen Beschleunigung der behördlichen Verfahren führen. Sie tritt allerdings nur ein, soweit dies in den Fachgesetzen ausdrücklich angeordnet wird, § 42a I S. 1 HS 2 VwVfG. Die Bearbeitungsfrist beträgt nach § 42a II S. 1 VwVfG grundsätzlich drei Monate, soweit die entsprechenden Fachgesetze keine andere Frist vorsehen. Diese Frist beginnt allerdings erst mit Vorlage der vollständigen Unterlagen und kann bei schwierigen Fällen einmal angemessen verlängert werden, § 42a II S. 2 VwVfG.

Mit der Drei-Monats-Frist knüpft der Gesetzgeber bspw. an die Bearbeitungsfrist nach § 75 VwGO an: Normalerweise kann der Antragsteller, wenn die Genehmigungsbehörde drei Monate nach Antragstellung noch keine Entscheidung getroffen hat, sofort, d.h. ohne Versagungsbescheid und ohne Widerspruchsverfahren eine Verpflichtungsklage in Gestalt der Untätigkeitsklage erheben, §§ 42 I Alt. 2 UF 2, 75 S. 1 Alt. 2 VwGO. Soweit das Fachrecht nunmehr eine Genehmigungsfiktion anordnet, gilt nach Ablauf der drei Monate sogar die Genehmigung automatisch als erteilt.

§ 42a I VwVfG fingiert allerdings nur die Erteilung der Genehmigung, d.h. deren Bekanntgabe, nicht aber deren Rechtmäßigkeit. Eine fingierte, rechtswidrige Genehmigung kann zumindest entsprechend § 48 VwVfG zurückgenommen werden. Allerdings ergibt sich die Rechtswidrigkeit der fingierten Genehmigung nicht schon allein aus der fehlenden tatsächlichen Bekanntgabe, da andernfalls § 42a I VwVfG leer liefe.

Möglichkeit der Drittanfechtung

Da die Genehmigungsfiktion Dritten nicht (zwingend) bekanntgegeben wird, läuft diesen gegenüber die Frist der §§ 70, 74 VwGO nicht an. Die Dritt-Anfechtung der fingierten Genehmigung ist deshalb grundsätzlich nur über das Rechtsinstitut der Verwirkung begrenzt. Will der Adressat der fingierten Genehmigung hier Rechtssicherheit, muss er die Erteilung einer schriftlichen Bestätigung nach § 42a III VwVfG beantragen. Mit dieser Bescheinigung, die die Bekanntgabe des Verwaltungsakts ersetzen soll, wird dann die Widerspruchs- bzw. Klagefrist ausgelöst.

II. Klagebefugnis, § 42 II VwGO

**hemmer-Methode: Vorab das Wichtigste: Hände weg von der „Adressatentheorie"! Wer bei der Verpflichtungsklage hiermit arbeitet, begeht einen schweren Fehler und zeigt, dass er/sie die konzeptionellen Unterschiede zwischen Anfechtungs- und Verpflichtungsklage nicht verstanden hat.
Mit der Verpflichtungsklage wird gerade nicht in erster Linie der versagende Bescheid angegriffen, sondern es wird der Erlass eines noch nicht existenten Verwaltungsakts begehrt. Deshalb kann sich auch aus der Adressatenstellung allein zu dem Versagungsbescheid noch keine Klagebefugnis ergeben.[55]**

Ausschluss der Popularklage

§ 42 II VwGO bezweckt, sog. Popularklagen auszuschließen, bei denen sich der Kläger zum Sachwalter der Interessen der Allgemeinheit macht. Außerdem will § 42 II VwGO Klagen verhindern, bei denen sich der Kläger auf Rechte Dritter beruft oder bei denen der Kläger sich zwar auf ein eigenes Interesse berufen kann, dieses aber nicht durch ein subjektiv öffentliches Recht geschützt ist.

Möglichkeit der Rechtsverletzung

Nach allgemeiner Meinung genügt es für die Bejahung der Klagebefugnis, wenn sich aus dem Vortrag des Klägers zumindest die Möglichkeit eigener Rechtsverletzung ergibt (Möglichkeitstheorie).

---

55 Missverständlich Schmitt-Glaeser, Rn. 295: Art. 2 I GG, auf dem die Adressatentheorie fußt, gewährt ein Abwehrrecht, aber kein Leistungsrecht (vgl. Schenke, § 14, Rn. 512).

> **hemmer-Methode:** Keinesfalls sollte eine Abgrenzung zwischen Möglichkeitstheorie und der sog. Schlüssigkeitstheorie vorgenommen werden - die Möglichkeitstheorie hat sich durchgesetzt.[56]

Für die Klausur genügt daher die bloße Feststellung, dass eine Rechtsverletzung des Klägers möglich ist. Die Frage, ob die Rechtsverletzung tatsächlich vorliegt, ist dagegen Gegenstand der Begründetheitsprüfung.

1. Möglicher Anspruch als subjektives Recht

wichtig: möglicher Anspruch des Klägers notwendig

Der methodisch richtige Ansatzpunkt zur Feststellung einer möglichen Verletzung eines subjektiven Rechts ist die Frage, ob der Kläger möglicherweise einen Anspruch auf den begehrten Verwaltungsakt hat.

Wird eine eigene Begünstigung angestrebt, ergibt sich die Anspruchsgrundlage meist unproblematisch aus dem Gesetz, z.B. Art. 68 I BayBO (bzgl. Baugenehmigung), Art. 21 BayGO (bzgl. öfftl. Einrichtung), §§ 6, 4 ff. BImSchG, §§ 30 ff. GewO, §§ 2 I, 4 GastG, § 15 BJagdG, etc.

bei Grundrechten i.d.R. (-), da grds. Abwehrrechte

Vorsicht ist i.R.d. Verpflichtungsklage beim Rückgriff auf Grundrechte geboten, da diese grundsätzlich nur Abwehrrechte gegenüber staatlichen Eingriffen zur Verfügung stellen.

Ehe vorschnell die Klagebefugnis auf Grundrechte gestützt wird, ist folgende Vorüberlegung anzustellen:

a) Wird eine Genehmigung begehrt, die einem Erlaubnisvorbehalt unterliegt, z.B. eine Erlaubnis zum Betrieb einer Gaststätte, ist dieser Erlaubnisvorbehalt ohnehin nur Ausfluss der Freiheitsgrundrechte. Wegen Art. 12 GG ist es dem Staat verwehrt, die Aufnahme des Betriebs einer Gaststätte dem gewährenden Ermessen einer Behörde zu unterstellen. Das Verbot darf nur präventiv zur Überprüfung der Einhaltung des materiellen Rechts dienen. Bei Nichterteilung der Erlaubnis kommt sowohl eine Verletzung der §§ 2 ff. GastG, als auch des Art. 12 GG als Abwehrrecht in Betracht.

In diesen Fällen kann das einschlägige Grundrecht zusätzlich zur Begründung der Klagebefugnis herangezogen werden, da auf eine einfachgesetzliche Anspruchsnorm zurückgegriffen werden kann. Es muss herangezogen werden, wenn gerade die Verfassungsmäßigkeit der einfachgesetzlichen Anspruchsnorm in Frage steht.

Grundrechte als Leistungsrechte

b) Existiert keine gesetzliche Regelung (z.B. Beantragung staatlicher Hilfen) des geltend gemachten Anspruchs, sind die Grundrechte als Abwehrrechte[57] nicht zur Anspruchsbegründung tauglich. Hier ist auf ihre (umstr.) Funktion als Leistungs- und Teilhaberechte abzustellen.

Inwieweit sich aus dieser Funktion nicht nur die objektiv-rechtliche Verpflichtung des Staates zum Tätigwerden, sondern, zumindest im Zusammenspiel mit dem Sozialstaatsprinzip,[58] auch ein originäres, subjektives Recht des Bürgers auf eine bestimmte Leistung ergibt, ist eine Frage der Begründetheit.[59] Soweit bereits einem anderen die entsprechende Leistung gewährt wurde, kann zudem auf Art. 3 I GG als Anspruchsgrundlage zurückgegriffen werden.

---

[56] Ein näheres Eingehen auf die Schlüssigkeitstheorie erübrigt sich also.
[57] Die Abwehr ist die Grundfunktion der Grundrechte: BVerfGE 7, 198, 204 f. (Lüth-Urteil) = **juris**byhemmer.
[58] VG Berlin, NVwZ 1999, 909 = **juris**byhemmer.
[59] Denken Sie beim Aufbau Ihrer Klausur daran!

§ 3 VERPFLICHTUNGSKLAGE

In diesem Fall spricht man von einem derivativen Recht: Die Grundrechte werden hier nicht herangezogen, um einen Anspruch erstmalig zu begründen. Vielmehr verlangt der Bürger nur die gleiche Behandlung, die die Behörde anderen zuvor hat zukommen lassen.

hemmer-Methode: Zu diesem Problemkreis lesen Sie Hemmer/Wüst, Staatsrecht I, Rn. 87 ff.

2. Ermessensfälle

bei Ermessen Anspruch auf fehlerfreie Entscheidung möglich

Aus einer Ermessensvorschrift kann ausnahmsweise dann ein Anspruch auf Erlass des begehrten Verwaltungsakts gefolgert werden, wenn sich das Ermessen der Behörde auf Null reduziert hat.[60]

Weiterhin kommt ein Anspruch auf fehlerfreie Ermessensausübung in Betracht. Beide Ansprüche setzen voraus, dass die Ermessensnorm überhaupt ein subjektiv-öffentliches Recht auf fehlerfreie Ermessensausübung gewährt. Dazu darf die Norm nicht nur das Interesse der Allgemeinheit schützen, sondern muss zumindest auch dem Individualinteresse des einzelnen Bürgers zu dienen bestimmt sein. Einen allgemeinen, losgelösten Anspruch auf fehlerfreie Ermessensausübung gibt es allerdings nicht.

hemmer-Methode: Zur richtigen Einordnung des Ermessens i.R.d. Verpflichtungsklage sollten die Begriffe des Entschließungs- und Auswahlermessens bekannt sein; dazu ausführlich Hemmer/Wüst, Verwaltungsrecht I, Rn. 362.
Beachten Sie schließlich noch: Die Klagebefugnis in der Verpflichtungsklage ist in den meisten Fällen unproblematisch. V.a. ist darauf zu achten, dass die Zulässigkeitsprüfung insgesamt nicht zu kopflastig gestaltet wird (und entsprechend Bearbeitungszeit verloren geht). In den hier angesprochenen Fällen liegt jedoch ausnahmsweise ein Schwerpunkt der Klausur in der Herausarbeitung der Klagebefugnis.

Prüfungsschritte

Als Leitfaden für Ermessensfälle sind folgende Prüfungsschritte zu beachten:

> a) Die potenzielle Anspruchsnorm begründet eine objektive Pflicht für die Behörde.
> Bei Ermessensnormen verpflichtet § 40 VwVfG,
> (1) ermessensfehlerfrei zu entscheiden,
> (2) im Fall der Reduktion auf Null, die einzig verbliebene Entscheidungsmöglichkeit zu wählen.
> b) Die Norm dient zumindest auch dem Individualschutz. Sobald dies der Fall ist, steht dem Begünstigten der Norm zumindest ein Anspruch auf ermessensfehlerfreie Entscheidung zu.

Ob die Voraussetzungen der subjektiv-rechtlich wirkenden Norm vorliegen, ist der Begründetheitsprüfung vorbehalten.

3. Fehlender Antrag

Antrag bei der Behörde notwendig

Hat der Kläger noch gar keinen Antrag oder den Antrag auf Erlass des begehrten Verwaltungsakts bei der unzuständigen Behörde gestellt, schließt das nach e.A. die Klagebefugnis aus, nach a.A. fehlt es am allgemeinen Rechtsschutzinteresse.[61]

---

60 D.h. wenn der Erlass des Verwaltungsakts die einzig richtige Entscheidung ist.
61 Schmitt-Glaeser, Rn. 292.

III. Vorverfahren

§§ 68 ff. VwGO: Vorverfahren grds. notwendig

Nach § 68 II VwGO ist die Durchführung eines Vorverfahrens Voraussetzung einer zulässigen Verpflichtungsklage, wenn der Antrag auf Vornahme eines Verwaltungsakts abgelehnt worden ist. Die Versagungsgegenklage erfordert also grundsätzlich immer ein Vorverfahren.

Die Probleme, die Sie hier erwarten, kennen Sie bereits aus **Hemmer/Wüst, Verwaltungsrecht I, Rn. 146 ff.** im Zusammenhang mit der Anfechtungsklage.

> **hemmer-Methode:** Beachten Sie, dass einige Bundesländer, bspw. Bayern, das Vorverfahren weitgehend bzw. für eine Verpflichtungsklage sogar vollständig abgeschafft haben. In diesen Ländern stellen sich die folgenden Probleme nur in den Fällen, in denen ausnahmsweise noch ein Vorverfahren erforderlich ist.[62]

1. Untätigkeitsklage i.S.d. § 42 I VwGO

Sonderfall: Untätigkeitsklage

Unterlässt die Behörde die Vornahme des beantragten Verwaltungsakts, ist die Durchführung eines Vorverfahrens keine Zulässigkeitsvoraussetzung, wie sich aus §§ 68 II, 75 S. 1 Alt. 2 VwGO schließen lässt. Besonderheiten bestehen dann, wenn nach erfolgter Klageerhebung[63] die Behörde den Ablehnungsbescheid erlässt:

Als Ausgangspunkt ist die Überlegung heranzuziehen, dass für eine einmal zulässige Klage im Nachhinein kein Vorverfahren als weitere Zulässigkeitsvoraussetzung erforderlich werden kann.[64]

Ablehnungsbescheid innerhalb der drei Monate → Widerspruch erforderlich

a) Erfolgt die Klageerhebung vor Ablauf von drei Monaten seit Antragstellung **und** wird innerhalb dieser drei Monate der ablehnende Verwaltungsakt von der Behörde erlassen, ist die Klage nur zulässig, wenn wegen besonderer Umstände des Falles eine kürzere Frist geboten ist, § 75 S. 2 VwGO. Relevant sind nur Umstände aus dem Bereich des Klägers (z.B. dringend benötigte Sozialhilfe; Faustregel: wenn bei ablehnender Entscheidung vorläufiger Rechtsschutz begehrt werden könnte). Ein Vorverfahren ist hier also nicht notwendig. Satz 2 stellt eine besondere Zulässigkeitsvoraussetzung auf. Ist keine kürzere Frist geboten, muss der Kläger nun binnen der Frist des § 70 I VwGO Widerspruch einlegen. Die Klage wird in diesem Fall bis zum Abschluss des Vorverfahrens ausgesetzt.

Ablehnungsbescheid nach drei Monaten → Klage bleibt zulässig

b) Nach Ablauf von drei Monaten ist die Klage grds. zulässig (Satz 2). Ein Vorverfahren entfällt, auch wenn die Behörde nun den Ablehnungsbescheid erlässt. Dabei macht es keinen Unterschied, ob die Klage vor oder nach Ablauf der Drei-Monats-Frist erhoben wurde, wenn der Widerspruchsbescheid erst nach Ablauf dieser Frist erlassen wird. Bei dieser Frist handelt es sich um eine Sachurteilsvoraussetzung, die eigentlich erst im Zeitpunkt der letzten mündlichen Verhandlung gegeben sein muss. Ergeht nach Klageerhebung noch ein Ablehnungsbescheid, ist allein maßgebend, ob dieser Ablehnungsbescheid innerhalb oder nach Ablauf der Frist erlassen wird. Ist die Frist verstrichen, bleibt die Klage ohne Vorverfahren zulässig. Ist die Frist noch nicht verstrichen, dann muss das Vorverfahren nun durchgeführt werden.

---

[62] Vgl. hierzu bspw. Art. 15 (Bay)AGVwGO.
[63] Also nach Rechtshängigkeit der Klage: § 173 VwGO i.V.m. §§ 253 I, 261 I ZPO.
[64] BVerwGE 66, 342 = **juris**byhemmer; Kopp/Schenke, § 75 VwGO, Rn. 21 ff.

§ 3 VERPFLICHTUNGSKLAGE

Sonderfall: Grund für Verzögerung → Aussetzung

c) Erkennt das Gericht einen zureichenden Grund für die Verzögerung an (z.B. besonders großer Umfang der Prüfung), setzt es das Verfahren aus und bestimmt eine Frist, innerhalb derer die Behörde zu entscheiden hat (Satz 3). Die Fristsetzung ist in beiden oben genannten Fällen möglich.

Sie stellt eine weitere Zulässigkeitsvoraussetzung dar. Entscheidet die Behörde fristgerecht, so muss ein Vorverfahren durchgeführt werden, da nicht alle Voraussetzungen des § 75 VwGO erfüllt sind.

Andererseits kann die Klage wegen Satz 2 nicht mehr als unzulässig abgewiesen werden. Das Klageverfahren ist vielmehr bis zum Erlass des Widerspruchsbescheides auszusetzen. Umstritten ist, ob sich aufgrund der Klageerhebung die Erhebung eines gesonderten Widerspruchs erübrigt[65].

hemmer-Methode: Erlässt die Behörde einen stattgebenden Bescheid, erledigt sich die erhobene Klage. Innerhalb der Kostenentscheidung nach § 161 II VwGO kann dann eine Rolle spielen, ob die Klage bis dahin zulässig war oder nicht, ob also im Zeitpunkt der Erledigung die Drei-Monats-Frist bereits verstrichen war oder nicht.[66]

Versagungsbescheid kann ggf. mit einbezogen werden

Bleibt die Klage ohne Vorverfahren zulässig oder lehnt auch die Widerspruchsbehörde den begehrten Verwaltungsakt ab, so kann der Kläger den Versagungsbescheid (bzw. den Widerspruchsbescheid) mit in die Klage einbeziehen und diese als Verpflichtungsklage aufrechterhalten.

Genehmigungsfiktion

hemmer-Methode: Reagiert die Behörde auf den Genehmigungsantrag des Bürgers drei Monate lang nicht, kann dieser also grundsätzlich sofort, ohne vorherige Durchführung eines Vorverfahrens Untätigkeitsklage erheben.
Noch besser stellt sich die Rechtslage für den Bürger allerdings dar, soweit die Genehmigungsfiktion des § 42a I VwVfG anwendbar ist.
Dann gilt nämlich mit Ablauf der drei Monate die Genehmigung als erteilt, sodass sogar die Verpflichtungsklage hinfällig wird! Die Genehmigungsfiktion des § 42a I VwVfG tritt allerdings nur ein, soweit dies in den Fachgesetzen ausdrücklich angeordnet wird, § 42a I S. 1 HS 2 VwVfG.[67]

2. § 75 VwGO bei der Versagungsgegenklage

fehlt der Widerspruchsbescheid, dann § 75 VwGO auch bei Versagungsgegenklage möglich

Wenn zwar ein Ausgangsbescheid schon vor Klageerhebung ergangen ist, aber die Widerspruchsbehörde auf den eingelegten Widerspruch nicht reagiert, liegt die Problematik parallel zur eben geschilderten. Einschlägig ist dann § 75 S. 1 Alt. 1 VwGO. Der Unterschied zwischen beiden Fällen des § 75 S. 1 VwGO ist insoweit, dass in der ersten Alternative nur der Widerspruchsbescheid, also der Abschluss des Vorverfahrens entbehrlich ist während in der zweiten Altnative auch auf die Einlegung des Widerspruchs verzichtet und direkt Klage erhoben werden kann.

Achten Sie hier aber auf die saubere Terminologie. Die Klage wird wegen des erlassenen Ausgangsbescheides als Untätigkeitsklage (i.w.S.) als Unterart der Versagungsgegenklage erhoben.

---

65 Für eine Erledigung: BVerwGE 42, 108 = **juris**byhemmer. Der ablehnende Bescheid ist quasi schon bei Erlass mit dem in der Klage antizipierten Widerspruch behaftet; dagegen Kopp/Schenke, § 75 VwGO, Rn. 22 ff.
66 Ausführlich hierzu Rn. 158 ff.
67 Vgl. oben Rn. 35a.

3. Sonderfälle

Ausnahmen nach § 68 I S. 2 VwGO

Soweit ein Vorverfahren nach § 68 I S. 2 VwGO nicht erforderlich ist, ist es als solches auch nicht zulässig. Der dennoch eingelegte Widerspruch vermag den Fristlauf des § 74 I S. 2 VwGO nicht zu beeinflussen und somit den Eintritt der Bestandskraft des Verwaltungsakts zu verhindern. Der VA bzw. dessen Ablehnung werden also aufgrund Verfristung unanfechtbar.[68] Unbillige Härten werden durch § 58 VwGO vermieden. In der Rechtsbehelfsbelehrung muss auf die sofortige Klagemöglichkeit als richtiger Rechtsbehelf hingewiesen werden. Anderenfalls beginnt die Monatsfrist des § 74 II, I S. 2 VwGO nicht zu laufen. Stattdessen greift die Jahresfrist des § 58 II VwGO.

Reagiert der Antragsteller auf die Untätigkeit der Ausgangsbehörde durch die Erhebung eines Widerspruchs und erlässt die „Widerspruchsbehörde" daraufhin einen ablehnenden „Widerspruchsbescheid", soll statt § 75 VwGO die Regelung des § 74 I S. 1 VwGO anwendbar sein.[69]

hemmer-Methode: Beachten Sie zu den Ausnahmen der Notwendigkeit eines Vorverfahrens noch die Ausführungen in Hemmer/Wüst, Verwaltungsrecht I, Rn. 157 ff.

IV. Klagefrist, § 74 VwGO

Klagefrist: ein Monat nach Zustellung des WSB

Die Klage ist gem. § 74 II, I S. 1 VwGO innerhalb eines Monats nach ordnungsgemäßer Zustellung des Widerspruchsbescheides zu erheben.

1. Klagefrist der Versagungsgegenklage

Hier ist wie bei der Anfechtungsklage vorzugehen (vgl. **Hemmer/Wüst, Verwaltungsrecht I, Rn. 203 ff.**).

2. Klagefrist bei Klagen nach § 75 VwGO

bei Untätigkeitsklage einjährige Ausschlussfrist

Für Untätigkeitsklagen sah § 76 VwGO eine einjährige Ausschlussfrist vor, innerhalb derer die Klage erhoben werden musste. Seit dessen Streichung kann eine Klage grundsätzlich ohne zeitliche Befristung erhoben werden.

Unter dem Gesichtspunkt des allgemeinen Rechtsschutzbedürfnisses kann allerdings bei langem Zuwarten an eine prozessuale Verwirkung zu denken sein. Angesichts der Aufhebung des § 76 VwGO wird man diese aber nicht vor Ablauf eines Jahres annehmen können. Hierfür spricht auch § 58 II VwGO, wonach der Kläger auch dann ein Jahr für die Klageerhebung zur Verfügung hat, wenn ihm ein Ablehnungsbescheid bekannt gegeben wurde, dieser aber nicht mit einer Rechtsbehelfsbelehrung versehen war. Hinzu kommt die mangelnde Schutzwürdigkeit der Behörde, die jederzeit durch den Erlass eines Versagungs- bzw. Widerspruchsbescheides eine Monatsfrist in Gang setzen könnte.

---

[68] Kopp/Schenke, § 68 VwGO, Rn. 16; Rn. 17 bzgl. der ausdrücklich vorgesehenen Ausnahmen vom Erfordernis des Vorverfahrens.
[69] Schmitt-Glaeser, Rn. 308.

§ 3 VERPFLICHTUNGSKLAGE

V. Übrige Zulässigkeitsvoraussetzungen

sonstige Voraussetzungen der Verpflichtungsklage

Die übrigen Zulässigkeitsvoraussetzungen sind nur dann anzusprechen, wenn der Sachverhalt dazu Anlass gibt (z.B. Gemeinde oder GmbH sind Partei: §§ 61, 62 VwGO). Gehen Sie dazu **Hemmer/Wüst, Verwaltungsrecht I, Rn. 211 ff.** durch.

Soweit in den „norddeutschen" Bundesländern die Klagegegnerschaft i.R.d. Zulässigkeit zu prüfen ist, gelten die Ausführungen zur Passivlegitimation unter Rn. 60 sowie die Ausführungen zur Klagegegnerschaft in **Hemmer/Wüst, Verwaltungsrecht I, Rn. 230 ff., 256 ff.** entsprechend.

C) Beiladung und Klagehäufung

I. Beiladung

ggf. Beiladung

Soweit z.B. für die Erteilung der Baugenehmigung das gemeindliche Einvernehmen gemäß § 36 BauGB erforderlich ist, ist die Gemeinde notwendig beizuladen (§ 65 II VwGO).

Gleiches gilt für andere mehrstufige Verwaltungsakte (z.B. § 6 I Nr. 2 BImSchG i.V.m. § 36 I S. 2 BauGB[70]). Ebenso ist der Konkurrent bei Mitbewerberklagen dann notwendig beizuladen, wenn der Erfolg des Begehrens an die Aufhebung der Gewährung zu Gunsten des Konkurrenten gekoppelt ist.[71] In diesen Fällen wird aber meist (auch) eine Anfechtungsklage vorliegen und die Beiladung im Rahmen dieser Klage erfolgen.

> **hemmer-Methode:** Die Beiladung spielt im Ersten Staatsexamen vornehmlich in der Anfechtungsklage eine Rolle, insbesondere bei Drittanfechtung von Verwaltungsakten. Aber auch in der Verpflichtungsklage ist auf die Beiladung zu achten, da sich die Bindungswirkung des Urteils auf Dritte nur erstreckt, wenn diese beigeladen wurden, §§ 121, 63 VwGO. Lesen Sie zur Beiladung, insbesondere zur Unterscheidung von einfacher und notwendiger Beiladung deshalb **Hemmer/Wüst, Verwaltungsrecht I, Rn. 251 ff.**

II. Objektive Klagehäufung

Werden vom Kläger mehrere Verwaltungsakte begehrt, handelt es sich um mehrere Streitgegenstände und somit um mehrere Klagen, die nur unter der Voraussetzung des § 44 VwGO miteinander verbunden werden können (ausführlich hierzu **Hemmer/Wüst, Verwaltungsrecht I, Rn. 249 ff.**).

D) Begründetheit der Verpflichtungsklage

Begründetheit, § 113 V VwGO

Ob eine Verpflichtungsklage begründet ist, ergibt sich aus § 113 V VwGO. Wie in § 113 I S. 1 VwGO knüpft das Gesetz an ein rechtswidriges Verwaltungshandeln und eine daraus resultierende subjektive Rechtsverletzung an. Als Besonderheit tritt das Merkmal der Spruchreife hinzu, das für die Unterscheidung zwischen Vornahme- und Bescheidungsklage bzw. -urteil maßgeblich ist.

---

70 Nicht unumstritten, vgl. Kopp/Schenke, § 65 VwGO, Rn. 18 c, d.
71 Kopp/Schenke, § 65 VwGO, Rn. 14, 18c, d.

> **Nochmals:** Im Gegensatz zur Anfechtungsklage ist unmittelbarer Gegenstand der Prüfung grundsätzlich nicht der Versagungsbescheid. § 113 V S. 1 VwGO ist für sich selbst betrachtet unklar. Im Vergleich mit § 113 I S. 1 VwGO („der Verwaltungsakt") wird aber deutlich, dass das Gesetz als Anknüpfungspunkt des rechtswidrigen Verwaltungshandelns die Ablehnung bzw. die Unterlassung selbst meint, nicht den formalen Verwaltungsakt.

Sonderproblem: Spruchreife

Spruchreife einer Sache bedeutet, dass das Gericht zu einer abschließenden Entscheidung über den Erlass des Verwaltungsakts imstande ist. Wegen des im verwaltungsgerichtlichen Verfahren geltenden Untersuchungsgrundsatzes (§ 86 VwGO) ist die Spruchreife grds. vom Gericht herbeizuführen. Allerdings sind dieser Pflicht Grenzen gesetzt:

- Gemäß § 88 VwGO gilt der Grundsatz des ne ultra petita. Begehrt der Kläger lediglich ein Bescheidungsurteil, darf das Gericht nicht über den Antrag hinausgehend auf Vornahme verurteilen. (Im umgekehrten Fall ist die Klage insoweit unbegründet.)

- Das Gericht darf das Ermessen der Verwaltung nicht ersetzen, sondern nur innerhalb des § 114 S. 1 VwGO überprüfen. Bei Ermessensverwaltungsakten liegt Spruchreife nur dann vor, wenn das Ermessen auf Null reduziert ist.

- Gleiches gilt für die Fälle des gerichtlich anerkannten Beurteilungsspielraums, bspw. bei Prüfungsentscheidungen.[72]

- Ist noch eine umfangreiche Sachverhaltsaufklärung vorzunehmen, die die Behörde unterlassen hat, wird die Ansicht vertreten, der Gewaltenteilungsgrundsatz verböte dem Gericht die Ermittlung an Stelle der Verwaltung. Wegen § 86 I VwGO, Art. 19 IV GG ist dies nicht unproblematisch. Auch an die analoge Anwendung von § 113 III VwGO ist zu denken.[73]

    Bsp.: Die Bauaufsichtsbehörde hat das Bauvorhaben als planungsrechtlich unzulässig angesehen und ohne Prüfung des Bauordnungsrechts den Bauantrag zurückgewiesen.

    In der Praxis ergeht hier ein Bescheidungsurteil; die bauordnungsrechtliche Prüfung würde für die Instanzgerichte eine erhebliche Sachverhaltsermittlung voraussetzen. Zur Begründung ist eine der obigen Meinungen heranzuziehen.[74]

I. Obersatzbildung

verschiedene Möglichkeiten der Obersatzbildung

Wegen der Differenzierung zwischen spruchreifen und nicht spruchreifen Sachen müssen Sie auf die saubere Formulierung des Obersatzes besonderen Wert legen. Entscheidend ist der gestellte Antrag.

Bsp.: Auch wenn für Sie aufgrund Ihrer Vorprüfung feststeht, dass nur ein Bescheidungsurteil in Frage kommt, müssen Sie den Obersatz gem. § 113 V S. 1 VwGO formulieren, wenn der Kläger Antrag auf Verurteilung zur Vornahme des begehrten Verwaltungsakts gestellt hat.

Als Standardformulierungen seien hier vorgeschlagen:

---

[72] Ausführlich hierzu **Hemmer/Wüst**, Verwaltungsrecht I, Rn. 338 ff.
[73] Kopp/Schenke, § 113 VwGO, Rn. 166, der jegliche Argumente für eine Analogie ablehnt; Schenke, § 21, Rn. 847.
[74] Hufen, § 15, Rn. 15, König, Rn. 354.

§ 3 VERPFLICHTUNGSKLAGE

Obersatz Vornahmeklage

Für die Vornahmeklage:

„Die Verpflichtungsklage, die sich gem. § 78 VwGO gegen den richtigen Beklagten wenden muss, ist begründet, soweit die Ablehnung (Unterlassung) des Verwaltungsakts rechtswidrig, der Kläger dadurch in seinen Rechten verletzt und die Sache spruchreif ist (§ 113 V S. 1 VwGO). Dies ist der Fall, wenn ein Anspruch auf den Erlass des beantragten Verwaltungsakts besteht."

Obersatz Bescheidungsklage

Für die Bescheidungsklage:

„Die Verpflichtungsklage, die sich gem. § 78 VwGO gegen den richtigen Beklagten wenden muss, ist begründet, wenn der Kläger einen Anspruch auf nochmalige Verbescheidung hat (§ 113 V S. 2 VwGO). Das setzt voraus, dass die Versagung (Unterlassung) des Verwaltungsakts rechtswidrig und der Kläger dadurch in seinen Rechten verletzt ist."

hemmer-Methode: Diese unterschiedlichen Obersätze setzen sich im weiteren Aufbau fort: Während bei einer Vornahmeklage in aller Regel der Anspruchsaufbau zu empfehlen ist, wird eine Verbescheidungsklage eng am Wortlaut des § 113 V VwGO aufgebaut (dazu sogleich ausführlich). Lässt sich dem Antrag im Sachverhalt nicht entnehmen, ob es sich um eine Vornahme- oder eine Verbescheidungsklage handelt, sollten Sie jedenfalls bei gebundenen Verwaltungsakten den Anspruchsaufbau der Vornahmeklage wählen.

II. Passivlegitimation[75]

bzgl. Passivlegitimation gilt das Rechtsträgerprinzip

Für die Passivlegitimation gilt das Rechtsträgerprinzip des § 78 VwGO. Dieser spricht in Abs. 1 Nr. 1 zwar nur vom Unterlassen des beantragten Verwaltungsakts. Damit ist aber natürlich nicht die Versagungsgegenklage ausgeschlossen. „Unterlassen" ist quasi wie „nicht erlassen" zu lesen.

Entgegen dem Wortlaut des § 78 I Nr. 1 VwGO ist aber nicht auf den Rechtsträger der tatsächlich handelnden bzw. „unterlassenden" Behörde, sondern auf den Rechtsträger der tatsächlich zuständigen Behörde abzustellen, da nur dieser zum Erlass eines Verwaltungsakts verurteilt werden kann.

In einem Zweierschritt ist daher festzulegen

⇨ welche Behörde für den Erlass des Verwaltungsakts zuständig ist,

⇨ wer Rechtsträger dieser Behörde ist.

hemmer-Methode: Der Wortlaut des § 78 I Nr. 1 VwGO ist im Hinblick auf die Verpflichtungsklage zumindest missverständlich. Es kommt nicht darauf an, wer „den beantragten Verwaltungsakt unterlassen hat", sondern darauf, wer für den beantragten Verwaltungsakt tatsächlich zuständig ist.

---

[75] Dazu auch ausführlich **Hemmer/Wüst**, Verwaltungsrecht I, Rn. 256 ff. und 230.

III. Anspruchsaufbau (Vornahmeklage)

1. Anspruchsgrundlage

Festlegung der möglichen Anspruchsgrundlage notw.

Die Anspruchsgrundlage ist wie die Rechtsgrundlage in der Anfechtungssituation an den Anfang der Prüfung zu stellen.

> **hemmer-Methode: Aufbauhinweis:** Wenn in der Klausur problematisch ist, welche von mehreren denkbaren Anspruchsgrundlagen herangezogen werden muss, ist diese Frage zwingend vor der Prüfung der Passivlegitimation zu beantworten. Der richtige Beklagte kann nur sein, wer aus der Anspruchsgrundlage verpflichtet ist und damit spiegelbildlich zum Erlass des begehrten Verwaltungsakts imstande ist.[76]

> **Bsp.:** In der bayerischen kreisfreien Stadt M soll ein Rockkonzert stattfinden, auf dem rechtsgerichtete Bands auftreten werden, weshalb es wahrscheinlich auch von gewaltbereiten Skinheads besucht werden wird. Die Bewohner des in der Nachbarschaft des Veranstaltungsortes gelegenen Asylbewerberheimes fordern die Stadt auf, das Konzert zu untersagen.
>
> Rechtsgrundlage eines Verbotes könnte hier sowohl Art. 15 I BayVersG als auch Art. 19 V S. 2 BayLStVG sein. Da in beiden Fällen die Stadt M zuständige Behörde gemäß Art. 24 II BayVersG i.V.m. Art. 9 I GO bzw. Art. 19 V S. 1 BayLStVG ist und damit nach dem Rechtsträgerprinzip des § 78 I Nr. 1 VwGO passivlegitimiert wäre, könnte man allerdings die Frage nach der Anspruchsgrundlage ausnahmsweise auch erst unter dem Aspekt der materiellen Anspruchsvoraussetzungen prüfen.

relevante Anspruchsgrundlagen

> **Klausurrelevant sind insbesondere die folgenden Anspruchsgrundlagen:**
>
> ⇨ Baurecht: z. B. Art. 68, 70, 71 BayBO, § 31 II BauGB
>
> ⇨ Kommunalrecht: Art. 21 BayGO
>
> ⇨ Gewerberecht: §§ 2, 4 ff. GastG[77], §§ 30 ff. GewO
>
> ⇨ Immissionsschutzrecht: §§ 4, 6 BImSchG
>
> ⇨ Ausländer- und Asylrecht: §§ 5 ff. AufenthaltsG
>
> ⇨ Straßen- und Wegerecht: Art. 14 ff. BayStrWG, §§ 7, 8 FStrG
>
> ⇨ Sonstige: § 15 II BJagdG, § 6 I PassG, §§ 2 ff. PBefG, § 1 BAföG

> **hemmer-Methode:** Lesen Sie auch die vermeintlich exotischen Normen unbedingt im Gesetz nach. Werden solche Normen im Examen geprüft, wird kein Detailwissen erwartet, sondern die ordentliche Arbeit am unbekannten Gesetz. Dies setzt freilich die Kenntnis der Existenz der Norm voraus!

2. Formelle Anspruchsvoraussetzungen

formelle Anspruchsvoraussetzungen

Formelle Anspruchsvoraussetzungen sind typischerweise ein ordnungsgemäßer Antrag bei der zuständigen Behörde, vgl. z.B. Art. 64 BayBO.

---

[76] Vgl. Schoch, S. 75.

[77] Das Bundesgaststättengesetz gilt trotz des Wegfalls der Gesetzgebungskompetenz des Bundes i.R.d. Föderalismusreform solange fort, bis die einzelnen Bundesländer abweichende eigene Gaststättengesetze erlassen haben, vgl. Art. 125a I GG.

hemmer-Methode: Hier wird nur selten ein Klausurschwerpunkt liegen. Handeln Sie diesen Punkt deshalb zügig ab.

3. Materielle Anspruchsvoraussetzungen – „Genehmigungsfälle"

materielle Anspruchsvoraussetzungen

An dieser Stelle erfolgt die Subsumtion des Sachverhaltes unter die Anspruchsgrundlage. Da der häufigste Fall der Verpflichtungsklage auf Erteilung einer Genehmigung gerichtet ist, wird im Folgenden der Anspruch auf Erteilung einer Genehmigung exemplarisch abgehandelt.

Exkurs: Kontrollerlaubnis und Ausnahmebewilligung

unterscheide: Kontrollerlaubnis und Ausnahmebewilligung

Das Verwaltungsrecht kennt zwei Hauptarten der Erlaubnis bzw. Genehmigung,[78] die Kontrollerlaubnis und die Ausnahmebewilligung. Der Gesetzgeber kann dem Bürger ein Tätigwerden nur innerhalb des von den Grundrechten gesteckten Rahmens materiell-rechtlich verbieten. Er darf allerdings ein Tätigwerden vorweg daraufhin kontrollieren, ob es dem materiellen Recht entspricht.

Bei Einhaltung dieser Voraussetzung besteht ein Anspruch auf Genehmigung. Ist die Genehmigung formell ein begünstigender Verwaltungsakt, so stellt sie materiell lediglich wieder her, was dem Bürger grundrechtlich erlaubt ist. Umgekehrt stellt die Versagung einen Eingriff in die subjektiven Rechte des Bürgers dar.

Die Ausnahmebewilligung ist als repressives Verbot mit Befreiungsvorbehalt nur in den Bereichen zulässig, in denen auch ein Totalverbot mit den Grundrechten dem Grunde nach vereinbar wäre.

Sie ist in vollem Umfang begünstigend, da sie den Rechtskreis des Bürgers erweitert.

hemmer-Methode: Bedeutsam ist diese Unterscheidung z.B. für die Beseitigung von Schwarzbauten, vgl. bspw. Art. 76 S. 1 BayBO. Für den Erlass einer Beseitigungsanordnung reicht die bloße formelle Illegalität, also das Fehlen der erforderlichen Genehmigung, nicht. Entspricht der Schwarzbau dem materiellen Baurecht, ist vielmehr die formelle Rechtmäßigkeit durch nachträgliche Antragstellung herzustellen (Art. 76 S. 3 BayBO).
Entsprach der Bau irgendwann einmal dem materiellen Baurecht, genießt er auch ohne Vorliegen einer Baugenehmigung Bestandsschutz. Allein das Fehlen einer bloßen Kontrollerlaubnis rechtfertigt noch keine Baubeseitigung, da der Bürger materiell nur seine Grundrechte verwirklicht hat.[79]

Exkurs Ende

bei Genehmigung trennen:

Wird eine Genehmigung begehrt, ist im Aufbau zwischen der Genehmigungspflichtigkeit und der Genehmigungsfähigkeit zu unterscheiden.

---

[78] Die Begriffe Erlaubnis und Genehmigung werden meist als Synonym und für beide Gruppen verwendet.

[79] Nicht mehr unumstritten. Das BVerwG geht in einigen neueren Entscheidungen von Bestandsschutz nur dann aus, wenn auch tatsächlich eine Genehmigung erteilt wurde, BVerwG, NVwZ 1998, 842 = **juris**byhemmer; vgl. auch Konrad, JA 1998, 691; während das BVerfG an der bisherigen Rspr. festhält, wonach die Genehmigungsfähigkeit ausreicht, BVerfG, NVwZ 2001, 424 = **juris**byhemmer.

a) Genehmigungspflichtigkeit

> **hemmer-Methode:** Die Genehmigungspflichtigkeit wird von vielen als eine Frage der formellen Rechtmäßigkeit, genauer des Verfahrens behandelt. Hierfür spricht, dass nur bei Genehmigungspflichtigkeit überhaupt ein Verwaltungsverfahren eröffnet ist. Andererseits geht es bei der Genehmigungspflichtigkeit nicht um die Frage „wie" eine Genehmigung erteilt wird, also in welchem Verfahren, sondern „ob" eine Genehmigung erteilt wird. Dies spricht für die Verortung in der materiellen Rechtmäßigkeit. Eine salomonische Lösung ist es, in Genehmigungsfällen die Unterscheidung in formelle und materielle Rechtmäßigkeit weg zu lassen, da sich formelle Probleme im Übrigen ohnehin kaum einmal stellen werden. Klausurtaktisch sollte noch eines klar sein: Ist eine Verpflichtungsklage auf Erlass einer Genehmigung erhoben, ist es nahezu unvorstellbar, dass diese bereits an der Genehmigungspflichtigkeit scheitert!

Genehmigungspflichtigkeit

Viele Tätigkeiten und Vorhaben sind aufgrund ihres geringen Umfangs und der damit nur geringen Gefährdung öffentlicher und nachbarschaftlicher Interessen verfahrens- bzw. genehmigungsfrei (z.B. Art. 57, 58 BayBO). Andere bedürfen lediglich einer Anzeige (§ 14 VersammlG,[80] §§ 14 ff. GewO).

> **hemmer-Methode:** Im Fall der Verfahrensfreiheit, vgl. Art. 57 BayBO, darf der Bauherr ohne weiteres mit dem Bauvorhaben „loslegen". Im Fall der Genehmigungsfreiheit nach Art. 58 BayBO muss er hingegen zunächst Unterlagen bei der Gemeinde einreichen, vgl. Art. 58 III BayBO, also ein Verwaltungsverfahren eröffnen. Am Ende dieses Verfahrens kann dann das Ergebnis stehen, dass für sein Vorhaben keine Baugenehmigung benötigt, das Vorhaben als genehmigungsfrei gestellt wird, Art. 58 II Nr. 4 BayBO.

In diesem Zusammenhang kann die saubere Definition und/oder Abgrenzung der folgenden Begriffe erforderlich werden:

aa) Gewerbe i.S.d. GewO und des GastG (vgl. auch § 15 II EStG): die erlaubte, auf Gewinnerzielung gerichtete und auf Dauer angelegte (planmäßige), selbstständige Tätigkeit, ausgenommen der Urproduktion, der freien Berufe und der bloßen Verwaltung eigenen Vermögens. Das Merkmal der erlaubten Tätigkeit bezieht sich auf generelle Verbote (z.B. „Berufskiller") und natürlich nicht auf eine evtl. öffentlich-rechtliche Genehmigung; deren Erfordernis soll ja gerade festgestellt werden.

bb) Bauliche Anlage: Zu unterscheiden sind der bauordnungsrechtliche Begriff und der bauplanungsrechtliche Begriff der baulichen Anlage (Art. 2 I S. 1 BayBO und § 29 BauGB). Beiden gemein ist es, dass es um eine aus Bauprodukten hergestellte, mit dem Erdboden fest verbundene Anlage gehen muss. Im Bereich des § 29 BauGB ist als zusätzliches Merkmal die planungsrechtliche Relevanz zu fordern.

cc) Gemeingebrauch/Sondernutzung: §§ 7, 8 FStrG, Art. 14 ff. BayStrWG: Gemeingebrauch ist genehmigungsfrei und wird durch den Widmungszweck der öffentlichen Sache bestimmt.

Jedenfalls für die Wahlfachgruppe ist die Kenntnis folgender Probleme notwendig: kommunikativer Gemeingebrauch von Straßen, erweiterter Gemeingebrauch gewerblicher Anlieger, Anspruch politischer Parteien auf Sondernutzung während des Wahlkampfs.[81]

---

[80] Und auch das nicht immer: BVerfGE 69, 315 (Brokdorf-Beschluss) = **juris**by**hemmer**: Bei „Spontandemos" entfällt die Anzeigepflicht. § 14 VersammlG ist insoweit verfassungskonform auszulegen, vgl. für Bayern Art. 13 I, IV BayVersG.

[81] Dazu Examen 1987/II, 8 in BayVBl. 1989, 542, 573.

hemmer-Methode: Häufig kündigt sich das Problem der Genehmigungspflichtigkeit (speziell im Baurecht) durch komplizierte Sachverhaltsangaben zu Größe und Ausmaß des geplanten Vorhabens an. Hier erwartet man von Ihnen dann eine saubere Prüfung, ob das Vorhaben nicht evtl. doch genehmigungsfrei ist. Dass die Genehmigungspflichtigkeit dann vor der Genehmigungsfähigkeit zu prüfen ist, ergibt sich schon zwingend daraus, dass ansonsten gar keine Genehmigung notwendig wäre. Besteht kein Erfordernis für eine Genehmigung, ist die trotzdem beantragte Genehmigung schließlich zu versagen.[82] Eine dennoch erteilte Genehmigung ist rechtswidrig.

b) Genehmigungsfähigkeit

Genehmigungsfähigkeit

Die Aufgabe dieses Prüfungsschrittes ist die Subsumtion des Sachverhalts unter die Anspruchsgrundlage. Mitunter – insbesondere im Bau- und Immissionsschutzrecht – wird hier eine sehr komplexe Prüfung vom Bearbeiter erwartet. Die Problemstellungen hängen vom jeweils einschlägigen besonderen Verwaltungsrecht ab.

hemmer-Methode: Auf formale Probleme ist hier nicht einzugehen! Keine Frage der Genehmigungsfähigkeit ist es, ob der Versagungsbescheid formell rechtmäßig ergangen ist (siehe oben Rn. 55). Hat der Kläger noch keinen Antrag auf Erlass des Verwaltungsakts gestellt, fehlt es an der Klagebefugnis bzw. am Rechtsschutzbedürfnis. Ist der verklagte Rechtsträger rechtlich gar nicht in der Lage, den begehrten Verwaltungsakt zu erlassen, mangelt es bereits an der Passivlegitimation.

4. Sonderfall - Die Zusicherung als Anspruchsgrundlage

a) Allgemeines

Klausurrelevanz

Die Zusicherung nach § 38 VwVfG eignet sich hervorragend für den Einbau in eine Klausur und taucht im Examen entsprechend oft auf.

Ob es sich bei der Zusicherung um einen Verwaltungsakt handelt, ist umstritten.[83] Für die Klausur ist die Problematik aber kaum relevant, da § 38 II VwVfG jedenfalls die Anwendbarkeit der wesentlichen §§ 44, 45, 48 und 49 VwVfG anordnet.

b) Klausurschwerpunkte

aa) Verpflichtungsklage

Zusicherung und Verpflichtungsklage

Die Zusicherung wird fast immer i.R.d. Verpflichtungsklage relevant werden: Der Antragsteller begehrt den Erlass eines bestimmten Verwaltungsakts und stützt seinen Anspruch darauf, dass ihm der Verwaltungsakt zugesichert worden ist. Bevor der Anspruch aus der eigentlichen gesetzlichen Grundlage zu prüfen ist, kann zu untersuchen sein, ob er sich nicht schon aus § 38 I VwVfG ergibt.

Nur wenn es sich schon gar nicht um eine Zusicherung in diesem Sinne handelt (Abgrenzung), ein Fall des § 38 III VwVfG vorliegt, die Zusicherung gem. § 44 VwVfG nichtig oder gem. § 38 II VwVfG i.V.m. §§ 48, 49 VwVfG aufgehoben ist[84], muss die Prüfung fortgesetzt werden.

---

[82] BVerwGE 32, 41 (43 f.) = **juris**byhemmer.
[83] Maurer/Waldhoff, § 9, Rn. 61.
[84] Diese Aufhebung kann u.U. auch konkludent in der Ablehnung des begehrten Verwaltungsakts gesehen werden.

> **hemmer-Methode:** Die Prüfung der Zusicherung ist also logisch vorrangig vor dem einschlägigen materiellen Recht.
> In der Regel wird die Zusicherung aber aus irgendwelchen Gründen unwirksam sein, da sich sonst keine weiteren Probleme ergeben bzw. ein Hilfsgutachten geschrieben werden müsste. Handelt es sich bei der Zusicherung ersichtlich nur um ein Randproblem der Klausur, ist es i.Ü. auch zu vertreten, die Prüfung ganz an das Ende der Klausur zu stellen. Es ist dann die Frage zu stellen: Würde sich etwas anderes ergeben, wenn eine Zusicherung vorliegt?

bb) Anfechtungsklage

Zusicherungsprobleme bei Anfechtungsklage selten

In der Anfechtungsklage wird die Zusicherung allenfalls bei der Drittanfechtung des Verwaltungsakts oder dann Bedeutung erlangen, wenn die Behörde einen bestimmten Verwaltungsakt erlässt, obwohl sie zugesichert hat, ihn zu unterlassen.

> **Bsp.:** Sichert die Behörde zu, einen erlassenen Verwaltungsakt nicht zurückzunehmen, ist die Anfechtungsklage gegen die gleichwohl erfolgte Rücknahme begründet. Die Zusicherung schränkt das Ermessen der Behörde ein.

c) Abgrenzungen

Abgrenzung zu Auskunft und Vorbescheid

Die Zusicherung ist abzugrenzen von der unverbindlichen Auskunft und vom Vorbescheid, der in seinen Wirkungen über § 38 VwVfG hinausgeht.

aa) Zusicherung und unverbindliche Auskunft

Auskunft: Abgrenzung normalerweise Schriftform

Von der unverbindlichen Auskunft unterscheidet sich die Zusicherung normalerweise schon durch ihre Form.

§ 38 VwVfG enthält als Wirksamkeitsvoraussetzung die Schriftform. Das schließt allerdings nicht aus, dass eine Behörde davon abweichend eine mündliche Zusicherung geben kann. Diese ist dann allerdings nichtig und bindet die Behörde nicht.[85]

Umgekehrt kann auch eine bloße Auskunft in mündlicher oder schriftlicher Form erteilt werden. Es ist dann vom Empfängerhorizont her auszulegen, ob der Betroffene die Erklärung der Behörde als Zusicherung, einen Verwaltungsakt zu erlassen, auffassen konnte.

Die Auskunft ist ein bloßer Realakt. Bei Erteilung einer Auskunft fehlt der Behörde der Wille zur Selbstverpflichtung. Sie begründet keinen Anspruch gegen die Behörde, sich entsprechend der erteilten Auskunft zu verhalten.

Zu beachten ist allerdings, dass auch bloße Auskünfte rechtlich nicht folgenlos bleiben müssen. Vielmehr können sie Amtshaftungsansprüche nach § 839 BGB, Art. 34 GG auslösen, wenn sie unrichtig, unvollständig oder missverständlich waren.

bb) Zusicherung und Vorbescheid

Vorbescheid ist selbst verbindlicher Verwaltungsakt

In seinen Wirkungen weiter als die Zusicherung reicht der Vorbescheid (z.B. Art. 71 BayBO, § 9 BImSchG). Dieser enthält bezüglich einzelner Genehmigungsvoraussetzungen eine endgültige Regelung. Die Genehmigungsbehörde darf nach Bestandskraft des Vorbescheides die dort entschiedenen Teilfragen nachträglich nicht mehr anders beurteilen.

---

85 Ule/Laubinger, § 49, Rn. 4.

§ 3 VERPFLICHTUNGSKLAGE

Die Bindungswirkung des Vorbescheides besteht, solange der Vorbescheid wirksam, d.h. nicht widerrufen, zurückgenommen oder auf andere Weise erledigt ist, vgl. § 43 II VwVfG.

Der wesentliche Unterschied zwischen Vorbescheid und Zusicherung liegt also darin, dass der Vorbescheid keinen künftigen Verwaltungsakt zusagt, sondern selbst Verwaltungsakt ist und bereits einen Teil der späteren Genehmigung vorwegnimmt.

Die Bindungswirkung des Vorbescheides entfällt deshalb nur, wenn er aufgehoben wird (§§ 48, 49 VwVfG oder Spezialregelungen). Die Bindungswirkung der Zusicherung entfällt dagegen nach § 38 III VwVfG ipso iure, wenn sich die zugrundeliegende Sach- und Rechtslage einschneidend ändert.

hemmer-Methode: Achten Sie darauf, dass die Behörde den Vorbescheid zumeist nicht ausdrücklich aufhebt. Vielmehr enthält die endgültige Ablehnung der erstrebten Genehmigung konkludent die Aufhebung des Vorbescheid-Verwaltungsakts, §§ 48, 49 VwVfG sind zu prüfen.

Exkurs: Vorbescheid und Teilgenehmigung

Abgrenzung Vorbescheid/Teilgenehmigung

Seinerseits ist der Vorbescheid von der Teilgenehmigung abzugrenzen.

Mit der Teilgenehmigung wird über einen Teil eines Vorhabens abschließend entschieden, sodass mit der Ausführung des genehmigten Teils begonnen werden darf.

hemmer-Methode: Unterscheiden Sie die Begriffe Teilgenehmigung und Teilungsgenehmigung! Die Teilungsgenehmigung gem. §§ 19 ff. BauGB betrifft die Frage, welche Anforderungen und Folgen die Teilung eines Grundstückes im Baurecht hat.

Bsp.: Teilbaugenehmigung, Art. 70 BayBO, § 8 BImSchG

Teilgenehmigung: alle Voraussetzungen für einen Teil des Vorhabens

⇨ **Merksatz:** Alle Genehmigungsvoraussetzungen für einen Teil des Vorhabens liegen vor. Die Teilgenehmigung hat Gestaltungswirkung.

Dagegen ist der Vorbescheid keine Genehmigung, da das grundsätzlich bestehende Verbot des Vorhabens nicht eingeschränkt wird. Es wird lediglich ein Teil der Genehmigung vorweggenommen. Das Vorhaben ist erst gestattet, wenn die Genehmigung vollständig erteilt worden ist.

Vorbescheid: ein Teil der Voraussetzungen für das ganze Vorhaben

⇨ **Merksatz:** Ein Teil der Genehmigungsvoraussetzungen für das ganze Vorhaben liegt vor. Diesbezüglich ergeht nur ein feststellender Verwaltungsakt.

Exkurs Ende

hemmer-Methode: Die verschiedenen Abgrenzungen in diesem Bereich eröffnen ein höchst examensrelevantes Spannungsfeld. Lernen Sie keine Einzelprobleme, sondern denken Sie in Zusammenhängen. Hier gilt es, sich die Stellung der Zusicherung zwischen unverbindlicher Auskunft und Vorbescheid zu vergegenwärtigen. Haben Sie sich das klar gemacht, fließen Ihnen die Argumente von selbst zu.

d) Klausurfall

A reicht beim LRA Baupläne ein. Auf die Frage, ob ihrem Vorhaben irgendwelche Bedenken entgegenstünden, sichert ihr die zuständige Sachbearbeiterin die Erteilung einer Baugenehmigung schriftlich zu. Die Baugenehmigung wird ihr später verweigert, da das Vorhaben nie genehmigungsfähig gewesen sei. I.Ü. habe auch die Gemeinde ihr Einvernehmen nach § 36 I S. 1 BauGB verweigert. Damit sei eine Änderung der Rechtslage eingetreten, sodass man jedenfalls an die gegebene Zusicherung nicht mehr gebunden sei. A fragt sich, ob sie einen Anspruch auf die Baugenehmigung hat.

Anspruch aus Art. 68 I BayBO

1. Ein Anspruch der A auf Erteilung der Baugenehmigung könnte sich aus Art. 68 I BayBO ergeben. Da der Sachverhalt keine Aussage über die tatsächliche Genehmigungsfähigkeit des Vorhabens trifft, kann sich der Anspruch der A nur aus anderen Gründen ergeben.

Anspruch aus Vorbescheid?

2. Möglicherweise könnte sich aber ein Anspruch auf Erteilung der Baugenehmigung aus Art. 71 S. 1 BayBO ergeben.

Es ist schon zweifelhaft, ob das LRA in seinem Schreiben das Vorliegen bestimmter Genehmigungsvoraussetzungen vorab feststellen wollte. Auch ist das Schreiben nicht etwa als „Vorbescheid" bezeichnet.

Aber: Selbst wenn das der Fall wäre, würde die Bindungswirkung des Vorbescheides sich nur auf die dort geprüften Genehmigungsvoraussetzungen beziehen. Die Genehmigungsfähigkeit im Übrigen wäre nicht berührt.

Anspruch wegen Zusicherung?

3. Ein Genehmigungsanspruch könnte sich aber aus einer wirksamen Zusicherung i.S.d. § 38 I VwVfG ergeben.

Das Schriftformerfordernis wurde eingehalten. Allerdings hätte das LRA das nach § 36 BauGB für die Erteilung der Baugenehmigung notwendige gemeindliche Einvernehmen gem. § 38 I S. 2 VwVfG schon vor Abgabe der Zusicherung einholen müssen. Dieser Fehler führt jedoch nicht zur Nichtigkeit der Zusicherung, vgl. §§ 38 II, 44 III Nr. 4 VwVfG.

Entfallen der Bindungswirkung?

Die Bindungswirkung könnte aber gem. § 38 III VwVfG entfallen sein, wenn sich die Sach- oder Rechtslage derart geändert hätte, dass die Behörde ihre Zusicherung bei vorheriger Kenntnis nicht abgegeben hätte. Hier hat die Gemeinde ihr Einverständnis erst nach Abgabe der Zusicherung verweigert.

Man könnte sich auf den Standpunkt stellen, dass ein Fall des § 38 III VwVfG vorliegt und die Bindungswirkung damit ipso iure entfällt.[86]

Andererseits darf der Fehler des LRA, das Einvernehmen nicht vorab gem. § 38 I S. 2 VwVfG eingeholt zu haben, A nicht zum Nachteil gereichen. § 38 III VwVfG lässt keinen Raum für Vertrauensschutz. Daher ist es im Ergebnis vorzugswürdig, die Behörde auf den Weg der Aufhebung nach §§ 48, 49 VwVfG zu verweisen.

Rücknahme der Zusicherung

4. Das LRA hat hier zwar nicht ausdrücklich die Zusicherung aufgehoben; aus der Verweigerung, die Baugenehmigung zu erteilen geht aber hinreichend klar hervor, dass das LRA die Zusicherung beseitigt haben will. Von einem Aufhebungs-Verwaltungsakt i.S.d. §§ 38 II, 48 VwVfG kann daher ausgegangen werden.

Oben wurde bereits festgestellt, dass die Zusicherung rechtswidrig war. Hier handelt es sich um einen Fall des § 48 III VwVfG, da die Zusicherung begünstigend wirkte, aber keine Geld- oder Sachleistung in Aussicht stellte.

---

86 Vgl. BayVGH, DÖV 1991, 34 = **juris**byhemmer.

§ 3 VERPFLICHTUNGSKLAGE

Die Rücknahme der Zusicherung steht daher im Ermessen des LRA. Zwar kann dem Sachverhalt nicht entnommen werden, dass das LRA bei seiner Entscheidung von seinem Rücknahmeermessen nach § 48 I S. 2 VwVfG Gebrauch gemacht hat. Das fehlende Einvernehmen der Gemeinde ist aber ein so gravierender Fehler, dass davon ausgegangen werden muss, dass das Ermessen des LRA auf Null reduziert war.

Gem. § 48 III S. 1 VwVfG ist A für eventuell erlittene Vermögensnachteile zu entschädigen, soweit diese auf schutzwürdiger Vertrauensbetätigung beruhen.

IV. Prüfung bei Ermessen – Aufbau bei Verbescheidungsklagen

Sonderfall: Ermessens-Verwaltungsakt bzgl. Rechtsfolgenseite

Steht der begehrte Verwaltungsakt im Ermessen der Behörde, empfiehlt sich folgende Vorgehensweise: Vorab muss aufgrund des Klageantrags differenziert werden, ob der Kläger ein Vornahmeurteil oder lediglich ein Bescheidungsurteil begehrt.

1. Vornahmeklage

Vornahmeklage

Im ersteren Fall kann i.R.d. oben dargestellten Anspruchsaufbaus festgestellt werden, dass ein Anspruch auf Erlass des Verwaltungsakts nur dann besteht, wenn der Ermessensspielraum der Verwaltung auf Null reduziert ist, da sonst die Spruchreife von vornherein ausgeschlossen ist.

hemmer-Methode: Die Ermessensreduktion auf Null ist zusätzliche Anspruchsvoraussetzung. Fehlt diese, ist aber die bisherige Ablehnung ermessensfehlerhaft, erlässt das Gericht allenfalls noch ein Verbescheidungsurteil. Die Vornahmeklage wird zumindest teilweise kostenpflichtig abgewiesen.
Für diesen Fall erweist sich die Wahl des Anspruchsaufbaus allerdings als unglücklich, da Sie nun am Ende der Vornahmeklage den Aufbau wechseln und entsprechend der folgenden Ausführungen eine Verbescheidungsklage prüfen müssen. Soweit Sie „ahnen", dass es Probleme mit der Ermessensreduktion geben könnte, sollten Sie deshalb den Aufbau am Wortlaut des § 113 V S. 1 VwGO orientieren und prüfen, ob die Ablehnung rechtswidrig, der Kläger dadurch in seinen Rechten verletzt und die Sache spruchreif ist. Fehlt die Spruchreife, ergeht nach § 113 V S. 2 VwGO zumindest ein Verbescheidungsurteil.

Ermessensreduktion

Das Ermessen ist jedenfalls dann auf Null reduziert, wenn jede andere als die begehrte Entscheidung rechtswidrig wäre.

Auch wenn nicht nur geringwertige Gesichtspunkte gegen die Gewährung sprechen, ist die Behörde wegen Art. 3 I GG zur Gewährung verpflichtet, wenn sie sich in gleich gelagerten Fällen bereits selbst gebunden hat (sog. Selbstbindung der Verwaltung).

Auch eine vorher erteilte Zusicherung führt zur Ermessensschrumpfung auf Null.

2. Verbescheidungsklage

Verbescheidungsklage

Im Fall der bloßen Verbescheidungsklage genügt für die Begründetheit der Klage, dass die ablehnende Entscheidung der Behörde ermessensfehlerhaft ist und der Kläger dadurch in seinen Rechten verletzt wird.

a) Rechtswidrigkeit der Ablehnung/Unterlassung des Verwaltungsakts

zuerst Tatbestand prüfen

Sie prüfen zunächst die tatbestandlichen Voraussetzungen der Ermessensnorm (z.B. § 31 II Nr. 1 - 3 BauGB, § 48 II VwVfG). Sind diese nicht gegeben, ist die Klage eindeutig unbegründet.

dann Ablehnungsgründe prüfen

Sodann untersuchen Sie, ob die von der Verwaltung angeführten Gründe ermessensfehlerhaft sind (§ 114 S. 1 VwGO) oder ob sie die Ablehnung tragen und damit der Anspruch von vornherein erloschen ist.[87]

> **hemmer-Methode:** Die Prüfung des § 114 S. 1 VwGO wird in Hemmer/Wüst, Verwaltungsrecht I, Rn. 356 bis 389 dargestellt.
> An diesem Punkt wird der Versagungsbescheid (endlich einmal) relevant. Aus seiner Begründung geht hervor, ob die Behörde überhaupt von ihrem Ermessen Gebrauch gemacht hat, ob sie es überschritten hat oder ob ein Ermessensfehlgebrauch vorliegt. Verfahrensfehler (z.B. keine Anhörung) deuten regelmäßig auf einen Ermessensfehlgebrauch hin. Es ist nicht auszuschließen, dass die Behörde bei Beachtung der Verfahrensvorschrift zu einer anderen Sachentscheidung gekommen wäre.

b) Subjektive Rechtsverletzung

Rechtsverletzung

Sofern das Bestehen eines subjektiven Rechts nicht bereits i.R.d. Klagebefugnis festgestellt worden ist, hat die Prüfung hier zu erfolgen (vgl. Rn. 37, 41).

Die Rechtswidrigkeit der Ablehnung/Unterlassung verletzt den Kläger also auch in eigenen Rechten.

> **Nochmals zur Klarstellung:** Für den Erfolg der Verbescheidungsklage genügt die objektive Rechtswidrigkeit der Versagung des Verwaltungsakts und die korrespondierende subjektive Rechtsverletzung. Auf die Spruchreife kommt es anders als bei der Vornahmeklage gerade nicht an!

V. Prüfung bei Beurteilungsspielraum

Beurteilungsspielraum bezieht sich auf Tatbestand

Ganz ähnlich wie bei den Ermessensfällen ist beim Vorliegen eines anerkannten Beurteilungsspielraums der Verwaltung vorzugehen. Allerdings sollte man sich immer des grundlegenden Unterschiedes bewusst sein: Der Beurteilungsspielraum besteht auf der Tatbestandsseite der Norm, während sich das Ermessen auf die Rechtsfolgenseite erstreckt.

Zur Frage, ob bei der Auslegung unbestimmter Rechtsbegriffe der Behörde ein vom Gericht nicht überprüfbarer Beurteilungsspielraum zusteht siehe ausführlich **Hemmer/Wüst, Verwaltungsrecht I, Rn. 338 bis 355**.

gerichtlich voll überprüfbar

Der Klausurlösung sind die folgenden Gedanken zugrunde zu legen: Auch unbestimmte Rechtsbegriffe sind im Grundsatz gerichtlich voll überprüfbare Tatbestandsmerkmale einer Norm. Die Lehre vom Beurteilungsspielraum, die Vertretbarkeitslehre sowie die Lehre von der Einschätzungsprärogative sind alle im Hinblick auf das Grundrecht auf effektiven Rechtsschutz (Art. 19 IV GG) abzulehnen. Nur in ganz eng begrenzten Fallgruppen ist ein Beurteilungsspielraum anzuerkennen (**Hemmer/Wüst, Verwaltungsrecht I, Rn. 338 ff.**).

---

[87] Wendet eine Verwaltungsbehörde eine ermessensbindende Verwaltungsvorschrift irrtümlich nicht an, kann dieser Ermessensfehler zur Rechtswidrigkeit des die Bindung verkennenden Verwaltungsakts führen, vgl. VGH Mannheim NVwZ 1999, 547 ff. = jurisbyhemmer.

§ 3 VERPFLICHTUNGSKLAGE

Sofern eine dieser Gruppen vorliegt, ist die Ablehnungsentscheidung der Behörde an den von der Rechtsprechung entwickelten Kriterien zu messen. In der Literatur wird z.T. die analoge Anwendung des § 114 S. 1 VwGO vorgeschlagen.[88]

hemmer-Methode: Die Kenntnis der Rechtsprechung des BVerwG und des BVerfG zur Kontrolle von Prüfungsentscheidungen wird vom Examenskandidaten erwartet. Letztlich sollten Sie sich schon aus Gründen des „Eigenbedarfs" mit dieser Thematik befassen!

aber nur Bescheidungsklage mögl., da keine eigene Beurteilung durch Gericht

Das Gericht kann seine Beurteilung nicht an die Stelle der behördlichen Beurteilung stellen. Im vollen Umfang begründet kann daher immer nur eine Bescheidungsklage sein, während eine Vornahmeklage immer zumindest teilweise unbegründet ist.

Fall:[89] *Die Jurastudentin J ist bereits durch den schriftlichen Teil der Bayerischen Ersten Juristischen Staatsprüfung gefallen (Notendurchschnitt 3,76 Punkte) und wurde deshalb zur mündlichen Prüfung nicht zugelassen. Insbesondere die erste öffentlich-rechtliche Klausur war lediglich mit drei Punkten bewertet worden. Zu der inhaltlichen Frage, ob im Rahmen einer Fortsetzungsfeststellungsklage bei Erledigung des Verwaltungsakts vor Erhebung der Klage ein Vorverfahren durchzuführen ist, steht am Rand lediglich die Bemerkung „Falsch!". J hatte diese Frage mit der Begründung bejaht, dass nur dadurch eine Zweckmäßigkeitskontrolle gewährleistet sei.*

J erhebt sogleich Klage gegen ihr Bundesland zum zuständigen Verwaltungsgericht mit dem Antrag auf Feststellung, dass sie den schriftlichen Teil der Prüfung mit 3,80 Punkten bestanden habe und deshalb zur mündlichen Prüfung zuzulassen sei, da diese Klausur mit mindestens vier Punkten zu bewerten sei. Im Verfahren holt das Verwaltungsgericht die Stellungnahme des Landesjustizprüfungsamtes ein. Dieses legt eine nachträglich eingeholte Begründung der beiden Prüfer vor. Darin wird zwar eingeräumt, dass die angesprochene Fachfrage in der Literatur in ähnlicher Weise diskutiert wird, zugleich weisen die Prüfer jedoch unter Bezugnahme auf ihre ursprüngliche Klausur auf mehrere andere krasse Fehler in der Arbeit hin, die insgesamt eine bessere Benotung ausschlössen. Die Frage der Notwendigkeit eines Vorverfahrens sei für die Benotung mit drei Punkten nicht kausal gewesen.

1. Die Feststellungsklage ist nicht statthaft. Zwar ergibt sich die Frage des Bestehens der Prüfung aus dem Gesetz (bspw. § 31 II BayJAPO), im vorliegenden Fall ist aber gerade das Erreichen der vier Punkte streitig. In Betracht kommt aber eine Verpflichtungsklage auf Heraufsetzung ihrer Gesamtnote. Die Heraufsetzung der Einzelnote kann mangels Verwaltungsakt-Eigenschaft (Außenwirkung fehlt) nicht begehrt werden.

hemmer-Methode: Das Bestehen der Prüfung steht nach dem Gesetz fest, wenn insgesamt vier Punkte erreicht wurden. Dies wiederum wird durch Verwaltungsakt festgesetzt, den die Klägerin mittels einer Verpflichtungsklage erstreiten muss!

Das ist nur möglich, wenn der Einzelnote eine über ihr normales Gewicht hinausgehende eigenständige Bedeutung zukommt, wie etwa der Lateinnote in der letzten Lateinklasse, die zugleich über den Erwerb des Latinums entscheidet.[90] Außerdem würde die Verurteilung auf Heraufsetzung der Einzelnote nicht das Klagebegehren ausschöpfen, das sich auf die Gesamtnote bezieht. Gemäß § 88 VwGO ist der Klageantrag also als Verpflichtungsklage auszulegen.

---

88 Schenke, § 20, Rn. 772.
89 Vgl. BVerfGE 84, 34 = **juris**by**hemmer**; BVerwG, NVwZ 1993, 677 = **juris**by**hemmer**.
90 Vgl. Kopp/Ramsauer, § 35 VwVfG, Rn. 54, 56.

J beschränkt sich nicht lediglich auf eine Neubescheidung (Bescheidungsklage), sondern begehrt die Verpflichtung des Landesjustizprüfungsamtes zur Heraufsetzung der Note. Ob bei Prüfungsentscheidungen einer Vornahmeklage stattgegeben werden kann, ist keine Frage der Zulässigkeit, sondern der Begründetheit.

2. J müsste klagebefugt sein. Wenn ihre Leistungen ausreichend i.S.d. § 4 BayJAPO sind, steht ihr ein Anspruch auf Erteilung der Note ausreichend zu. Eine Verletzung eigener Rechte erscheint hier auch aufgrund des Grundrechts der Berufsfreiheit möglich. Art. 12 I GG gewährt nicht nur ein Abwehrrecht, sondern auch das Recht auf ein rechtsstaatlichen Grundsätzen entsprechendes faires Prüfungsverfahren. Das Verfahren muss einen effektiven Schutz des Grundrechts gewährleisten.

3. Ein Vorverfahren ist gemäß § 68 I S. 2 Nr. 1 VwGO nicht erforderlich. Das Landesjustizprüfungsamt ist unselbstständige Abteilung des Landesministeriums der Justiz.[91] Mithin ist die Klage als Vornahmeklage zulässig.

4. Das Land Bayern ist passivlegitimiert (§ 78 I Nr. 1 VwGO). Der Anspruch auf Heraufsetzung könnte J aus § 4 BayJAPO i.V.m. Art. 12 GG zustehen.

5. Bei der Notengebung handelt es sich um eine gebundene Entscheidung: Dem Prüfer kommt kein Entscheidungsspielraum dahingehend zu, ob eine trotz ihrer Mängel durchschnittliche Leistung mit „Ausreichend" oder nur mit „Mangelhaft" zu bewerten ist.[92] Ihm könnte jedoch bei der Beurteilung der Frage, ob die Leistung noch den durchschnittlichen Anforderungen entspricht ein Beurteilungsspielraum auf der Tatbestandsseite der Norm zustehen.

a) Ein Beurteilungsspielraum kommt bei der Verwendung unbestimmter Rechtsbegriffe, wie der hier verwendeten „Mängel" oder „durchschnittliche Anforderungen" in Betracht. Zwar obliegt die verbindliche Auslegung gesetzlicher Regelungen grds. den Gerichten. Bei Wertungsentscheidungen aufgrund nicht wiederholbarer Situationen, die im Gesamtzusammenhang des Prüfungsverfahrens getroffen werden und sich nicht ohne weiteres im nachfolgenden Verwaltungsstreitverfahren nachvollziehen lassen, ist die Justiziabilität jedoch begrenzt. Das Gericht hat insbesondere nicht den Vergleichsmaßstab der Prüfer zu den anderen Prüflingen.

Auf die Sachkunde des Gerichts in juristischen Angelegenheiten kommt es daher gar nicht an. Ein Anspruch auf Verpflichtung zur Besserbewertung scheidet daher aufgrund des Beurteilungsspielraums i.d.R. aus.

b) Offen bleibt die Frage eines Bescheidungsanspruchs. Dieser setzt die rechtswidrige Versagung der Feststellung des Bestehens der Prüfung voraus. Die Versagung könnte hier auf der evtl. fehlerhaft zustande gekommenen Benotung beruhen und deshalb rechtswidrig sein.

aa) J rügt zunächst die Kommentierung der Wiedergabe einer in der juristischen Literatur vertretenen Ansicht (z.B. Kopp/Schenke, § 68 VwGO, Rn. 34, Schenke, § 18, Rn. 666) als „falsch". Als Grenzen des nicht überprüfbaren Beurteilungsspielraums zieht das BVerwG folgende Kriterien heran: Die Entscheidung darf nicht auf (1) einem unrichtigen Sachverhalt beruhen, (2) verfahrensfehlerhaft sein, (3) allgemeingültige Bewertungsmaßstäbe missachten oder (4) aufgrund sachfremder Erwägungen zustande gekommen sein.

Das BVerfG hat diese Zurückhaltung dahingehend beschränkt, dass nur prüfungsspezifische Bewertungsgesichtspunkte nicht überprüfbar sind. Objektiv zu beantwortende fachliche Fragen sind dagegen unter dem Gesichtspunkt der allgemeingültigen Bewertungsmaßstäbe zu berücksichtigen.

---

[91] Die Eröffnung einer zweiten Verwaltungsinstanz mit einer vollständigen Neubewertung umstrittener Prüfungsleistungen ist aufgrund des Art. 12 GG nicht geboten: BVerfG a.a.O.

[92] Als Maßstab der gerichtlichen Kontrolle eines Prüfungsergebnisses kommt jedoch nicht in Betracht, ob und inwieweit Bewertungen einzelner Prüfer von statistischen Durchschnittsnoten abweichen, vgl. BVerwG, NVwZ 1999, 74 ff. = **juris**byhemmer.

Aus Art. 12 I GG ergibt sich für berufsbezogene Prüfungen der allgemeinen Bewertungsgrundsätze, dass eine vertretbare und mit gewichtigen Argumenten folgerichtig begründete Lösung nicht als falsch bewertet werden darf. Demnach ist die Korrektur der Arbeit in diesem Punkt zu beanstanden.[93]

bb) Fraglich ist, wie sich dieser Fehler auswirkt. Als Verfahrensfehler könnte er gem. § 46 VwVfG unbeachtlich sein, wenn auch sonst keine andere Entscheidung in der Sache hätte ergehen können. Zwar ist die Anwendung des § 46 VwVfG nicht ausgeschlossen (§ 2 III Nr. 2 VwVfG), doch kann eine inhaltlich falsche Bewertung nicht mehr nur als formaler Fehler angesehen werden. Unabhängig von § 46 VwVfG ist aber bei Prüfungsentscheidungen eine Kausalitätsprüfung angezeigt. Dafür sprechen die Besonderheit der Prüfungssituation und der Umstand, dass für eine Benotung ganz wesentlich der Gesamteindruck ausschlaggebend ist.

Die vom Gericht gem. § 87 VwGO durchgeführte Beweisaufnahme hat ergeben, dass sich der Fehler nach Aussage der Korrektoren nicht auf das Endergebnis ausgewirkt hat. An dieser Feststellung ist nicht etwa deshalb zu zweifeln, da die ursprünglichen Korrektoren an Stelle neutraler Dritter hierzu befragt wurden. Eine Voreingenommenheit kann ihnen grds. nicht unterstellt werden und zudem sind gerade sie aufgrund ihres Vergleichsmaßstabes zu den anderen Arbeiten geeignet.

Selbst wenn man dieser Argumentation nicht folgt, kommt man letztlich zum gleichen Ergebnis. Indem das Landesjustizprüfungsamt den Korrektoren die Arbeit erneut vorgelegt hat und Stellungnahmen dazu eingefordert hat, hat es letztlich eine Neubewertung der Arbeiten vorgenommen, die den Maßstäben gerichtlicher Überprüfung standhält. Einer Verurteilung auf Neubescheidung ist es damit zuvorgekommen. Das BVerwG lässt ein solches Vorgehen zu. Wenn ein Beklagter ein Bescheidungsurteil in einzelnen Punkten für zutreffend hält, so muss er sich nicht erst verurteilen lassen. Die Rechtmäßigkeit des Prüfungsergebnisses kann nicht nur durch die Erfüllung des Bescheidungsurteils, sondern ebenso durch Nachgeben vor Rechtskraft hergestellt werden.[94]

Hier hat die Neubewertung ergeben, dass der mögliche Korrekturfehler nicht kausal für die Bewertung war, da dieser Punkt letztlich nur von untergeordneter Relevanz war.

hemmer-Methode: Ein solcher Ausgang eines Prüfungsanfechtungsverfahrens ist für den Betroffenen besonders „bitter", kommt aber leider häufig vor. Der Prüfer muss einen Fehler eingestehen, da ihm mit Urteilen bzw. Kommentarstellen belegt werden kann, dass die von ihm kritisierten Ausführungen des Prüflings durchaus zumindest vertretbar waren, er hat dann aber nicht die Größe, die Benotung anzuheben und verneint die Kausalität des Korrekturfehlers. Hiergegen kann der Prüfling kaum etwas unternehmen, da die Kausalität der Fehler wiederum dem Beurteilungsspielraum des Prüfers unterfällt, der gerichtlich kaum nachprüfbar ist!

VI. Entscheidungsrelevanter Zeitpunkt

maßgeblicher Zeitpunkt bei der Verpflichtungsklage i.d.R. letzte mündliche Verhandlung

Als Faustregel gilt für die Verpflichtungsklage: Der Anspruch auf Vornahme des Verwaltungsakts bzw. erneute Bescheidung muss im Zeitpunkt der letzten mündlichen Verhandlung bestehen. Entscheidet das Gericht ohne mündliche Verhandlung gemäß § 84 VwGO durch Gerichtsbescheid, kommt es auf den Zeitpunkt der letzten mündlichen Verhandlung bzw. der gerichtlichen Entscheidung an.[95]

---

93 Vgl. zur Anfechtung von Prüfungsentscheidungen Grieger/Tyroller, **Life&Law 01/2006**, 65 ff. und **Life&Law 12/2010, 851** sowie Grieger/Tyroller/Daxhammer, d´Alquen, **Life&Law 02/2013, 134 ff.**

94 Ausführlich zum Prüfungsrecht vgl. Grieger/Tyroller, **Life&Law 01/2006, 65 ff.**, **Life&Law 12/2010, 851 ff.** sowie **Life&Law 02/2013, 134 ff.**

95 H.M. bei Kopp/Schenke, § 113 VwGO, Rn. 217.

Auch wenn im Zeitpunkt der letzten Behördenentscheidung der Anspruch noch gegeben gewesen wäre, (aber jetzt wegen Änderung der Rechtslage oder nach Vergabe der letzten Taxikonzession nicht mehr realisierbar ist) gilt dieser Grundsatz. Denn anderenfalls müsste die Behörde einen Verwaltungsakt erlassen, den sie alsbald aufgrund Rechtswidrigkeit nach § 48 VwVfG wieder aufheben müsste. Außerdem müsste das Gericht, das nach Art. 20 III GG an Recht und Gesetz gebunden ist, zum Erlass eines rechtswidrigen Verwaltungsakts verurteilen.

hemmer-Methode: In diesen Fällen bleiben aber die Möglichkeiten einer Klageumstellung analog § 113 I S. 4 VwGO sowie die Geltendmachung evtl. Staatshaftungsansprüche offen (dazu ausführlich unten, Rn. 99 ff.).

Ausnahmen je nach materiellem Recht mögl.

Wie immer gibt es Ausnahmen, wenn nach dem Zweck der Vorschrift oder der Natur der Sache auf einen anderen Zeitpunkt/Zeitraum abgestellt werden muss. Bei Leistungsansprüchen (Sozialhilfe/BAföG) ist die Sach- und Rechtslage des Leistungszeitraums maßgeblich. Begehrt ein Nachbar nachträgliche Baubeschränkungen, wird auf den Zeitpunkt der letzten Behördenentscheidung abgestellt. Eine zwischenzeitliche, die Baubeschränkung rechtfertigende Rechtsänderung darf zum Schutze des begünstigten Dritten nicht mehr berücksichtigt werden.[96] Etwas anderes gilt wiederum, wenn sich die Sach- oder Rechtslage nachträglich zugunsten des Bauherrn ändert. Diese Veränderung darf und muss berücksichtigt werden.

Auch darf eine zwischenzeitliche Rechtsänderung nicht berücksichtigt werden, wenn damit in grundrechtlich geschützte Rechtspositionen eingegriffen würde, bei denen nach den Grundsätzen der echten und unechten Rückwirkung von Gesetzen eine Übergangsregelung angezeigt wäre.

hemmer-Methode: Ein absolutes Rückwirkungsverbot gilt nur für Strafgesetze (Art. 103 II GG). Im Übrigen muss unter dem Aspekt des Vertrauensschutzes als Ausfluss der Rechtssicherheit, die wiederum Element des Rechtsstaatsprinzips ist, die Zulässigkeit der Rückwirkung untersucht werden.

VII. Nachschieben von Gründen

Nachschieben bereits existenter Gründe str.

Vom entscheidungserheblichen Zeitpunkt ist die Frage der Zulässigkeit des Nachschiebens von Gründen zu unterscheiden. Handelt Ersteres davon, ob nach der Behördenentscheidung entstandene Umstände vom Verwaltungsgericht zu berücksichtigen sind, geht es bei Letzterem darum, ob bereits existente Tatsachen nachträglich vorgebracht werden dürfen.

Die Frage der Zulässigkeit des Nachschiebens von Gründen stellt sich aber nur dann, wenn bei der gerichtlichen Entscheidung auf den Zeitpunkt des Erlasses der angegriffenen Maßnahme bzw. der letzten Behördenentscheidung abzustellen ist.[97] Für die Verpflichtungsklage hat das Nachschieben von Gründen daher keine praktische Relevanz, da für die gerichtliche Entscheidung ohnehin der Zeitpunkt der letzten mündlichen Verhandlung ausschlaggebend ist. Wenn aber schon Gründe eingebracht werden dürfen, die erst nach Erlass des Widerspruchsbescheides „entstanden" sind, dann doch erst recht auch solche Gründe, die zu diesem Zeitpunkt objektiv bereits vorlagen.

---

96 BVerwG, NVwZ 1998, 1179 = **juris**byhemmer; str; begründen lässt sich diese Ansicht mit dem Rechtsgedanken des § 14 III BauGB.
97 Schmitt-Glaeser, Rn. 529; a.A. Kopp/Schenke, § 113 VwGO, Rn. 63.

hemmer-Methode: Zur Thematik des Nachschiebens bei Gründen im Rahmen einer Anfechtungsklage vgl. Hemmer/Wüst, Verwaltungsrecht I, Rn. 393 ff.

VIII. Entscheidung

Entscheidung je nach Begehren

Ist die Vornahmeklage begründet, spricht das Gericht die Verpflichtung der Behörde zum Erlass des begehrten Verwaltungsakts aus. Es kann den begehrten Verwaltungsakt grds. nicht selbst erlassen. Eine Ausnahme von diesem Grundsatz kann das Gericht in analoger Anwendung des § 113 II S. 1 VwGO dann machen, wenn der Kläger die Festsetzung eines Geldbetrages begehrt oder eine darauf bezogene Feststellung (siehe dazu Rn. 126 ff.).[98]

In analoger Anwendung des § 113 I S. 4 VwGO kann auch die Feststellung der Rechtswidrigkeit der Ablehnung/Unterlassung in Betracht kommen.[99]

E) ANHANG: Sonderfälle zu §§ 48, 49, 51 VwVfG: Beseitigung eines bestandskräftigen Verwaltungsakts als Rechtsschutzziel

Verpflichtung zur Aufhebung von bestandskräftigem Verwaltungsakt

Der Zeitpunkt des Eintritts der Bestandskraft setzt eine wichtige Zäsur für die Rechtsschutzmöglichkeiten gegen einen Verwaltungsakt.

Solange die Monatsfrist des § 70 I VwGO nach der Bekanntgabe des Verwaltungsakts, bzw. die Monatsfrist des § 74 VwGO nach Zustellung des Widerspruchsbescheides noch nicht verstrichen ist, lässt sich dessen Aufhebung durch den Anfechtungswiderspruch bzw. die Anfechtungsklage erreichen. Mit Eintritt der Bestandskraft ist dieser Weg verstellt. Nun stellt sich die Frage, ob der Bürger mit Hilfe des Verwaltungsgerichts die Verwaltung zur Aufhebung/Abänderung des unanfechtbaren Verwaltungsakts verpflichten kann.

hemmer-Methode: Durch einen Antrag auf Rücknahme bzw. eine entsprechende Verpflichtungsklage kann der Bürger letztlich wie bei einer Anfechtungsklage die Aufhebung des belastenden Verwaltungsakts erreichen. Da der Antrag auf Rücknahme nicht fristgebunden ist, kann er auch nach Ablauf der Fristen der §§ 70, 74 VwGO gestellt werden. Die Verpflichtungsklage „auf Rücknahme" stellt damit die Umgehung einer wegen Verfristung unzulässigen Anfechtungsklage dar und ist deshalb mit „großer Vorsicht zu genießen"!

I. Wiederaufgreifen des Verfahrens nach § 51 VwVfG

§ 51 VwVfG: zweite Entscheidung über Erstantrag

§ 51 VwVfG durchbricht den Grundsatz der Bestandskraft und gibt dem Bürger einen Anspruch darauf, dass die Behörde auch nach Eintritt der Unanfechtbarkeit eines Verwaltungsaktes das Verfahren wieder aufgreift und eine erneute Sachentscheidung trifft.

Abgrenzung vom Zweitantrag

Abzugrenzen ist das Wiederaufgreifen des Verfahrens bei (echten) belastenden Verwaltungsakten vom sog. Zweitantrag nach Ablehnung des Antrags auf Erlass eines begünstigenden Verwaltungsakts.

---

98 Schenke, § 21, Rn. 851; Kopp/Schenke, § 113 VwGO, Rn. 150 f.
99 Vgl. unten Rn. 134 ff.

a) § 51 I Nr. 1 VwVfG erfasst nach h.M. praktisch nur sog. Dauerverwaltungsakte, also Fälle, in denen auch bei Änderung der Sach- oder Rechtslage der Verwaltungsakt noch Geltung beansprucht.[100] Macht der Betroffene geltend, dass sich nach Erlass des Verwaltungsakts, dessen ursprüngliche Rechtmäßigkeit nicht bestritten wird, die Sach- oder Rechtslage geändert hat und deshalb der Verwaltungsakt nunmehr nicht mit dem geltenden Recht in Einklang steht, liegt ein Wiederaufgreifensgrund i.S.d. § 51 I Nr. 1 VwVfG vor.

Bsp.: Dem M wird durch Bescheid vom 01.03.2019 die weitere Ausübung seines Gewerbes untersagt. Am 01.06.2019 wird die Vorschrift, auf die das Verbot gestützt wurde, aufgehoben. M kann das Wiederaufgreifen des Verfahrens, d.h. Überprüfung des Gewerbeverbots, verlangen.

b) Bei Änderungen der Sach- oder Rechtslage, für die ein Verwaltungsakt ohnehin keine Geltung beansprucht, weil er angesichts einer bestehenden Rechtslage bzw. nur im Hinblick auf eine im Zeitpunkt seines Erlasses gegebene Situation eine Regelung trifft, ist der Betroffene nach h.M. nicht auf § 51 VwVfG angewiesen.[101]

Bsp.: Die Behörde A lehnt den Antrag auf Bauerlaubnis der W unter Hinweis auf den entgegenstehenden Bebauungsplan durch Verwaltungsakt ab. Nach Änderung des Bebauungsplanes kann W erneut einen inhaltlich gleichen Antrag stellen. Da keine neue Entscheidung über den Erstantrag begehrt wird, braucht der Zweitantrag insbesondere nicht innerhalb der Frist des § 51 III VwVfG (von drei Monaten) gestellt zu werden.

hemmer-Methode: Der gute Jurist zeigt sich auch in der sicheren Handhabung terminologischer Feinheiten.
Die Wiederaufnahme ist ein Institut des Prozessrechts (vgl. § 153 VwGO mit Verweis auf §§ 578 ff. ZPO) und regelt einen Fall der Durchbrechung der materiellen Rechtskraft eines Urteils.
Das Wiederaufgreifen hingegen bezweckt die Durchbrechung der Bestandskraft eines Verwaltungsakts durch Entscheidung im Verwaltungsverfahren.

vier Konstellationen möglich

Der Betroffene kann gemäß § 51 VwVfG beantragen, dass die Behörde über die Aufhebung/Änderung des Verwaltungsakts entscheidet. Hier sind vier Konstellationen möglich:[102]

1. Die Behörde lehnt ein Wiederaufgreifen ab.
2. Die Behörde reagiert überhaupt nicht.
3. Die Behörde greift das Verfahren zwar wieder auf, lehnt aber die begehrte Aufhebung/Änderung ab (sog. Zweitbescheid).
4. Die Behörde entscheidet im Sinne des Antragstellers.

Im ersten Fall entscheidet die Behörde zwar nicht zur Sache, doch trifft sie (zumindest konkludent durch die Ablehnung einer neuen Sachentscheidung) eine verfahrensrechtliche Entscheidung. Diese ist nicht bloße „wiederholende Verfügung", sondern als verfahrensrechtliche Regelung ein Verwaltungsakt.[103] Die positive Entscheidung des Wiederaufgreifens kann also mit der Verpflichtungsklage in Form der Versagungsgegenklage erwirkt werden (actus-contrarius-Theorie). Deshalb ist auch im zweiten Fall die Verpflichtungsklage die richtige Klageart und unter den Voraussetzungen des § 75 S. 1 Alt. 2 VwGO als Untätigkeitsklage auch zulässig.

---

100 Kopp/Ramsauer, § 51 VwVfG, Rn. 27.
101 Vgl. Ule/Laubinger, § 65, Rn. 17.
102 Ausführlich zur Problematik: Maurer/Waldhoff, § 11, Rn. 80 ff.
103 Maurer/Waldhoff, § 11, Rn. 80.

In der dritten Konstellation ist natürlich ebenso die Verpflichtungsklage in der Sache selbst einschlägig.

zunächst Klage auf Verpflichtung zum Wiederaufgreifen, dann auf Aufhebung oder Änderung des unanfechtbaren Verwaltungsakts ⇨ zwei Klagen

Ein Sonderproblem steckt in den ersten beiden Fällen. Da die Behörde an sich zwei Entscheidungen treffen muss, um dem Begehren gerecht zu werden – nämlich eine verfahrensrechtliche und eine zur Sache –, könnte man daran denken, dass der Antragsteller zunächst nur die Verpflichtung zum Wiederaufgreifen einklagen kann. Im Falle einer daraufhin erfolgenden ablehnenden Sachentscheidung müsste er eine weitere Verpflichtungsklage auf Aufhebung oder Änderung des unanfechtbaren Verwaltungsakts erheben.[104]

BVerwG: Wiederaufgreifen nur Vorfrage, Verpflichtungsklage auf Sachentscheidung

Das BVerwG stellt darauf ab, dass das Wiederaufgreifen des Verfahrens letztlich auf eine erneute Sachentscheidung abzielt. Es handelt sich zwar um ein eigenständiges Verwaltungsverfahren, das aber nur eine Vorfrage für die neue Sachentscheidung darstellt.

Die Voraussetzungen des § 51 VwVfG sind lediglich besondere Zulässigkeitsvoraussetzungen des Antrags auf Sachentscheidung. Nach dem BVerwG[105] ist es demnach zulässig, dass der Betroffene sogleich Klage mit dem Ziel der Aufhebung oder Änderung erhebt. Für diese Lösung spricht die Verfahrensökonomie, denn dem Betroffenen würde das Obsiegen im ersten Verfahren nichts nützen, wenn er mit dem vollen Prozessrisiko in das entscheidende zweite gehen müsste.

Zudem ist bereits i.R.d. § 51 I Nr. 1 u. 2 VwVfG inzident die Rechtslage in der Hauptsache zu prüfen, sodass es wenig sinnvoll erscheint, nach dem Bejahen des Anspruchs auf Wiederaufgreifen das gerichtliche Verfahren zu beenden und zunächst die Behörde in der Hauptsache entscheiden zu lassen.

II. Begehren einer Aufhebung nach §§ 48, 49 VwVfG

Die Verwaltung kann rechtswidrige Verwaltungsakte unter den Voraussetzungen des § 48 VwVfG zurücknehmen und rechtmäßige gem. § 49 VwVfG widerrufen.[106] Ob der Bürger die Behörde verpflichten kann, über die Aufhebung zu entscheiden, ist problematisch.

§ 51 VwVfG nicht abschließend

Bei § 51 VwVfG handelt es sich jedoch nicht um eine abschließende Regelung. § 51 VwVfG stellt nur einen Ausschnittsfall des Wiederaufgreifens des Verfahrens dar. Es werden einige Fälle geregelt (§ 51 I Nr. 1 - 3 VwVfG), in denen auf jeden Fall ein Anspruch auf Wiederaufgreifen besteht.

außerhalb von § 51 VwVfG: Ermessensentscheidung

Ganz allgemein muss aber auch in Fällen, die nicht von § 51 VwVfG erfasst sind, die Möglichkeit des Wiederaufgreifens bestehen (Wiederaufgreifen im weiteren Sinne). Das ergibt sich aus der Erwägung, dass die Verwaltung berechtigt ist, nach §§ 48, 49 VwVfG einen Verwaltungsakt unter bestimmten Voraussetzungen aufzuheben, vgl. § 51 V VwVfG; sie muss daher auch die Befugnis haben, die Voraussetzungen dafür zu prüfen, also das Verfahren wieder aufzugreifen.[107]

---

104   Diese Ansicht vertritt z.B. Kopp/Ramsauer, § 51 VwVfG, Rn. 53.
105   BVerwG, DVBl. 1982, 999 = DÖV 1982, 858 = NJW 1982, 2204 = **juris**byhemmer.
106   Siehe im Einzelnen dazu **Hemmer/Wüst, Verwaltungsrecht I, Rn. 452 ff.**
107   Maurer/Waldhoff, § 11, Rn. 88.

Weiterhin ist fraglich, ob der Bürger einen Anspruch auf eine ermessensfehlerfreie Entscheidung der Behörde über das Wiederaufgreifen außerhalb des § 51 VwVfG und in deren Folge über die Aufhebung hat. Als Gegenargument kann die Gefahr des Unterlaufens der Rechtsmittelfristen der §§ 70 und 74 VwGO angeführt werden.

Das BVerfG leitet jedoch aus Art. 19 IV GG her, dass solche Verpflichtungsklagen zulässig sein müssen[108] und folglich ein Anspruch nicht von vornherein auszuschließen ist. Bei den Ermessensnormen §§ 48, 49 VwVfG heißt das, dass die Ermessensregelung zumindest bei belastenden Verwaltungsakten auch im Interesse des einzelnen Betroffenen besteht.

Ausnahme: Anspruch bei Ermessensreduzierung

Im Einzelfall kann sich dieses Ermessen dann auf Null reduzieren, sodass auch außerhalb des § 51 VwVfG ein Anspruch auf Wiederaufgreifen bestehen kann.[109] Eine solche Ermessensreduzierung ist etwa für die Fälle der Selbstbindung der Verwaltung (gleich liegende Fälle wurden vorher im vom Antragsteller angestrebten Sinne entschieden) oder der absoluten Unzumutbarkeit für den Antragsteller anerkannt.[110]

hemmer-Methode: Im Normalfall ist es allerdings ermessensfehlerfrei, wenn die Behörde unter Berufung auf die Bestandskraft eine Rücknahme des Verwaltungsaktes ablehnt. Sinn und Zweck der Bestandskraft ist es gerade, Rechtsfrieden zu schaffen und Sachverhalte endgültig zu regeln.[111]

europarechtliche Besonderheiten

Eine Ermessensreduktion könnte sich aber möglicherweise daraus ergeben, dass der Ausgangsverwaltungsakt (evtl.) gegen europarechtliche Vorgaben, bspw. die Grundfreiheiten verstoßen hat. Zwar respektiert auch der EuGH die Bestandskraft eines Verwaltungsakts als Ausprägung der Rechtssicherheit, die zu den im Gemeinschaftsrecht anerkannten Grundsätzen zählt.[112] Eine Rücknahmepflicht kann sich nach der Rechtsprechung des EuGH aufgrund des Art. 4 III EUV allerdings dann ergeben, wenn

⇨ die Behörde nach nationalem Recht befugt ist, diese Entscheidung zurückzunehmen,

⇨ die Entscheidung infolge eines Urteils eines in letzter Instanz entscheidenden nationalen Gerichts bestandskräftig geworden ist, der Betroffene also den Rechtsweg erschöpft hat,

⇨ dieses nationale Urteil auf einer unrichtigen Auslegung des Gemeinschaftsrechts beruht, was eine nach seinem Erlass ergangene Entscheidung des Gerichtshofes zeigt **und**

⇨ der Betroffene sich, unmittelbar nachdem er Kenntnis von der besagten Entscheidung des Gerichtshofes erlangt hat, an die Verwaltungsbehörde gewandt hat.[113]

---

108 BVerfGE 27, 297, 305 ff. = **juris**byhemmer.
109 Ausführlich Maurer/Waldhoff, § 11, Rn. 88.
110 BVerwGE 26, 153 (155) = **juris**byhemmer, bzw. BVerwGE 28, 122, 127 f. = **juris**byhemmer.
111 BVerwG, BayVBl. 2010, 445 = **juris**byhemmer.
112 EuGH, Kühne & Heitz - NVwZ 2004, 459; EuGH, Germany GmbH und Arcor AG, NVwZ 2006, 1277 = **Life&Law 2007, 198**: alle Entscheidungen = **juris**byhemmer.
113 EuGH, Kühne & Heitz - NVwZ 2004, 459; EuGH, Germany GmbH und Arcor AG, NVwZ 2006, 1277 = **Life&Law 2007, 198**: alle Entscheidungen = **juris**byhemmer.

§ 3 VERPFLICHTUNGSKLAGE

III. Vorgehen in der Klausur bei Wiederaufgreifen des Verfahrens gem. § 51 VwVfG

Klausuraufbau

Aus der prozessualen Möglichkeit, mit nur einer Verpflichtungsklage vorzugehen, ergibt sich auch der Aufbau für die Klausur.

1. Zulässigkeit der Verpflichtungsklage

a) Klageart

Hier ist darauf einzugehen, ob es ausreichend ist, eine einzige Verpflichtungsklage zu erheben, um zu einer neuen Sachentscheidung zu gelangen, s.o.

b) Klagebefugnis

Klagebefugnis

Hier ist zu diskutieren, ob dem Antragsteller möglicherweise ein Anspruch auf eine neue Sachentscheidung zusteht. Dem steht grundsätzlich die Bestandskraft des Erstbescheides entgegen. Deshalb muss er das Vorliegen eines Wiederaufgreifensgrundes und einen möglichen Anspruch nach materiellem Recht auf die begehrte Sachentscheidung behaupten. Alternativ können §§ 48, 49 VwVfG herangezogen werden, aus denen zumindest ein möglicher Anspruch auf eine ermessensfehlerfreie Entscheidung über die Aufhebung eines bestandskräftigen belastenden Verwaltungsaktes hergeleitet werden kann.

2. Begründetheit der Verpflichtungsklage

Begründetheit: Anspruch auf Erlass der Sachentscheidung

Die Verpflichtungsklage ist begründet, wenn dem Antragsteller ein Anspruch auf Erlass der von ihm begehrten (Sach-)Entscheidung zusteht.

Dazu muss sein Wiederaufgreifensantrag den Voraussetzungen des § 51 VwVfG entsprechen und die Behörde nach materiellem Recht zur begehrten Sachentscheidung verpflichtet sein.

hemmer-Methode: Der Gesetzeswortlaut des § 51 VwVfG differenziert offensichtlich zwischen Zulässigkeit und Begründetheit des Antrags auf Wiederaufgreifen, vgl. § 51 II VwVfG „nur zulässig". Das heißt aber (natürlich) nicht, dass Sie in der Klausur die Voraussetzungen des § 51 II, III VwVfG in der Zulässigkeit einer Verpflichtungsklage prüfen müssen. Zulässigkeit und Begründetheit des Wiederaufgreifens sind Teil der Begründetheit der Klage (sog. Schachtelaufbau). Nur wenn der Wiederaufgreifensantrag zulässig und begründet ist, liegt überhaupt ein zulässiger Sachantrag vor, der aber seinerseits Voraussetzung für einen Anspruch auf Erteilung des Verwaltungsakts ist.

a) Zulässigkeit des Antrags auf Wiederaufgreifen

aa) Nicht-Anfechtbarkeit des Verwaltungsakts

Zulässigkeit des Wiederaufgreifens
⇨ *Nicht-Anfechtbarkeit*

Ist der Verwaltungsakt noch nicht bestandskräftig, muss der Betroffene versuchen, seine Änderung durch Einlegung eines ordentlichen Rechtsbehelfs zu erreichen.[114]

---

114 Ule/Laubinger, § 65, Rn. 11.

bb) Kein Verschulden, § 51 II VwVfG

kein Verschulden, § 51 II VwVfG

Den Betroffenen darf kein grobes Verschulden daran treffen, dass er den jetzt vorgetragenen Grund für das Wiederaufgreifen nicht schon im Ausgangsverfahren vorgebracht hat.

Frist des § 51 III VwVfG

cc) Drei-Monats-Frist, § 51 III S. 1 VwVfG

Begründetheit des Antrags

b) Begründetheit des Antrags auf Wiederaufgreifen

aa) Vorliegen eines Wiederaufgreifensgrundes

§ 51 I Nr. 1 - 3 VwVfG

Der Antrag auf Wiederaufgreifen ist begründet, wenn einer der in § 51 I Nr. 1 - 3 VwVfG genannten Gründe tatsächlich vorliegt.

Änderung der Rechtsprechung genügt nicht

Beliebtes Problem in diesem Zusammenhang ist die Frage, welche Auswirkungen eine Änderung der höchstrichterlichen Rechtsprechung hat.

Richtigerweise bringt sie keine Veränderung der Rechtslage mit sich, da die Rechtsprechung das Recht nur feststellt, aber nicht verändert, sofern sie nicht Ausdruck neuer allgemeiner Rechtsauffassungen ist[115] Etwas anderes gilt allerdings zumindest unter den Voraussetzungen des § 31 II BVerfGG für Entscheidungen des BVerfG.

Anspruch außerhalb § 51 VwVfG

Wird keiner der in § 51 I VwVfG genannten Wiederaufnahmegründe vorgetragen, kann unter den oben dargestellten Voraussetzungen noch ein Anspruch auf Wiederaufgreifen außerhalb von § 51 I VwVfG in Frage kommen.

> **hemmer-Methode:** In einer § 51 VwVfG-Klausur wird ein Prüfungsschwerpunkt regelmäßig auf einer exakten Subsumtion der Wiederaufgreifensgründe des § 51 I Nr. 1 - 3 VwVfG liegen.
> Hier gilt das Baukastenprinzip, Sie können auf schon Gelerntes zurückgreifen:
> § 51 I Nr. 1 VwVfG korrespondiert mit § 49 II Nr. 3 u. 4 VwVfG. Merkt die Behörde, dass sich die Sach- oder Rechtslage entscheidend geändert hat, hat sie das Instrument des Widerrufs zur Verfügung. Der Bürger hingegen wird sich in diesem Fall auf § 51 I Nr. 1 VwVfG berufen.
> § 51 I Nr. 2 VwVfG betrifft den Fall, dass nachträglich neue Beweismittel vorliegen, d.h., dass sich die Tatsachen gegenüber der ersten Entscheidung nicht verändert haben. Die Behörde hat eine rechtswidrige Entscheidung getroffen, weil sie von einem unzutreffenden Sachverhalt ausging. Dieser Fall entspricht strukturell § 48 VwVfG.

bb) Erheblichkeit des Wiederaufgreifensgrundes

Inzidentprüfung der mat. Rechtslage

§ 51 I Nr. 1 u. 2 VwVfG macht das Wiederaufgreifen auch davon abhängig, dass die Verwaltungsentscheidung bei Berücksichtigung des nachträglich hinzugetretenen Umstands zugunsten des Betroffenen abgewichen wäre.

Daher ist also bei der Frage des Bestehens eines Wiederaufgreifensgrundes die materielle Rechtslage zu erörtern.

---

[115] Str., ausführlich Kopp/Ramsauer, § 51 VwVfG, Rn. 30; hier könnte es zu einem Wandel der Rechtsprechung kommen, da der BGH in Zivilsachen hier auch seine Auffassung für das vergleichbare Verfahren nach § 323 ZPO geändert hat, m.w.N. BGH, FamRZ 2007, 793; vgl. aber auch Bayerischer Verwaltungsgerichtshof, Beschluss vom 17. Oktober 2019 – 11 CE 19.1480 = **juris**byhemmer der daran festhält, dass eine Änderung der Rechtsprechung nicht unter § 51 I VwVfG fällt.

§ 3 VERPFLICHTUNGSKLAGE

> **hemmer-Methode:** An dieser Stelle der Klausur wird also relevant, ob die Rechtsansicht des Antragstellers tatsächlich zutrifft.
> Nur wenn das der Fall ist, stellt sich die Frage, wie eine neue Entscheidung in der Sache auszusehen hat. Rechtfertigt das neue Vorbringen keine veränderte rechtliche Beurteilung, besteht für eine neue Sachentscheidung ohnehin kein Bedürfnis, da sie nur gleichlautend sein könnte.
> Bedenken Sie, dass § 51 VwVfG nur eine Variation des Einstiegs in die Prüfung der materiellen Rechtslage ist. Auch hier gilt: Nur wer die Schwerpunkte richtig zu setzen weiß, schreibt die gute Klausur.

c) Neue Entscheidung in der Sache

neue Sachentscheidung

Liegen die Voraussetzungen für das Wiederaufgreifen vor, so ist zu prüfen, wie eine neue Entscheidung in der Sache (Zweitbescheid) auszufallen hat.

Das Wiederaufgreifen zieht also nicht automatisch die Unwirksamkeit des Erstbescheides nach sich.

Folgen des Wiederaufgreifens str.

Es ist umstritten, ob die Verwaltung die Änderung des Verwaltungsakts ablehnen kann, obwohl sie zu der Erkenntnis gelangt ist, dass er rechtswidrig ist.

e.A.: Ermessen nach §§ 48, 49 VwVfG

Eine Ansicht versteht den Hinweis auf §§ 48, 49 VwVfG in § 51 V VwVfG in dem Sinne, dass die neue Sachentscheidung der Behörde immer auf der Grundlage der §§ 48, 49 VwVfG ergeht und damit der Behörde auch ein Ermessen i.d.S. eingeräumt sei.[116]

h.M.: Ermessen nur nach materiellem Recht

Die Gegenansicht lehnt ein solches Aufhebungsermessen ab und hält das jeweilig einschlägige materielle Recht für den Maßstab der Entscheidung.[117] Nur wenn die Befugnisnorm für den Erlass des Erstbescheides der Behörde ein Ermessen eröffnet, darf die Behörde auch bei Erlass des Zweitbescheides Ermessen ausüben.[118]

Im Fall des § 51 I Nr. 1 VwVfG sei das Recht im Zeitpunkt der Aufhebung zugrunde zu legen, im Fall des § 51 I Nr. 2 u. 3 VwVfG das Recht im Zeitpunkt des Erstbescheides. § 51 V VwVfG sei nur so zu verstehen, dass die §§ 48, 49 VwVfG nur Maßstab für die Aufhebung seien, wenn kein Anspruch auf Wiederaufgreifen gegeben sei, also gerade kein Fall des § 51 VwVfG vorliegt.

> **hemmer-Methode:** Zu unterschiedlichen Ergebnissen können beide Ansichten nur dann führen, wenn §§ 48, 49 VwVfG der Behörde tatsächlich ein Aufhebungsermessen einräumen. Auch nach der ersten Ansicht ist das Ermessen der Behörde in den allermeisten Fällen aber so reduziert, dass nur eine Aufhebung des Verwaltungsakts ermessensfehlerfrei ist.
> Eine andere Frage ist, wieweit die Entscheidung des Gerichts, das im Rahmen von § 51 I Nr. 1 u. 2 VwVfG die künftige Sachenentscheidung prognostizieren muss, die Behörde bei dieser künftigen Sachentscheidung bindet. Eine solche Bindung wird wohl nur bejaht, wenn die neue Sachentscheidung allein in der Aufhebung eines belastenden Verwaltungsakts besteht, nicht aber, wenn ein neuer, geänderter Verwaltungsakt erlassen werden soll.[119]

---

116   Maurer/Waldhoff, § 11, Rn. 87.
117   Ule/Laubinger, § 65, Rn. 30; Kopp/Ramsauer, § 51 VwVfG, Rn. 18 m.w.N.
118   BVerwG, DVBl. 1982, 998 (1000) und Ehlers/Pünder, § 26, Rn. 3 ff.
119   BayVGH, BayVBl. 2010, 276 = **juris**byhemmer.

IV. Fallbeispiel

Bsp.:[120] *Aufgrund eines Parkvergehens, bei dem der Täter nicht ermittelt werden konnte, wurde dem Halter des Pkw (H) durch die städtische Verkehrsbehörde (S) aufgegeben, über einen längeren Zeitraum ein Fahrtenbuch zu führen. Erst nachdem der Verwaltungsakt bestandskräftig geworden ist, weist H die S -richtigerweise*[121] *- darauf hin, dass bei einem so geringen Verstoß eine derartige „Auflage" (Hier natürlich nicht im Rechtssinne!) nach der Rspr. des BVerwG rechtswidrig sei, und beantragt daher die Aufhebung der „Auflage". S erkennt dies zwar an und „entschuldigt" sich mit dem Hinweis auf Arbeitsüberlastung, verweigert jedoch die Aufhebung des Verwaltungsakts, weil dieser unanfechtbar geworden und das Verfahren somit abgeschlossen sei. Hat eine Klage (ggf. nach Durchführung eines Vorverfahrens) Aussicht auf Erfolg?*

1. Eine Anfechtungsklage ist nicht mehr möglich. Der urspr. Verwaltungsakt ist unanfechtbar geworden und in der Weigerung der Behörde, den Verwaltungsakt aufzuheben ist keine erneute Entscheidung zur Sache (Zweitbescheid) zu sehen. Denn durch den Hinweis auf die Unanfechtbarkeit macht S gerade deutlich, dass Sie nicht in eine erneute Sachprüfung eingestiegen ist.

Die Weigerung der S, in die erneute Sachprüfung einzusteigen, ist nicht lediglich eine regelungslose wiederholende Verfügung, sondern eine verfahrensrechtliche Entscheidung mit Regelungscharakter - also ein Verwaltungsakt. Mithin ist auch die positive Entscheidung des Wiederaufgreifens ein Verwaltungsakt (actus-contrarius-Theorie).

H begehrt das Wiederaufgreifen seines Falles und zielt letztlich auf eine Rücknahme des unstrittig rechtswidrigen Verwaltungsakts ab. Er begehrt damit die Verpflichtung der Behörde zum Erlass eines Rücknahmebescheides durch das VG. (An dieser Stelle können Ausführungen zur Frage folgen, ob sogleich die Aufhebung oder nicht in einer vorgeschalteten Klage erst das Wiederaufgreifen beantragt werden muss, s.o.) Somit ist die Verpflichtungsklage in Form der Versagungsgegenklage die richtige Klageart.

hemmer-Methode: Achten Sie auf den Bearbeitervermerk! Hier liegt noch kein Klageantrag mit dem Begehren, eine erneute Sachentscheidung zu erlassen, vor. Bereits i.R.d. Klageart (nicht erst in der Begründetheitsprüfung zu § 51 VwVfG, siehe obige Prüfungsanleitung) muss deshalb kurz klargestellt werden, dass eine Anfechtung des Verwaltungsakts wegen der Bestandskraft nicht mehr in Betracht kommt.
Die Ablehnung des Wiederaufgreifens ist zwar auch ein Verwaltungsakt, hier hilft aber nicht die Anfechtungs-, sondern nur die Verpflichtungsklage weiter! Wer zu sehr an Prüfungsschemata klebt, übersieht leicht die Besonderheiten des Einzelfalles!

2. Gem. § 42 II VwGO muss H eine Verletzung eigener Rechte geltend machen. Möglicherweise ist hier sein Recht aus § 51 VwVfG auf das Wiederaufgreifen des Verfahrens und erneute Sachentscheidung verletzt.

Auch wenn kein Fall des § 51 VwVfG vorliegen sollte, steht H zumindest ein Anspruch auf eine ermessensfehlerfreie Entscheidung der Behörde gemäß § 48 VwVfG zu. Denn §§ 48, 49 VwVfG sind durch § 51 VwVfG nicht ausgeschlossen und stehen als Ermessensregelungen zumindest auch im Interesse des mit einem belastenden Verwaltungsakt adressierten Bürgers, vgl. § 51 V VwVfG. Die Bestandskraft der Fahrtenbuch-„Auflage" steht dem nicht entgegen, da §§ 48, 49, 51 VwVfG gerade darauf abzielen, die Bestandskraft zu durchbrechen.

3. Die Begründetheit der Klage hängt davon ab, ob H ein Anspruch auf Rücknahme zusteht. Ein solcher könnte sich aus § 51 VwVfG ergeben. Die Zulässigkeit des Antrags (§ 51 II, III VwVfG) einmal unterstellt, ist dieser doch unbegründet, weil ein Grund zum Wiederaufgreifen nicht gegeben ist. Eine (analoge) Anwendung des § 51 I Nr. 1 VwVfG wegen der Nichtbeachtung der Rspr. des BVerwG kommt nicht in Frage.

---

120   Vgl. JuS 1991, 121.
121   BVerwGE 18, 107 ff.

Wenn schon die nachträgliche Änderung der höchstrichterlichen Rspr. nach h.M. keine Änderung der Rechtslage i.S.d. § 51 I Nr. 1 VwVfG darstellt, muss erst Recht die Nichtbeachtung der bereits vorliegenden Rechtsprechung i.R.d. § 51 I Nr. 1 VwVfG irrelevant sein. Die Entscheidung der Behörde, ein Fahrtenbuch anzuordnen, mag rechtswidrig gewesen sein, dies hätte aber in der Frist des § 70 I VwGO geltend gemacht werden müssen.

4. Der Anspruch auf Wiederaufgreifen und Rücknahme kann sich damit nur außerhalb des § 51 VwVfG aus § 48 VwVfG ergeben, § 51 V VwVfG.[122] Das VG kann die Behörde zur Rücknahme nur dann verpflichten, wenn die Sache spruchreif ist (§ 113 V S. 1 VwGO). Da § 48 VwVfG eine Ermessensnorm ist, müsste der Ermessensspielraum auf Null reduziert sein, die Rücknahme also die einzig richtige Entscheidung sein. Das Ermessen der Behörde bezüglich der Entscheidung, das Verfahren überhaupt wieder aufzugreifen, ist aufgrund der offenkundigen Rechtswidrigkeit des Verwaltungsakts eingeschränkt.

Es widerspricht grundsätzlich dem Prinzip der Rechtmäßigkeit der Verwaltungstätigkeit, einen rechtswidrigen Verwaltungsakt sehenden Auges in der Welt zu belassen. Zudem handelt es sich um einen Verwaltungsakt mit Dauerwirkung, der die Handlungsfreiheit des H für eine nicht unerhebliche Zeit einschränken wird.

S kann nicht auf der einen Seite H gegenüber ihren Irrtum eingestehen und gleichzeitig auf der anderen Seite mit dem Hinweis auf Arbeitsüberlastung auf der Aufrechterhaltung des rechtswidrigen Zustands beharren. [Insoweit spielt der Versagungsbescheid als Begründungshilfe doch noch eine Rolle.] Dieses Verhalten verstößt gegen den auch im Verwaltungsrecht geltenden Grundsatz von Treu und Glauben. Eine andere Entscheidung als das „Wiederaufgreifen des Verfahrens" in Form der Rücknahme des Erstbescheides und Erlass eines möglichen Zweitbescheides ist daher ermessensfehlerhaft.

Die Klage ist somit begründet.

> **hemmer-Methode:** Hier kann man durchaus anderer Ansicht sein. Die Frist des § 70 I VwGO soll es der Behörde gerade ermöglichen, erst danach eingehende Anträge auch im Interesse der Arbeitserleichterung nicht mehr intensiv bearbeiten zu müssen. Der Bürger ist an der eingetretenen Situation der Bestandskraft schließlich „selbst schuld" und somit nicht schutzwürdig.

---

[122] In JuS 1991, 121 (123), wird zunächst ein Rücknahmeanspruch in Bezug auf den Versagungsbescheid geprüft. Der Versagungsbescheid ist jedoch nicht (wie bei der Anfechtungsklage) Gegenstand der Begründetheitsprüfung (s.u.). Ist die Klage begründet, wird der Versagungsbescheid allerdings (konkludent) mit dem Urteil aufgehoben.

§ 4 FORTSETZUNGSFESTSTELLUNGSKLAGE

A) Überblick

bei Erledigung fehlt für Anfechtungsklage das Rechtsschutzbedürfnis

Die Anfechtungsklage ist nur zulässig, wenn sich der angefochtene Verwaltungsakt bis zum Zeitpunkt der letzten mündlichen Verhandlung noch nicht erledigt hat. Anderenfalls ist die Klage mangels Rechtsschutzbedürfnisses abzuweisen.[123] Nach der Erledigung fehlt es für die Aufhebung an der sachlichen Substanz des Verwaltungsakts.[124] Folglich muss der Kläger auf diese Situation reagieren, wenn er den Prozess nicht verlieren will. Denkbar sind vier Varianten:

⇨ Unter den Voraussetzungen des § 92 VwGO kann er die Klage zurücknehmen, was allerdings bedeutet, dass er die Kosten zu tragen hat (§ 155 II VwGO).

⇨ Erklären die Parteien die Hauptsache übereinstimmend für erledigt, entscheidet das Gericht nur noch über die Kosten (§ 161 II VwGO). Aufgrund der Dispositionsmaxime darf das VG gar nicht mehr zur Sache entscheiden. Siehe dazu ausführlich unten Rn. 156 ff.

⇨ Der Kläger erklärt die Hauptsache einseitig für erledigt und begehrt nur noch eine Kostenentscheidung. Siehe dazu unten Rn. 158 ff.

hemmer-Methode: Die tatsächliche Erledigung der Hauptsache als solche (außerprozessuales Ereignis) und die Erledigungserklärung(en) der Beteiligten sind streng zu differenzieren.

⇨ Hat der Kläger ein berechtigtes Interesse an der Feststellung der Rechtswidrigkeit des erledigten Verwaltungsakts, so kann er überdies gemäß § 113 I S. 4 VwGO genau diese Feststellung beantragen.

trennen: FFK und allgemeine Feststellungsklage

Die Fortsetzungsfeststellungsklage (FFK) gemäß § 113 I S. 4 VwGO ist von der allgemeinen Feststellungsklage (§ 43 VwGO) zu unterscheiden.

Die h.M. sieht in ihr wegen der systematischen Stellung im Gesetz und dem engen Bezug zur Anfechtungsklage nur im materiellen Bereich eine Feststellungsklage. Denn die Anfechtungsklage scheitert allein daran, dass eine Aufhebung des Verwaltungsakts nach Erledigung nicht mehr möglich ist.

bis Erledigung: Anfechtungsklage

Bis zur Erledigung ist jedoch die Anfechtungsklage einschlägig.

Folglich handelt es sich bei der Fortsetzungsfeststellungsklage in der direkten Anwendung des § 113 I S. 4 VwGO prozessual um eine umgestellte (quasi eine „amputierte", bzw. „kupierte") Anfechtungsklage mit der Konsequenz, dass neben den besonderen Zulässigkeitsvoraussetzungen des § 113 I S. 4 VwGO grds. auch die der Anfechtungsklage vorliegen müssen.

zulässige Klageänderung

Dementsprechend wird in der Fortsetzungsfeststellungsklage auch eine stets zulässige Klageänderung i.S.d. §§ 91, 142 VwGO i.V.m. § 173 VwGO, § 264 Nr. 2 ZPO gesehen.[125] Der Kläger ist vom Gericht nach § 86 III VwGO sogar auf die Umstellung hinzuweisen.[126]

---

[123] Eyermann, Vorb. §§ 40-53 VwGO, Rn. 11; Anders: Kopp/Schenke, Vorb. § 40 VwGO, Rn. 45, die Unbegründetheit einer Klage aufgrund einer nachträglichen Veränderung der Sach- oder Rechtslage kann sich aus den verschiedensten Gründen ergeben.
[124] Schwerdtfeger, § 5, Rn. 54.
[125] Kopp/Schenke, § 113 VwGO, Rn.1, 21 und § 142 VwGO, Rn. 2 f.
[126] Kopp/Schenke, § 113 VwGO, Rn. 122.

§ 4 FORTSETZUNGSFESTSTELLUNGSKLAGE

direkte und analoge Anwendung des § 113 I S. 4 VwGO

Neben dem unmittelbar im Gesetz geregelten Fall der Erledigung des Verwaltungsakts nach Erhebung einer Anfechtungsklage erkennt die ganz h.M. die analoge Anwendung des § 113 I S. 4 VwGO auf die Verpflichtungsklage ebenso an, wie auf die Fälle der Erledigung vor Klageerhebung. In der letztgenannten Fallkonstellation sind gerade die Prüfungspunkte Vorverfahren, Klagefrist und Feststellungsinteresse sehr problematisch, da hier von Anfang an eine Feststellungsklage und nicht zunächst eine Anfechtungs- bzw. Verpflichtungsklage erhoben wird.

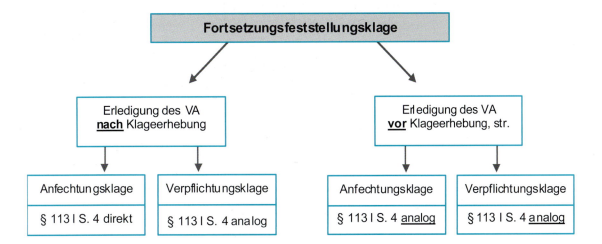

> **hemmer-Methode:** Die Fortsetzungsfeststellungsklage ist die typische Klageart des Polizei- und Sicherheitsrechts, da sich hier Verwaltungsakte häufig bereits durch den Vollzug oder durch Zeitablauf erledigen. Aber auch in der Leistungsverwaltung (Zulassung zu kommunalen Einrichtungen), im „Kommunalverfassungsrecht" oder im Baurecht sind solche Fallgestaltungen bereits Examensgegenstand gewesen. Häufig kommt es dann darauf an, herauszuarbeiten, dass sich ein Verwaltungsakt noch nicht erledigt hat und damit eine Fortsetzungsfeststellungsklage überhaupt nicht statthaft ist (vgl. insbesondere die nachfolgenden Fallbeispiele).

B) § 113 I S. 4 VwGO (direkte Anwendung): Die Fortsetzungsfeststellungsklage bei Erledigung des Verwaltungsakts nach Erhebung einer Anfechtungsklage

Normalfall: § 113 I S. 4 VwGO direkt

Gesetzlich geregelter „Normalfall" der Fortsetzungsfeststellungsklage ist die direkte Anwendung des § 113 I S. 4 VwGO, wenn sich nach Erheben der Anfechtungsklage der angefochtene Verwaltungsakt erledigt hat.

> **Sachentscheidungsvoraussetzungen der Fortsetzungsfeststellungsklage gem. § 113 I S. 4 VwGO (direkte Anwendung)**
>
> I. Eröffnung des Verwaltungsrechtsweges, § 40 I VwGO
>
> II. Zulässigkeit der FFK
>   1. Statthaftigkeit der FFK: objektive Erledigung eines Verwaltungsakts nach Erhebung einer Anfechtungsklage; Antrag
>   2. Zulässigkeitsvoraussetzungen der Anfechtungsklage: Klagebefugnis, ggf. Vorverfahren, Klagefrist
>   3. Berechtigtes Interesse
>   4. Weitere allgemeine Zulässigkeitsvoraussetzungen (sofern problematisch)

Zeitstrahl bei Erledigung des Verwaltungsakts nach Erhebung der Anfechtungsklage (§ 113 I S. 4 VwGO):

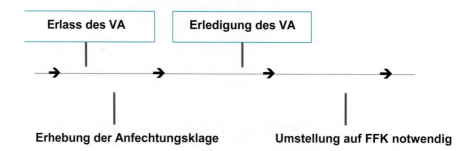

> **hemmer-Methode:** Diese Variante ist der gesetzlich vorgesehene „Normalfall", den Sie unbedingt beherrschen müssen, um die vom Normalfall abweichenden Varianten der Fortsetzungsfeststellungsklage richtig in Hinblick auf die Analogie zu § 113 I S. 4 VwGO und die besonderen Zulässigkeitsvoraussetzungen einordnen zu können.

I. Eröffnung des Verwaltungsrechtsweges

§ 40 I S. 1 VwGO

Auch bei der Fortsetzungsfeststellungsklage ist der Weg zu den Verwaltungsgerichten nach § 40 I S. 1 VwGO in allen öffentlich-rechtlichen Streitigkeiten nichtverfassungsrechtlicher Art gegeben, soweit diese Streitigkeit nicht einem anderen Gericht gesetzlich ausdrücklich zugewiesen ist.

> **hemmer-Methode:** An den Prüfungspunkten öffentlich-rechtliche Streitigkeit und Streitigkeit nichtverfassungsrechtlicher Art ergeben sich grds. keine Abweichungen, sodass die diesbezüglichen Ausführungen zur Anfechtungsklage entsprechend gelten (vgl. Hemmer/Wüst, Verwaltungsrecht I, Rn. 16 ff.).
> I.R.d. Fortsetzungsfeststellungsklage ist aber besonders die Frage nach einer abdrängenden Sonderzuweisung zu beachten, da spezifische Fragestellungen (insbesondere des Polizeirechts) regelmäßig nur im Zusammenhang mit der Fortsetzungsfeststellungsklage Klausurrelevanz besitzen.

1. § 23 I S. 1 EGGVG als abdrängende Sonderzuweisung

§ 23 I S. 1 EGGVG, Justizverwaltungsakte

Besonders klausurrelevant ist die Frage nach dem einschlägigen Rechtsweg, wenn die Polizei gehandelt hat.[127]

Gem. § 23 I S. 1 EGGVG (lesen!) entscheiden die ordentlichen Gerichte auch über die Rechtmäßigkeit sog. Justizverwaltungsakte.

Doppelfunktion der Polizei

Justizverwaltungsakte sind alle Maßnahmen, die von Justizbehörden im funktionellen Sinne zur Wahrnehmung einer Aufgabe aus den in § 23 I S. 1 EGGVG genannten Gebieten getroffen werden. Problematisch ist, wenn die Polizei funktionell als Justizbehörde handelt, da sie eine Doppelfunktion besitzt.[128]

---

[127] Allerdings wird es sich hier meist um Fälle der analogen Anwendung des § 113 I S. 4 VwGO handeln, da sich polizeiliche Maßnahmen regelmäßig sofort, also vor Klageerhebung, erledigen.

[128] Auch Sperrerklärungen der obersten Dienstbehörde gegen die Aussage von verdeckten Ermittlern im Strafverfahren gemäß §§ 110b III, 96 StPO können entweder präventiven oder repressiven Charakter haben. Je nachdem ist dann der Rechtsweg zu den ordentlichen Gerichten (Bsp. NStZ 1992, 96) oder zu den Verwaltungsgerichten (Bsp. NJW 1994, 1362 = **juris**byhemmer) eröffnet.

präventive Aufgaben: Verwaltungsrechtsweg

Handelt sie zur Gefahrenabwehr und -beseitigung aufgrund einer Aufgabeneröffnung im Landespolizeigesetz (also im präventivpolizeilichen Bereich), so ist der Verwaltungsrechtsweg gem. § 40 I VwGO eröffnet.

repressive Aufgaben: ordentliche Gerichte

Wird die Polizei im repressiven Bereich, also zur Ermittlung und Verfolgung strafbarer Handlungen, tätig, ist der ordentliche Rechtsweg über § 23 I S. 1 EGGVG einschlägig. Die Eröffnung des Aufgabenbereichs der Polizei, d.h. die sachliche Zuständigkeit, ergibt sich in diesen Fällen regelmäßig aus § 163 StPO.

Geht es um die Verfolgung von Ordnungswidrigkeiten findet sich die Zuständigkeit der Polizei in § 53 OWiG geregelt, der Rechtsweg zu den ordentlichen Gerichten ist in diesem Fall § 68 OWiG zu entnehmen.

Spezialfall: § 81b Alt. 2 StPO

Eine Sonderstellung hat allerdings § 81b Alt. 2 StPO. Es handelt sich um eine Befugnisnorm für präventiv-polizeiliches Handeln in der StPO. Nimmt die Polizei Lichtbilder oder Fingerabdrücke eines Beschuldigten für die Zwecke des Erkennungsdienstes auf, so ergeht kein Justizverwaltungsakt, da diese Tätigkeit der vorbeugenden Verbrechensbekämpfung zuzuordnen ist (anders allerdings für § 81b Alt. 1 StPO). Über § 40 I VwGO ergibt sich daher die Zuständigkeit der Verwaltungsgerichte.

doppelfunktionale Maßnahmen

Das eigentliche Problem stellt sich hier dann, wenn die Polizei bei einer Maßnahme sowohl präventive als auch repressive Zwecke verfolgt. Da ein Wahlrecht des Betroffenen, welchen Rechtsweg er einschlagen will, wegen der Gefahr widersprüchlicher Entscheidungen ausscheidet,[129] muss abgegrenzt werden.[130]

Abstellen auf Schwergewicht

Abzustellen ist dabei darauf, in welchem Aufgabenbereich das Schwergewicht[131] der polizeilichen Maßnahme liegt. Bei der Ermittlung dieses Schwergewichts ist ein objektiver Maßstab anzulegen. Besondere Bedeutung hat dabei die Begründung, mit der die Polizei ihr Handeln rechtfertigt.[132]

---

129 Pietzner/Ronellenfitsch, § 5, Rn. 193 f.
130 A.A. Schenke, § 3, Rn. 140: beide Rechtswege seien zu beschreiten.
131 BayVGH, Beschluss vom 05.11.2009, Az. 10 C 09.2122 = **juris**byhemmer; BVerfG, Beschluss vom 18. Dezember 2018 - 1 BvR 142/15 = Life&Law 2019, 403 = **juris**byhemmer zur Abgrenzung im Rahmen gesetzgeberischer Tätigkeit.
132 BVerwGE 47, 255 = **juris**byhemmer.

> **hemmer-Methode:** Da Sie gerade eine öffentlich-rechtliche Klausur schreiben, wird der Schwerpunkt im Normalfall im Bereich des präventiven Handelns liegen.
> Lässt sich ausnahmsweise kein Schwergewicht feststellen, ist davon auszugehen, dass der Aufgabenbereich der Polizei sowohl in präventiver als auch in repressiver Hinsicht eröffnet ist. I.R.d. Begründetheit ist dann zu prüfen, ob irgendeine Befugnisnorm (aus beiden Bereichen) das Verhalten der Polizei rechtfertigt.

2. Art. 18 II S. 2 BayPAG / § 14 II MEPolG 1977 als abdrängende Sonderzuweisung

Art. 18 II S. 2 i.V.m. Art. 92 II BayPAG

Eine weitere abdrängende Zuweisung findet sich in Art. 18 II S. 2 BayPAG i.V.m. Art. 92 II PAG (vgl. ferner die dem § 14 II MEPolG gleichfalls entsprechenden Normen anderer Landespolizeigesetze), der die Feststellung der Rechtmäßigkeit einer Freiheitsentziehung nach Art. 18 I BayPAG dem Amtsgericht zuweist.[133]

Die Freiheitsentziehung in diesem Sinne ist dabei von der bloßen Freiheitsbeschränkung abzugrenzen. Maßgeblich sind dabei sowohl der Ort als auch der zeitliche Umfang der Beeinträchtigung.[134]

> **Bsp.:** Wird ein Betroffener für mehrere Stunden in einer Arrestzelle eingesperrt, liegt eine Freiheitsentziehung vor. Werden hingegen lediglich für zwanzig Minuten im VW-Bus der Polizei die Personalien festgestellt, liegt nur eine Freiheitsbeschränkung vor.

Die abdrängende Sonderzuweisung für Freiheitsentziehungen erfasst nach h.M. nicht nur die Prüfung des „Ob" der Freiheitsentziehung, sondern auch das „Wie".[135]

II. Zulässigkeit der Fortsetzungsfeststellungsklage

1. Statthaftigkeit

statthafte Klageart

Die Fortsetzungsfeststellungsklage ist statthafte Klageart, wenn sich der angefochtene Verwaltungsakt erledigt hat und der Kläger nun die Feststellung der Rechtswidrigkeit dieses Verwaltungsakts beantragt.

§ 113 I S. 4 VwGO direkt: Erledigung vor Klageerhebung bei Anfechtungsklage

Unmittelbar erfasst wird durch § 113 I S. 4 VwGO nur der Fall der Erledigung nach Erhebung der Anfechtungsklage. Dies lässt sich eindeutig aus der systematischen Stellung zu § 113 I S. 1 VwGO folgern.

> **hemmer-Methode:** Wie bei der Anfechtungsklage kann auch hier die Frage problematisch sein, ob überhaupt ein Verwaltungsakt vorliegt. Insbesondere stellt sich dieses Problem bei Vollzugsmaßnahmen der Polizei (vgl. Bsp. unten). Zum Verwaltungsakt-Begriff siehe Hemmer/Wüst, Verwaltungsrecht I, Rn. 55 ff.

schlüssiger Antrag ausreichend

Unproblematisch ist regelmäßig das Antragserfordernis. Fehlt ein ausdrücklicher Antrag, genügt es, dass dieser Antrag dem Vorbringen schlüssig entnommen werden kann, §§ 88, 86 III VwGO.

---

[133] Vgl. § 23a I Nr. 2, II Nr. 1 GVG, § 312 Nr. 4 FamFG, wonach über freiheitsentziehende Unterbringungen nach den Landesgesetzen über die Unterbringung psychisch Kranker die Amtsgerichte entscheiden.

[134] Vgl. BayVGH, Urteil vom 27.01.2012, 10 B 08.2849 = **Life&Law 06/2012, 435 ff.** = juris*byhemmer*.

[135] Vgl. BayVGH, Urteil vom 27.01.2012, 10 B 08.2849 = **Life&Law 06/2012, 435 ff.** = juris*byhemmer*.

Im Zweifel kann eine stillschweigende-konkludente Antragstellung schon darin gesehen werden, dass der Kläger die Klage nicht zurücknimmt oder die Hauptsache für erledigt erklärt.[136] Der Antrag kann hilfsweise gestellt werden. Ist die Erledigung ungewiss, kann auch der Hauptantrag auf Aufhebung des Verwaltungsakts hilfsweise aufrechterhalten bleiben. Problematischer stellt sich hingegen die Frage nach der Erledigung dar.

Problem: Erledigung des Verwaltungsakts? ⇨ keine Rechtswirkungen mehr

Erledigt ist ein Verwaltungsakt, wenn er keine Rechtswirkungen mehr entfaltet; anders ausgedrückt, wenn die, mit dem Verwaltungsakt verbundene, rechtliche Beschwer nachträglich weggefallen ist.[137]

Diese Kurzdefinition sowie die Hauptfälle der Erledigung können Sie aus § 43 II VwVfG (im Zusammenhang mit § 113 I S. 4 VwGO merken!) ableiten bzw. entnehmen.

Da die Erledigung Tatbestandsmerkmal des § 113 I S. 4 VwGO ist, genügt ein bloßes Behaupten der Erledigung (wie bei der übereinstimmenden Erledigterklärung) nicht. Sie muss objektiv vorliegen.

hemmer-Methode: Liegt tatsächlich keine Erledigung vor, ist die Fortsetzungsfeststellungsklage unstatthaft und damit unzulässig. Soweit die Erledigung nicht eindeutig ist, empfiehlt es sich deshalb in einer Anwaltsklausur, den ursprünglichen Klageantrag hilfsweise aufrecht zu erhalten.

Neben- und Folgewirkungen sind unbeachtlich

Allerdings bedarf es nicht des Wegfalls sämtlicher Wirkungen des Verwaltungsakts, um eine Erledigung annehmen zu können. Indem das Gesetz ein besonderes Feststellungsinteresse für die Fortsetzungsfeststellungsklage fordert, setzt es sogar voraus, dass gewisse Restwirkungen verbleiben.

Neben- und Folgewirkungen (wie z.B. Wiederholungsgefahr, diskriminierende Wirkung) sind an dieser Stelle unbeachtlich. Das Hauptaugenmerk ist darauf zu richten, ob der zur Vollziehung fähige Inhalt des Verwaltungsakts gegenstandslos geworden ist.[138]

hemmer-Methode: Hinterfragen Sie Ihr Ergebnis immer unter dem Aspekt, ob die Aufhebung des Verwaltungsakts noch Sinn macht. Eine Anfechtungsklage kann nur dann fortgeführt werden, wenn die Aufhebung als Rechtsschutzziel noch erreichbar und sinnvoll ist.

a) Erledigung durch Aufhebung des Verwaltungsakts

Erledigung durch Aufhebung mögl.

Ein typischer Fall der Erledigung ist die Aufhebung des Verwaltungsakts nach §§ 48, 49 VwVfG.

Aber auch ein Zweitbescheid kann zu einer (Teil-)Erledigung führen:

Bsp.: Nachbar N hat gegen den an den B adressierten Bauvorbescheid (vgl. Art. 71 BayBO bzw. die entsprechenden Regelungen anderer Landesbauordnungen) die Anfechtungsklage erhoben. Zwischenzeitlich erlässt die Behörde nun die endgültige Baugenehmigung.

Ist ein Vorbescheid bereits bestandskräftig, so wird der behandelte Sachverhalt durch diesen verbindlich geregelt. Die endgültige Baugenehmigung betrifft nur noch den bisher nicht behandelten Teil des Vorhabens.

---

136 Kopp/Schenke, § 113 VwGO, Rn. 122; Examen 1986/II, 7 in BayVBl. 1988, 543, 573.
137 Kritisch: Kopp/Schenke, § 113 VwGO, Rn. 102.
138 Schoch, S. 240 f.

Etwas anderes galt aber nach dem BVerwG,[139] wenn die Baugenehmigung wie hier vor dem Eintritt der Bestandskraft des Vorbescheides ergeht. Diese regelt dann die im Vorbescheid geklärten Fragen erneut und ist insoweit ein partieller Zweitbescheid, der dem Vorbescheid seine Rechtswirkungen nimmt, ihn also erledigt.

Prozessual bedeutet dies, dass N nun gegen die Baugenehmigung vorgehen (zunächst durch Widerspruch) und seine rechtshängige Anfechtungsklage gegen den Vorbescheid als Fortsetzungsfeststellungsklage weiterführen muss.

Bleibt der Widerspruch erneut erfolglos, ist die Fortsetzungsfeststellungsklage gegen den Vorbescheid durch Erhebung der Anfechtungsklage gegen die Baugenehmigung zu erweitern.[140]

hemmer-Methode: Diese Auslegung wird vom BVerwG selbst z.T. für nicht (mehr) tragfähig erklärt.[141] Nach dieser Ansicht wird der Vorbescheid mit Erlass der Baugenehmigung nicht gegenstandslos. Bundesrechtlich sei eine Konsumierung des Vorbescheides durch die später erfolgende Baugenehmigung nicht geregelt und nicht vorgesehen. Vielmehr handele es sich um eine Frage der Landesbauordnungen, sollte dort - wie in Bayern auch - nichts geregelt sein, so gebe es für die Erledigung des Vorbescheides durch die Baugenehmigung keine Anhaltspunkte. Damit bleibe der Vorbescheid rechtlich existent.

b) Erledigung durch Zeitablauf

Zeitablauf, § 43 II VwVfG

Als weiterer Fall wird in § 43 II VwVfG die Erledigung durch Zeitablauf genannt.

Auch hier fallen die Rechtswirkungen weg:

Bsp. 1: Eine Verbotsverfügung für die Versammlung am 05. Mai hat sich mit Ablauf dieses Tages erledigt. Vollziehungsfähiger Inhalt war das Verbot an diesem Tag.

Bsp. 2: Nach Ablauf der Wehrübung hat sich der Einberufungsbescheid erledigt.[142]

Bsp. 3: Ein angefochtener Bauvorbescheid erledigt sich durch Ablauf seiner Gültigkeitsfrist (vgl. Art. 71 S. 2 BayBO sowie die entsprechenden Regelungen anderer Landesbauordnungen). Eine Baugenehmigung erlischt in Bayern vier Jahre nach Erlass, wenn mit der Ausführung des Vorhabens nicht begonnen wurde, vgl. Art. 69 I BayBO. Die angefochtene Gaststättenerlaubnis erledigt sich bei Nichtgebrauch nach einem Jahr (§ 8 GastG). Vgl. auch § 18 BImSchG.

Bsp. 4: Für die Dauer des Staatsbesuchs des türkischen Ministerpräsidenten wird dem Kurden X jegliche politische Betätigung mit Hinweis auf § 47 I Nr. 2 AufenthG untersagt. Nach Beendigung des Besuchs ist dieses Verbot erledigt.

c) Erledigung auf andere Weise

auf andere Art und Weise, § 43 II VwVfG

Problematisch kann die Erledigung auf andere Weise sein. Da der Fortfall der Rechtswirksamkeit u.U. nicht so selbstverständlich ist wie in den ausdrücklich genannten Fällen des § 43 II VwVfG, ist grds. darauf abzustellen, ob die Aufhebung noch sinnvoll ist.

---

139   BVerwG, DVBl. 1989, 673; BauR 1989, 454 = **juris**byhemmer; siehe auch Schenke, § 1, Rn. 12.

140   Es handelt sich um eine nachträgliche objektive Klagehäufung, die wie eine Klageänderung zu behandeln ist (§ 91 VwGO; § 44 VwGO gilt nur für die anfängliche objektive Klagehäufung): Kopp/Schenke, § 91 VwGO, Rn. 1 f.

141   BVerwG, BauR 1995, 523 = **juris**byhemmer.

142   Demgegenüber ist der Einberufungsbescheid zum Wehrdienst nicht mit Verstreichen des Einberufungstermins erledigt, weil die Pflicht zur Gestellung fortbesteht: Kopp/Schenke, § 113 VwGO, Rn. 104; Eyermann, Vorb. § 40 VwGO, Rn. 19; BVerwGE 52, 354 = **juris**byhemmer.

> **Bsp.:** *Nach Erhebung der Anfechtungsklage des Nachbarn N gegen die erteilte Baugenehmigung zieht Bauherr B seinen Bauantrag zurück.*

> Als mitwirkungsbedürftiger Verwaltungsakt ist die noch nicht bestandskräftige Baugenehmigung mangels Antrags unwirksam und hat sich somit erledigt.[143]

> **Bsp.:** *Aufgabe der Gastwirtschaft, nachdem die Erlaubnis entzogen worden ist.*

> Der vollziehungsfähige Inhalt der Entziehung ist gegenstandslos geworden. Die Aufhebung wäre sinnlos.

bei Vollzug nicht automatisch Erledigung

Sehr klausurrelevant sind die Fälle, in denen der angefochtene Verwaltungsakt bereits vollzogen worden ist. Grundsätzlich zieht der Vollzug des Verwaltungsakts nicht dessen Erledigung nach sich.[144] Das folgt zwingend aus der Regelung des Vollzugsfolgenbeseitigungsanspruchs in § 113 I S. 2 und S. 3 VwGO, der zugleich mit dem Aufhebungsbegehren geltend gemacht werden kann. Dieser setzt gerade die (zumindest gleichzeitige) Aufhebung des Verwaltungsakts voraus, da dieser sonst die Rechtsgrundlage für den durch den Vollzug geschaffenen Zustand darstellt.[145]

112

hemmer-Methode: Die Anfechtungsklage schließt wegen § 80 I VwGO aufgrund ihres Suspensiveffekts den Vollzug aus.[146] **Ist der Verwaltungsakt für sofort vollziehbar erklärt (§ 80 II Nr. 4 VwGO) oder will die Behörde unter Umgehung des § 80 I, II VwGO faktisch vollziehen, steht dem Kläger parallel zum Hauptsacheverfahren der Rechtsbehelf des § 80 V VwGO zur Verfügung, um die aufschiebende Wirkung anordnen bzw. wiederherstellen zu lassen.**

Vollzugsfolgenbeseitigung möglich

Solange eine Vollzugsfolgenbeseitigung, d.h. die Rückgängigmachung des Vollzugs möglich ist, ist der Verwaltungsakt noch nicht erledigt.

113

> **Bsp.:** *Die Polizei beschlagnahmt den Helm des zufällig zu einer Demonstration gestoßenen Motorradfahrers M unter Hinweis auf das Vermummungsverbot. M möchte seinen Helm wiederhaben.*

Ein allgemeiner Vollzugsfolgenbeseitigungsanspruch[147] greift hier erst nach Aufhebung der Sicherstellungsanordnung. Diese ist Rechtsgrund für ein „Behaltendürfen" seitens der Polizei, entfaltet also weiterhin Regelungswirkung.

Folgenbeseitigung durch Erstattung möglich

Gleiches gilt bei Leistungsbescheiden, auf die der Verpflichtete hin gezahlt hat. Ein öffentlich-rechtlicher Erstattungsanspruch steht ihm nur zu, wenn der Verwaltungsakt als Rechtsgrund der Zahlung aufgehoben wird. Der öffentlich-rechtliche Erstattungsanspruch ist Folgenbeseitigung im weiteren Sinne und wird daher vom Anwendungsbereich des § 113 I S. 2 VwGO erfasst.[148]

114

hemmer-Methode: Der Folgenbeseitigungsanspruch (FBA) und der öffentlich-rechtliche Erstattungsanspruch werden im Zusammenhang mit der allgemeinen Leistungsklage erörtert. Eine Erledigung kann allerdings bei Leistungsbescheiden zugunsten des Bürgers eintreten, wenn eine Rückforderung der erhaltenen Leistung aufgrund Entreicherung ohnehin nicht mehr möglich ist.[149]

---

143 Detterbeck, § 10, Rn. 506; BayVGH, NJW 1981, 1524.
144 OVG Koblenz, NVwZ 1997, 1009 = **juris**byhemmer.
145 Maurer/Waldhoff, § 30, Rn. 3 ff; Schenke, § 7, Rn. 314; bei Bestandskraft scheidet also der FBA aus, denkbar ist nur noch ein Schadensersatzanspruch aus § 839 BGB, wobei § 839 III BGB zu beachten ist (vgl. etwa BGH, NJW 1991, 1168 = **juris**byhemmer)!
146 Zur Reichweite des Begriffs Vollzug vgl. OVG Lüneburg, NVwZ-RR 2007, 293 = **Life&Law 2007, 417** = **juris**byhemmer.
147 Daneben kommen die spezialgesetzlichen Herausgabeansprüche der Polizei- und Ordnungsgesetze der Länder (etwa Art. 28 BayPAG) in Betracht.
148 Kopp/Schenke, § 113 VwGO, Rn. 82.
149 Vgl. hierzu Rn. 35, 239.

Erledigung nur bei völliger Erschöpfung der Rechtswirkungen

Allenfalls dann, wenn sich die Rechtswirkungen des Verwaltungsakts mit dessen Vollzug völlig erschöpfen, sodass aus ihm nichts mehr abgeleitet werden kann, ist der Vollzug gleichbedeutend mit der Erledigung. Nach h.M. liegt jedoch keine Erledigung vor, wenn im Fall der Verwaltungsvollstreckung die Wirksamkeit des Bescheides (und nicht die Rechtmäßigkeit) noch Grundlage für einen Kostenbescheid ist.[150]

> **Bsp.:** *Die Polizei setzt einen gegen Demonstranten ausgesprochenen Platzverweis mittels des Einsatzes von Wasserwerfern und Reizgas gewaltsam durch. Demonstrantin D möchte gegen den Reizgaseinsatz gerichtlich vorgehen.*
>
> Der Platzverweis ist zwar Verwaltungsakt, als polizeiliche Primärmaßnahme hier jedoch nicht unmittelbarer Gegenstand der Klage.
>
> Aber auch die Zwangsmaßnahme Reizgaseinsatz hat Regelungscharakter und ist damit nicht lediglich schlichtes Verwaltungshandeln sondern Verwaltungsakt.[151] Die Anwendung unmittelbaren Zwangs ist, da durch sie die Rechte des Einzelnen besonders stark berührt werden können, eingehend in den Polizeigesetzen geregelt. Die Polizei kann nicht nur durch schriftlichen oder mündlichen Verwaltungsakt, sondern auch durch konkludentes Verhalten mittels Anwendung körperlicher Gewalt die betroffenen Bürger zu einem bestimmten Verhalten veranlassen[152] (konkludente Duldungsverfügung).
>
> Der Inhalt der Regelung hat sich hier durch ihren Vollzug erschöpft, da sie auch nicht mehr rückgängig gemacht werden kann (Unterfall der Variante „Zeitablauf"). Etwas anderes würde nach h.M. allerdings dann gelten, wenn die Polizei für die Anwendung des unmittelbaren Zwangs einen Kostenbescheid erlassen wollte. Dann wäre der Grundverwaltungsakt nicht erledigt, soweit die Rechtmäßigkeit des Kostenbescheids allein an der Wirksamkeit, nicht an der Rechtmäßigkeit des Grundverwaltungsakts anknüpft. Ist ein Rechtsmittel gegen diesen erfolgreich, steht damit fest, dass die Vollstreckung mangels Titel rechtswidrig ist. Dies wiederum bedeutet, dass hierfür keine Kosten erhoben werden können, dass also auch der Kostenbescheid rechtswidrig ist.[153] Hängt die Rechtmäßigkeit des Kostenbescheides dagegen von der Rechtmäßigkeit des Grundverwaltungsaktes ab, vgl. für Bayern bspw. Art. 16 V KostenG, gelten für die Erledigung des Grundverwaltungsaktes keine Besonderheiten, da auch die Rechtmäßigkeit eines erledigten Verwaltungsaktes inzident in der Rechtmäßigkeit des Kostenbescheides geprüft werden kann.

Wird der Verwaltungsakt nicht vollzogen, sondern kommt der Verpflichtete freiwillig der auferlegten Handlung nach, gilt das Obige entsprechend.

2. Zulässigkeitsvoraussetzungen der Anfechtungsklage

§ 113 I S. 4 VwGO direkt: Voraussetzungen der Anfechtungsklage notw.

In dem durch § 113 I S. 4 VwGO unmittelbar geregelten Fall der Erledigung nach Erhebung der Anfechtungsklage müssen unstreitig die besonderen Zulässigkeitsvoraussetzungen (Klagebefugnis § 42 II VwGO, je nach Bundesland und Streitgegenstand Vorverfahren §§ 68 ff. VwGO, Klagefrist § 74 VwGO) der Anfechtungsklage weiterhin vorliegen.

> **hemmer-Methode: Zulässigkeitsvoraussetzungen müssen erst (bzw. noch) im Zeitpunkt der letzten mündlichen Verhandlung vorliegen. Theoretisch kann daher zunächst Klage erhoben und erst danach das erforderliche Vorverfahren nachgeholt werden. Erledigt sich nun der Verwaltungsakt vor Erhebung des Widerspruchs oder während des laufenden Vorverfahrens, stellt sich die Frage, wie sich das auf die Klage auswirkt.**

---

150 Vgl. hierzu Kopp/Schenke, § 113 VwGO, Rn. 102, 104.
151 BayVGH, BayVBl. 1988, 562.
152 BVerwGE 26, 161 (164) = **juris**byhemmer.
153 BVerwG, NVwZ 2009, 122 = **juris**byhemmer = **Life&Law 06/2009, 407 ff.**

§ 4 FORTSETZUNGSFESTSTELLUNGSKLAGE

> Diese Variante ist falltypisch für die Erledigung vor Klageerhebung und soll daher erst dort erörtert werden. Denken Sie jedoch daran, dass das Problem theoretisch auch bei unmittelbarer Anwendung des § 113 I S. 4 VwGO auftreten kann. (Siehe dazu Hemmer/Wüst, Verwaltungsrecht I, Rn. 113 bis 210).

3. Feststellungsinteresse

stets notw.: besonderes Feststellungsinteresse

Als besondere Ausprägung des allgemeinen Rechtsschutzbedürfnisses muss der Kläger ein berechtigtes Interesse an der Feststellung der Rechtswidrigkeit des Verwaltungsakts darlegen.

Wegen des Wortlautes wird in der Literatur häufig vertreten, dass dieses Interesse mit dem der allgemeinen Feststellungsklage (§ 43 I VwGO) insoweit identisch sei, als § 113 I S. 4 VwGO lediglich auf das Merkmal der „baldigen Feststellung" verzichtet.[154] Demnach muss es sich um ein schutzwürdiges Interesse rechtlicher, wirtschaftlicher oder ideeller Art handeln.

nicht identisch mit allgemeinem Feststellungsinteresse der Feststellungsklage, § 43 VwGO

Das BVerwG stellt demgegenüber eigene Anforderungen für den § 113 I S. 4 VwGO auf, da immerhin bereits ein gerichtliches Verfahren (Anfechtungsklage) zulässig gewesen ist bzw. zulässig gewesen wäre (Erledigung vor Klageerhebung) andererseits sich der Fall aber auch gerade erledigt hat und damit einer gerichtlichen Klärung grundsätzlich nicht mehr bedarf.[155]

> **hemmer-Methode:** In der Klausur ist ein näheres Eingehen auf diese Meinungsunterschiede unfruchtbar. Beide Ansichten erkennen nämlich die (unten folgenden) typischen Fallgruppen an, deren Darstellung in der Fallbearbeitung immer erwartet wird.

Das bloße Interesse an einer Kostenentscheidung reicht aber angesichts § 161 II VwGO nicht aus.

a) Wiederholungsgefahr

Wiederholungsgefahr bzgl. gleichartiger Verw.-Entscheidung

Das Feststellungsinteresse ist zu bejahen, wenn sich eine gleichartige Verwaltungsentscheidung zu wiederholen droht, d.h. sie muss bereits tatsächlich bevorstehen, in absehbarer Zeit möglich sein oder sich konkret abzeichnen.[156]

Eine Entscheidung ist nicht mehr gleichartig, wenn sich die rechtlichen Verhältnisse geändert haben, die dem neuen Verwaltungsakt zugrunde gelegt werden müssten, es sei denn die Behörde signalisiert, dass sie sich trotzdem nicht anders verhalten werde.[157]

> *Bspe. für Wiederholungsgefahr:*
>
> – *Mutter M will Tochter T außerhalb des Schulsprengels ihres Wohngebietes zur Schule schicken, was die Schulbehörde abgelehnt hat. Die sportliche T wird nun doch auf ein privates Ski-Internat geschickt. Der sechsjährige Sohn S, der bald eingeschult wird, soll ebenfalls außerhalb des Sprengels zur Schule gehen.*
>
> – *Polizist P will Sonderurlaub für eine Demonstration gegen den Ausbau des Flughafens München II („F.J.S."). Das Gesuch wird abgelehnt, weil es für Demonstrationen grundsätzlich keinen Urlaub gebe.*

---

154 Kopp/Schenke, § 113 VwGO, Rn. 129; Schenke, § 16, Rn. 579; Schmitt-Glaeser, Rn. 356; Hellerbrand, JA 1995, 153, 155.
155 BVerwGE 61, 128, 135; 81, 228 = **juris**byhemmer; Pietzner/Ronellenfitsch, § 18, Rn. 629.
156 BayVGH, NVwZ 1999, 555 = BayVBl. 1999, 405 = **juris**byhemmer.
157 Pietzner/Ronellenfitsch, § 18, Rn. 636.

– Der aufsässige P geht trotzdem zur Demo und wird von seinen Kollegen mit CS-Gas „begrüßt". Er möchte weiterhin an den Demonstrationen teilnehmen, aber in Zukunft auf die Wasserwerfer verzichten.[158]

b) Rehabilitationsinteresse

Rehabilitation bei nicht unerheblicher Beeinträchtigung des Persönlichkeitsrechts

Der Verwaltungsakt selbst, seine Begründung oder die Umstände seines Zustandekommens können (auch ungewollt) diskriminierend wirken.

Eine nicht unerhebliche Beeinträchtigung des Persönlichkeitsrechts, der Ehre bzw. der Menschenwürde begründet ein Feststellungsinteresse, wenn sie zum Zeitpunkt der gerichtlichen Entscheidung noch fortwirkt und nur durch eine gerichtliche Sachentscheidung ausgeglichen werden kann (z.B. wegen des Öffentlichkeitsbezuges der Maßnahme). Die subjektive Empfindlichkeit des Einzelnen spielt hier aber keine Rolle.

Bsp.: *Beamtenbeurteilung mit abwertenden Bemerkungen. Körperliche Durchsuchung eines Demonstranten. Gewerbeuntersagung wegen Unzuverlässigkeit.*

c) Vorbereitung eines Amtshaftungsprozesses

Möglichkeit des Schadensersatzes str.

Ob die Absicht, in der Folge der Feststellung der Rechtswidrigkeit des Verwaltungsakts einen Zivilprozess anzustrengen (Amtshaftung aus § 839 BGB i.V.m. Art. 34 GG, Entschädigung aus enteignungsgleichem Eingriff), zur Begründung des Feststellungsinteresses ausreicht, ist umstritten.

Frage, ob Anspruch auf sachnäheren Richter

Einen allg. Anspruch auf die Entscheidung des „sachnäheren Gerichts" gibt es nicht. Die Rechtswegzuweisung des Art. 34 S. 3 GG an die ordentlichen Gerichte darf nicht ignoriert werden.[159]

Ausgangspunkt der Überlegung muss der Sinn und Zweck dieser Zulässigkeitsvoraussetzung sein. Steht dem Kläger ein einfacherer und wirksamerer Weg zur Durchsetzung seines Rechtsschutzziels offen, ist die Führung eines Verwaltungsprozesses nicht ökonomisch und daher nicht schutzwürdig. Dabei ist andererseits zu berücksichtigen, dass im Falle der Erledigung des Verwaltungsakts nach Klageerhebung bereits ein gewisser Verfahrensaufwand betrieben worden ist und das fortgeschrittene Verfahren u.U. bereits gewisse Erkenntnisse gebracht hat, deren Nichtberücksichtigung wiederum unökonomisch wäre.

Bindungswirkung ggü. Zivilgericht bei Amtshaftung

Da die h.M. davon ausgeht, dass die Feststellung der Rechtswidrigkeit Bindungswirkung für das Zivilgericht entfaltet,[160] kann die Weiterführung des Prozesses angezeigt sein.

Die Rspr. fordert hier die ernsthafte Absicht, in naher Zukunft einen nicht offensichtlich aussichtslosen Prozess anstrengen zu wollen.[161] Offenbare Aussichtslosigkeit besteht, wenn ohne eine in Details gehende Prüfung erkennbar ist, dass der behauptete Anspruch unter keinem rechtlichen Gesichtspunkt bestehen kann.

---

158 Kopp/Schenke, § 113 VwGO, Rn. 141; Pietzner/Ronellenfitsch, § 18, Rn. 637.
159 So aber Kopp/Schenke, § 113 VwGO, Rn. 136 ff.; a.A. die h.M.: z.B. Schenke, Jura 1980, 133 (143).
160 Kopp/Schenke, § 113 VwGO, Rn. 12; Palandt, § 839 BGB, Rn. 87; a.A. Pietzner/Ronellenfitsch, § 18, Rn. 639 ff; Schenke, Jura 1980, 133 (gemäßigter im Lehrbuch Rn. 585).
161 BVerwG, BayVBl. 1989, 441= **juris**byhemmer; Hellerbrand, JA 1995, 156.

Signalisiert die Behörde, den verwaltungsgerichtlichen Ausspruch für einen Schadensersatzanspruch anerkennen zu wollen, ist das Rechtsschutzbedürfnis ebenfalls zu bejahen.

Anerkannt ist das Rechtsschutzinteresse aber nur für den Fall, dass - wie hier im Falle der direkten Anwendung des § 113 I S. 4 VwGO - die Erledigung des Verwaltungsakts nach Klageerhebung eintritt.

Erledigt sich der Verwaltungsakt vor Erhebung einer Fortsetzungsfeststellungsklage (analoge Anwendung von § 113 I S. 4 VwGO, vgl. unten Rn. 150), so fehlt das Rechtsschutzinteresse nach h.M.,[162] da hier direkt vor dem Zivilgericht ein Amtshaftungsprozess angestrengt werden kann. Eine vorherige Klage vor dem VG verletzt dann den Gedanken der Prozessökonomie, da dem Zivilgericht nach § 17 II GVG die Vorfragenkompetenz zusteht, dieses also auch die öffentlich-rechtlich zu beurteilende Rechtmäßigkeit des Verwaltungsaktes prüfen darf, und kein Anspruch des Klägers auf den sachnäheren Richter beim VG besteht.

Diese Einteilung ist jedoch in Literatur und Rechtsprechung auf Kritik gestoßen. Nach a.A.[163] darf nicht schematisch an der Einteilung (Erledigung vor/nach Klageerhebung) festgehalten werden, obwohl noch weitere fallspezifische Besonderheiten gegeben sind und damit eine Ausnahmesituation vorliegt. Maßgeblicher Ausgangspunkt für die Beantwortung der aufgeworfenen These ist der Sinn und Zweck der Fortsetzungsfeststellungsklage: Dieser besteht darin zu verhindern, dass der Kläger durch die (nicht auf sein Verhalten zurückgehende) Erledigung um die Früchte seines bisherigen Prozesses gebracht wird, insbesondere dann nicht, wenn das Verfahren unter entsprechendem Aufwand einen gewissen Stand erreicht hat.

Demnach ist ein berechtigtes Interesse in den Fällen zu verneinen, in denen sich der Rechtsstreit unmittelbar nach Klageerhebung, aber noch bevor das ursprüngliche Verfahren in irgendeiner Weise gefördert war, erledigt hat.

Dieser Ansicht tritt das BVerwG entgegen. Jedenfalls in Fällen der nicht vom Kläger herbeigeführten Erledigung kommt es bei der Prüfung des berechtigten Interesses nicht darauf an, wie weit der Prozess gediehen ist, oder ob die bisherige Prozessführung schon „Früchte" erbracht hat, die dem Kläger erhalten bleiben müssen.[164]

hemmer-Methode: Unterscheiden Sie beim Feststellungsinteresse im Hinblick auf mögliche Schadensersatzansprüche deshalb genau:
Ist noch gar keine Klage zum VG erhoben, ist es natürlich nicht prozessökonomisch, einen Verwaltungsprozess zur Vorbereitung eines Amtshaftungsprozesses anzustrengen, auch wenn der Verwaltungsrichter grds. „sachnäher" mit der Materie des Verwaltungsrechts vertraut ist.
Die mit verwaltungsrechtlichen Fragestellungen reichlich vertraute Amtshaftungskammer beim Zivilgericht (Landgericht) kann die Rechtswidrigkeit des erledigten Verwaltungsakts genauso gut feststellen.
Beachten Sie aber noch in diesem Zusammenhang: Keine Bindungswirkung für das Zivilgericht entfaltet i.Ü. die Bestandskraft eines Verwaltungsakts.[165] Das Versäumnis der Anfechtungsfristen (§§ 70, 74 VwGO) führt also nicht automatisch zum Ausschluss von Schadensersatzansprüchen, ist aber i.R.d. § 839 III BGB zu berücksichtigen.

---

162 Schmitt-Glaeser, Rn. 364, sowie BVerwGE 81, 226; BayVBl. 1984, 559; a.A. dagegen Kopp, JZ 1992, 1079, nach dessen Auffassung auch hier ein berechtigtes Interesse mit einem Anspruch des Klägers auf Entscheidung durch das sachnähere Gericht besteht.
163 Göpfert, NVwZ 1997, 143, sowie VGH Mannheim, NVwZ 1997, 198 = **juris**byhemmer.
164 BVerwG, BayVBl. 1998, 666 = **Life&Law 1998, 725 ff**. = **juris**byhemmer.
165 BGH, NJW 1991, 1168 und 1995, 395.

bei Vorbereitung von Ermittlungsverfahren (-)

Die Absicht, ein strafrechtliches Ermittlungsverfahren (§ 160 StPO) gegen einen Beamten anzustrengen, rechtfertigt nicht die Annahme eines Feststellungsinteresses. Im Strafverfahren ist das Gericht nicht an die Entscheidung des VG gebunden. § 121 Nr. 1 VwGO greift nicht ein, da der Kläger im Strafprozess nicht Partei ist.[166]

Der Vorbereitung eines Amtshaftungsprozesses ähnelt die Situation, in der es dem Kläger darum geht, eine künftige Inanspruchnahme durch den Staat zu verhindern. Ist die Rechtswidrigkeit eines vollzogenen Verwaltungsakts festgestellt, kann dieser nicht mehr zur Grundlage eines Kostenbescheides gemacht werden.[167]

d) Schwerwiegender Grundrechtseingriff

Problem: einfacher Grundrechtseingriff (-)

Ein Grundrechtseingriff für sich genommen vermag noch kein Feststellungsinteresse zu begründen[168], da angesichts von Art. 2 I GG das Erfordernis des Feststellungsinteresses andernfalls praktisch leer liefe.

Problem: Grundrechte, aber wohl einheitlich (-)

Allerdings muss nach der Rechtsprechung des BVerfG aufgrund des Art. 19 IV GG ein schwerer Grundrechtseingriff für das Fortsetzungsfeststellungsinteresse jedenfalls dann ausreichen, wenn sich die direkte Belastung durch den angegriffenen Hoheitsakt nach dem typischen Verlauf auf eine Zeitspanne beschränkt, in welcher der Betreffende die gerichtliche Entscheidung kaum erlangen kann.[169]

123

> **Bsp.:** Ein schwerwiegender Grundrechtseingriff i.d.S. liegt nach der Rechtsprechung regelmäßig vor, wenn es um Art. 2 II, 8,[170] 11 oder 13 GG geht.[171]

e) Nicht ausreichend: sich typischerweise kurzfristig erledigende Verwaltungsakte

kurzfristige Erledigung per se noch kein Argument für Feststellungsinteresse

Aus dem Umstand, dass sich ein Verwaltungsakt typischerweise kurzfristig erledigt, sodass es zuvor eigentlich kaum möglich ist, eine Anfechtungsklage zu erheben, kann man auch im Hinblick auf Art. 19 IV GG noch nicht auf das Feststellungsinteresse schließen.[172]

124

Der Erledigungszeitpunkt hängt oftmals vom Zufall ab und ist daher zur Differenzierung ungeeignet. Ob z.B. die Polizei nun eine sich sofort erledigende Platzverweisung oder eine noch länger andauernde Beschlagnahmeverfügung vorgenommen hat, macht im Hinblick auf das Feststellungsinteresse als solches keinen Unterschied.

Etwas anderes gilt – wie gerade erörtert – wenn es sich um schwerwiegende Grundrechtseingriffe handelt.

> **hemmer-Methode:** Fehlt das Feststellungsinteresse, kommt allenfalls eine einseitige Erledigungserklärung nach § 161 II VwGO in Betracht, um zumindest der Kostentragungspflicht zu entgehen, die entstünde, wenn die Klage, die aufgrund der Erledigung unzulässig geworden ist, abgewiesen würde.[173]

---

166 BVerwGE 26, 161, 162 = **juris**byhemmer; a.A. Kopp/Schenke, § 113 VwGO, Rn. 139: Zwar hat das Urteil im Strafprozess keine Bindungswirkung, allerdings kann jemandem, der sich konform zu einer verwaltungsgerichtlichen Entscheidung verhalten hat, kein Schuldvorwurf gemacht werden.
167 Hierbei ist allerdings zu beachten, dass in einem solchen Fall nach h.M. noch keine Erledigung vorliegt, vgl. oben Rn. 112 ff.
168 So aber Kopp/Schenke, § 113 VwGO, Rn. 146; BVerwGE 61, 164 = **juris**byhemmer.
169 BVerwG, NVwZ 1999, 991 = **Life&Law 2000, 51 ff.**; BVerfG, NVwZ 1999, 290 = **Life&Law 1999, 382 ff.**: alle Entscheidungen = **juris**byhemmer.
170 BVerfG, BayVBl. 2005, 463.
171 BVerfG, NJW 2002, 2456 = **juris**byhemmer.
172 So aber Schenke, § 16, Rn. 583.
173 Hierzu Rn. 156 ff.

III. Begründetheit

Begründetheit: Rechtswidrigkeit und Rechtsverletzung

Alleine mit der Feststellung der Rechtswidrigkeit des erledigten Verwaltungsakts ist es in der Begründetheitsprüfung nicht getan. Wegen ihres Charakters als einer umgestellten Anfechtungsklage muss auch die subjektive Rechtsverletzung des Klägers nachgewiesen werden.

Der für die Feststellung maßgebliche Zeitpunkt ist nach der wohl h.M. der des Erlasses des Verwaltungsaktes, wobei sich aus dem materiellen Recht etwas anderes ergeben kann.

Beginnen Sie die Begründetheitsprüfung mit dem Obersatz:

⇨ Die Fortsetzungsfeststellungsklage ist begründet, wenn der Verwaltungsakt objektiv rechtswidrig war, der Kläger hierdurch in subjektiv-öffentlichen Rechten verletzt wurde (§ 113 I S. 4 i.V.m. I S. 1 VwGO) und die Klage gem. § 78 I Nr. 1 VwGO gegen den richtigen Beklagten gerichtet ist.

Zu den weiteren Prüfungspunkten innerhalb der Begründetheit siehe die folgende Tabelle.

Begründetheit der Fortsetzungsfeststellungsklage:

1. Obersatz: § 113 I S. 4 VwGO i.V.m. § 113 I S. 1 VwGO
2. Passivlegitimation des Beklagten: § 78 I Nr. 1 VwGO (wie Anfechtungsklage)
3. Rechtswidrigkeit des erledigten Verwaltungsakts (wie Anfechtungsklage)
4. Subjektive Rechtsverletzung durch den Verwaltungsakt (wie Anfechtungsklage)

---

hemmer-Methode: Interessant ist die Frage nach der Reichweite der gerichtlichen Feststellung der Rechtswidrigkeit des Verwaltungsakts gem. § 113 I S. 4 VwGO. Dem Wortlaut nach erfolgt die bloße Feststellung der Rechtswidrigkeit, ohne diesen aufzuheben. Dies ist normalerweise ausreichend, da sich der Verwaltungsakt sowieso schon erledigt hat, also keine Rechtswirkungen mehr entfaltet. Entfaltet der Verwaltungsakt jedoch ausnahmsweise noch Rechtswirkungen für den Kläger, so ist der Verwaltungsakt für die Vergangenheit als nicht existent zu betrachten.[174]

C) § 113 I S. 4 VwGO (analog): Die Verpflichtungsfortsetzungsfeststellungsklage

§ 113 I S. 4 VwGO analog: Erledigung nach Klageerhebung bei der Verpflichtungsklage

Auch eine Verpflichtungsklage hat nur Aussicht auf Erfolg, solange sich die Hauptsache noch nicht erledigt hat. Für die Erledigung gelten auch hier grundsätzlich die obigen Ausführungen. Allerdings ist zu berücksichtigen, dass Gegenstand der Erledigung nicht ein bereits erlassener Verwaltungsakt ist, sondern der Anspruch auf den Erlass des begehrten Verwaltungsakts (bzw. der Anspruch auf eine Neubescheidung im Falle der Bescheidungsklage), vgl. bereits o. Rn. 38 ff., 55 ff.

---

[174] BVerwG, DÖV 1998, 649 = **Life&Law 1998, 733 ff**. = jurisbyhemmer.

Zeitstrahl bei hypothetischer Erledigung des Verwaltungsakts nach Erhebung der Verpflichtungsklage (§ 113 I S. 4 VwGO analog):

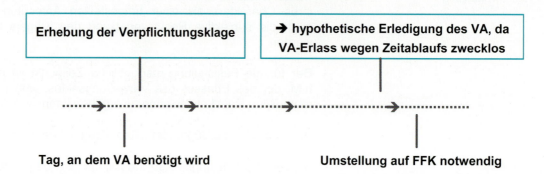

hypothetische Betrachtung bzgl. Erledigung notwendig	Die Fragestellung lautet also: Hätte der begehrte Verwaltungsakt, sofern er erlassen worden wäre, inzwischen seine Erledigung gefunden?
	Ist dies zu bejahen, stellt sich im nächsten Schritt die Frage, ob der Kläger die Feststellung der Rechtswidrigkeit der Versagung beantragen kann. Die analoge Anwendung des § 113 I S. 4 VwGO auf die Verpflichtungsklage ist nach heute einhelliger Auffassung zulässig.

Sachentscheidungsvoraussetzungen der Verpflichtungs-Fortsetzungsfeststellungsklage, § 113 I S. 4 VwGO analog:

I. Eröffnung des Verwaltungsrechtsweges

II. Zulässigkeit der Verpflichtungs-Fortsetzungsfeststellungklage

    1. Statthaftigkeit: Erledigung des begehrten Verwaltungsakts, Analogie, Antrag

    2. Besondere Zulässigkeitsvoraussetzungen der Verpflichtungs-klage

    3. Feststellungsinteresse

    4. Weitere allgemeine Zulässigkeitsvoraussetzungen

I. Eröffnung des Verwaltungsrechtsweges, § 40 I VwGO

§ 40 I VwGO hier häufig problematisch	In dieser Fallvariante geht es häufig um die Zulassung zu öffentlichen Einrichtungen.
	Bsp.: Das Marktfest, für welches Bratwurstbudenbesitzer B einen Standplatz haben wollte, ist bereits beendet. Die Gemeinde G pflegt, mit den Standplatzinhabern Mietverträge abzuschließen.
insbes. Zwei-Stufen-Theorie	Wie bei der Verpflichtungsklage ist dann i.R.d. Rechtswegeröffnung die Zwei-Stufen-Theorie zu erörtern (vgl. bereits o. Rn. 5 ff.).

II. Zulässigkeit der Verpflichtungsfortsetzungsfeststellungsklage

1. Statthaftigkeit

Die Verpflichtungsfortsetzungsfeststellungsklage ist statthaft, wenn

⇨ der Kläger nach Erledigung des begehrten Verwaltungsakts seinen Verpflichtungsklageantrag auf Feststellung der Rechtswidrigkeit der Versagung umstellt,

⇨ § 113 I S. 4 VwGO auf die Verpflichtungsklage analog anwendbar ist.

a) Erledigung der Begehr des Verwaltungsakts

Problem: Erledigung

Die Beschwer der Versagung des begehrten Verwaltungsakts fällt weg, wenn der geltend gemachte Anspruch gegenstandslos geworden ist bzw. ihm die Grundlage entzogen worden sind. Insbesondere zwei Fallgruppen sind hier zu beachten:

⇨ Der Erlass des Verwaltungsakts kann zwar theoretisch noch möglich sein, aber wäre jedenfalls ohne Sinn.

⇨ Ein Erlass scheidet wegen einer Veränderung der Sach- und/oder Rechtslage aus.

aa) Hypothetische Erledigung

trotz Erlass gegenstandslos?

Wäre der Verwaltungsakt erlassen worden, hätte er sich zwischenzeitlich erledigt (hypothetische Erledigung). Der Anspruch ist auch deshalb gegenstandslos geworden, weil der begehrte Verwaltungsakt im jetzigen Zeitpunkt wegen § 44 II Nr. 4 VwVfG im Falle seines Erlasses von Anfang an nichtig wäre.

Bsp. 1: Der Parteitagstermin, für den die X-Partei die Passauer Nibelungenhalle anmieten wollte, ist verstrichen.

hemmer-Methode: Zulassungen zu kommunalen Einrichtungen und Veranstaltungen sind im Grundsatz mit der Verpflichtungsklage durchzusetzen (Zwei-Stufen-Theorie). Wegen der Eilbedürftigkeit hat in der Praxis und auch in der Klausur jedoch die einstweilige Anordnung nach § 123 VwGO große Relevanz. Für das Hauptsacheverfahren ist dann i.d.R. die Fortsetzungsfeststellungsklage die richtige Klageart.

Bsp. 2: Das Gartenhäuschen, dessen Abbruch Nachbar N begehrt, ist inzwischen abgebrannt.

Interessenfortfall?

Gleiches gilt, wenn das Interesse des Begehrenden aufgrund subjektiver Erwägungen entfallen ist (Interessefortfall).

Bsp. 3: „Häuslebauer" B wollte anbauen. Mittlerweile sind die Kinder erwachsen geworden und ausgezogen.

bb) Änderung der Sach- und Rechtslage

maßgeblicher Zeitpunkt der Rechtslage grds. letzte mündliche Verhandlung

Da für die Verpflichtungsklage die Sach- und Rechtslage im Zeitpunkt der letzten mündlichen Verhandlung entscheidungserheblich ist,[175] kann ein ursprünglich begründeter Verpflichtungsanspruch nach Erhebung der Klage unbegründet werden und sich somit erledigen, wenn sich dieselbe ändert.[176]

Beispiele:

- Bauherr B will in einem § 34 II BauGB-Ortsteil, der einem allgemeinen Wohngebiet gem. § 4 BauNVO entspricht, eine Tankstelle bauen. Die Gemeinde erlässt eine Veränderungssperre und später einen BBauPl, nach dem das Vorhaben unzulässig ist.

- Nachbar N begehrt die Baubeseitigungsanordnung gegen die ohne die erforderliche Genehmigung errichtete Garage des B. Stattdessen legalisiert die Behörde den Schwarzbau nachträglich durch Erteilung der Baugenehmigung.

cc) Nachträglicher Erlass des Verwaltungsaktes

Erlässt die Behörde den begehrten Verwaltungsakt während des Prozesses (etwa nach Erhebung der Untätigkeitsklage - § 75 VwGO), erledigt sich somit die Hauptsache. Davon ist jedoch der folgende Fall zu unterscheiden:

Bsp.: Jurastudent J führt eine Versagungsgegenklage, weil er bei seinem ersten Examensversuch durchgefallen ist. Außerdem besucht er nun parallel zum Verfahren doch den Hemmer-Hauptkurs und besteht im nächsten Versuch, vor Beendigung des Verfahrens, mit Bravour das Staatsexamen. Ist das ein Fall der Erledigung?

Die Feststellung des Prüfungsergebnisses beinhaltet nicht die Aufhebung der Versagung des Bestehens der ersten Prüfung. Es handelt sich auch nicht um einen Zweitbescheid, da ein anderer Sachverhalt geregelt wird. Die negative Bewertung der ersten Prüfung wird nicht beseitigt und kann sich auch in Zukunft (z.B. Bewerbung, BAföG-Erlass) nachteilig auswirken. Eine Erledigung ist somit nicht eingetreten.[177]

Anders wird dies für den Fall gesehen, dass es sich bei dem erfolglosen Versuch um den sog. „Freischuss" gehandelt hat.[178] Der erfolglose Freiversuch wird nach den Prüfungsordnungen als nicht absolviert betrachtet, sodass an ihn keinerlei rechtliche Nachteile anknüpfen. Ihm haftet auch nicht der Makel des „Durchgefallenseins" an.

b) Analoge Anwendung

Analogie zu § 113 I S. 4 VwGO anerkannt

Die ganz h.M. erkennt die analoge Anwendung des § 113 I S. 4 VwGO auf die Fälle der Verpflichtungsklage an.[179]

Voraussetzung einer Analogie:

⇨ das Bestehen einer planwidrigen Regelungslücke und

---

[175] S. oben Rn. 83.

[176] Nach Schenke, DÖV 1986, 305, 318, handelt es sich nicht um einen Fall der tatsächlichen Erledigung, auch das BVerwG (E 61, 128, 135 = **juris**byhemmer) sagt ohne nähere Begründung, dass es sich nicht um eine Erledigung „im strengen Sinne" handelt. Dies ist insoweit richtig, als kein Fall der hypothetischen Erledigung vorliegt. Unstreitig ist jedoch die Gleichsetzung mit der Erledigung.

[177] Vgl. auch VGH Kassel, Teilurteil vom 05.03.2009, 8 A 1037/07 = **juris**byhemmer: Das Ergebnis eines bestandenen Freiversuchs kann auch dann noch gerichtlich angegangen werden, wenn der Prüfling im Wiederholungsversuch besser abgeschnitten hat. Mit dieser Notenverbesserung ist das Rechtsschutzbedürfnis nicht automatisch entfallen.

[178] OVG Münster, Urteil vom 18.04.2012, 14 A 2687/09 = **juris**byhemmer.

[179] BVerwGE 62, 86, 90; Schenke, Jura 1980, 144; (im Lehrbuch Rn. 330 ff.); Kopp/Schenke, § 113 VwGO, Rn. 95 und 109; Schmitt-Glaeser, Rn. 359.

⇨ eine gleichgerichtete Interessenlage zwischen dem gesetzlich geregelten und dem zu lösenden nicht geregelten Fall

direkt nur für Anfechtungsklage

aa) § 113 I S. 4 VwGO regelt nur den Fall der Anfechtungsklage. Hatte der Kläger den Erlass eines Verwaltungsakts (§ 113 V S. 1 VwGO) bzw. eine erneute Verbescheidung (§ 113 V S. 2 VwGO) begehrt, fehlt es schon am Verwaltungsakt, dessen Rechtswidrigkeit ausgesprochen werden könnte. Denn Gegenstand der Verpflichtungsklage ist nicht der Versagungsbescheid, sondern der Anspruch auf den Erlass des begehrten Bescheids (bzw. auf eine neue Verbescheidung).

135

keine Enumeration der Klagen

Die VwGO kennt kein Enumerationsprinzip der Klagearten, sondern gewährt über ihre Generalklausel in § 40 VwGO einen umfassenden Rechtsschutz.

allgemeine FK nicht ausreichend

Vor der Erweiterung der Klagearten durch Analogie ist aber zu fragen, ob nicht die von der VwGO zur Verfügung gestellte allgemeine Feststellungsklage (§ 43 VwGO) die entstandene Lücke schließen kann. Diese ist auf die Feststellung des Bestehens oder Nichtbestehens eines Rechtsverhältnisses gerichtet.

Def. Rechtsverhältnis

Rechtsverhältnis ist die sich aus einem konkreten Sachverhalt, aufgrund einer öffentlich-rechtlichen Rechtsnorm ergebende, rechtliche Beziehung einer Person zu einer anderen Person oder zu einer Sache.[180]

Um dem Klagebegehren gerecht zu werden, müsste nun aus einem evtl. festzustellenden Rechtsverhältnis darauf geschlossen werden können, dass die Versagung des Verwaltungsakts rechtswidrig gewesen ist und der Kläger dadurch in seinen Rechten verletzt worden ist. In Betracht zu ziehen ist hier das einem Verwaltungsakt vorgelagerte Rechtsverhältnis, das den Staat berechtigt bzw. verpflichtet, einen Verwaltungsakt gegenüber dem Bürger zu erlassen.

Bsp.: Der Genehmigungsanspruch aus §§ 4, 6 BImSchG oder die Ansprüche auf Erteilung einer Baugenehmigung aus den Landesbauordnungen konkretisieren sich mit der Antragstellung zu einem Rechtsverhältnis Staat-Bürger.[181]

auch besondere Prozessvoraussetzungen anders

Der Schluss vom Bestehen des Rechtsverhältnisses auf die Rechtswidrigkeit der Versagung ist aber nicht zwingend, da das Vorliegen der Anspruchsvoraussetzungen damit noch nicht geklärt ist. Daher scheidet die Feststellungsklage aus. Außerdem ist sie wegen der im Vergleich zur Verpflichtungsklage unterschiedlichen besonderen Prozessvoraussetzungen ungeeignet für diese Fallkonstellationen.[182]

136

Arg. Art. 19 IV GG

Angesichts des umfassenden Rechtsschutz gewährenden Art. 19 IV GG muss diese Regelungslücke auch als planwidrig betrachtet werden.

vergleichbare Interessenlage

bb) Die Interessenlage zwischen den beiden Fallvarianten ist auch gleichartig. § 113 I S. 1 VwGO ist Niederschlag des dem Bürger zustehenden Beseitigungsanspruchs gegen den Staat, ihn von der rechtswidrigen Belastung des Verwaltungsakts zu befreien.[183]

137

---

[180] Kopp/Schenke, § 43 VwGO, Rn. 11.
[181] Maurer/Waldhoff, § 8, Rn. 18.
[182] Hier erscheint eine andere Ansicht angesichts der Rspr. des BVerwG vertretbar, vgl. BVerwG, NVwZ 2000, 63 = BayVBl. 2000, 439 = **Life&Law 2000, 197** = **juris**byhemmer, sowie unten Rn. 142.
[183] Vgl. Schenke, § 5, Rn. 178.

Gäbe es die Anfechtungsklage nicht, müsste dieser Anspruch mittels der Verpflichtungsklage auf Erlass eines Aufhebungsbescheides durchgesetzt werden.

Wenn nun § 113 I S. 4 VwGO die Möglichkeit der Feststellung der Rechtswidrigkeit zur Verfügung stellt, falls sich der belastende Verwaltungsakt erledigt - und in dessen Folge auch der Beseitigungsanspruch auf Aufhebung -, kann für die Erledigung des Anspruchs auf Erlass eines begünstigenden Verwaltungsakts im Falle der Verpflichtungsklage nichts anderes gelten.

> **hemmer-Methode:** Diese Ausführungen sollen dem Verständnis dienen und sind in dieser Ausführlichkeit allenfalls in einer Hausarbeit angebracht. In der Klausur macht es sich jedoch immer gut, die Voraussetzungen der Analogie darzustellen und kurz zu begründen.

2. Besondere Zulässigkeitsvoraussetzungen der Verpflichtungsklage

weitere Voraussetzungen wie bei der Verpflichtungsklage

Nach der Statthaftigkeit sind die besonderen Zulässigkeitsvoraussetzungen der Verpflichtungsklage, also Klagebefugnis, Vorverfahren und Klagefrist zu prüfen. Zu den hier denkbar möglichen Problemen siehe Rn. 36 ff.

138

3. Feststellungsinteresse

sowie Feststellungsinteresse

Für das Feststellungsinteresse gelten obige Darstellungen zur Anfechtungs-Fortsetzungsfeststellungsklage (vgl. Rn. 118 ff.).

139

III. Begründetheit

bzgl. Begründetheit Frage, ob Anspruch bestanden hat

In der Begründetheitsprüfung ergeben sich keine wesentlichen Unterschiede zur Verpflichtungsklage. Insbesondere ist auch hier darauf zu achten, ob die Sache im Zeitpunkt ihrer Erledigung spruchreif war.

140

Fehlt die Spruchreife, kann nur die Feststellung ausgesprochen werden, dass die Behörde zu Verbescheidung verpflichtet gewesen wäre.[184]

Entscheidungserheblicher Zeitpunkt ist wie bei der Verpflichtungsklage die letzte mündliche Verhandlung.

maßgeblicher Zeitpunkt ist Erledigung

Tritt die Erledigung des Anspruchs aufgrund der Änderung der Sach- und/oder Rechtslage ein, muss jedoch auch die Feststellung möglich sein, dass die Behörde zum Zeitpunkt der Erledigung zum Erlass des Verwaltungsakts verpflichtet gewesen ist.[185] § 113 I S. 4 VwGO muss so gelesen werden: „ ..., dass die Versagung rechtswidrig gewesen ist."

> **hemmer-Methode:** Bilden Sie auch hier immer einen Obersatz, der dem Korrektor Ihre „Marschroute" durch die Begründetheitsprüfung vorzeichnet:
> Die Verpflichtungs-Fortsetzungsfeststellungsklage wäre begründet, wenn die Versagung/Unterlassung des Verwaltungsakts rechtswidrig war (!), der Kläger dadurch in subjektiv-öffentlichen Rechten verletzt wurde (!) und die Klage gegen den richtigen Beklagten gerichtet ist, §§ 78 I Nr. 1, 113 V, 113 I S. 4 VwGO analog.

---

184 Kopp/Schenke, § 113 VwGO, Rn. 147, 158.
185 Schenke, § 22, Rn. 865.

§ 4 FORTSETZUNGSFESTSTELLUNGSKLAGE

D) Erledigung des Verwaltungsakts vor Klageerhebung (erweiterte Fortsetzungsfeststellungsklage), § 113 I S. 4 VwGO analog[186]

I. Problemstellung

Erledigung vor Klageerhebung, § 113 I S. 4 VwGO analog bei Anfechtungsklage

Oftmals erledigen sich Verwaltungsakte schon vor Klageerhebung. Bei polizeilichen Verwaltungsakten ist das sogar die Regel (Anwendung von unmittelbarem Zwang, Platzverweis, Identitätsfeststellung, etc.). Auch ein Verwaltungsakt der allgemeinen Sicherheitsbehörde kann sich sofort erledigen:

Bsp.: *Der Bürgermeister der Gemeinde G verbietet aufgrund einer Satzung dem A, auf dem Weihnachtsmarkt der Gemeinde Kriegsspielzeug zu verkaufen. Kleinlaut packt A seine Waren ein.[187]*

Zeitstrahl bei Erledigung des Verwaltungsakts vor Erhebung der Anfechtungs-FFK (§ 113 I S. 4 VwGO analog):

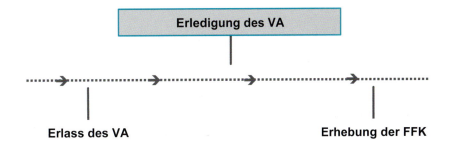

§ 113 I S. 4 VwGO ebenfalls analog bei Erledigung vor Klageerhebung bzgl. Verpflichtungsklage

Für die Verpflichtungs-Fortsetzungsfeststellungsklage bieten sich in der Klausur z.B. Fälle an, in denen ein behaupteter Anspruch auf polizeiliches Tätigwerden vor Klageerhebung erledigt ist:

Bsp.: *Im Innenhof einer Mietskaserne treffen sich ab und an die Jugendlichen der ortsansässigen „rave nation", um ihre private Mini-May-Day zu feiern. Mieter M, der sich verständlicherweise durch den Techno-Lärm gestört fühlt, stößt bei der Polizei auf taube Ohren, als er diese um Hilfe bittet.*

Bis M Klage erhoben hat, um die Polizei zum Tätigwerden zu zwingen, ist die Party bereits vorbei. Eine Verpflichtungsklage scheidet mithin aus.

Häufiger Gegenstand sind auch Zulassungsbegehren zu kommunalen Einrichtungen (vgl. oben).

Zeitstrahl bei Erledigung des begehrten Verwaltungsakts vor Erhebung der Verpflichtungs-FFK (§ 113 I S. 4 VwGO analog):

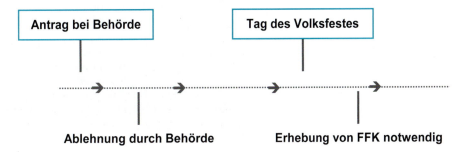

---

[186] Kritisch zu allem Göpfert, „Die Rechtswidrigkeitsfeststellungsklage – eine eigenständige Klageart?", BayVBl. 2000, 300.
[187] Vgl. bay. Examen 1985/I, 6 in BayVBl. 1987, 29 f., 60 ff.

> **Sachentscheidungsvoraussetzungen der erweiterten Fortsetzungsfeststellungsklage, § 113 I S. 4 VwGO:**
>
> I. Eröffnung des Verwaltungsrechtsweges
>
> II. Zulässigkeit der FFK bei Erledigung vor Klageerhebung
>
>   1. Statthaftigkeit:
>
>   a) Anfechtungs-FFK: Erledigung des Verwaltungsakts vor Klageerhebung
>
>   b) Verpfl.-FFK: Erledigung des begehrten Verwaltungsakts vor Klageerhebung
>
>   c) Analogie zu § 113 I S. 4 VwGO
>
>   2. Problem: Besondere Zulässigkeitsvoraussetzungen
>
>   a) der Anfechtungsklage
>
>   b) der Verpflichtungsklage
>
>   3. Feststellungsinteresse
>
> III. Weitere allgemeine Zulässigkeitsvoraussetzungen

II. Analoge Anwendung des § 113 I S. 4 VwGO

Analogie ist anerkannt, da Feststellungsklage nicht ausreichend ist

§ 113 I S. 4 VwGO ist auf diese Fälle entsprechend anzuwenden. Die allgemeine Feststellungsklage eignet sich auch hier nicht zur Lückenfüllung (vgl. o. Rn. 134 ff.).

Arg. Art. 19 IV GG

Da der Zeitpunkt der Erledigung eines Verwaltungsakts oftmals vom Zufall abhängt, muss im Hinblick auf Art. 19 IV GG der Rechtsschutz sichergestellt werden bzw. bei sich typischerweise sofort erledigenden Verwaltungsakten überhaupt erst ermöglicht werden.

> **hemmer-Methode:** Wird ein Anspruch auf Erlass eines Verwaltungsakts vor Klageerhebung gegenstandslos (Verpflichtungsfortsetzungsfeststellungsklage), so handelt es sich genau genommen um eine doppelte Analogie: Zum einen liegt ursprünglich keine Anfechtungsklage vor, zum anderen keine Erledigung nach Klageerhebung! Die Bezeichnung „§ 113 I S. 4 VwGO doppelt analog" sollten Sie gleichwohl in der Klausur vermeiden, sprechen Sie auch in diesem Fall besser nur von „§ 113 I S. 4 VwGO analog".

Die Annahme einer Fortsetzungsfeststellungsklage analog § 113 I S. 4 VwGO ist nicht (mehr) unumstritten. Das BVerwG zieht stattdessen eine allgemeine Feststellungsklage nach § 43 VwGO in Betracht, lässt die Frage aber letztlich offen.[188] Problematisch hieran ist allerdings die Bestimmung des streitgegenständlichen Rechtsverhältnisses.[189] Letztlich spricht der Gleichlauf der Zulässigkeitsvoraussetzungen, ob nun die Erledigung kurz vor oder kurz nach Klageerhebung eingetreten ist, dafür, in beiden Fällen § 113 I S. 4 VwGO heranzuziehen, zumal der exakte Zeitpunkt der Erledigung in manchen Fällen gar nicht feststellbar ist.

> **hemmer-Methode:** Zu unterschiedlichen Ergebnissen gelangt man aber auch bei der Annahme einer allgemeinen Feststellungsklage nicht, wenn man mit der mittlerweile h.M. die Fortsetzungsfeststellungsklage analog § 113 I S. 4 VwGO als nicht fristgebunden ansieht und ein Vorverfahren für entbehrlich hält (dazu sogleich).

---

188 BVerwG, NVwZ 2000, 63 = BayVBl. 2000, 439 = **Life&Law 2000, 197** = **juris**byhemmer.
189 Vgl. Rn. 304.

III. Problem: Zulässigkeitsvoraussetzungen der Anfechtungs- bzw. Verpflichtungsklage

str.: Notwendigkeit von Vorverfahren und Frist

Aus der Erweiterung der Fortsetzungsfeststellungsklage auf die Fälle der Erledigung vor Klageerhebung resultiert das Folgeproblem, inwieweit die Durchführung eines Vorverfahrens und die Einhaltung der Klagefrist des § 74 VwGO zu verlangen sind. Hier ist vieles umstritten.

1. Vorverfahren

Zulässigkeit der ursprünglichen Klage z. Zt. der Erledigung?

Im Zeitpunkt der Erledigung muss die Erhebung der Anfechtungs- bzw. Verpflichtungsklage noch zulässig gewesen sein.

Deshalb ist unstreitig, dass die erweiterte Fortsetzungsfeststellungsklage ausgeschlossen ist, wenn sich der Verwaltungsakt erst nach Ablauf der Widerspruchsfrist des § 70 VwGO erledigt hat und bis zum Ablauf der Widerspruchsfrist kein Vorverfahren eingeleitet wurde.

> **hemmer-Methode: Verständnis schaffen!** Dass die Erledigung i.R.d. Widerspruchsfrist des § 70 VwGO erfolgen muss, ist selbstverständlich: Würde eine Erledigung erst nach Ablauf dieser Frist erfolgen, wäre schon eine diesbezügliche Anfechtungs- oder Verpflichtungsklage unzulässig. Nichts anderes kann für die Fortsetzungsfeststellungsklage analog § 113 I S. 4 VwGO gelten!

Unklar ist jedoch, ob bei Erledigung vor Ablauf der Widerspruchsfrist die Durchführung des Vorverfahrens noch als Zulässigkeitsvoraussetzung für eine Klageerhebung zu fordern ist.

a) Literatur: Umgestellte Anfechtungs-/Verpflichtungsklage

Notwendigkeit von Vorverfahren wegen Feststellungskompetenz der Widerspruchsbehörde str.

Einige Stimmen in der Literatur[190] bestehen mit beachtlichen Argumenten auf der Durchführung eines Vorverfahrens. Das Widerspruchsverfahren nimmt nach dieser Auffassung auch nach der Erledigung eine bedeutsame Rechtsschutzfunktion ein. Die Widerspruchsbehörde vermöge zwar den Verwaltungsakt nicht mehr aufzuheben bzw. zu erlassen, doch könne sie sehr wohl die Rechtswidrigkeit des Verwaltungsakts bzw. der Versagung des Verwaltungsakts feststellen.

Dies ergebe sich schon aus § 44 V VwVfG (argumentum a maiore ad minus). Zudem könne bei Ermessens-Verwaltungsakten nur die Behörde die Zweckmäßigkeit überprüfen, nicht dagegen das VG.

Die Durchführung eines Vorverfahrens werde auch der Fortsetzungsfeststellungsklage als prozessual umgestellte Anfechtungs- bzw. Verpflichtungsklage eher gerecht.

b) Rechtsprechung: „Fortsetzungswiderspruchsverfahren" unstatthaft

nach h.M.: kein Fortsetzungs-Feststellungswiderspruch

Die ständige Rspr. und ein Teil der Literatur[191] lehnen die Durchführung eines Widerspruchsverfahrens ab. Diese sei auf die Aufhebung des Verwaltungsakts bzw. auf den Erlass des begehrten Verwaltungsakts ausgerichtet. Ein „Fortsetzungswiderspruchsverfahren" sei der VwGO fremd und daher bereits unstatthaft.[192]

---

190 Hellerbrand, JA 1995, 153, 154; Kopp/Schenke, § 68 VwGO, Rn. 34, der das Vorverfahren zumindest als sinnvoll erachtet.
191 Z.B. BVerwGE 26, 161, 165 = **juris**byhemmer; Schmitt-Glaeser, Rn. 362; Funk, BayVBl. 1993, 585 ff.
192 Eine Ausnahme gilt in beamtenrechtlichen Streitigkeiten zumindest für Bundesbeamte: § 126 II BBG.

Die Feststellung der Rechtswidrigkeit sei für die Verwaltung eine wesensfremde Aufgabe. Der behördlichen Feststellung der Rechtswidrigkeit komme auch keine Verbindlichkeit zu. Vor allem werde sie aufgrund ihres gegenüber einem Urteil geringeren Gewichts dem Interesse des Bürgers nicht gerecht.

⇨ *FFK insoweit ohne Vorverfahren mögl.*

Vertretbar ist auch die Argumentation, dass die erweiterte Fortsetzungsfeststellungsklage nicht nur materiell, sondern auch prozessual eine Feststellungsklage ist, da ja zuvor keine Anfechtungs-, bzw. Verpflichtungsklage erhoben worden ist, und deshalb ein Widerspruchsverfahren entfallen muss.[193]

Dogmatisch ist allerdings nicht ohne weiteres nachvollziehbar, warum aus der Erweiterung der Rechtsschutzmöglichkeit auf die Fälle der Erledigung vor Klageerhebung auf einen veränderten prozessualen Charakter geschlossen werden kann.

> **hemmer-Methode:** Die Ansicht unter b) entspricht der gefestigten Rechtsprechung und der wohl in der Literatur h.M. Bedenken Sie bei ihrer Bearbeitung, dass ihre Examensklausur i.d.R. von mindestens einem Praktiker korrigiert wird. Dieser wird u.U. einer Argumentation, sei sie auch gut begründet, mit Skepsis gegenübertreten, so sie sich gegen „Althergebrachtes" richtet („Das war schon immer so."). Stellen Sie daher den Streit kurz dar und folgen Sie schließlich dem BVerwG mit dem schlagenden Argument des stärkeren Rechtsschutzes.
> Beachten Sie, dass Sie diesen Meinungsstreit nicht in dieser Breite erörtern dürfen, wenn in Ihrem Bundesland auch für die Anfechtungsklage kein Vorverfahren statthaft ist, vgl. bspw. Art. 15 II AGVwGO. Wenn dies schon für die Anfechtungsklage gilt, ist das Vorfahren erst recht vor einer Fortsetzungsfeststellungsklage unstatthaft.

c) Erledigung während des Widerspruchsverfahrens

Erledigung im Vorverfahren

Genau gleich ist die Konstellation, in der ein Widerspruch erhoben worden ist und während des Verwaltungsverfahrens die Erledigung eintritt, zu behandeln.

Einstellung und Kostenentscheidung

Nach der Rspr. ist das Widerspruchsverfahren einzustellen und die Klage kann zulässig erhoben werden.[194]

Erlässt die Behörde dennoch einen den Widerspruch ablehnenden Bescheid (dazu unten Rn. 155), kann dieser Widerspruchsbescheid isoliert angefochten werden (§ 79 II S. 1 VwGO). Denn er beschwert den Adressaten insoweit, als er den Eindruck erweckt, dass der erledigte Verwaltungsakt bzw. die Versagung des begehrten Verwaltungsakts bestandskräftig geworden ist.[195]

2. Klagefrist

Problem: Klagefrist

Unstreitig ist, dass die Fortsetzungsfeststellungsklage dann an § 74 VwGO scheitert, wenn die Klagefrist im Zeitpunkt der Erledigung bereits verstrichen und keine fristgerechte Klage erhoben worden war. Dann war der Verwaltungsakt im Zeitpunkt der Erledigung bereits bestandskräftig. Aus einer wegen Verfristung unzulässigen Anfechtungsklage wird aber nicht mit Erledigung eine zulässige Fortsetzungsfeststellungsklage.

---

193 So z.B. BVerwGE 26, 161, 164 f. = **juris**byhemmer; das Urteil führt aber auch schon die auf den Zweck des Vorverfahrens bezogene Argumentationslinie an.

194 In Bayern ergibt sich dies sogar unmittelbar aus der Regelung des Art. 80 I S. 5 BayVwVfG, nach welcher bei Erledigung im Vorverfahren nur noch eine Kostenentscheidung ergeht.

195 BVerwGE 81, 226, 229 = **juris**byhemmer.

§ 4 FORTSETZUNGSFESTSTELLUNGSKLAGE

Strittig ist die Fristbindung hingegen dann, wenn die Erledigung vor Ablauf der Klagefrist eintritt. Aus dem prozessualen Charakter der erweiterten Fortsetzungsfeststellungsklage als umgestellte Anfechtungsklage (Verpflichtungsklage) folgt nach e.A. die Notwendigkeit der Beachtung der Frist des § 74 I VwGO.[196] Es könne nicht angehen, dass die Rechtsschutzmöglichkeiten je nach Erledigungszeitpunkt auseinander klaffen und dass sie gegen einen erledigten Verwaltungsakt weiter reichen als gegen einen bestandskräftigen Verwaltungsakt. Außerdem sei gerade in den wichtigen Fällen des polizeilichen Handelns der Zeitpunkt der Erledigung einfach festzustellen, sodass - jedenfalls in evidenten Fällen - auch in Hinblick auf die Berechnung der Klagefrist keine Probleme bestehen.

Nach anderer Ansicht gilt die Klagefrist des § 74 VwGO überhaupt nicht, vielmehr sollen nur die Grundsätze der Verwirkung gelten.[197] Für diese Ansicht spricht, dass sich der Zeitpunkt der Erledigung für den Kläger nicht immer eindeutig ermitteln lasse. Auch kann der Zweck der Klagefrist, die Erreichung der Bestandskraft, nicht mehr erreicht werden. Denn ein erledigter Verwaltungsakt kann nicht in Bestandskraft erwachsen.[198] Weiter seien Rehabilitation, Wiederholungsgefahr und Schadensersatz ähnlich wie bei der allgemeinen Feststellungsklage nach § 43 VwGO fristunabhängig. Allerdings müsse aus Gründen der Rechtssicherheit der Grundsatz der Verwirkung gelten, sodass ein Zeit- und ein Umstandsmoment zur Unzulässigkeit der Klage hinzukommen müsse.[199]

hemmer-Methode: Es handelt sich nach dieser Ansicht bei der Fortsetzungsfeststellungsklage analog § 113 I S. 4 VwGO um einen Unterfall der Feststellungsklage und nicht der Anfechtungsklage. Dieser Ansicht hat sich nun auch das BVerwG angeschlossen[200], sodass nicht mehr davon gesprochen werden kann, die „h.M." bejahe die Fristgebundenheit.

str., ob Frist des § 74 VwGO analog gilt

Bejaht man mit der erstgenannten Ansicht die Notwendigkeit einer Klagefrist, ergeben sich allerdings bezüglich des Fristbeginns noch Schwierigkeiten: Wer ein Vorverfahren für erforderlich hält, muss § 74 I S. 1 VwGO unmittelbar anwenden.

Wer mit der Rechtsprechung ein solches für überflüssig bzw. unstatthaft hält, muss den Fristlauf in analoger Anwendung des § 74 I S. 2 VwGO einsetzen lassen, wobei die Anknüpfung an den Erledigungszeitpunkt sachgerechter erscheint.

hemmer-Methode: Widmen Sie diesem Problem nur dann etwas mehr Zeit und Energie, wenn es in der Klausur entscheidungserheblich ist. In der Regel ist es das nicht. Den Polizisten, der vor dem Hieb mit dem Schlagstock eine schriftliche Rechtsbehelfsbelehrung austeilt (§ 58 I VwGO), gibt es auch in der Klausur regelmäßig nicht. Wegen der meist geltenden Jahresfrist des § 58 II VwGO ist der Streit kaum praxisrelevant!

IV. Feststellungsinteresse

bzgl. Feststellungsinteresse vor allem Probleme bei Schadensersatz

Bei der Prüfung des Feststellungsinteresses ist daran zu denken, dass im Zeitpunkt der Erledigung noch keine Klage erhoben ist. Das Argument der Prozessökonomie erscheint hier in einem anderen Licht.

---

196 Kopp/Schenke, § 74 VwGO, Rn. 2.
197 BayVGH, BayVBl. 1992, 51 ff. = **juris**byhemmer.
198 DVBl. 1967, 379.
199 Zu den Voraussetzungen der Verwirkung, Kopp/Schenke, § 74 VwGO, Rn. 18.
200 BVerwG, NVwZ 2000, 63 = BayVBl. 2000, 439 = **Life&Law 2000, 197** = **juris**byhemmer.

Ist beabsichtigt, aufgrund des rechtswidrigen Handelns der Behörde Amtshaftungsansprüche durchzusetzen, spricht die Prozessökonomie dafür, den ordentlichen Rechtsweg unmittelbar anzusteuern und die Rechtswidrigkeit inzidenter feststellen zu lassen.[201] Der Zivilrichter hat hier eine umfassende Vorfragenkompetenz, § 17 II GVG. Ein Recht auf den sachnäheren Richter gibt es nicht.[202]

V. Begründetheit

Für die Begründetheit der Fortsetzungsfeststellungsklage analog § 113 I S. 4 VwGO gelten keine Besonderheiten gegenüber der Situation der Erledigung nach Rechtshängigkeit (vgl. hierzu Rn. 140).

E) Sonstige Anwendungsfälle

Die Fortsetzungsfeststellungsklage bezieht sich auf erledigte Verwaltungsakte. Über die schon dargestellten analogen Anwendungen hinaus, werden weitere Anwendungsfälle diskutiert. 151

I. Fortsetzungsfeststellungsklage bei Realakten[203]

Anwendung auf Leistungsklage str.

Der Wortlaut des § 113 I S. 4 VwGO bezieht sich eindeutig auf Verwaltungsakte. Realakte können auch grds. nur mit der allgemeinen Leistungsklage begehrt werden. 152

h.M.: bzgl. Realakten keine Feststellung möglich

Hat sich eine schlicht hoheitliche Handlung erledigt, kann deren Rechtswidrigkeit nach der h.M.[204] deshalb auch nicht in entsprechender Anwendung des § 113 I S. 4 VwGO festgestellt werden. Denn für die Analogie fehle es bereits an der Regelungslücke im Gesetz. Derselbe Zweck könne mit der allgemeinen Feststellungsklage (§ 43 I Alt. 1 VwGO) erreicht werden. War diese bei den Verwaltungsakt-Fällen abzulehnen, weil aus der Feststellung eines dem Verwaltungsakt vorgelagerten Rechtsverhältnisses noch nicht auf dessen Rechtswidrigkeit bzw. Rechtmäßigkeit geschlossen werden kann, gelte hier etwas anderes. Die Berechtigung, gegenüber dem Bürger einen Realakt vorzunehmen, sei ein feststellungsfähiges Rechtsverhältnis i.S.d. § 43 VwGO.

a.A.: allgemeine Feststellungsklage nicht immer möglich

Eine andere Auffassung[205] bejaht die analoge Anwendung des § 113 I S. 4 VwGO auf die allgemeine Leistungsklage aus Gründen der Prozessökonomie.

Nach dieser Ansicht besteht auch insoweit in Hinblick auf Art. 19 IV GG eine Regelungslücke, als in bestimmten Fallkonstellationen weder die allgemeine Leistungs- noch die Feststellungsklage einschlägig wären. Die bisherigen Ergebnisse des Prozesses könnten deshalb nur dann erhalten werden, wenn der Kläger seinen Klageantrag auf Feststellung eines Rechtsverhältnisses umstellen kann (= stets zulässige Klageänderung i.S.d. § 173 I VwGO i.V.m. § 264 Nr. 2 ZPO[206]).

> **hemmer-Methode:** Egal wie Sie sich in der Klausur entscheiden, wichtiger ist, dass Sie den Streit um die Analogiefähigkeit des § 113 I S. 4 VwGO in Hinblick auf Realakte genau herausarbeiten (Besteht eine Regelungslücke?) und dass Sie die weitere Lösung anhand der von Ihnen vertretenen Ansicht vor allem konsequent durchziehen.

---

201 Vgl. BVerwGE 81, 226 = **juris**byhemmer.
202 Vgl. bereits oben Rn. 122.
203 Siehe dazu auch Rn. 204 ff.
204 Kopp/Schenke, § 113 VwGO, Rn. 116; Schmitt-Glaeser, Rn. 360.
205 Redeker/von Oertzen, § 113, Rn. 36 m.w.N.; BayVGH, BayVBl. 1992, 310 = NVwZ-RR 1992, 519.
206 Thomas/Putzo, § 264 ZPO, Rn. 1 und 3; Kopp/Schenke, § 91 VwGO, Rn. 19.

II. Sonderfall: Fortsetzungsfeststellungsklage bei Kommunalverfassungsstreitigkeit[207]

Problem: KVS

In kommunalen Verfassungsstreitigkeiten kann sich mitunter das Problem stellen, ob eine Fortsetzungsfeststellungsklage möglich ist.

> **Bsp.:**[208] *Gemeinderat G greift das Verhalten des Bürgermeisters B als „beschämend und undemokratisch" an. B fackelt nicht lange und veranlasst sofort den Ausschluss des G von der weiteren Gemeinderatssitzung. Als G daraufhin im Zuhörersaal Platz nehmen will, verweist ihn B auch noch des Saales.*

Sind die Maßnahmen des Bürgermeisters als Verwaltungsakte anzusehen, kommt man in der Konsequenz zur analogen Anwendung des § 113 I S. 4 VwGO, da sich die Verwaltungsakte mit Beendigung der Sitzung durch Zeitablauf erledigt haben.

Den Sitzungsausschluss wird man mangels Außenwirkung aber nicht als Verwaltungsakt einordnen können. G ist hier nicht in seinen subjektiven-öffentlichen Rechten als Gemeindebürger betroffen, da sich die Maßnahme nur gegen ihn in seiner Eigenschaft als Ratsmitglied richtet (entspricht dem sog. Betriebsverhältnis). Als solches ist er aber nur ein Teil des Organs Gemeinderat. Nur wenn man die Beziehung der Ratsmitglieder zu diesem Organ nicht nur als intra-personal, sondern als inter-personal einstuft, kommt man zur Außenwirkung und somit zur Fortsetzungsfeststellungsklage.

Betrachtet man die Maßnahme als Realakt, gelangt man nur über eine Analogie bezüglich des Tatbestandmerkmals „Verwaltungsakt" zu § 113 I S. 4 VwGO. Mit der h.M. ist diese Analogie aber abzulehnen. G steht die allgemeine Feststellungsklage zur Verfügung.

Die Verweisung aus dem Saal betrifft G hingegen in seinen Rechten als Gemeindebürger, der das Recht hat, den öffentlichen Sitzungen beizuwohnen (entspricht dem sog. Grundverhältnis). Hier ist die Fortsetzungsfeststellungsklage möglich.

Folglich kann G eine allgemeine Feststellungsklage gem. § 43 I VwGO in objektiver Klagehäufung (§ 44 VwGO) mit einer Fortsetzungsfeststellungsklage nach § 113 I S. 4 VwGO analog zum VG erheben.

III. Aufhebung des Verwaltungsakts ist ausgeschlossen

beachte: § 46 VwVfG

Die Aufhebung eines (gebundenen) Verwaltungsakts, der ausschließlich an formellen Fehlern leidet, kann wegen § 46 VwVfG nicht begehrt werden (vgl. **Hemmer/Wüst, Verwaltungsrecht I, Rn. 324**).

Die Norm ist Ausfluss des allgemeinen Rechtsgrundsatzes: dolo agit, qui petit, quod statim redditurus est.

h.M.: diesbezüglich keine Rechtsverletzung möglich

Nach der h.M. schließt § 46 VwVfG eine subjektive Rechtsverletzung in diesen Fällen von Gesetzes wegen aus, sodass eine Anfechtungsklage (und erst recht eine Fortsetzungsfeststellungsklage) keinen Erfolg haben kann.[209]

dagegen: Wortlaut

Orientiert man sich dagegen streng am Wortlaut der Norm, lässt sich vertreten, dass lediglich der Aufhebungsanspruch ausgeschlossen wird, nicht jedoch die Möglichkeit einer subjektiven Rechtsverletzung.

---

207 Dazu auch Rn. 273 ff.
208 Aus BayVBl. 1992, 671, 701 ff., Examen 1990/II, 7.
209 Vgl. Kopp/Schenke, § 113 VwGO, Rn. 147, da der Wortlaut des § 113 I 4 VwGO auch die subj. Rechtsverletzung des Klägers voraussetzt.

In der Konsequenz wird in der Literatur[210] die Ansicht vertreten, dass dieser Ausschluss des Aufhebungsanspruchs der Erledigung gleichzusetzen sei und somit die Feststellung der Rechtswidrigkeit des (eigentlich nicht erledigten) Verwaltungsakts über die Fortsetzungsfeststellungsklage grundsätzlich möglich sei.

hemmer-Methode: Diese Literaturansicht will eine Fortsetzungsfeststellungsklage zulassen, wenn der Verwaltungsakt nicht i.e.S. erledigt ist, eine Anfechtungsklage aber an § 46 VwVfG scheitert. Dagegen spricht der eindeutige Wortlaut des § 113 I S. 4 VwGO und der Sinn des § 46 VwVfG.

F) Fortsetzungsfeststellungswiderspruch

Fortsetzungsfeststellungswiderspruch

Das BVerwG erachtet ein Widerspruchsverfahren für unstatthaft, wenn sich der Verwaltungsakt schon vor Erhebung des Widerspruchs erledigt hat.[211]

Eine Ausnahme ergibt sich insoweit nur durch die Regelung des § 126 II BBG, nach welcher in allen Klagen in Bezug auf ein Beamtenverhältnis, § 126 I BBG, immer ein Widerspruchsverfahren durchzuführen ist.

Erledigt sich ansonsten der Verwaltungsakt während des Verfahrens, muss demnach dasselbe eingestellt werden. Eine Sachentscheidung darf nicht mehr ergehen.

Gemäß der in der Literatur vertretenen Meinung, nach der ein Widerspruchsverfahren trotz vorangegangener Erledigung durchgeführt werden muss bzw. zumindest durchgeführt werden kann, ist eine Sachentscheidung der Behörde zulässig. Bei Erledigung während des Verfahrens kann der Widerspruchsführer demnach entweder das Verfahren für erledigt erklären oder den Widerspruch mit der Maßgabe umstellen, dass die Rechtswidrigkeit des Verwaltungsakts festgestellt werde. Im ersten Fall stellt die Behörde dann die Einstellung des Verfahrens fest, im zweiten Fall entscheidet sie über die Rechtswidrigkeit.[212]

G) Beiderseitige und einseitige Erledigungserklärung

bei Erledigung der Hauptsache Klageänderung oder Erledigungserklärung möglich

Erledigt sich die Hauptsache nach Rechtshängigkeit einer Klage, müssen die Beteiligten auf diese Veränderung reagieren. Prozessuale Instrumente für diese Reaktion sind Klageänderung oder Erledigungserklärung.

hemmer-Methode: Anders als im Zivilprozess tritt im Verwaltungsprozess die Rechtshängigkeit nach § 90 I VwGO bereits mit dem Zeitpunkt des Eingangs der Klage bei Gericht ein. Die Klageerhebung nach §§ 81, 82 VwGO erfordert im Gegensatz zu § 253 I ZPO keine Zustellung der Klageschrift an den Beklagten.

Interesse weggefallen: Erledigungserklärung

Hat der Kläger sein Interesse an der Sachentscheidung verloren, wird er die Erledigung der Hauptsache erklären. Je nachdem wie der Beklagte sich nun verhält, sind zwei verschiedene Fallgestaltungen zu unterscheiden.

---

210 Schenke, DÖV 1986, 305 ff.; Kopp/Schenke, § 113 VwGO, Rn. 107 f.
211 Siehe dazu Rn. 146.
212 Pietzner/Ronellenfitsch, § 28, Rn. 1032 ff.; § 31, Rn. 1101 ff; § 42, Rn. 1252 ff.

I. Übereinstimmende Erledigungserklärungen

Übereinstimmung: automatische Verfahrensbeendigung

Erklären sowohl Kläger als auch Beklagter die Erledigung der Hauptsache, ist das Gericht zur Entscheidung über die Sache gar nicht mehr berufen. Die Dispositionsmaxime gilt auch im Verwaltungsrecht. Der Prozess wird durch die übereinstimmenden Erklärungen automatisch beendet.[213] Die Erklärungen haben also konstitutive Wirkung.[214]

Bindung des Gerichts

Das Gericht ist an diese Erklärungen gebunden, auch wenn die Hauptsache in Wirklichkeit nicht erledigt ist.

nur Kostenentscheidung

Darauf, ob die Klage ursprünglich zulässig und begründet war, kommt es nicht mehr an. Das Gericht entscheidet nach § 161 II VwGO nur noch über die Kosten[215] (aber Wortlaut beachten: „außer in den Fällen des § 113 I S. 4 VwGO"). Nach anderer Ansicht müssen zumindest die gerichtsbezogenen Zulässigkeitsvoraussetzungen des Verwaltungsrechtsweges sowie der örtlichen und sachlichen Zuständigkeit geprüft werden, da auch die Kostenentscheidung nur durch den gesetzlichen Richter erfolgen darf.[216]

Gem. § 161 II VwGO hat das Gericht bei seiner Entscheidung über die Kostenverteilung den bisherigen Sach- und Streitstand des Prozesses zu berücksichtigen. Dabei entscheidet es nach billigem Ermessen; die Kosten sind dem Beteiligten aufzuerlegen, der voraussichtlich den Rechtsstreit verloren hätte.

Um den wahrscheinlichen Prozessausgang zu ermitteln, sind also Zulässigkeit und Begründetheit der Klage bis zum Zeitpunkt der übereinstimmenden Erledigungserklärung zu prüfen. Die Prüfung unterscheidet sich insoweit nicht von einer „normalen" Klausur. Dies gilt umso mehr, als Klausursachverhalte - anders als Fälle in der Praxis - normalerweise keine Fragen mehr im tatsächlichen Bereich offen lassen.

Aufbau der § 161 II VwGO-Klausur

---

213 Pietzner/Ronellenfitsch, § 17, Rn. 577.
214 BayVGH, BayVBl. 1990, 534.
215 Kopp/Schenke, § 161 VwGO, Rn. 15.
216 BayVGH, BayVBl. 1973, 156; Pietzner/Ronellenfitsch, § 17, Rn. 580.

II. Einseitige Erledigungserklärung

Bei der nur einseitigen Erledigungserklärung des Klägers bedarf es noch einer gerichtlichen Entscheidung in der Sache.

Einseitigkeit: Klageänderung in Feststellungsklage

Statt des ursprünglichen Klagebegehrens beantragt der Kläger aber jetzt die Feststellung, dass sich die ursprüngliche Klage durch ein Ereignis nach Rechtshängigkeit erledigt hat. Nach h.M. handelt es sich also bei der einseitigen Erledigungserklärung um eine (privilegierte) Form der Klageänderung (§ 91 VwGO). Sie ist nicht von der Einwilligung des Beklagten abhängig, weil sie grundsätzlich sachdienlich ist, § 173 VwGO, § 264 Nr. 2 ZPO.[217]

158

1. Voraussetzungen

Problem: Voraussetzungen

Strittig ist, unter welchen Voraussetzungen das Gericht die Erledigung feststellen kann.

159

erledigendes Ereignis

a) Einigkeit besteht darüber, dass sich die Hauptsache tatsächlich durch ein außerprozessuales Ereignis erledigt haben muss. Das ist zumindest immer dann der Fall, wenn bei der Anfechtungsklage die mit dem Verwaltungsakt verbundene Beschwer nachträglich weggefallen ist oder die Aufhebung des Verwaltungsakts aus anderen Gründen ihren Sinn verloren hat.[218]

Antrag

b) Weiterhin muss der Kläger den entsprechenden Antrag gestellt haben. Der ursprüngliche Antrag kann jedoch hilfsweise aufrechterhalten werden, für den Fall, dass das Gericht eine Erledigung verneint.

hemmer-Methode: Begehrt der Kläger nur die Feststellung der Erledigung, verneint das Gericht aber deren tatsächliches Vorliegen, muss es die Klage als unbegründet abweisen.

Anforderungen an die Klage

c) Strittig ist, ob die ursprünglich erhobene Klage zulässig und begründet sein musste.

Rspr.: abweichend von ZPO, Zulässigkeit und Begründetheit nicht erforderlich

Nach Ansicht der h.M., insbesondere der Rechtsprechung, ist das nicht der Fall, da der Kläger seinen ursprünglichen Klageantrag gerade aufgegeben habe.[219] Außerdem sei der Beklagte nicht schutzwürdig, da eine neue Klage in der Regel wegen Zeitablaufs unzulässig sei. Hat der Beklagte jedoch ein schutzwürdiges Interesse an einer Sachentscheidung, muss das Gericht auch die Zulässigkeit und Begründetheit des ursprünglichen Klageantrags untersuchen.[220] Dieses Interesse lässt sich mit dem berechtigen Interesse in § 113 I S. 4 VwGO (Fortsetzungsfeststellungsklage) vergleichen.

160

hemmer-Methode: Liegt dieses Feststellungsinteresse auf Seiten des Klägers vor, wird dieser gerade nicht die bloße Feststellung der Erledigung beantragen, sondern nach § 113 I S. 4 VwGO die Feststellung der Rechtswidrigkeit des erledigten Verwaltungsakts. Der Unterschied liegt darin, dass bei einer Klage nach § 113 I S. 4 VwGO trotz Erledigung noch eine Entscheidung in der Sache über den Verwaltungsakt erfolgt. Es wird ggf. die Rechtswidrigkeit des Verwaltungsakts im Tenor festgestellt. Bei der einseitigen Erledigterklärung wird im Tenor der gerichtlichen Entscheidung nur noch diese Erledigung festgestellt. Die Rechtswidrigkeit des Verwaltungsakts spielt allenfalls im Rahmen der Begründung dieser Kostenentscheidung eine Rolle.

---

217 Schmitt-Glaeser, Rn. 516.
218 Kopp/Schenke, § 113 VwGO, Rn. 102.
219 BayVGH, BayVBl. 1988, 48 = **juris**byhemmer; BVerwGE 20, 146; diesen folgend: Kopp/Schenke, § 161 VwGO, Rn. 22 ff.
220 BVerwGE 20, 146; Kopp/Schenke, § 161 VwGO, Rn. 26.

Lit.: ursprünglich zulässig und begründet

Nach der in der Literatur vertretenen Gegenmeinung ist im Hinblick auf das schutzwürdige Interesse des Beklagten die Zulässigkeit und Begründetheit der ursprünglichen Klage in jedem Fall - und nicht nur wenn der Beklagte ein berechtigtes Interesse analog § 113 I S. 4 VwGO aufweist - zu prüfen. Es gelte nichts anderes als im Zivilprozess.[221] Das folge schon aus § 92 I S. 2 VwGO, nach dem der Beklagte nach Stellung der Anträge einen Anspruch auf Sachentscheidung erwerbe. Die Rechtsprechung setze sich nicht nur über diese gesetzliche Wertung hinweg. Auch der Verweis auf die Verfristung einer neuen Klage greife allenfalls bei den fristgebundenen Anfechtungs- und Verpflichtungsklagen. Damit könne nicht davon ausgegangen werden, dass der Beklagte im Verwaltungsprozess grundsätzlich weniger schutzwürdig sei als im Zivilprozess.[222]

> **hemmer-Methode: Will man die Auseinandersetzung mit den materiell-rechtlichen Fragen nicht ins Hilfsgutachten verbannen, muss im Ergebnis der Literatur der Vorzug gegeben werden. Eine vernünftig gestellte Examensklausur wird aber problemlos ein berechtigtes Interesse des Beklagten an der Sachentscheidung erkennen lassen. Dann kann die Entscheidung zwischen beiden Ansichten im Ergebnis offen bleiben.**

2. Entscheidungsmöglichkeiten des Gerichts

a) Erledigung ist tatsächlich eingetreten

Feststellung der Erledigung

Wenn man die Mindermeinung zugrunde legt, stellt das Gericht die Erledigung der Hauptsache fest, wenn neben der Erledigung auch Zulässigkeit und Begründetheit der ursprünglichen Klage vorliegen.

War die Klage ursprünglich unzulässig, wird sie durch ein Prozessurteil abgewiesen. Bei fehlender Begründetheit ergeht ein abweisendes Sachurteil.

Folgt man der h.M., stellt das Gericht die Erledigung der Hauptsache schon dann fest, wenn eben diese Erledigung tatsächlich eingetreten ist. Die Kosten trägt dann der Beklagte. Will dieser ein solches Ergebnis vermeiden, muss er sich der Erledigungserklärung des Klägers anschließen.

b) Keine (tatsächliche) Erledigung

Abweisung, wenn kein Hilfsantrag

Liegt tatsächlich keine Erledigung vor, hängt die Entscheidung des Gerichts davon ab, ob der Kläger seinen ursprünglichen Sachantrag hilfsweise aufrechterhalten hat.

Ist das der Fall, wird über den Hilfsantrag entschieden. Im anderen Fall hält der BayVGH wegen fehlenden Rechtsschutzinteresses (es besteht schließlich kein Grund für eine einseitige Erledigungserklärung) die Abweisung als unzulässig für erforderlich,[223] während eine a.A. die Abweisung als unbegründet annimmt.[224]

---

221 Vgl. z.B. BGHZ 50, 197 = **juris**byhemmer.
222 Nachweise bei Schmitt-Glaeser, Rn. 517 (Fn. 15).
223 BayVBl. 1975, 476.
224 Kopp/Schenke, § 161 VwGO, Rn. 24.

§ 5 ALLGEMEINE LEISTUNGSKLAGE

A) Allgemeine Leistungsklage im System der verwaltungsgerichtlichen Rechtsbehelfe

I. Dogmatische Herleitung

Leistungsklage nicht gesetzlich geregelt

Die Statthaftigkeit der allgemeinen Leistungsklage ist heute unbestritten,[225] wenngleich sie in der VwGO nicht gesondert geregelt ist.

§ 43 II S. 1 VwGO erklärt die Feststellungsklage für nicht anwendbar, soweit der Kläger seine Rechte durch Gestaltungs- oder Leistungsklage verfolgen kann. Schon aus dieser allgemeinen Formulierung ergibt sich, dass die Verpflichtungsklage nicht die einzig zulässige Form der Leistungsklage ist. Vor allem aber spricht § 40 I VwGO davon, dass der Verwaltungsrechtsweg in allen öffentlich-rechtlichen Streitigkeiten eröffnet ist und nicht nur in denjenigen, in denen Anfechtungs-, Verpflichtungs- oder Feststellungsklagen statthaft sind.

Rechtsgrdl. § 43 II VwGO i.V.m. § 40 I VwGO

Als Grundlage wird § 43 II VwGO i.V.m. § 40 I VwGO, wo allgemein von öffentlich-rechtlichen Streitigkeiten die Rede ist, herangezogen. Erwähnt bzw. vorausgesetzt wird die allgemeine Leistungsklage zudem in den §§ 111, 113 IV und 169 II VwGO.

II. Abgrenzung

Anwendungsbereich

Damit stellt sich die Frage, auf welchen Bereich die allgemeine Leistungsklage bezogen ist.

bei Verwaltungsakt ist Verpflichtungsklage spezieller

Unter Leistungsklage im weiteren Sinne fasst man eine Klage, durch die öffentlich-rechtliche Ansprüche auf ein Tun, Dulden oder Unterlassen geltend gemacht werden. Unter diesen weiten Begriff fällt zweifellos auch die Verpflichtungsklage i.S.d. § 42 I Alt. 2 VwGO als Verwaltungsakt-Leistungsklage. Um die Umgehung der speziell für die Verpflichtungsklage geltenden besonderen Zulässigkeitsvoraussetzungen (Widerspruchsverfahren, Frist etc.) zu verhindern, ist die Verpflichtungsklage insoweit abschließend, als der Erlass eines Verwaltungsakts i.S.d. § 35 S. 1 VwVfG begehrt wird.[226]

ebenso Anfechtungsklage

> **hemmer-Methode:** Keine Leistungsklage ist die Anfechtungsklage. Hier wird der Beklagte nicht zu einer Leistung verurteilt, sondern das Gericht selbst nimmt die begehrte Handlung – die Aufhebung des angefochtenen Verwaltungsakts – vor. Das Gericht ändert durch seinen Urteilsspruch die Rechtslage, sodass die Anfechtungsklage eine Gestaltungsklage ist. Eine Verpflichtungsklage ist dagegen statthaft, wenn der Beklagte vom Gericht zur Aufhebung eines Verwaltungsakts z.B. nach §§ 48, 49 VwVfG verurteilt werden soll. Dieser Verpflichtungsklage fehlt allerdings das Rechtsschutzbedürfnis, solange eine Anfechtungsklage zulässig erhoben werden kann.

Auffangfunktion, wenn Verwaltungsakt (-)

Der allgemeinen Leistungsklage kommt also zur Sicherung des durch Art. 19 IV GG gebotenen effektiven Rechtsschutzes eine wichtige Auffangfunktion für die Fälle zu, in denen mangels Verwaltungsakts eine Anfechtungs- oder Verpflichtungsklage ausscheiden.[227]

---

[225] Vgl. BVerwGE 31, 301 (303) = **juris**byhemmer; Schmitt-Glaeser, Rn. 371; Redeker/von Oertzen, § 42, Rn. 32; Kopp/Schenke, Vorb. § 40 VwGO, Rn. 4.

[226] Kopp/Schenke, § 42 VwGO, Rn. 9; Schmitt-Glaeser, Rn. 372 f.; Steiner, JuS 1984, 853.

[227] Schenke, § 8, Rn. 345; Steiner, JuS 1984, 853; Schmitt-Glaeser, Rn. 373.

§ 5 ALLGEMEINE LEISTUNGSKLAGE

Sonderfall: Abwehr künftigen Verwaltungshandelns

Umstritten ist die Situation, wenn ein künftiges Verwaltungshandeln abgewehrt werden soll. Nach h.M. richtet sich die allgemeine Leistungs-Unterlassungs-Klage gegen jegliches künftiges Verwaltungshandeln, in Form der vorbeugenden Unterlassungsklage also auch gegen drohende Verwaltungsakte. Allerdings ist hier das Rechtsschutzbedürfnis besonders zu problematisieren.[228]

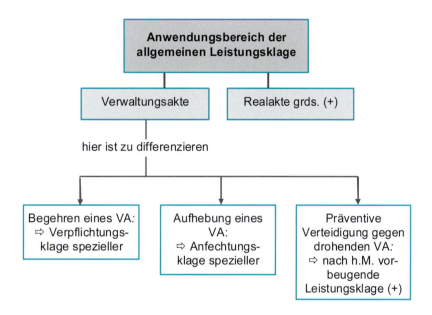

hemmer-Methode: Die dogmatische Herleitung und die Abgrenzung der allgemeinen Leistungsklage zur Anfechtungs- und Verpflichtungsklage müssen Ihnen bekannt sein. Gerade in diesem Bereich sind viele Problemfälle angesiedelt, s. ausführlich unten Rn. 175 ff.

Feststellungsklage (§ 43 VwGO) ist gegenüber Leistungsklage subsidiär

Nach dem Wortlaut des § 43 II VwGO ist die Feststellungsklage subsidiär zur Leistungsklage. Im Verhältnis zur allgemeinen Leistungsklage hat die Rspr. diese Subsidiaritätsregel jedoch z.T. mit der Begründung nicht angewendet, sie diene vor allem als Hindernis gegen die Umgehung der §§ 68 ff. VwGO, die bei der allgemeinen Leistungsklage ohnehin nach h.M. nicht gelten.[229]

Somit kann man die allgemeine Leistungsklage folgendermaßen charakterisieren:

> Mit der allgemeinen Leistungsklage kann der Kläger die gerichtliche Verurteilung des Beklagten zu einem bestimmten Tun, Dulden oder Unterlassen anstreben, dessen Rechtsnatur öffentlich-rechtlich ist, das aber grundsätzlich kein Verwaltungsakt sein darf. Nur soweit ein Unterlassen begehrt wird, ist die Rechtsnatur als Verwaltungsakt i.S.d. § 35 S. 1 VwVfG unschädlich.

---

228 Dreier, JuS 1987, 422; vgl. zu dieser Problematik ausführlich **Hemmer/Wüst, Verwaltungsrecht III, Rn. 271**.
229 BVerwGE 36, 179 (181); 40, 323 (327) = **juris**byhemmer; ausführlich auch Rn. 326.

> **Sachentscheidungsvoraussetzungen der allgemeinen Leistungsklage:**
> 1. Eröffnung des Verwaltungsrechtsweges
> 2. Zulässigkeit
>   a) Klageart: Die Klage muss auf Vornahme eines schlichten oder auf Unterlassen irgendeines Verwaltungshandelns gerichtet sein.
>   b) Klagebefugnis, § 42 II VwGO analog
>   c) Grds. kein Widerspruchsverfahren, keine Frist
>   d) Allgemeines Rechtsschutzbedürfnis
>   e) Weitere Zulässigkeitsvoraussetzungen

B) Eröffnung des Verwaltungsrechtsweges, § 40 I VwGO[230]

I. Öffentlich-rechtliche Streitigkeit

bei Leistungsklage häufig Problem: Verwaltungsrechtsweg, § 40 I VwGO

I.R.d. allgemeinen Leistungsklage bereitet die Frage, ob eine öffentlich-rechtliche Streitigkeit i.S.d. § 40 I S. 1 VwGO vorliegt, oft Schwierigkeiten. Anders als bei Rechtsakten ist bei Realakten die Bestimmung des Streitgegenstandes oft problematisch.

hemmer-Methode: I.R.d. § 40 I VwGO stellen sich im Bereich der allgemeinen Leistungsklage daneben auch dann Probleme, wenn es um die Beurteilung eines öffentlich-rechtlichen Vertrages oder um eine kommunalverfassungsrechtliche Streitigkeit geht. Siehe dazu die Ausführungen unter Rn. 240 ff. und 273 ff.

Realakte, Definition

Realakte sind diejenigen Handlungen der Verwaltung, die nicht auf einen rechtlichen Erfolg gerichtet sind bzw. denen eine rechtliche Grundlage fehlt. Sie sind daher typischer Anwendungsfall der allgemeinen Leistungsklage.

Abgrenzung zu Privatrecht

In derartigen Fällen richtet sich die Zuordnung des Streitgegenstandes zum öffentlichen oder privaten Recht primär nach dem Sachzusammenhang, weiter nach Zielsetzung und Zweck der Tätigkeit.

1. Äußerungen von Beamten

§ 1004 BGB analog oder Folgenbeseitigungsanspruch

Hier stellt sich das Zuordnungsproblem insofern, als ein Widerrufs- und Unterlassungsanspruch sowohl auf § 1004 BGB analog als auch auf den öffentlich-rechtlichen Folgenbeseitigungsanspruch gestützt werden kann.[231] Nach der „actus-contrarius-Theorie" bestimmt sich die Rechtsnatur des Widerrufsanspruchs nach dem Rechtscharakter der Äußerung.[232]

a) Äußerung als Privatmann

Beamter als Privatmann

Macht der Beamte eine Äußerung als Privatmann am Stammtisch, so fehlt jeder Bezug zum öffentlichen Recht. Ein Widerrufsanspruch kann sich wegen des privatrechtlichen Sachzusammenhangs nur nach dem BGB ergeben.[233]

---

230 Vgl. zur grundsätzlichen Vorgehensweise schon **Hemmer/Wüst, Verwaltungsrecht I, Rn. 13 ff.**
231 Ähnliche Problematik im bayer. Examensfall 1989/II, 7, BayVBl. 1991, 414/445: Klage gegen eine öffentlich-rechtliche Rundfunkanstalt auf Widerruf.
232 Kopp/Schenke, § 40 VwGO, Rn. 8.
233 Hufen, § 7, Rn. 14; VGH Mannheim, NVwZ 1998, 413 = **juris**byhemmer.

§ 5 ALLGEMEINE LEISTUNGSKLAGE

b) Äußerung in Ausübung der Dienstgeschäfte

Dienstgeschäfte: Zusammenhang entscheidet

Nach der sog. Akzessorietätstheorie ist bei einer Äußerung i.R.d. Dienstgeschäfte entscheidend, mit welcher Tätigkeit die ehrkränkende Äußerung im Zusammenhang stand.

So lässt sich ein öffentlich-rechtlicher Folgenbeseitigungsanspruch bejahen, wenn die Äußerung des Beamten in engem Sachzusammenhang mit hoheitlichem Handeln steht.

> **Bsp.:** Eindeutig öffentlich-rechtlich ist demnach die Nennung von Vereinigungen im Verfassungsschutzbericht als hoheitliches Handeln.[234]

c) Problemfälle

aa) fiskalische Hilfsgeschäfte

fiskalische Geschäfte, Definition

Schwierig wird die Abgrenzung im Bereich der privatrechtlichen Tätigkeit der Verwaltung. Handelt es sich um fiskalische Hilfsgeschäfte (eine Tätigkeit, die nur mittelbar der Erfüllung hoheitlicher Aufgaben dient, z.B. Kauf eines Füllers) oder erwerbswirtschaftliche Betätigung der Verwaltung (der Staat nimmt als Unternehmer am Wirtschaftsleben teil), so ist der Verwaltungsträger Beteiligter eines rein privatrechtlichen Rechtsverhältnisses. Ein Abwehranspruch ergibt sich dann wieder aus den Vorschriften des BGB.

bb) Wahrnehmung öffentlicher Aufgaben in privatrechtlicher Form

Verwaltungsprivatrecht

Umstritten ist allerdings die Zuordnung im dritten Bereich privatrechtlicher Tätigkeit der Verwaltung, der Wahrnehmung von Verwaltungsaufgaben in Form des Privatrechts (z.B. Betrieb eines städtischen Wasserwerks als AG oder als Eigenbetrieb, wobei nur das Benutzungsverhältnis privatrechtlich geregelt ist). Hier wird man grundsätzlich einen privatrechtlichen Abwehranspruch annehmen können. Da aber die Verwaltung sich nicht vollkommen ihrer öffentlich-rechtlichen Bindung (insbesondere an die Grundrechte) entziehen darf (keine Flucht ins Privatrecht), lässt sich auch ein öffentlich-rechtlicher Abwehranspruch vertreten.

2. Immissionsfälle

Immissionen: Zusammenhang entscheidet

Das Zuordnungsproblem stellt sich auch in den sog. Immissionsfällen[235] (Kinderspielplatz, Müllplatz, Kläranlage, kirchliches Glockengeläute u.Ä.). Ob ein öffentlich-rechtlicher Unterlassungsanspruch oder ein privatrechtlicher Abwehranspruch einschlägig ist, bestimmt sich auch hier nach der Rechtsnatur des Eingriffs.[236]

a) Zusammenhang mit förmlichem Verwaltungshandeln

Zusammenhang mit förmlichem Verwaltungshandeln

Steht der Realakt (Lärm, Gestank etc.) in engem Zusammenhang mit einem förmlichen Verwaltungshandeln (Widmung (= Verwaltungsakt) bzw. Benutzungsregelung durch Satzung), so können er und damit die Streitigkeit eindeutig dem öffentlichen Recht zugeordnet werden.

---

234 BVerfG, NJW 2005, 2912 = **Life&Law 2005, 852** = jurisbyhemmer.
235 Vgl. die bayer. Examensklausur in BayVBl. 1974, 142/171.
236 BVerwG, NJW 1974, 817 = **juris**byhemmer.

Daneben kann auf Zweck (Daseinsfürsorge, Wahrnehmung öffentlicher Aufgaben) und Funktionszusammenhang abgestellt werden.

b) Zweck und Funktionszusammenhang

Zweck und Funktionszusammenhang

Ist die Benutzungsregelung privatrechtlich oder steht das Vorliegen einer Widmung nicht eindeutig fest, so muss ausschließlich auf Zweck und Funktionszusammenhang der Anlage abgestellt werden.

Der gemeindliche Kinderspielplatz, dessen Benutzung nicht durch Satzung öffentlich-rechtlich geregelt ist, der aber ausdrücklich oder konkludent als öffentliche Einrichtung gewidmet wurde, produziert öffentlich-rechtliche Streitigkeiten.[237]

Fehlt eine Benutzungsordnung oder eine Widmung bei der gemeindlichen Kläranlage, so ist auf deren Funktion i.R.d. öffentlichen Daseinsvorsorge abzustellen. Nur wenn Zweck des Handelns eindeutig die Ausnutzung der privatrechtlichen Eigentümerbefugnis ist, kann eine privatrechtliche Streitigkeit angenommen werden.

3. Sonderproblem: Streitigkeiten mit Beteiligung einer Kirche

Kirche beteiligt

Zweifelhaft kann die Eröffnung des Verwaltungsrechtsweges nach § 40 I VwGO auch dann sein, wenn ein Beteiligter der Streitigkeit eine Kirche ist. Hier ist folgendermaßen vorzugehen:

staatliche Gerichtsbarkeit?

Zunächst ist zu fragen, inwieweit Streitigkeiten unter Beteiligung einer Kirche überhaupt der staatlichen Gerichtsbarkeit unterliegen. Wegen des Rechts der Kirchen nach Art. 140 GG i.V.m. Art. 137 III WRV, ihre Angelegenheiten selbstständig zu regeln, sind rein innerkirchliche Streitigkeiten der Kontrolle der staatlichen Gerichtsbarkeit vollständig entzogen.[238] Innerkirchliche Angelegenheiten sind alle geistigen Aufgaben, Streitigkeiten, in denen es um das kirchliche Selbstverständnis geht, sowie statusrechtliche Streitigkeiten, wie z.B. die Versetzung oder Besoldung eines Priesters oder die Regelung der Mitarbeitervertretungsordnung in einer Diözese.[239]

Sobald das Tätigwerden einer Kirche allerdings Außenwirkung hat - das ist regelmäßig dann der Fall, wenn Grundrechte außerhalb der Kirche Stehender betroffen sein können - ist die grundsätzliche Zuständigkeit der staatlichen Gerichtsbarkeit begründet, die ihre Befugnisse aber unter besonderer Berücksichtigung der Rechte aus Art. 4, 140 GG, Art. 137 III WRV wahrnehmen muss.[240]

welcher Rechtsweg?

Problematisch ist weiterhin, ob für die Streitigkeit gerade der Verwaltungsrechtsweg eröffnet ist. Zwar hat der Staat den Kirchen gem. Art. 137 V WRV i.V.m. Art. 140 GG den Status von Körperschaften des Öffentlichen Rechts zuerkannt.[241] Das allein genügt aber nicht, um das gesamte Handeln der Kirchen als öffentlich-rechtlich zu qualifizieren, da auch die Kirchen - wie andere Verwaltungsträger - sowohl öffentlich-rechtlich wie auch privatrechtlich handeln können. Erhält die Kirche ihre Befugnis zum Tätigwerden kraft Beleihung durch den Staat (so im Falle der Friedhofnutzung oder in Fragen der Kirchensteuer), handelt sie hoheitlich. Die Streitigkeit ist dem öffentlichen Recht zuzuordnen.

---

237 BayVGH, BayVBl. 1988, 241 = **juris**byhemmer; BayVGH, DVBl. 2004, 839 = **Life&Law 2004, 768** = **juris**byhemmer.
238 BVerfG, DÖV 2009, 253 = **Life&Law 2009, 126 ff.** = **juris**byhemmer.
239 OVG Koblenz, NVwZ 1997, 802 f.; BayVGH, BayVBl. 1999, 275; OVG Münster, NVwZ 2002, 1527: alle Entscheidungen = **juris**byhemmer.
240 BVerfG, Beschluss vom 22.10.2014, 2 BvR 661/12 (Kündigung eines Arztes in einem kirchlichen Krankenhaus) = **juris**byhemmer; vgl. hierzu Hoffmann, Kirchliches Selbstbestimmungsrecht unlimited? – Entwicklungen in der Rechtsprechung zum kirchlichen Arbeitsrecht, **Life&Law 2019, 715 ff.**
241 Auch die Religionsgemeinschaft der Zeugen Jehovas ist nach langem Rechtsstreit – vgl. hierzu BVerfG, DVBl. 2001, 284 = NJW 2001, 429 = **Life&Law 2001, 348** – mittlerweile als Körperschaft des öffentlichen Rechts anerkannt, OVG Berlin, NVwZ 2005, 1450, bestätigt von BVerwG, NJW 2006, 3157: alle Entscheidungen = **juris**byhemmer.

§ 5 ALLGEMEINE LEISTUNGSKLAGE

kirchliche Realakte (Glockengeläute)

In den Fällen kirchlicher Realakte ohne staatliche Befugnis (z.B. Glockengeläute) ist weiter zu fragen, ob die Kirche überhaupt als Träger öffentlicher Verwaltung tätig wird oder nicht vielmehr nur ihre privatrechtlichen Eigentümerbefugnisse wahrnimmt.[242]

> *Bsp. 1: Demzufolge ist zwischen dem sakralen Läuten und dem nicht-sakralen Zeitschlagen zu unterscheiden. Letzteres wird vor den Zivilgerichten überprüft. Die Kirche ist dabei auch weniger schutzwürdig als im Bereich des sakralen Läutens.*[243]

> *Bsp. 2: Äußerungen des Sektenbeauftragten der Kirche sind dem Kernbereich kirchlicher Tätigkeit zuzuordnen. Abwehransprüche dagegen sind demnach vor den Verwaltungsgerichten geltend zu machen.*[244]

Die Problematik lässt sich wie oben mit der Frage nach dem Sachzusammenhang lösen. Der Verwaltungsrechtsweg ist für vermögensrechtliche Streitigkeiten nach dem Recht der Kirchenbeamten jedenfalls dann eröffnet, wenn die kirchengesetzlichen Bestimmungen den Verwaltungsrechtsweg vorsehen.[245]

Sachentscheidungsvoraussetzungen bei Beteiligung einer Kirche:

a) Staatliche Gerichtsbarkeit: Art. 140 GG i.V.m. Art. 137 III WRV
   ⇨ Abgrenzung, ob gegebenenfalls innerkirchliche Angelegenheit

b) Eröffnung des Verwaltungsrechtswegs: § 40 I S. 1 VwGO;
   ⇨ Abgrenzung zu Zivilrechtsweg kann im Einzelfall schwierig sein.

c) Übrige Zulässigkeitsvoraussetzungen

> **hemmer-Methode:** Soweit gesetzliche Regelungen für die Einordnung des Realaktes fehlen (z.B. ergibt sich aus § 35 StVO, dass die Einsatzfahrten der Rettungsdienste dem öffentlichen Recht zuzuordnen sind), kommt es immer auf den Zusammenhang, in dem der konkrete Realakt steht, an.
> Ergeht der Realakt in einem öffentlich-rechtlichen Kontext (Satzung, Dienstgeschäft u.Ä.), ist der Verwaltungsrechtsweg eröffnet.

II. Sonderzuweisungen

1. § 40 II S. 1 VwGO

abdrängende Sonderzuweisung

Eine sog. ausdrückliche abdrängende Zuweisung enthält § 40 VwGO selbst, nämlich in seinem Abs. 2 S. 1.

172

> **hemmer-Methode:** § 40 II S. 1 VwGO wird regelmäßig i.R.d. allgemeinen Leistungsklage relevant, weil diese Klage typischerweise der Geltendmachung von Geldforderungen dient.

---

242 LG Aschaffenburg, NJW 2001, 237 = **juris**byhemmer.

243 Allerdings kann auch sakrales Läuten unzulässig sein; in die entsprechende Abwägung hat insbesondere einzufließen, ob die Wohnbebauung bereits vor dem Kirchengebäude existierte, BayVGH, BayVBl. 2003, 241 = **juris**byhemmer; hierzu auch BayVGH, BayVBl. 2005, 312 = **juris**byhemmer.

244 BGH, NJW 2001, 3537 = DVBl. 2001, 1839, Anm. v. Tillmanns in DVBl. 2002, 336 = **Life&Law 2002, 263** = **juris**byhemmer.

245 VG Göttingen, NVwZ 1999, 794 ff. = **juris**byhemmer.

Aufopferungsansprüche	In Ergänzung zu Art. 14 III S. 4 GG, der die Eigentumsaufopferung erfasst, werden gem. § 40 II S. 1 VwGO grundsätzlich auch alle übrigen (vermögensrechtlichen) Ansprüche auf Aufopferungsentschädigung vor den ordentlichen Gerichten entschieden.
	Die Ergänzung erfasst also Eingriffe in das Eigentum, die keine Enteignung darstellen, den enteignenden und den enteignungsgleichen Eingriff, sowie den dogmatisch ebenfalls in Art. 74, 75 EinlPreußALR zu verortenden allgemeinen Aufopferungsanspruch bei Eingriffen in nicht vermögenswerte Rechtsgüter. Die Verweisung umfasst nicht Ansprüche auf Folgenbeseitigung bzw. Beseitigung oder Unterlassung des Eingriffs selbst[246] sowie nach § 40 II S. 1 HS 2 VwGO Ansprüche aus sog. „entschädigungspflichtigen Inhaltsbestimmungen".
öffentlich-rechtliche Verwahrung	Vermögensrechtliche Ansprüche aus öffentlich-rechtlicher Verwahrung umfassen sowohl Schadensersatzansprüche als auch den Anspruch auf Rückgabe der verwahrten Sache. Der Rückgabeanspruch kann allerdings auch als Folgenbeseitigungsanspruch vor den Verwaltungsgerichten geltend gemacht werden.[247]
	Nach h.M. umfasst diese Vorschrift nur die Ansprüche des Bürgers gegen den Staat, weil nur in dieser Richtung häufig ein enger Sachzusammenhang mit Enteignungs- und Amtshaftungsansprüchen besteht.[248] Verlangt der Staat Aufwendungsersatz aus einem öffentlich-rechtlichen Verwahrungsverhältnis, ist der Verwaltungsrechtsweg eröffnet.[249]
Amtshaftung	Daneben weist § 40 II S. 1 VwGO den ordentlichen Gerichten die Entscheidung über die Verletzung öffentlich-rechtlicher Pflichten (also die Fälle des § 839 BGB i.V.m. Art. 34 S. 3 GG) zu.[250] Unter diese Vorschrift fallen bspw. Verletzungen öffentlich-rechtlicher Benutzungsverhältnisse.

> **hemmer-Methode:** § 40 II VwGO sollte genau gelesen werden. § 40 II S. 2 VwGO stellt klar, dass auch dann, wenn es sich um eine vermögensrechtliche Streitigkeit handelt, an den aufdrängenden Zuweisungen der § 126 I BBG bzw. § 54 BeamtStG[251] sowie an der abdrängenden Zuweisung des § 49 VI VwVfG kein Weg vorbeiführt (Soweit zulässig, Vorschriften bei § 40 II S. 2 VwGO am Rand kommentieren!).

2. § 49 VI S. 3 VwVfG

bei Widerruf von Verwaltungsakten Zivilgerichte, bei Rücknahme Verwaltungsgerichte	Geht es um die Rücknahme rechtswidriger Verwaltungsakte, dann ist für Entschädigungsansprüche das Verwaltungsgericht (§ 40 I S. 1 VwGO) zuständig,[252] geht es um den Widerruf rechtmäßiger Verwaltungsakte, so ist der ordentliche Rechtsweg gegeben (§ 49 VI S. 3 VwVfG).[253]

---

246 Kopp/Schenke, § 40 VwGO, Rn. 8, 62. Damit im Zusammenhang steht die Frage, ob bei Unmöglichkeit der Folgenbeseitigung ein eigenständiger Folgenentschädigungsanspruch heranzuziehen oder ob auf den enteignungsgleichen Eingriff auszuweichen ist. Einen eigenständigen Folgenentschädigungsanspruch könnten die Verwaltungsgerichte selbst zusprechen, während sie hinsichtlich eines Anspruchs aus enteignungsgleichem Eingriff an die Zivilgerichte verweisen müssten, vgl. hierzu Ossenbühl/Cornils, S. 332 ff.

247 Kopp/Schenke, § 40 VwGO, Rn. 64 ff. m.w.N.

248 Kopp/Schenke, § 40 VwGO, Rn. 64 ff.

249 A.a.O. Rn. 69.

250 Str.; nach Kopp/Schenke, § 40 VwGO, Rn. 70 ist der ordentliche Rechtsweg über § 40 I S. 1 VwGO i.V.m. Art. 34 S. 3 GG eröffnet.

251 Das BBG (Bundesbeamtengesetz) gilt für Beamte der Bundesbehörden, während das BeamtStG (Beamtenstatusgesetz) für Beamte der Landesbehörden gilt, vgl. § 1 BeamtStG.

252 Kopp/Schenke, § 40 VwGO, Rn. 79 f., die Regelung in § 40 II S. 2 VwGO a.E. ist mangels spezialgesetzlicher Regelung der Entschädigung im Fall der Rücknahme gegenstandslos.

253 Siehe zu diesem Problem auch Rn. 15.

§ 5 ALLGEMEINE LEISTUNGSKLAGE

> **hemmer-Methode:** Allerdings wird diese Entschädigung nach §§ 49 VI S. 2, 48 III S. 4 VwVfG durch einen Verwaltungsakt festgesetzt, sodass diese anderweitige Rechtswegzuweisung meist i.R.e. Verpflichtungsklage relevant werden wird.

C) Zulässigkeit der allgemeinen Leistungsklage

I. Statthaftigkeit / richtige Klageart

Leistungs-Vornahme- und Leistungs-Unterlassungsklage

Die statthafte Klageart richtet sich nach dem Klagegegenstand und dem Klagebegehren. Die allgemeine Leistungsklage als Oberbegriff erfasst nach herkömmlicher Differenzierung die Leistungs-Vornahme-Klage und die Leistungs-Unterlassungs-Klage.[254]

Mit der Leistungs-Vornahme-Klage begehrt der Kläger ein bestimmtes schlichtes Verwaltungshandeln, mit der Leistungs-Unterlassungs-Klage möchte der Kläger eine zukünftige Handlung durch die Verwaltung abwehren.

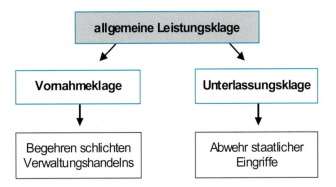

1. Leistungs-Vornahme-Klage

Abgrenzung von Abwehr- und Beseitigungsklage

Auch hier kann wiederum eine Differenzierung vorgenommen werden. Einerseits kann der Kläger auf Vornahme eines ihn begünstigenden schlichten Verwaltungshandelns klagen.

Auf der anderen Seite kann der Kläger mit der allgemeinen Leistungsklage die Abwehr eines Nachteils, mithin die Aufhebung eines rechtswidrigen Eingriffs durch schlichtes Verwaltungshandeln verlangen (sog. Beseitigungs- oder Abwehrklage).[255]

Abgrenzung von Verwaltungsakt und Realakt notwendig

Wie unter Rn. 164 ausgeführt wurde, ist entscheidend, dass der Kläger mit der allgemeinen Leistungsklage weder die Aufhebung, noch den Erlass eines Verwaltungsakts i.S.d. § 35 S. 1 VwVfG verlangen kann. Problematisch ist in diesem Bereich also die Abgrenzung des Verwaltungsakts vom schlichten Verwaltungshandeln (bzw. Realakt).

> **hemmer-Methode:** Diese Abgrenzung wird schon in Hemmer/Wüst, Verwaltungsrecht I, Rn. 59 ff. im Bereich der Anfechtungsklage ausgeführt. Im Folgenden werden daher nur typische Fallkonstellationen und Grenzbereiche aufgezeigt, die i.R.d. Leistungs-Vornahme-Klage regelmäßig eine Rolle spielen. Einige besonders relevante und komplexe Problemfälle werden unter den Punkten F), G) und H) gesondert dargestellt.[256]

---

[254] Vgl. etwa Schmitt-Glaeser, Rn. 377 ff.
[255] Vgl. zu dieser Differenzierung Schmitt-Glaeser, Rn. 377.
[256] Rn. 204 ff.

aber ggf. Verwaltungsakt vor Realakt geschaltet

Selbst wenn der Kläger lediglich ein schlichtes Verwaltungshandeln begehrt, muss er dann, wenn die Vorschaltung eines Verwaltungsakts als Rechtsgrund und Rechtmäßigkeitsvoraussetzung für die sich anschließende schlichte Verwaltungshandlung zwingend angeordnet wird, statt der allgemeinen Leistungsklage eine Verpflichtungsklage erheben (sog. Verwaltungsakt-Vorbehalt).[257]

Bsp.: Unternehmer A begehrt im Rahmen eines vom Bundesministerium für Wirtschaft durchgeführten Förderprogramms zugunsten mittelständischer Unternehmen die Auszahlung eines Subventionsbetrages. Da der Förderung nach dem zugrundeliegenden Gesetz jedoch ein auf einer Ermessensentscheidung des Wirtschaftsministeriums beruhender Festsetzungsbescheid vorauszugehen hat, bedarf es zuvor zwangsläufig eines Verwaltungsakts i.S.v. § 35 S. 1 VwVfG. Obwohl die von A letztlich begehrte Geldauszahlung ein Realakt ist, muss A zwingend Verpflichtungsklage auf Erteilung des Subventionsbescheides erheben.

a) Erteilung einer Auskunft

bei Auskunft i.d.R. Leistungsklage

Die Klage auf Erteilung einer Auskunft ist regelmäßig als allgemeine Leistungsklage anzusehen. Eine Verpflichtungsklage kommt normalerweise deshalb nicht in Betracht, weil die Mitteilung von Tatsachen mangels Rechtsfolgen begründender Regelung kein Verwaltungsakt i.S.d. § 35 S. 1 VwVfG ist.[258] Jedoch kann auch hier die Feststellung der richtigen Klageart Schwierigkeiten bereiten:

Fall:[259] Rechtsreferendar R hat auf Nachfrage erfahren, dass sein Telefon vom Bundesamt für Verfassungsschutz abgehört wurde, die Überwachung jedoch nicht mehr andauert. R befürchtet, in Berichten, von deren Anfertigung er aufgrund der Überwachung ausgeht, werde ein unrichtiges Bild über ihn vermittelt, das ihm bei späteren Bewerbungen im Bereich der Justiz schaden könne. Daher beantragt er beim Bundesamt die Bekanntgabe aller über ihn gesammelten Informationen und aller angefertigten Berichte. Nachdem dieses Anliegen durch schriftlichen Bescheid mit ordnungsgemäßer Rechtsbehelfsbelehrung abgelehnt wurde, erhebt R sechs Wochen nach Zustellung dieser Ablehnung Klage vor dem Verwaltungsgericht auf Erteilung der begehrten Auskunft.

Wird ein Sachurteil ergehen?

Da ein Sachurteil nur ergeht, wenn die Klage zulässig ist, ist zu prüfen, ob die von R erhobene Klage zulässig ist.

1. Eröffnung des Verwaltungsrechtsweges

Der von R geltend gemachte Anspruch ergibt sich grds. aus § 15 I BVerfSchG. Nach der modifizierten Subjektstheorie (Sonderrechtstheorie) ist die Streitigkeit daher öffentlich-rechtlicher Natur, da diese Vorschrift alleine Hoheitsträger verpflichtet.

Da die Streitigkeit auch nichtverfassungsrechtlicher Art ist und auch keine anderweitige Rechtswegzuweisung ersichtlich ist, ist der Verwaltungsrechtsweg gem. § 40 I S. 1 VwGO eröffnet.

2. Klageart

Zweifelhaft ist hier die richtige Klageart. Bei der Bestimmung der Klageart ist das Rechtsschutzbegehren des Klägers zugrunde zu legen (vgl. §§ 86 III, 88 VwGO).

---

257 Steiner, JuS 1984, 858 f.: dort zu den einzelnen Möglichkeiten; Kopp/Schenke, § 42 VwGO, Rn. 9 ff., verweist den Kläger schon dann zumindest auch auf die Verpflichtungsklage, wenn die Behörde i.R.e. Über-/Unterordnungsverhältnisses die Möglichkeit hat, über die Gewährung oder Versagung der begünstigenden Leistung zu entscheiden.
258 Schmitt-Glaeser, Rn. 383.
259 Nach Schneider-Danwitz, JURA 1992, 156.

§ 5 ALLGEMEINE LEISTUNGSKLAGE

R begehrt die Erteilung einer Auskunft. Nur soweit der Erlass eines Verwaltungsakts begehrt wird, ist die Verpflichtungsklage i.S.v. § 42 I Alt. 2 VwGO einschlägig, bei einem Realakt hingegen die subsidiäre allgemeine Leistungs-Vornahme-Klage.

§ 35 S. 1 VwVfG setzt für das Vorliegen eines Verwaltungsakts u.a. eine Rechtsfolgen begründende Regelung, also eine einseitig verbindliche Ordnung eines Lebenssachverhaltes, mit Außenwirkung voraus.

Der Mitteilung von Tatsachen kommt diese Bedeutung nicht zu. Allerdings hat die Entscheidung, ob und in welchem Umfang die Behörde Auskunft erteilt, Regelungswirkung. Es ist jedoch zu fragen, ob diese Entscheidung nicht nur eine behördeninterne Vorbereitungshandlung ist.

I.R.d. § 15 II BVerfSchG ist für den Auskunftsanspruch nach § 15 I BVerfSchG eingehend zu prüfen, ob Verweigerungsgründe vorliegen. Da somit eine komplexe Entscheidung, die erst nach Auslegung zahlreicher unbestimmter Gesetzesbegriffe getroffen werden kann, erforderlich ist, sieht das BVerwG diese Entscheidung als selbstständigen Verwaltungsakt und nicht bloß als behördeninternen Vorgang zur Vorbereitung eines realen Handelns an.[260] Für diese Ansicht spricht auch, dass die Ablehnung der Auskunftsgewährung nach § 15 IV BVerfSchG grundsätzlich zu begründen ist.

Das BVerwG verfolgt also eine Art „Schwerpunkttheorie".[261] Es ist danach abzugrenzen, ob der rechtliche Schwerpunkt des behördlichen Handelns in der Auskunftserteilung (kein Verwaltungsakt) oder in der Entscheidung über das „Ob" und den Umfang der Auskunftserteilung (Verwaltungsakt) liegt.

Nach a.A.[262] ist letztlich nur entscheidend, was der Kläger tatsächlich begehrt. Sei dies wie bei der Auskunft ein Realakt, so komme es auf die vorhergehende Entscheidung nicht an. Letztlich setze jede Vornahme eines schlichten begünstigenden Verwaltungshandelns eine Entscheidung der Behörde voraus, sodass für die allgemeine Leistungsklage kein Anwendungsbereich verbleibe, wenn man auf die Entscheidung abstelle. Nur dann, wenn das geltende Recht einen Verwaltungsakt als Rechtsgrund und Rechtmäßigkeitsvoraussetzung anordne, sei es notwendig, Verpflichtungsklage zu erheben.

hemmer-Methode: Diese auch schon unter Rn. 19 angesprochene Problematik hat erhebliche Bedeutung. Sie ist nicht nur bei der Auskunftserteilung, sondern auch im Zusammenhang mit Geldzahlungen,[263] der Gewährung von Akteneinsicht,[264] Folgenbeseitigungsansprüchen[265] und der Vernichtung erkennungsdienstlicher Unterlagen[266] relevant.

Mit dem BVerwG ist die Verpflichtungsklage statthafte Klageart (a.A. vertretbar).

3. Klagebefugnis

R steht möglicherweise ein Auskunftsanspruch aus § 15 I BVerfSchG zu. Daher ist R durch die Ablehnung möglicherweise in eigenen Rechten verletzt und somit gem. § 42 II VwGO klagebefugt.

---

260 BVerwGE, NJW 1990, 2761 = **juris**byhemmer; Schmitt-Glaeser, Rn. 383; dasselbe dürfte wegen § 19 IV BDSG für den datenschutzrechtlichen Auskunftsanspruch nach § 19 I BDSG gelten, das OVG Bremen (NJW 1987, 2393 = **juris**byhemmer) geht, jedenfalls im Zusammenhang mit dem vergleichbaren § 15 BremDSG, ohne Diskussion von einer Verpflichtungsklage aus.

261 So Steiner, JuS 1984, 857.

262 Vgl. Schenke, § 5, Rn. 202, § 8, Rn. 347; Steiner, JuS 1984, 858 m.w.N.

263 Siehe unten Rn. 178 f.

264 Siehe sogleich Rn. 177.

265 Siehe unten Rn. 204 ff.

266 Vgl. Sodan/Ziekow, § 42 VwGO, Rn. 176.

4. Vorverfahren

Da das Bundesamt für Verfassungsschutz keine oberste Bundesbehörde i.S.v. § 68 I Nr. 1 VwGO, sondern gem. § 2 I S. 1 BVerfSchG eine Bundesoberbehörde ist, ist vor Erhebung der Verpflichtungsklage gem. § 68 II, I VwGO, ein Widerspruchsverfahren durchzuführen.

Da vorliegend überhaupt kein Widerspruch eingelegt wurde, nun aber die Monatsfrist des § 70 I VwGO abgelaufen ist und somit, falls keine Heilung durch die Widerspruchsbehörde erfolgt, auch die Einlegung des Widerspruchs nicht mehr zur ordnungsgemäßen Durchführung des Vorverfahrens führt, ist die Klage unzulässig.

5. Ergebnis

Die Klage des R ist durch Prozessurteil als unzulässig abzuweisen. Ein Sachurteil ergeht nicht.

> **hemmer-Methode:** Die Frage, ob ein Sachurteil ergehen wird, bereitet vielen Examenskandidaten, die zu sehr auf die Frage „Hat die Klage Aussicht auf Erfolg?" fixiert sind, Schwierigkeiten. Diese Fragestellung ist aber gerade in aus mehreren Teilen bestehenden Klausuren im Examen nicht ungewöhnlich.
> Wer hingegen die Begriffe Sachurteil und Prozessurteil auseinanderhalten kann, hat hier keinerlei Probleme:
> - Prozessurteile ergehen immer dann, wenn wegen fehlender Zulässigkeitsvoraussetzungen in der Sache selbst nicht entschieden werden kann und die Klage als unzulässig abgewiesen werden muss.
> - Sachurteile entscheiden über den Streitgegenstand. Sie können nur dann ergehen, wenn die Klage zulässig ist (also die Zulässigkeitsvoraussetzungen gegeben sind).
>
> Die Frage, ob ein Sachurteil ergehen wird, bedeutet also nichts anderes als die Frage, ob die Klage zulässig ist.

b) Die Gewährung von Akteneinsicht

Problem: Notwendigkeit von Verwaltungsakt für Akteneinsicht?

Auch wenn der Kläger von der Behörde Akteneinsicht verlangt, stellt sich das Problem, ob auf die Gewährung von Akteneinsicht (kein Verwaltungsakt) oder auf die vorhergehende Behördenentscheidung (Verwaltungsakt) abzustellen ist.

Schwerpunkttheorie, aber § 44a VwGO beachten

Aufgrund der oben dargestellten Grundsätze („Schwerpunkttheorie") stellt das BVerwG auch hier oft auf die Entscheidung über den Antrag auf Gewährung von Einsicht ab, sodass die allgemeine Leistungsklage wegen des in Frage stehenden Verwaltungsaktes unzulässig ist.[267] Allerdings ist zu beachten, dass das BVerwG die ablehnende Entscheidung über den Antrag auf Akteneinsicht innerhalb eines Verwaltungsverfahrens nach § 9 VwVfG als Verfahrenshandlung i.S.d. § 44a S. 1 VwGO ansieht, sodass diesbezüglich eine selbstständige Klage unzulässig ist.[268]

> *Bsp.: K ist anerkannter Kriegsdienstverweigerer und soll zum 02.01.2009 zum Zivildienst einberufen werden. Da er Einwendungen erheben will, beantragt er die Übersendung der Behördenakten zur Einsicht. Die Behörde lehnt dies ab, weil die Übersendung zu einer erheblichen Mehrbelastung führe und eine Ausnahme vom Grundsatz des § 29 III S. 1 VwVfG gem. § 29 III S. 2 VwVfG (lesen!) daher nicht in Betracht komme.*

---

267 BVerwGE 12, 296 (297); 50, 255 (259 f.) = **juris**byhemmer; a.A. wiederum Steiner, JuS 1984, 858 f.
268 BVerwG, NJW 1982, 120 = **juris**byhemmer.

§ 5 ALLGEMEINE LEISTUNGSKLAGE

Daraufhin erhebt K vor dem zuständigen VG Klage mit dem Antrag, den Behördenträger zum Zwecke der Akteneinsicht zur Übersendung zu verpflichten.

Das BVerwG[269] hat die Verpflichtungsklage für unzulässig erachtet. Die Entscheidung der Behörde, K keine Akteneinsicht durch Übersendung zu gewähren, sei eine behördliche Verfahrenshandlung i.S.d. § 44a VwGO. Die Verweigerung der Aktenübersendung ist in dem den K betreffenden, noch nicht abgeschlossenen Einberufungsverfahren ergangen. Da nach § 44a S. 1 VwGO Rechtsbehelfe gegen behördliche Verfahrenshandlungen nur gleichzeitig mit den gegen die Sachentscheidung (hier bzgl. der Einberufung zum Zivildienst) zulässigen Rechtsbehelfen geltend gemacht werden können, ist die isolierte Klage auf Aktenübersendung unzulässig.

hemmer-Methode: Soweit § 44a VwGO selbstständige Rechtsbehelfe gegen Verfahrenshandlungen ausschließt, ergibt sich die Unzulässigkeit dieser Rechtsbehelfe nach h.L. aufgrund des Fehlens des Rechtsschutzbedürfnisses.[270] Nach der Rspr. des BVerwG[271] fehlt diesen Verfahrenshandlungen der Regelungsgehalt.
Sie sollten daher § 44a VwGO einen eigenen Prüfungspunkt widmen. Die hier vorgenommene Darstellung i.R.d. Klageart dient nur dazu, Ihnen deutlich zu machen, dass sich gerade in dieser Fallkonstellation das Problem des § 44a VwGO stellt.

c) Geldzahlungen, Schadensersatz

aa) Klagen des Bürgers gegen den Staat

Klage des Bürgers gegen Staat auf Zahlung von Geld ⇨ Leistungsklage

Die Geltendmachung von Zahlungsansprüchen ist ein typischer Anwendungsfall der Leistungs-Vornahme-Klage. Die Auszahlung eines Geldbetrages ist zweifellos nicht als Verwaltungsakt, sondern als Realakt anzusehen. Voraussetzung für die Zulässigkeit der allgemeinen Leistungsklage ist jedoch, dass unmittelbar ein Zahlungsanspruch geltend gemacht wird.

Hat materiell-rechtlich der Erlass eines Bewilligungsbescheides (Verwaltungsakt) vorauszugehen, in dem die Behörde den Zahlungsanspruch festlegt, so muss eine Verpflichtungsklage erhoben werden.[272]

Beispiele für zulässige allgemeine Leistungsklagen:

- *Klagen von Beamten auf Gehalt aufgrund der Beamten- und Besoldungsgesetze. (Hier ist § 126 II BBG zu beachten!)*

- *Klagen auf Auszahlung eines bestimmten Geldbetrages, sofern dieser durch Verwaltungsakt bereits zugesagt ist, die Auszahlung aber unterbleibt.*

- *Klagen auf Auszahlung eines Geldbetrages aufgrund eines öffentlich-rechtlichen Erstattungsanspruchs oder eines öffentlich-rechtlichen Vertrags.*

---

269 BVerwG, NJW 1982, 120 = **juris**byhemmer.
270 Kopp/Schenke, § 44a VwGO, Rn. 1, wenn nicht sogar eigene Zulässigkeitsvoraussetzung.
271 BVerwG, NJW 1982, 125 = **juris**byhemmer.
272 Siehe bereits oben Rn. 18; Schmitt-Glaeser, Rn. 382.

> **hemmer-Methode:** Beachten Sie die Zusammenhänge! Geht es um Entschädigungsansprüche wegen Rücknahme eines rechtswidrigen Verwaltungsakts nach § 48 VwVfG, so ist gleichwohl die Verpflichtungsklage richtige Klageart, da die Entschädigung durch Verwaltungsakt festgesetzt wird, § 48 III S. 4 VwVfG.[273]
>
> In diesen Fällen ist überdies die Abgrenzung zu der Sonderzuweisung des § 40 II VwGO ein schwieriges Problem (vgl. oben Rn. 173)!

bei Amtshaftung § 40 II VwGO beachten

Auch Schadensersatzklagen können mit der allgemeinen Leistungsklage verfolgt werden. Hier ist jedoch zu beachten, dass für die Klage des Bürgers gegen den Staat in den meisten Fällen der ordentliche Rechtsweg und nicht der Verwaltungsrechtsweg eröffnet ist, vgl. § 40 II S. 1 VwGO.

Bsp.:

- Für eine Amtshaftungsklage gem. § 839 I BGB i.V.m. Art. 34 S. 1 GG ist gem. Art. 34 S. 3 GG, § 40 II S. 1 VwGO ausdrücklich der ordentliche Rechtsweg eröffnet (anderweitige Rechtswegzuweisung i.S.v. § 40 I S. 1 VwGO).

- Für Schadensersatzklagen aus öffentlich-rechtlichen Verträgen stellt § 40 II S. 1 VwGO hingegen fest, dass diese der Verwaltungsgerichtsbarkeit unterliegen.

bb) Klagen des Staats gegen den Bürger

bei Klage v. Staat gegen Bürger: Rechtsschutzbedürfnis fraglich

Auch der Staat kann Zahlungsansprüche gegen den Bürger mit der allgemeinen Leistungsklage verfolgen. Oft ist diese Klage dann jedoch mangels Rechtsschutzbedürfnisses unzulässig, wenn mit dem Leistungsbescheid (Verwaltungsakt) ein einfacherer Weg offensteht (s. unten Rn. 195).

> **hemmer-Methode:** Bei Klagen auf Geldzahlung besteht speziell im Verwaltungsrecht die Möglichkeit, die Klausur durch die Frage nach der Aufrechnung von Ansprüchen zu erschweren. Beachten Sie dazu unbedingt die Ausführungen unten unter Rn. 202 ff.

d) Allgemeine Leistungsklage in Bezug auf Normen

aa) Begriff der Norm, Problemstellung

Leistungsklage bei Normen?

Anders als der Verwaltungsakt i.S.d. § 35 S. 1 VwVfG dient eine Rechtsnorm nicht der Regelung eines Einzelfalles. Vielmehr handelt es sich bei einer Norm um eine abstrakt-generelle Regelung.[274] Normen sind also formelle Gesetze, Rechtsverordnungen und Satzungen. Prüfungsgegenstand einer verwaltungsgerichtlichen Klage können nur untergesetzliche Normen sein, da hinsichtlich nachkonstitutioneller formeller Gesetze dem BVerfG das Verwerfungsmonopol zusteht, vgl. Art. 100 I GG.[275]

---

273 Kopp/Ramsauer, § 48 VwVfG, Rn. 129.
274 Vgl. ausführlich (insb. die Abgrenzung zur Allgemeinverfügung) **Hemmer/Wüst, Verwaltungsrecht I, Rn. 80 ff.**
275 Siehe unten Rn. 350.

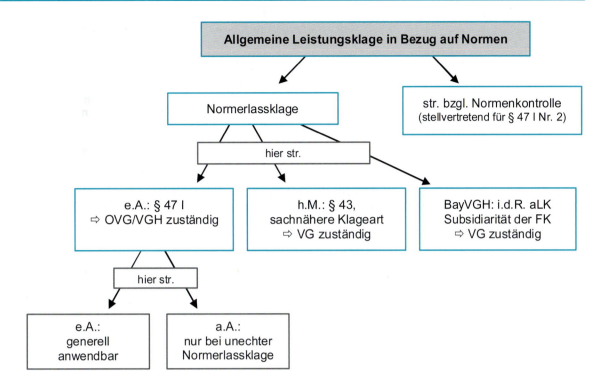

Exkurs: Qualifikation von Rechtsverordnung und Satzung

Verordnungen und Satzungen sind beide abstrakt-generelle Regelungen der Verwaltung („Rechtsnormen im (nur) materiellen Sinne"). 181

VO ⇨ Art. 80 GG: staatliches Recht

Eine Rechtsverordnung ist staatliches Recht, welches von der Exekutive kraft gesetzlicher Ermächtigung erlassen wird. Das Bedürfnis nach einer gesetzlichen Ermächtigung folgt aus dem Grundsatz der Gewaltenteilung, aus Vorrang und Vorbehalt des Gesetzes und ist für Bundesgesetze in Art. 80 I GG ausdrücklich normiert.[276] Gem. Art. 80 I S. 2 GG muss die gesetzliche Ermächtigung nach Inhalt, Zweck und Ausmaß bestimmt sein. Gleiches gilt für Landesgesetze, da zum einen die meisten Landesverfassungen eine dem Art. 80 GG entsprechende Regelung haben und zum anderen Art. 80 I S. 1, 2 GG über Art. 28 I GG entsprechend anwendbar ist.[277]

Bsp.: *Sicherheitsrechtliche Verordnungen der Gemeinden nach dem BayLStVG[278] (Sicherheitsrecht ist typischerweise staatliches Recht).*

Satzung: nichtstaatliches Recht

Eine Satzung ist im Unterschied zur Verordnung nichtstaatliches, autonomes Recht, das von Körperschaften des Öffentlichen Rechts in Selbstverwaltungsangelegenheiten aufgrund staatlich verliehener Rechtsetzungsgewalt erlassen wird.[279] Während eine Verordnung oft von der Exekutive (z.B. dem Bundesminister) erlassen wird, ist das satzungsgebende Organ die „Legislative" der Selbstverwaltungskörperschaft (z.B. der Gemeinderat). 182

---

276 Degenhart, Rn. 146.
277 Maurer/Waldhoff, § 13, Rn. 6 ff; etwas anderes gilt für das Zitiergebot des Art. 80 I S. 3 GG. Dieses können die Länder, da es nicht von Art. 28 GG erfasst ist, abweichend gestalten bzw. ganz entfallen lassen, vgl. z.B. für Bayern Art. 45 II BayLStVG.
278 Für das Verfahren zum Erlass sicherheitsrechtlicher Verordnungen vgl. Art. 42 ff. BayLStVG; diese Verfahrensvorschriften gelten auch für alle anderen von der Gemeinde erlassenen Verordnungen.
279 Vgl. Schwerdtfeger, § 26, Rn. 399.

Bsp.: Satzungen der Gemeinde im Zusammenhang mit ihren öffentlichen Einrichtungen (z.B. der Anschluss- und Benutzungszwang an die gemeindliche Kanalisation wird durch Satzung festgelegt (Art. 24 I Nr. 1 BayGO); Benutzungsordnung in Form einer Satzung für das städtische Hallenbad; Promotionsordnung einer Universität.

Exkurs Ende

Abgr. zu Normenkontrolle; Zulässigkeit v. Normerlassklage

Normen kommen in zweierlei Hinsicht als Gegenstand einer allgemeinen Leistungs-Vornahme-Klage in Betracht, nämlich soweit es um die Überprüfung beeinträchtigender bestehender Normen geht (im Folgenden Normenkontrollklage i.w.S.) und soweit sie auf den Erlass einer Norm gerichtet ist (sog. Normerlassklage).

183

> **hemmer-Methode:** Der Begriff der Normerlassklage ist allgemein anerkannt. Die Bezeichnung Normenkontrollklage i.w.S. ist hingegen nicht gebräuchlich. Sie wird hier nur verwendet, um eine begriffliche Abgrenzung zur Normenkontrolle (i.e.S.) nach § 47 VwGO zu ermöglichen. Das Begehren ist jedoch immer dasselbe, nämlich die gerichtliche Überprüfung von Normen.
> Die hier vorgenommene Prüfung erfolgt im System der Zulässigkeitsprüfung unter dem Punkt „Statthafte Klageart".

bb) Normenkontrollklage i.w.S.

Bsp.: B ist Bürger der Gemeinde G. Er möchte gegen eine Gebührensatzung der Gemeinde für die Benutzung der gemeindlichen Wasserversorgung vorgehen, weil nach seiner Ansicht die Berechnungsmaßstäbe nicht mit dem Äquivalenzprinzip vereinbar sind und zudem ein Verstoß gegen das Willkürverbot vorliegt, weil eine Ausnahmeregelung völlig fehlt. Kann B die Satzung mit der allgemeinen Leistungsklage angreifen?

§ 47 VwGO bzgl. Normenkontrolle je nach Bundesland

Ob eine allgemeine Leistungsklage in diesem Bereich in Betracht kommt, spielt vor allem in den Bundesländern eine Rolle, die von der Ermächtigung zur generellen Einführung einer Normenkontrolle (i.e.S.) bzgl. untergesetzlicher Normen gem. § 47 I Nr. 2 VwGO keinen Gebrauch gemacht haben. In den anderen Bundesländern kann sich diese Problematik dann stellen, wenn die Frist für eine Normenkontrolle nach § 47 II VwGO verstrichen ist.[280]

184

Die Beantwortung dieser Frage hängt davon ab, ob man eine Norm bzw. deren Aufhebung als tauglichen Gegenstand einer allgemeinen Leistungsklage ansieht. Dies wird teilweise grundsätzlich verneint.[281] Die allgemeine Leistungsklage sei vom Typus her auf Einzelakte ausgerichtet. Das zeige auch § 47 VwGO mit der Einführung eines Normenkontrollverfahrens, das seinem Wesen nach ein Feststellungsverfahren ist.

Da fehlerhafte Rechtssätze grundsätzlich nichtig sind und daher streng genommen gar nicht aufgehoben werden können bzw. müssen, sei es passender, den nach e.A. auch gegen Normen nach Art. 19 IV GG gebotenen effektiven Rechtsschutz im Wege eines Feststellungsverfahrens zu verfolgen.[282]

> **hemmer-Methode:** In einem solchen Fall ist in der Praxis vor allem die korrekte Antragstellung zu beachten. Der Antrag darf nicht auf die Feststellung der Unwirksamkeit einer Norm gerichtet sein, da diese Überprüfung dem Verfahren nach § 47 VwGO vorbehalten ist. Der Antrag ist vielmehr z.B. darauf zu richten, dass ein durch die Norm verbotenes Verhalten weiterhin erlaubt ist.

---

280 Siehe dazu im Einzelnen unten Rn. 355.
281 Schmitt-Glaeser, Rn. 375 f. m.w.N.
282 Zu den verschiedenen Möglichkeiten vgl. Schmitt-Glaeser, Rn. 375.

cc) Normerlassklage

str.: Normerlassklage

Wichtiger ist jedoch die sehr kontrovers diskutierte Frage, mit welcher Klageart der Erlass einer Norm erreicht werden kann.

> **Bsp.:** *In Niederbayern liegt das landschaftlich überaus attraktive gemeindefreie Gebiet „Schönfläche". Die im Norden angrenzende Gemeinde G beantragt im Juni 2018 die Eingliederung der „Schönfläche" in ihr Gemeindegebiet bei der Regierung von Niederbayern. Die Regierung lehnte die Eingliederung jedoch mit der Begründung ab, dass diese wegen des ausreichenden Freizeitangebotes in der Gemeinde G nicht dringend geboten sei. Daraufhin erhebt die Gemeinde G Klage vor dem zuständigen Verwaltungsgericht mit dem Antrag festzustellen, dass die Regierung verpflichtet sei, eine (gem. Art. 12 I S. 2 BayGO erforderliche)* **Rechtsverordnung** *zu erlassen, durch die die von ihr gewünschte Eingemeindung vorgenommen wird.*

> **hemmer-Methode:** Dieser Fall erscheint als ziemlich schwierig. Es handelt sich dabei jedoch um die verkürzte Fassung der Aufgabe 6 des Bayerischen Ersten Juristischen Staatsexamens 1992/I.[283] Die Normerlassklage und die damit verbundenen Probleme gehören zum Standardwissen, das von Ihnen im Ersten Examen verlangt wird.

nach h.M. anerkannt Art. 19 IV GG; Klageart jedoch umstritten

Zum Teil wird eine verwaltungsgerichtliche Normerlassklage generell für unzulässig erachtet.[284] Die ganz h.M. bejaht jedoch die Möglichkeit einer Klage auf Normerlass.[285] Hat eine Person ein Recht auf Erlass einer Rechtsnorm durch die Exekutive, so steht ihr nach Art. 19 IV GG zur Durchsetzung ihrer Rechte der Rechtsweg offen. Fraglich ist indessen, welche Klageart einschlägig ist.

(1) § 47 I VwGO analog

e.A.: § 47 VwGO analog ⇨ OVG/VGH zuständig

Da es nicht um die Kontrolle bereits erlassener Rechtsnormen geht, kommt nur eine analoge Anwendung des § 47 I VwGO in Betracht.

Die Befürworter dieser Auffassung[286] begründen ihre Ansicht damit, dass die Anwendung des § 47 VwGO zu einer systematischen Harmonisierung des Verwaltungsprozessrechts führen würde, weil § 47 VwGO dann sowohl für erlassene, als auch für unterlassene Normen als lex specialis zu verstehen wäre. Außerdem sei es sinnvoll sowohl Normenkontrollanträge, als auch Normerlassanträge der erstinstanziellen Zuständigkeit des OVG/VGH zu unterstellen, was nur bei der analogen Anwendung des § 47 VwGO gewährleistet ist. Zudem biete § 47 VI VwGO im Falle des einstweiligen Rechtsschutzes einen sachgerechteren Maßstab als § 123 VwGO.

a.A.: Trennen von echter und unechter Normerlassklage

Eine andere Ansicht[287] differenziert zwischen der echten Normerlassklage (im Falle eines absoluten Unterlassens des Normgebers) und der unechten Normerlassklage (einer vorhandenen Norm fehlen bestimmte Regelungen und diese ist deshalb nichtig). Unechte Normerlassklagen könnten im Wege des § 47 VwGO verfolgt werden,[288] echte Normerlassklagen hingegen nicht.

---

283 Vgl. BayVBl. 1994, 32/60.
284 Schenke, § 8, Rn. 347.
285 Vgl. etwa BVerwGE 80, 355 (360 ff.) m.w.N. = **juris**byhemmer; Renck, JuS 1980, 338 ff.
286 Vgl. die ausführliche Darstellung in BayVBl. 1981, 499 (502 f.).
287 Z.B. BayVGH, BayVBl. 1981, 499 (501 ff.).
288 BayVGH, BayVBl. 2003, 433 = **juris**byhemmer; krit. hierzu Grünebaum, BayVBl. 2005, 11, der zu Recht anmerkt, dass auch bei einem gesetzgeberischen Unterlassen der Tenor einer Normenkontrolle nur die Feststellung der Unwirksamkeit, nicht aber die Verpflichtung zur Ergänzung beinhalten darf.

Für die Verneinung einer analogen Anwendung des § 47 VwGO auf die echte Normerlassklage spricht die Gefahr der Verschärfung der Regionalisierung des Prozessrechts.[289] Denn in den Ländern, in denen von der Möglichkeit des § 47 I Nr. 2 VwGO kein Gebrauch gemacht wurde, bliebe die Zuständigkeit zur Entscheidung doch wieder den Verwaltungsgerichten und den normalen Klageverfahren zugewiesen.

Da auch eine für jede Analogie erforderliche Regelungslücke wegen der Möglichkeiten der Feststellungsklage und allgemeinen Leistungsklage fehlt,[290] ist § 47 VwGO mit seinem Wortlaut auf die Kontrolle bereits erlassener Normen beschränkt.

> **hemmer-Methode:** Bei Klausuren, in denen nach der Normerlassklage gefragt wird, gehört die Auseinandersetzung mit „§ 47 VwGO analog" unbedingt dazu. Entscheiden Sie sich aber mit guten juristischen Argumenten dagegen, denn sowohl der Wortlaut des § 47 VwGO (s.o.), der die Zuständigkeit des OVG/VGH regelt, als auch der des § 45 VwGO, sprechen dagegen! Außerdem kommen Sie so zu der wichtigen Auseinandersetzung mit den anderen Ansichten zur Normerlassklage.

(2) Allgemeine Leistungsklage oder Feststellungsklage

h.M.: § 47 VwGO analog (-)

Verneint man mit der h.M. die analoge Anwendbarkeit des § 47 VwGO, so kommen die allgemeine Leistungsklage bzw. die (gem. § 43 II VwGO subsidiäre) Feststellungsklage als richtige Klageart in Betracht.

Wie oben zur Normenkontrollklage i.w.S. ausgeführt wurde,[291] wird teilweise die Anwendbarkeit der allgemeinen Leistungsklage auf Normen generell verneint.

entweder Leistungsklage

Diese sei vielmehr immer nur auf Einzelakte gerichtet. Während z.B. der BayVGH diese Ansicht bzgl. der Normenkontrollklage i.w.S. für sinnvoll erachtet,[292] lässt er die Begründung, aus § 47 VwGO ergebe sich der Vorrang eines Feststellungsverfahrens, im Bereich der Normerlassklage nicht gelten. § 47 VwGO sei in diesem Bereich nicht, auch nicht analog, anwendbar (s.o.). Dann könne sich hieraus denknotwendig auch keine Spezialregelung ergeben.[293] Der BayVGH hält also die Ausgestaltung der Normerlassklage als allgemeine Leistungsklage für zulässig.

oder Feststellungsklage, dafür: Gewaltenteilung

Allerdings sieht das BVerwG auch in diesem Fall die Feststellungsklage als statthafte Klageart an.[294] Die Subsidiaritätsregel des § 43 II VwGO greife bei der Normerlassklage nicht ein. Diese Regelung solle unnötige Feststellungsklagen vermeiden, wenn für die Rechtsverfolgung eine andere sachnähere und wirksamere Klageart zur Verfügung steht.

---

[289] BayVGH, BayVBl. 1981, 499 (501).
[290] Anmerkung von Allesch zu BVerwG, BayVBl. 1990, 117 (121).
[291] Oben Rn. 184.
[292] Vgl. BayVGH, BayVBl. 1981, 499 (503): dann nämlich sei § 47 VwGO lex specialis; sei § 47 VwGO (v.a. dann, wenn von der Ermächtigung des § 47 I Nr. 2 VwGO kein Gebrauch gemacht werde) nicht anwendbar, so sei diese Rechtsschutzlücke mit der ähnlicheren Inzidentfeststellungsklage zu schließen.
[293] BayVGH, BayVBl. 1981, 499 (503).
[294] BVerwG, BayVBl. 1990, 117 (118 f.) = **juris**byhemmer.

Ausgangspunkt ist der allgemein vertretene Gedanke,[295] dass von Trägern öffentlicher Gewalt wegen der in Art. 20 III GG verankerten Bindung an Gesetz und Recht eine Befolgung von Feststellungsurteilen zu erwarten ist und es daher des Vollstreckungsdruckes nicht bedürfe.

Daher entspreche die Form des Feststellungsbegehrens eher dem im Gewaltenteilungsgrundsatz begründeten Gedanken, dass auf die Entscheidungsfreiheit der rechtsetzenden Organe gerichtlich nur in dem für den Rechtsschutz des Bürgers unumgänglichen Umfang einzuwirken ist.[296] Die Feststellungsklage sei somit die sachnähere Klageart, aus § 43 II VwGO ergebe sich in diesem Fall kein Vorrang der Leistungsklage.[297]

> **hemmer-Methode:** Diese Argumentation ist nicht ganz einfach. Schließlich handelt es sich um eine Ausnahme vom Wortlaut des § 43 II VwGO. Vergegenwärtigen Sie sich daher die wichtigsten Argumente.
> **Behalten Sie im Hinterkopf, dass nach ganz h.M. die Feststellungsklage nach § 43 VwGO im Fall der Normerlassklage die richtige Klageart ist.** Das entweder, weil Normen nicht als tauglicher Gegenstand der Leistungsklage angesehen werden oder weil in diesem Fall die Feststellungsklage als sachnähere Klageart für vorrangig erachtet wird.
> Ein Sonderproblem stellt in diesem Zusammenhang noch die Fragestellung dar, ob eine vorbeugende Unterlassungsklage gegen den Erlass untergesetzlicher Normen zulässig ist. Eine solche wäre aber auch bei Anerkennung dieser Möglichkeit nur im Falle einer nicht wieder gut zu machenden Gefahr möglich.[298]

2. Leistungs-Unterlassungs-Klage

Leistungs-Unterlassungs-Klage

Die Leistungs-Unterlassungs-Klage dient der Verhinderung eines künftigen Verwaltungshandelns. In diesem Bereich kommt es typischerweise zur Prüfung des öffentlich-rechtlichen Unterlassungsanspruchs.[299]

a) Klage auf Unterlassung eines schlichten Verwaltungshandelns

Dieser Anwendungsfall der allgemeinen Leistungs-Unterlassungs-Klage ist unstreitig. Es sind dabei zwei Arten zu unterscheiden:[300]

sowohl Vermeidung von wiederholten Eingriffen

Bei dem ersten Fall hat die Verwaltung bereits einen Eingriff durch schlichtes Verwaltungshandeln vorgenommen. Der Kläger möchte nun die Unterlassung derartiger Eingriffe in der Zukunft erreichen. Oft wird dieser Antrag mit einer Leistungs-Vornahme-Klage auf Beseitigung der Eingriffsfolgen verbunden.

> *Bsp.:* Der Kläger klagt auf künftige Unterlassung der erheblichen Geräuschemissionen, die von einem benachbarten städtischen Sportplatz ausgehen.

---

295 Allesch zu BVerwG, BayVBl. 1990, 117 (121) m.w.N.
296 BVerwG, BayVBl. 1990, 117 (119) = **juris**byhemmer.
297 BVerwG, NVwZ 2002, 1505 = **juris**byhemmer.
298 Dazu Kopp/Schenke, § 47 VwGO, Rn. 16.
299 Zu dessen Abgrenzung zum FBA s.o. Rn. 166; die genaue Darstellung erfolgt unter Rn. 204 ff.
300 Vgl. Schmitt-Glaeser, Rn. 378 ff.

als auch Vermeidung erstmaliger Eingriffe

Der zweite Fall betrifft die Konstellation, in der ein erstmals drohender Eingriff der Verwaltung in Form schlichten Verwaltungshandelns von vornherein verhindert werden soll.

> **Bsp.:** Neben dem Grundstück des Klägers soll ein Altglascontainer aufgestellt werden. Noch vor der Aufstellung beantragt der Kläger dieses wegen der angeblich zu befürchtenden unerträglichen Geräuschbelastungen zu unterbinden.

Teilweise werden beide Fälle als vorbeugende Unterlassungsklagen bezeichnet, nach a.A. spricht man im ersten Fall von einer Unterlassungsklage, nur im zweiten Fall hingegen von einer vorbeugenden Unterlassungsklage.[301]

präventiver Rechtsschutz

Da präventiver (vorbeugender) Rechtsschutz gewährt werden soll, die VwGO jedoch grds. von repressivem (nachträglichem) Rechtsschutz ausgeht, bedarf es hier strenger Voraussetzungen, insbesondere eines besonders gearteten Rechtsschutzbedürfnisses. Der Kläger muss geltend machen können, dass es ihm unzumutbar ist, den Realakt abzuwarten und dann mittels einer repressiven Klage dagegen vorzugehen. Dieses ist insbesondere dann der Fall, wenn dem Kläger irreparable Beeinträchtigungen drohen, die durch einen repressiven Rechtsschutz nicht mehr beseitigt werden können.[302]

b) Klage auf Unterlassung eines Verwaltungsakts

bei Klage auf Unterlassen von Verwaltungsakt-Erlass str.

Die vorbeugende Unterlassungsklage kann auch gegen den künftigen Erlass eines Verwaltungsaktes gerichtet sein. Hier wird aber in der Regel das besondere Rechtsschutzbedürfnis nicht zu begründen sein, da der repressive Rechtsschutz mit der Suspensivwirkung des § 80 I VwGO so ausgestaltet ist, dass grundsätzlich keine irreparablen Beeinträchtigungen vor der möglichen Einlegung einer Klage eintreten werden.[303]

II. Klagebefugnis

bei Leistungsklage nach h.M. Klagebefugnis notwendig

§ 42 II VwGO setzt als Zulässigkeitsvoraussetzung für die Anfechtungs- und Verpflichtungsklage voraus, dass der Kläger geltend machen kann, möglicherweise in seinen subjektiv-öffentlichen Rechten verletzt zu sein (herrschende sog. Möglichkeitstheorie).[304]

gegen § 42 VwGO analog: grds. nur für Anfechtungs- o. Verpflichtungsklage notw.

Es ist umstritten, ob bei der allgemeinen Leistungsklage die Klagebefugnis analog § 42 II VwGO als Zulässigkeitsvoraussetzung zu fordern ist.

Die Mindermeinung verneint dies.[305] Vielmehr sei die Leistungsklage unbegründet, nicht unzulässig, wenn der Kläger auf die begehrte Leistung offensichtlich keinen Anspruch hat.

Die besondere Zwecksetzung des § 42 II VwGO, der Ausschluss der Popularklage, die gerade nicht die Geltendmachung einer eigenen Rechtsverletzung voraussetzt, sei auf die Anfechtungs- und Verpflichtungsklage beschränkt.

---

301 Bethge, JURA 1988, 428 m.w.N.
302 Ausführlich hierzu auch **Hemmer/Wüst, Verwaltungsrecht III, Rn. 73 ff.**
303 Ausführlich hierzu auch **Hemmer/Wüst, Verwaltungsrecht III, Rn. 271 ff.**; Ausnahmen sind im Beamtenrecht denkbar, da hier die Ernennung des Konkurrenten aufgrund des Grundsatzes der Ämterkontinuität nicht mehr rückgängig gemacht werden kann, vgl. oben Rn. 30.
304 Vgl. zu § 42 II VwGO die Ausführungen in **Hemmer/Wüst, Verwaltungsrecht I, Rn. 113 ff.**
305 Kopp/Schenke, § 42 VwGO, Rn. 40 m.w.N.

§ 5 ALLGEMEINE LEISTUNGSKLAGE

für h.M.: Ausschluss von Popularklage

Die ganz h.M. bejaht hingegen die analoge Anwendung des § 42 II VwGO.[306] § 42 II VwGO sei ein die VwGO ganz allgemein bestimmendes prozessuales Prinzip, durch das die Möglichkeit einer Popularklage ausgeschaltet werden soll.[307] Dies gelte besonders auch deshalb, weil die allgem. Leistungsklage von ihrer Klagestruktur der Verpflichtungsklage, für die § 42 II VwGO ja direkt gilt, sehr ähnlich sei. Die Voraussetzung der möglichen Verletzung eigener Rechte sei als Bedingung der Rechtswegeröffnung in Art. 19 IV S. 1 GG verfassungsrechtlich abgesichert und müsse daher über § 40 VwGO prinzipiell für jede Klage gelten, soweit eine Ausnahme nicht ausdrücklich vorgesehen sei.[308]

hemmer-Methode: Folgen Sie in diesem Punkt der h.M. Die analoge Anwendung des § 42 II VwGO ist so weitgehend anerkannt, dass die Gegenansicht nur noch vereinzelt vertreten wird. Trotzdem sollten Sie kurz auf den Streit eingehen. Mit dem Argument des Ausschlusses der Popularklage können Sie sich dann schnell der h.M. anschließen. Zu unterschiedlichen Ergebnissen gelangen die beiden Ansichten auch dann, wenn es um die gewillkürte Prozessstandschaft geht. Diese ist im Geltungsbereich des § 42 II VwGO ausgeschlossen, da dieser die mögliche Verletzung eigener Rechte verlangt.

III. Vorverfahren, Klagefrist

bei Leistungsklage grds. kein Vorverfahren notw.

Soweit in den §§ 68 ff. VwGO die ordnungsgemäße und erfolglose Durchführung eines Widerspruchsverfahrens sowie gem. § 74 VwGO die Einhaltung einer Klagefrist gefordert wird, sind diese Bestimmungen auf den Bereich der Anfechtungs- und Verpflichtungsklage beschränkt. Eine analoge Anwendung auf die allgemeine Leistungsklage ist abzulehnen.[309]

Ausnahme: § 126 BBG

Zu beachten ist jedoch die Sonderbestimmung des § 126 II BBG[310]: Danach bedarf es für alle Klagen der Bundesbeamten, Ruhestandsbeamten, früheren Beamten und der Hinterbliebenen aus dem Beamtenverhältnis, einschließlich der (allgemeinen) Leistungs- und Feststellungsklagen, der Durchführung eines Vorverfahrens nach den §§ 68 ff. VwGO. Das bedeutet, dass nach Ergehen des Widerspruchsbescheides auch die Frist des § 70 VwGO eingehalten werden muss.

aber Verwirkung mögl.

Ausnahmsweise kann auch das Institut der prozessualen Verwirkung zu beachten sein.[311]

hemmer-Methode: Gerade im Bereich des Vorverfahrens und der Frist kommt der Abgrenzung von Anfechtungs- und Verpflichtungsklage auf der einen und allgemeiner Leistungsklage auf der anderen Seite erhebliche praktische Bedeutung zu. Erstere sind unzulässig, wenn diese Voraussetzungen nicht eingehalten werden, auf die Zulässigkeit der allgemeinen Leistungsklage hat dies hingegen keinen Einfluss.

IV. Allgemeines Rechtsschutzbedürfnis

bei Leistungsklage wichtig: Rechtsschutzbedürfnis

Dieses ist insbesondere zu verneinen, wenn der Kläger den angestrebten Erfolg auf einfachere, schnellere und/oder billigere Art und Weise erreichen kann.[312]

---

306 Vgl. z.B. BVerwGE 36, 192 (199) (st. Rspr.) = jurisbyhemmer; Schenke, § 9, Rn. 363; Steiner, JuS 1984, 856; Schmitt-Glaeser, Rn. 387 m.w.N.
307 Vgl. nur Steiner, JuS 1984, 856 m.w.N.
308 Schmitt-Glaeser, Rn. 387.
309 Steiner, JuS 1984, 855; Schmitt-Glaeser, Rn. 389 f.; Schenke, § 9, Rn. 363.
310 Und etwaige gleichlautende Vorschriften in den Landesbeamtengesetzen.
311 Dazu Schmitt-Glaeser, Rn. 134.
312 Vgl. allgemein zum Rechtsschutzbedürfnis **Hemmer/Wüst, Verwaltungsrecht I,** Rn. 238 f.

1. Allgemeine Leistungsklage des Bürgers gegen den Staat

bei Klage Bürger gegen Staat ist Antrag bei Behörde notw.

Bei einer Leistungs-Vornahme-Klage, mit der ein begünstigendes, schlichtes Verwaltungshandeln begehrt wird, fehlt das Rechtsschutzbedürfnis, wenn der Bürger bereits einen Vollstreckungstitel über den eingeklagten Anspruch hat.[313]

Weiterhin ist bei der Leistungs-Vornahme-Klage regelmäßig zu fordern, dass das schlichte Verwaltungshandeln vor Klageerhebung bei der zuständigen Behörde beantragt worden ist.[314] Schließlich kommt in diesem Fall vor der Klageerhebung der näher liegende und einfachere Weg, dass die Behörde auf den Antrag hin dem Ansinnen des Bürgers Folge leistet, in Betracht.

hemmer-Methode: Das allgemeine Rechtsschutzbedürfnis der Leistungs-Vornahme-Klage ist in der Regel kein wesentliches Problem der Klausur. Ganz anders verhält es sich bei der vorbeugenden Leistungs-Unterlassungs-Klage. Wegen des präventiven Charakters dieser Klage verlangt man ein qualifiziertes Rechtsschutzbedürfnis (siehe dazu oben Rn. 190 f. sowie näher Hemmer/Wüst, Verwaltungsrecht III, Rn. 271 ff.)

2. Allgemeine Leistungsklage des Staates gegen den Bürger

Klage Staat gegen Bürger

Diese Klage, mit der der Staat die Erfüllung eines (angeblich) kraft öffentlichen Rechts geschuldeten Verhaltens des Bürgers einklagt, wird auch als Bürgerverurteilungsklage bezeichnet.[315] Die Bürgerverurteilungsklage kommt insbesondere bei der Geltendmachung von Zahlungsansprüchen in Betracht.

Problem, ob Verwaltungsakt-Befugnis besteht: einfacherer Weg

Anders als dem Bürger, steht dem Staat jedoch weitgehend das Rechtsinstitut des Verwaltungsakts i.S.d. § 35 S. 1 VwVfG zur Verfügung. Der Staat ist insofern nicht auf die gerichtliche Durchsetzung seines Anspruchs angewiesen, als er sich durch den Erlass eines Verwaltungsakts selbst einen Vollstreckungstitel zu verschaffen vermag.

Daher bedarf das Bestehen des Rechtsschutzbedürfnisses bei der Bürgerverurteilungsklage stets der genaueren Prüfung. Für die Klage einer Behörde auf Leistungen des Bürgers fehlt das Rechtsschutzbedürfnis, wenn die Behörde den Anspruch selbst durch einseitige Regelung, insbesondere durch Leistungsbescheid, durchsetzen könnte.[316] Grundvoraussetzung ist natürlich, dass der Staat überhaupt einen Verwaltungsakt in Form eines Leistungsbescheides erlassen kann, was z.B. nicht der Fall ist, wenn es um einen Anspruch aus einem öffentlich-rechtlichen Vertrag geht, weil der Staat sich in diesem Fall auf die Ebene des Bürgers begeben und damit seine Regelungsbefugnis verloren hat.[317] Außerdem ist mit der h.M. für den Erlass eines Zahlungsbescheides als eingreifender Verwaltungsakt eine hinreichend bestimmte Rechtsgrundlage erforderlich.[318] Auch diese fehlt, wenn es um die Rückerstattung vertraglicher Leistungen des Staates geht.[319]

---

[313] Pietzner/Ronellenfitsch, § 18, Rn. 600.
[314] Schmitt-Glaeser, Rn. 388; a.A. Schenke, § 8, Rn. 363.
[315] Schmitt-Glaeser, Rn. 393.
[316] Hufen, § 17, Rn. 11; BVerwGE 25, 280 = **juris**byhemmer.
[317] BayVGH, BayVBl. 2005, 143.
[318] Eine solche findet sich z.B. in § 49a I S. 2 VwVfG für die Rückforderung im Zusammenhang mit der Aufhebung eines begünstigenden Verwaltungsakts.
[319] Etwas anderes soll dann gelten, wenn der Bürger durch Vertrag einer „VA-Schuld" beigetreten ist. Dann ist der durch den vertraglichen Schuldbeitritt begründete Anspruch der Behörde per VA durchsetzbar, vgl. BVerwG, Urteil vom 03.03.2011, 3 C 19/10 = **Life&Law 2011, 655** = **juris**byhemmer.

Aber auch dann, wenn die Behörde das Recht hat, durch Verwaltungsakt gegen den Bürger vorzugehen, schließt das nicht unbedingt die Zulässigkeit der stattdessen erhobenen Leistungsklage aus. Jedenfalls dann, wenn der Erstattungsschuldner zu erkennen gibt, dass er auf jeden Fall den Erstattungsbescheid anfechten, also die Gerichtsbarkeit ohnehin bemühen wird, kann die Behörde sofort Leistungsklage erheben, ohne dass ihr hierfür das Rechtsschutzbedürfnis fehlt.[320]

V. Sonstige Zulässigkeitsvoraussetzungen

sonstige Voraussetzungen: Nur wenn problematisch

Auf die übrigen Zulässigkeitsvoraussetzungen, die in **Hemmer/Wüst, Verwaltungsrecht I, Rn. 211 ff.** ausführlich dargestellt sind, ist nur einzugehen, wenn der Sachverhalt hierzu Anlass gibt.

D) Klagehäufung, Beiladung, Streitgenossenschaft

zwischen Zulässigkeit und Begründetheit: Klagehäufung, Beiladung, Streitgenossenschaft

Auch bei der Leistungsklage sind diese Prüfungspunkte weder Zulässigkeits-, noch Begründetheitsvoraussetzungen. Vielmehr geht es dabei um prozessuale Erleichterungen, die auf das Sachurteil keinen Einfluss haben, die in einem umfassenden Gutachten aber dennoch anzusprechen sind. Die Prüfung erfolgt auch hier zwischen Zulässigkeit und Begründetheit.

> **hemmer-Methode:** Denken Sie an solche Feinheiten. Die gute Klausur zeichnet sich auch dadurch aus, dass relevante Probleme angesprochen werden, die von den allermeisten Bearbeitern übersehen werden. Seien Sie sich aber immer dessen bewusst, dass hier die Prüfung zwischen Zulässigkeit und Begründetheit erfolgt. Vgl. ausführlich zu diesen Prüfungspunkten Hemmer/Wüst, Verwaltungsrecht I, Rn. 248 ff.

E) Die Begründetheit der allgemeinen Leistungsklage

I. Obersatz

Begründetheit d. Leistungsklage: (+), wenn Anspruch besteht

Die allgemeine Leistungsklage ist begründet, wenn sie gegen den richtigen Beklagten gerichtet ist, dem Kläger der behauptete Anspruch tatsächlich zusteht und dieser Anspruch auch durchsetzbar ist.

> **hemmer-Methode:** Mit diesem Obersatz schöpfen Sie die möglichen Fallgestaltungen der allgemeinen Leistungsklage aus. Dieser Obersatz weist gewisse Ähnlichkeiten mit dem bei der Verpflichtungsklage nach § 113 V S. 1 VwGO verwendeten auf. Dies ist nicht verwunderlich, ist doch die Verpflichtungsklage eine spezielle Form der Leistungsklage im Falle des Begehrens eines Verwaltungsakts. Gelegentlich wird daher § 113 V S. 1 VwGO analog als Obersatz für die Begründetheit der Leistungs-Vornahme-Klage herangezogen.
> Das ist zwar möglich, aber nicht nötig. Soweit die Leistungsklage allerdings auf Beseitigung hoheitlicher Eingriffe ohne Verwaltungsakt-Charakter gerichtet ist und damit einer der Rechtsschutzrichtung der Anfechtungsklage vergleichbaren Abwehrfunktion dient, erscheint es eher unpassend, § 113 V S. 1 VwGO analog zu zitieren.

---

[320] BVerwGE 24, 225 (227); 25, 280 (285 f.); 19, 243 (245): alle Entscheidungen = **juris**byhemmer; a.A. jedoch Kopp/Schenke, Vorb. § 40 VwGO, Rn. 50, der das Rechtsschutzbedürfnis immer verneint, wenn die Behörde einen Verwaltungsakt erlassen kann; ebenso Hufen, § 17, Rn. 11, der hierin sowohl ein Unterlaufen des dem Leistungsbescheid nachfolgenden Widerspruchsverfahrens als auch des Vorrangs der Anfechtungsklage sieht. Verpflichtet das materielle Recht die Behörde zum Erlass eines Verwaltungsakts, dann dürfte eine allgemeine Leistungsklage allerdings auf jeden Fall unzulässig sein, vgl. VGH München, Beschluss vom 13.01.2011, Az. 22 ZB 09.1525 = **juris**byhemmer.

Ist hinsichtlich des Leistungsanspruches noch keine Spruchreife[321] eingetreten, so kann in analoger Anwendung des § 113 V S. 2 VwGO ein Bescheidungsurteil ergehen (etwa wenn der den Anspruch begründende Sachverhalt noch aufklärungsbedürftig erscheint).[322]

II. Passivlegitimation

bzgl. Passivlegitimation § 78 I Nr. 1 VwGO analog

§ 78 VwGO gilt wegen seiner Stellung im achten Abschnitt der VwGO unmittelbar nur für Anfechtungs- und Verpflichtungsklagen. Fraglich ist, inwiefern § 78 VwGO analog auf die allgemeine Leistungsklage anzuwenden ist.

Die Klage ist gegen den Bund, das Land oder die Körperschaft zu richten, deren Behörde nach materiellem Recht zur Erfüllung des geltend gemachten Leistungsanspruches verpflichtet ist. Eine analoge Anwendung des § 78 I Nr. 1 VwGO ist weitgehend anerkannt.[323]

Anders beurteilt sich die Lage jedoch hinsichtlich § 78 I Nr. 2 VwGO: Hier wird weitgehend vertreten, dass an die Stelle der Körperschaft nicht - auch nicht mit Hilfe des Landesrechts - eine Behörde treten kann.[324] § 78 I Nr. 2 VwGO ist also nicht analog auf die allgemeine Leistungsklage anwendbar.

hemmer-Methode: Soweit in bestimmten Bundesländern die Klagegegnerschaft in der Zulässigkeit der Klage zu prüfen ist, gelten diese Ausführungen entsprechend; lesen Sie im Übrigen zur Klagegegnerschaft noch Hemmer/Wüst, Verwaltungsrecht I, Rn. 230.

III. Bestehen des Leistungsanspruches

Hauptproblem: Besteht der geltend gemachte Anspruch?

Die Prüfung des Leistungsanspruches ist i.d.R. der Schwerpunkt der Begründetheitsprüfung einer allgemeinen Leistungsklage.

> **Häufige Problemstellungen i.R.d. Begründetheit sind:**
> 1. **bei allgemeiner Leistungsklage des Bürgers gegen den Staat**
>   ⇨ Geltendmachung öffentlich-rechtlicher Abwehransprüche
>   ⇨ Geltendmachung von Folgenbeseitigungsansprüchen
>   ⇨ Zahlung von Geld oder Erbringung geldwerter Leistungen
>   ⇨ Erfüllung öffentlich-rechtlicher Verträge
> 2. **bei allg. Leistungsklage des Staates gegen den Bürger**
>   ⇨ insbesondere Geldleistungsansprüche

hemmer-Methode: Die Erörterung aller denkbaren und möglichen Ansprüche würde den Rahmen dieses Skripts sprengen. Insofern wird die Lektüre der im Bereich der Zulässigkeit (Klageart) in den Fußnoten zitierten Fundstellen empfohlen.
Die Prüfung der Abwehransprüche i.R.d. Begründetheit der allgemeinen Leistungsklage ist besonders examensrelevant. Sie wird daher unter F) (unten Rn. 204 ff.) ausführlich dargestellt. (Bzgl. der Ansprüche aus einem öffentlich-rechtlichen Vertrag s. Rn. 240 ff.).

---

321 Siehe dazu Rn. 55 f.
322 Schenke, § 23, Rn. 867; Schmitt-Glaeser, Rn. 392.
323 Schmitt-Glaeser, Rn. 392; Steiner, JuS 1984, 855.
324 Steiner, JuS 1984, 855 m.w.N.

IV. Durchsetzbarkeit des Anspruches

beachte: Gibt es Einreden oder Einwendungen gegen den Anspruch?

Der Anspruch ist dann nicht durchsetzbar, wenn ihm Einreden oder Einwendungen gegenüberstehen. Es ist insbesondere an eine Aufrechnung (siehe sogleich), an eine auf dem Rechtsgedanken des Treu-und-Glauben-Gebotes (§ 242 BGB) orientierte Einrede oder an die Einrede der Verjährung zu denken.[325]

> **hemmer-Methode:** Auf die einzelnen Einreden kann hier nicht ausführlich eingegangen werden. Sie sollten sich aber unbedingt bewusst sein, dass sich alleine daraus, dass ein Leistungsanspruch besteht, noch nicht die Begründetheit der allgemeinen Leistungsklage ergibt. Insoweit ist die Prüfung identisch mit der von zivilrechtlichen Ansprüchen: Besteht der Anspruch und ist er auch durchsetzbar?

V. Sonderproblem: Aufrechnung mit rechtswegfremder Forderung

häufiges Problem: Aufrechnung

In Klausurfällen kommt es oft vor, dass der Beklagte, gegen den Geldforderungen vor dem Verwaltungsgericht eingeklagt werden, sich (meist hilfsweise) darauf beruft, er hätte bereits erfüllt. Häufig wird hilfsweise mit einem Gegenanspruch aufgerechnet.

Klage Bürger gegen Staat i.d.R. kein Problem

Ist der Staat Beklagter, so ergeben sich hierbei regelmäßig keine größeren Probleme. Sowohl für den Hauptanspruch des Klägers als auch für den Gegenanspruch des Beklagten ist dann nämlich normalerweise der Verwaltungsrechtsweg gem. § 40 I VwGO eröffnet.

anders, wenn Bürger der Beklagte ist

Werden hingegen öffentlich-rechtliche Geldforderungen gegenüber einem Bürger eingefordert, so taucht dabei immer wieder das Problem der Aufrechnung mit einer rechtswegfremden Forderung auf.

> *Bsp.:*[326] *Der Freistaat Bayern verklagt L vor dem zuständigen Verwaltungsgericht auf Zahlung von 10.000,- €, die er aufgrund eines öfftl.-rechtl. Erstattungsanspruches fordern kann. L erklärt in der mündlichen Verhandlung die Aufrechnung mit einer Gegenforderung in gleicher Höhe, die ihm tatsächlich aufgrund einer Amtspflichtverletzung gegen den Freistaat Bayern zusteht. Die Klage des Freistaats ist unbegründet, wenn die Aufrechnung durchgreift. Gegenseitigkeit und Gleichartigkeit der Forderungen (vgl. § 387 BGB) liegen vor. Problematisch ist alleine, dass die Gegenforderung aus Art. 34 S. 1 GG i.V.m. § 839 I BGB - anders als die Hauptforderung des Freistaats - gem. Art. 34 S. 3 GG, § 40 II S. 1 VwGO vor den Zivilgerichten einzuklagen ist.*

Zu beachten ist § 322 II ZPO, der gem. § 173 VwGO auch im verwaltungsgerichtlichen Verfahren anzuwenden ist. Danach würde die Entscheidung, dass die Gegenforderung (infolge der Aufrechnung) nicht mehr besteht, in Rechtskraft erwachsen. Insofern fehlt dem Verwaltungsgericht eigentlich wegen Art. 34 S. 3 GG die Rechtswegkompetenz.

§ 322 II ZPO i.V.m. § 173 VwGO

Eine Zulassung der Aufrechnung durch das Verwaltungsgericht greift in diesem Fall in die Rechtswegkompetenz der ordentlichen Gerichte ein. Allerdings räumt § 17 II S. 1 GVG den Verwaltungsgerichten die Kompetenz ein, auch Vorfragen aus einem anderen Rechtsweg zu klären. Das Bestehen einer aufrechenbaren Gegenforderung ist gerade eine solche rechtswegfremde Vorfrage, sodass viel für die Zulassung der Aufrechnung mit rechtswegfremden Forderungen spricht (str.!).[327]

---

[325] Die auf Geldzahlung gerichteten öff.-rechtl. Ansprüche verjähren in Bayern grds. in drei Jahren, Art. 71 I BayAGBGB; ein entsprechender Verwaltungsakt wirkt gem. § 53 I S. 1 VwVfG verjährungsunterbrechend.

[326] Nach dem bayer. Examensfall 1991/II, 6, BayVBl. 1993, 286/317.

[327] Kopp/Schenke, § 40 VwGO, Rn. 45 ff.; Thomas/Putzo, § 17 GVG, Rn. 9.

Eindeutig nicht möglich ist allerdings die Aufrechnung mit Ansprüchen aus Enteignung und Amtshaftung. Hier stellt § 17 II S. 2 GVG klar, dass die Vorfragenkompetenz aus Satz 1 diese Ansprüche nicht erfasst! Hier ist eine Aufrechnung vor dem Verwaltungsgericht nur möglich, wenn zuvor das Zivilgericht in einem rechtskräftigen Urteil das Bestehen der Gegenforderung festgestellt bzw. diese tituliert hat.[328]

> **hemmer-Methode:** Wie Sie sehen, können auch prozessuale Besonderheiten wie § 322 II ZPO in der Klausurlösung eine entscheidende Rolle spielen. Beschäftigen Sie sich daher in Ihrer Examensvorbereitung auch mit derartigen Problemen.

Bürgerverurteilungsklage

Bürgerverurteilungsklage

häufige Problemkonstellation

Zulässigkeit: Rechtsschutzinteresse trotz VA-Befugnis?

Begründetheit: Aufrechnung des Bürgers mit (rechtswegfremder) Forderung

> **hemmer-Methode:** Im Folgenden werden unter F), G) und H) besonders examensrelevante Sonderfälle, die sich i.R.d. allgemeinen Leistungsklage stellen, erörtert. Diese isolierte Darstellung dient dazu, Ihnen im Zusammenhang zu verdeutlichen, welche Probleme in derartigen Klausurkonstellationen an welcher Stelle zu prüfen sind.

F) Klagen zur Geltendmachung von öffentlich-rechtlichen Abwehransprüchen

I. Begriff der Abwehransprüche

bei Abwehransprüchen unterscheiden:

Die öffentlich-rechtlichen Abwehransprüche sind auf Abwehr/Beseitigung eines faktischen Zustands gerichtet. Man kann folgende Unterarten unterscheiden:

1. Öffentlich-rechtliche Unterlassungsansprüche

Abwehr zukünftigen Verwaltungshandelns: vorbeugender Rechtsschutz

Diese sind auf die Abwehr zukünftigen Verwaltungshandelns gerichtet[329] und werden daher i.R.d. im Bereich des vorbeugenden Rechtsschutzes angesiedelten allgemeinen Leistungs-Unterlassungs-Klage erörtert (s. **Hemmer/Wüst, Verwaltungsrecht III, Rn. 271**).

> *Bsp.: Der Kläger möchte gegen den Lärm einer Feueralarmsirene vorgehen. Er begehrt also die Abwehr eines zukünftigen Verwaltungshandelns.*

---

[328] BVerwGE 77, 19 = **juris**byhemmer; Kopp/Schenke, § 40 VwGO, Rn. 45 m.w.N.

[329] BVerwGE 82, 76 (95) = **juris**byhemmer; diese Differenzierung wird nicht immer eingehalten. So wird auch der Unterlassungsanspruch mitunter als FBA bezeichnet.

2. Öffentlich-rechtliche Beseitigungsansprüche

a) Öffentlich-rechtliche Folgenbeseitigungsansprüche (im Folgenden mit FBA abgekürzt)

Vollzugs-FBA: Beseitigung von Folgen eines Verwaltungsakts

Hier kann man zwischen dem sog. Vollzugs-FBA (vgl. § 113 I S. 2 VwGO) und dem schlichten FBA differenzieren.[330] Beide sind auf die Wiederherstellung des „rechtmäßigen status quo ante" und, anders als Amtshaftungs- und Entschädigungsansprüche, nicht auf Geldersatz gerichtet. Es geht, im Gegensatz zum Unterlassungsanspruch, um die Beseitigung rechtswidriger Beeinträchtigungen aus der Vergangenheit. Der Unterschied liegt alleine darin, dass die zu beseitigenden Folgen einmal durch den Vollzug eines Verwaltungsakts i.S.d. § 35 S. 1 VwVfG (Vollzugs-FBA) und im anderen Fall durch bloßen Realakt (schlichter FBA) entstanden sind. Der Vollzugs-FBA begründet also keinen eigenständigen FBA. Er ist nur ein Fall des FBA, für den die prozessuale Geltendmachung speziell geregelt ist.

206

b) Öffentlich-rechtliche Erstattungsansprüche

öfftl.-rechtl. Erstattungsanspruch ist FBA i.w.S.

Der Erstattungsanspruch dient dem Bereicherungsausgleich im öffentlichen Recht. Es geht dabei um einen Rückzahlungsanspruch im Zusammenhang mit einer zu Unrecht erfolgten Geldleistung. Trotz der vergleichbaren Interessenlage handelt es sich dabei nicht um einen FBA im engeren Sinne.

207

```
                    öffentlich-rechtliche Abwehransprüche
                         /                    \
            Unterlassungsansprüche      Beseitigungsansprüche
                                          /            \
                                       FBA          Erstattungsanspruch
                                      /   \           /         \
                              schlichter  VollzugsFBA  geschrieben ungeschrieben
                                 FBA      § 113 I S. 2
                                            VwGO
```

hemmer-Methode: Der Erstattungsanspruch wird oft getrennt von den Folgenbeseitigungs- und Unterlassungsansprüchen dargestellt. Letztlich geht es aber bei der mit dem Erstattungsanspruch begehrten Rückgängigmachung einer ohne Rechtsgrund erfolgten Vermögensverschiebung um die Beseitigung eines rechtswidrigen Zustandes.

---

330 Vgl. bereits oben Rn. 113.

> Daher erscheint die Erörterung i.R.d. Abwehransprüche sinnvoll. Ansprüche auf Erstattung lassen sich letztlich immer auch über den Folgenbeseitigungsanspruch begründen.[331]

II. Eröffnung des Verwaltungsrechtsweges, § 40 I VwGO

§ 40 I VwGO: Abgrenzung zu privatrechtlichen Abwehransprüchen

Problematisch ist in diesem Zusammenhang bisweilen das Vorliegen einer öffentlich-rechtlichen Streitigkeit. Abgrenzungsschwierigkeiten können sich insofern ergeben, als auch privatrechtliche Abwehransprüche einschlägig sein können, für deren Geltendmachung der Verwaltungsrechtsweg nicht eröffnet ist.

Hierher gehört insbesondere die Problematik, ob Äußerungen von Beamten und die Abwehr von Immissionen Gegenstand einer öffentlich-rechtlichen Streitigkeit sein können. Siehe dazu Rn. 166 ff.

III. Zulässigkeit der Klage

1. Statthafte Klageart

FBA ist typischer Fall der Leistungs-Vornahme-Klage

Die Geltendmachung von öffentlich-rechtlichen FBAen und Erstattungsansprüchen ist ein typischer Fall der allgemeinen Leistungs-Vornahme-Klage.

a) Fallrelevante Probleme

aa) Abgrenzung zum Verwaltungsakt

Verpflichtungsklage, wenn für Realakt ein Verwaltungsakt Voraussetzung ist?

Auch im Bereich des FBA kann es Probleme bzgl. der Abgrenzung zwischen Verwaltungsakt und Realakt geben. Die Folgenbeseitigung als solche ist als Abwehr eines faktischen Zustands Realakt.

Schwierigkeiten können jedoch dort auftauchen, wo (auch) ein Verwaltungsakt erforderlich ist.

> *Bsp.:* Vgl. den Fall zur Klage des Hauseigentümers auf Herausgabe der Wohnung, die von den zwangseingewiesenen Obdachlosen noch bewohnt wird, obwohl der durch den Verwaltungsakt gedeckte Beschlagnahmezeitraum abgelaufen ist (oben Rn. 20).

(-), wenn Verwaltungsakt an Dritte

Die Herausgabe der Wohnung ist schlicht-hoheitliches Handeln. Es stellt sich jedoch wieder das Problem, ob die Verpflichtungsklage insofern die richtige Klageart ist, als im Verhältnis zu den Obdachlosen Ausweisungsverfügungen, die als Verwaltungsakte i.S.d. § 35 S. 1 VwVfG zu qualifizieren sind, erforderlich sind. Während nach e.A. ohnehin immer nur auf das eigentlich begehrte schlichte Verwaltungshandeln abzustellen ist,[332] könnte man mit der a.A. möglicherweise doch auf die Ausweisungsverfügungen abstellen. Dagegen spricht aber vor allem, dass es dem Eigentümer egal sein muss, auf welchem Weg die staatliche Stelle die eingewiesenen Obdachlosen aus seiner Wohnung „entfernt. Ob diese freiwillig gehen oder ggf. durch Verwaltungsakt und Vollstreckung desselben dazu gezwungen werde müssen, interessiert den Eigentümer nicht, ist also auch nicht von seinem Klagebegehren gedeckt.

---

331 BayVGH, BayVBl. 2002, 637 = **juris**byhemmer.
332 Schenke, § 5, Rn. 202 und § 8, Rn. 347; Steiner, JuS 1984, 858 m.w.N.; Schmitt-Glaeser, Rn. 381.

bb) Der sog. Vollzugs-FBA

Anfechtungsklage, wenn Verwaltungsakt die Rechtsgrundlage der Vollzugsfolgen ist.

Eine Besonderheit besteht in dem Fall, dass der Betroffene durch den Vollzug eines rechtswidrigen Verwaltungsakts beeinträchtigt ist. Der Betroffene begehrt dann im Ergebnis mit der Folgenbeseitigung einen Realakt. Allerdings ist der Vollzug auch eines rechtswidrigen Verwaltungsakts rechtmäßig, solange der Verwaltungsakt nicht aufgehoben worden ist.[333] Auch ein rechtswidriger Verwaltungsakt ist grundsätzlich wirksam, § 43 II, III VwVfG, und begründet damit eine Duldungspflicht.

Erst dann ist also ein FBA begründet. Eine isoliert eingelegte allgemeine Leistungsklage hat also von vornherein keine Aussicht auf Erfolg, weil der Verwaltungsakt den Eingriff rechtfertigt.[334]

§ 113 I S. 2 VwGO: Verbindung von Anfechtungs- und Leistungsklage

§ 113 I S. 2 VwGO gibt dem Betroffenen die prozessökonomische Möglichkeit, den sog. Vollzugs-FBA schon im Anfechtungsprozess zusammen mit der Anfechtungsklage gegen den in Frage stehenden Verwaltungsakt geltend zu machen.[335] § 113 I S. 2 VwGO ermöglicht also die Verbindung der Anfechtungsklage auf Aufhebung des Verwaltungsakts mit dem Antrag auf faktische Wiederherstellung des früheren Zustands. Es handelt sich dabei um einen Sonderfall der Verbindung von Anfechtungs- und Leistungsklage, die in § 113 IV VwGO generell geregelt ist. Der Vorteil des § 113 I S. 2 u. 3 VwGO liegt darin, dass die prozessuale Geltendmachung des Vollzugs-FBA schon vor Rechtskraft des Aufhebungsurteils möglich ist.[336] Zu beachten ist jedoch, dass § 113 I S. 2 VwGO keinen besonderen FBA regelt, sondern alleine die prozessuale Durchsetzung eines anderweitig begründeten FBA zum Inhalt hat (vgl. oben Rn. 206).

Von § 113 I S. 2 VwGO wird auch der öffentlich-rechtliche Erstattungsanspruch erfasst.[337]

b) Typische Fallkonstellationen

hemmer-Methode: Die im Folgenden dargestellten typischen Fallkonstellationen sollen Ihnen das Problembewusstsein für den FBA im Klageaufbau vermitteln.

aa) Beschlagnahmefälle

FBA auch bei Beschlagnahmefällen

Es wird die Rückgabe einer beschlagnahmten Sache nach Aufhebung der Beschlagnahmeverfügung begehrt (vgl. bereits oben Rn. 113). Dieses Begehren wird mit dem FBA verfolgt, soweit nicht spezialgesetzliche Regelungen wie Art. 28 I BayPAG bestehen.

bb) Widerruf von amtlichen Äußerungen

Widerruf einer Äußerung ist kein Verwaltungsakt

Dies ist ein typischer Anwendungsfall des FBA i.R.d. allgemeinen Leistungsklage. Die „Widerrufsklage" betrifft keinen Verwaltungsakt, weil die Äußerung und ihr Widerruf nicht auf eine Regelung mit unmittelbarer Rechtswirkung abzielen. Vielmehr handelt es sich um Verwaltungs-Realakte.

---

333 Redeker/von Oertzen, § 113 VwGO, Rn. 20; Schenke, § 7, Rn. 314; Ein nichtiger Verwaltungsakt (§ 44 VwVfG) ist hingegen ex tunc rechtsunwirksam und damit auch dessen Vollzug.

334 Die allgemeine Leistungsklage ist mangels Rechtsschutzbedürfnisses wohl schon unzulässig, jedenfalls aber unbegründet.

335 Siehe ausführlich Kopp/Schenke, § 113 VwGO, Rn. 80.

336 Schenke, § 5, Rn. 248; Redeker/von Oertzen, § 113 VwGO, Rn. 19.

337 Kopp/Schenke, § 113 VwGO, Rn. 82.

Bsp.: Der Luna-Verein verklagt das Bundesland B auf öffentlichen Widerruf der in einem von der Landesregierung herausgegebenen Informationsblatt enthaltenen ausdrücklichen Warnung vor dem Beitritt zur „Luna-Sekte".[338] I.R.d. Beantwortung einer „kleinen" Anfrage im Bundestag wird dem A vom Vertreter des Bundesverteidigungsministers Bestechlichkeit vorgeworfen. A verklagt die Bundesrepublik daraufhin auf Widerruf dieser ehrverletzenden Äußerungen.

cc) Erstattungsansprüche

Unterscheide zwischen geschriebenen und ungeschriebenen Erstattungsansprüchen

Im öffentlichen Recht ist zwischen geschriebenen (z.B. § 49a VwVfG) und ungeschriebenen Erstattungsansprüchen zu unterscheiden.[339]

Bsp.: S begehrt die Rückzahlung der aufgrund unanfechtbar gewordener Heranziehungsbescheide zu Unrecht geleisteter Kurförderabgaben.

Das OVG Münster[340] hat ausdrücklich festgestellt, dass es sich hierbei um eine allgemeine Leistungsklage handelt, da kein Verwaltungsakt, sondern nur die Rückzahlung als Realakt begehrt werde. Da insofern kein Bewilligungsbescheid zwischengeschaltet werden müsse,[341] handelt es sich um eine reine Zahlungsklage. Diese sei allerdings unbegründet, da einer Rückforderung die bestandskräftigen Bescheide als Rechtsgrund entgegenstehen.

hemmer-Methode: S muss also, wenn er sein Geld zurückhaben will, sowohl Anfechtungsklage auf Aufhebung des Abgabenbescheides als auch Leistungsklage auf Rückzahlung erheben. Dies ist genau die Konstellation, die das Gesetz in § 113 I S. 2 VwGO als Vollzugsfolgenbeseitigungsanspruch regelt.
Soweit die öffentliche Hand Erstattungsansprüche geltend macht, greift § 49a VwVfG. Die Erstattungsansprüche werden hier nicht klageweise, sondern durch einen schriftlichen Verwaltungsakt geltend gemacht, § 49a I S. 2 VwVfG.

2. Klagebefugnis, § 42 II VwGO analog

Da dem Kläger möglicherweise ein öffentlich-rechtlicher Abwehranspruch zusteht, ist er klagebefugt.

3. Rechtsschutzbedürfnis

Bürgerverurteilungsklage: Leistungsbescheid als einfacherer Weg?

Dieses kann insbesondere dann problematisch sein, wenn der Staat öffentlich-rechtliche Erstattungsansprüche gegen den Bürger geltend macht. Zum Fragenkreis dieser sog. Bürgerverurteilungsklage siehe ausführlich oben Rn. 195.

4. Sonstige Zulässigkeitsvoraussetzungen

Diese sind nur anzusprechen, sofern diesbezüglich Probleme ersichtlich sind.

IV. Begründetheit der Leistungs-Vornahme-Klage

Obersatz

Die Klage ist begründet, wenn sie gegen den richtigen Beklagten gerichtet ist und dem Kläger der behauptete Abwehranspruch tatsächlich zusteht.

---

338   Vgl. den bayer. Examensfall 1991/II, 7 in BayVBl. 1993, 543/574.
339   Siehe genauer unten Rn. 231 ff.
340   VerwRspr. 13, Nr. 206, 709 ff.
341   Vgl. zu dieser Problematik bereits oben Rn. 175.

> **hemmer-Methode:** Denken Sie auch im öffentlichen Recht an die Möglichkeit der Verjährung eines Anspruchs. Ein FBA verjährt analog §§ 195, 199 I BGB in drei Jahren, ohne Rücksicht auf Kenntnis des Betroffenen spätestens nach 10 bzw. 30 Jahren, vgl. § 199 II, III BGB analog.[342] Die Verjährung hat nach h.M. aber nur zur Folge, dass der Betroffene von der öffentlichen Hand keine Beseitigung mehr verlangen kann. Er kann aber sehr wohl den rechtswidrigen Zustand, also bspw. den illegalen Überbau auf seinem Grundstück, auf eigene Kosten weiterhin beseitigen.[343]

1. Passivlegitimation

Siehe dazu oben Rn. 199.

2. Bestehen des Abwehranspruches

Je nachdem, welcher Abwehranspruch im Einzelfall geltend gemacht wird, ist dieser i.R.d. Begründetheit ausführlich zu prüfen.

a) Die öffentlich-rechtlichen Folgenbeseitigungsansprüche

§ 113 I S. 2 VwGO ist nicht Rechtsgrundlage des FBA

Der FBA ist ein materiell-rechtlicher Anspruch. § 113 I S. 2 VwGO begründet keinen speziellen FBA, sondern setzt den FBA voraus und ermöglicht lediglich eine prozessual vereinfachte Geltendmachung des Vollzugs-FBA i.R.d. Anfechtungsklage.[344]

> **Prüfungsschema zum FBA:**
> 1. Kurze Darstellung der Rechtsgrundlage
> 2. Eingriffsobjekt: subjektives Recht des Bürgers
> 3. Hoheitlicher Eingriff
> 4. Dadurch Schaffung eines rechtswidrigen, noch andauernden Zustandes (keine Legalisierung)
> 5. Die Wiederherstellung des früheren Zustands ist
>   a) möglich,
>   b) rechtlich zulässig und
>   c) zumutbar.
> 6. Evtl. Ausschluss bei Mitverschulden

aa) Rechtsgrundlage

Rechtsgrundlage str.

Die Rechtsgrundlage für den FBA ist umstritten.

e.A.: Analogie zum Zivilrecht

Ursprünglich wurden vor allem die zivilrechtlichen Abwehransprüche aus den §§ 12, 862 BGB und § 1004 I BGB entsprechend herangezogen. Man sah diese Vorschriften als Ausdruck eines auch für das öffentliche Recht geltenden allgemeinen Rechtsgrundsatzes.[345]

h.M.: Art. 20 III GG

Die heute wohl überwiegend vertretene Auffassung zieht den Grundsatz der Gesetzmäßigkeit der Verwaltung aus Art. 20 III GG und vor allem die (im Einzelfall einschlägigen) Grundrechte, die der Fortdauer eines rechtswidrigen Zustands entgegenstehen und daher eine Sanktion verlangen, als Rechtsgrundlage heran.[346]

---

342 Str., m.w.N. VG Aachen, Urteil vom 22.09.2014, 7 K 1260/13; Kopp/Schenke, § 113 VwGO, Rn. 81 will grundsätzlich eine 30-jährige Frist anwenden.
343 BayVGH, Beschluss vom 10.01.2013, 8 B 12.305 = **juris**byhemmer.
344 Siehe dazu oben Rn. 211.
345 Schwerdtfeger, § 18, Rn. 287 f. m.w.N.
346 Schwerdtfeger, § 18, Rn. 287 f.; Maurer/Waldhoff, § 30, Rn. 4 ff.

jedenfalls gewohnheitsrechtlich anerkannt

Unabhängig von diesem Meinungsstreit ist jedenfalls festzuhalten, dass das Rechtsinstitut des FBA heute gewohnheitsrechtlich absolut anerkannt ist.

> **hemmer-Methode:** Verwenden Sie daher auf den - im Ergebnis irrelevanten - Streit nicht zu viel Energie. Stellen Sie ihn nur kurz dar, um zu zeigen, dass Sie das Problem kennen. Der h.M. zu folgen, ist schon deshalb ratsam, weil es sich bei dem FBA um ein eigenständiges öffentlich-rechtliches Rechtsinstitut handelt und sich daher eine Anspruchsbegründung aus dem öffentlichen Recht anbietet.

bb) Die einzelnen Voraussetzungen

(1) Eingriffsobjekt

Eingriffsobjekt ist ein subjektives Recht

Nur dann, wenn in ein subjektives Recht des Bürgers eingegriffen wird, kann dieser einen FBA geltend machen.

> **Bsp. 1:** Geht es um die Herausgabe einer beschlagnahmten Sache nach Aufhebung der Beschlagnahmeverfügung an den Eigentümer, so liegt ein Eingriff in Art. 14 I S. 1 GG vor.

> **Bsp. 2:** Wird der Widerruf ehrverletzender amtlicher Äußerungen verlangt, so geht es um einen Eingriff in das in Art. 1 I, 2 I GG geschützte allgemeine Persönlichkeitsrecht.

(2) Hoheitlicher Eingriff

Eingriff ist hoheitlich

Handelt es sich nicht um einen hoheitlichen, sondern um einen privatrechtlichen Eingriff, so kommen nur privatrechtliche Abwehransprüche (etwa aus § 1004 I BGB) in Betracht.

> **hemmer-Methode:** Diese Abgrenzung wird schon bei § 40 I VwGO relevant, wenn es darum geht, ob eine öffentlich-rechtliche Streitigkeit vorliegt. Vgl. hierzu bereits oben Rn. 165 ff.

Wichtig! Eingriff selbst kann rechtmäßig sein!

Zu beachten ist, dass der Eingriff selbst - anders als der dadurch verursachte Zustand - nicht rechtswidrig sein muss, da der FBA sich ja gerade gegen den geschaffenen Zustand und nicht gegen den Eingriff wendet.

> **Bsp.:** Eine Sache wird rechtmäßigerweise beschlagnahmt. Nach Aufhebung der Beschlagnahmeverfügung unterlässt es die Behörde, die beschlagnahmte Sache zurückzugeben.

Der Eingriff (Beschlagnahme) war in diesem Fall rechtmäßig, der derzeitige Zustand (fehlende Rückgabe nach Aufhebung der Beschlagnahmeverfügung) hingegen ist rechtswidrig.

Regelmäßig wird sich die Rechtswidrigkeit des Zustandes aber aus der Rechtswidrigkeit des Eingriffs ergeben.

(3) Noch andauernder, rechtswidriger Zustand

Entscheidend ist das Andauern des rechtswidrigen Zustands.

(a) Wurde der rechtswidrige Zustand bereits beendet (z.B. im vorhergehenden Fall wurde die Sache schon zurückgegeben), ist für den FBA kein Raum mehr.

§ 5 ALLGEMEINE LEISTUNGSKLAGE

EXKURS: Rechtslage nach Erledigung

Problem: Wegfall der Beschwer, § 113 I S. 4 VwGO analog?

Es fragt sich, was bei der allgemeinen Leistungsklage in den Fällen gilt, in denen die beanstandeten Belastungen im Zeitpunkt der letzten mündlichen Verhandlung bereits beendet sind (sog. Erledigung).

225

Nochmals: Die beschlagnahmte Sache wird nach Aufhebung der Beschlagnahmeverfügung nicht zurückgegeben. Kurz nachdem der Eigentümer Klage erhoben hat, wird ihm die Sache doch noch zurückgegeben.

h.M.: keine Analogie zu § 113 I S. 4 VwGO

§ 113 I S. 4 VwGO ermöglicht dem Kläger, in derartigen Fällen im Bereich der Anfechtungsklage bei Vorliegen eines berechtigten Interesses sein Klagebegehren auf die Feststellung der Rechtswidrigkeit umzustellen (sog. Fortsetzungsfeststellungsklage).[347] Ob § 113 I S. 4 VwGO analog auf die allgemeine Leistungsklage angewendet werden kann, ist umstritten. Die h.M. verneint dies.

Dafür wird zum einen angeführt, der Feststellungsantrag werde nur für Maßnahmen von einigem Gewicht eröffnet, die z.B. im Beamtenrecht (im sog. Grundverhältnis) eben gerade als Verwaltungsakte ergingen.[348] Vor allem aber sei § 113 I S. 4 VwGO eine eng auszulegende Ausnahmevorschrift.[349]

Begr.: allgemeine Feststellungsklage ist möglich

Die Gegenansicht[350] teilt diese Argumentation nicht und vertritt daher auch im Bereich der allgemeinen Leistungsklage, die mit der Kontrolle belastender Maßnahmen ohne Verwaltungsakt-Charakter eine der Anfechtungsklage vergleichbare Rechtsschutzfunktion erfüllt, die analoge Anwendung des § 113 I S. 4 VwGO. Allerdings hält auch diese Ansicht das Argument der h.M. für stichhaltig, dass es eigentlich kein großes Bedürfnis für die analoge Anwendung des § 113 I S. 4 VwGO gibt, kann doch derselbe Zweck mit der allgemeinen Feststellungsklage nach § 43 I VwGO verfolgt werden.[351]

EXKURS ENDE

keine Rechtswidrigkeit bei Duldungspflicht oder ...

(b) Der Zustand muss rechtswidrig sein. Das ist insbesondere dann der Fall, wenn es an einer Eingriffsbefugnis fehlt.[352] Die Rechtswidrigkeit des Eingriffs – auf die es selbst nicht ankommt – führt zur Rechtswidrigkeit des dadurch geschaffenen Zustandes, s.o. Der Zustand ist aber dann nicht rechtswidrig, wenn er von dem Kläger zu dulden ist. Als Duldungspflicht kommt insbesondere § 906 BGB analog in Betracht.

226

Weitere Bspe.: § 126 BauGB, § 14 KrW-/AbfG

Besteht ein entsprechender Duldungs-Verwaltungsakt, so führt auch dieser zu einer Duldungspflicht, selbst wenn er rechtswidrig, nicht aber, wenn er nichtig (§§ 43 II, III, 44 VwVfG) ist. Besteht also ein den Zustand rechtfertigender Verwaltungsakt, so muss dieser zuerst angefochten werden, da erst die Aufhebung des Verwaltungsakts den Vollzug rechtswidrig macht. Es handelt sich dann um die Konstellation des § 113 I S. 2 VwGO.[353]

---

347 Näher dazu (insb. auch zur analogen Anwendung bei Erledigung vor Klageerhebung) Rn. 152.
348 OVG Münster, RiA 1976, 137 (138).
349 Kopp/Schenke, § 113 VwGO, Rn. 116 f. m.w.N.
350 Steiner, JuS 1984, 856.
351 Steiner, JuS 1984, 857; Kopp/Schenke, § 113 VwGO, Rn. 116.
352 Zu der Problematik, inwiefern es bei der Warnung vor Jugendsekten durch die Regierung einer (ausdrücklichen) Befugnisnorm bedarf, vgl. den bayer. Examensfall 1991/I, 7, BayVBl. 1993, 543/574 und den sehr instruktiven Aufsatz von Discher, JuS 1993, 463.
353 Vgl. dazu oben Rn. 211.

VERWALTUNGSRECHT II

... bei nachträglicher Legalisierung

Der FBA entfällt auch dann, wenn der rechtswidrige Zustand inzwischen legalisiert worden ist. Dies kommt beispielsweise dann in Betracht, wenn der nichtige oder aufgehobene Verwaltungsakt durch einen neuen, rechtmäßigen Verwaltungsakt ersetzt worden ist.

Die bloße Möglichkeit der nachträglichen Legalisierung lässt den Folgenbeseitigungsanspruch nicht entfallen. Allerdings kann seine Geltendmachung unzulässige Rechtsausübung sein.[354]

(4) Wiederherstellung möglich, rechtlich zulässig und zumutbar

drei Hürden der Wiederherstellung:
1) möglich
2) rechtlich zulässig
3) zumutbar

(a) Der Folgenbeseitigungsanspruch richtet sich alleine auf die Wiederherstellung des ursprünglichen Zustandes durch Beseitigung der Folgen des rechtswidrigen Verwaltungshandelns. Naturalrestitution in Form von Geldersatz kann nicht verlangt werden (außer der Eingriff bestand im Geldentzug, dann Erstattungsanspruch).[355] Der FBA scheidet also aus, wenn die Wiederherstellung unmöglich ist. Da die Wiederherstellung des ursprünglichen Zustandes in absoluter Identität aber niemals möglich ist, begnügt sich die h.M. mit der Herstellung eines vergleichbaren Zustandes.

227

> *Bsp.:* Die Wiederherstellung eines rechtswidrig abgerissenen Hauses ist ebenso unmöglich wie die eines herausgerissenen Baumes. Nach einer Mindermeinung sind damit auch Folgenbeseitigungsansprüche ausgeschlossen[356], während die h.M. hierunter den Bau eines vergleichbaren Hauses subsumieren würde.

> **hemmer-Methode:** Hier wird der Unterschied des FBA zu Amtshaftungs- und Entschädigungsansprüchen (z.B. Enteignungsentschädigung, enteignungsgleicher Eingriff) deutlich: Letztere führen gerade dann zu einem „Folgenentschädigungsanspruch", wenn die Wiederherstellung und damit der FBA nicht mehr möglich sind. Für diese Ansprüche gilt allerdings die Verweisung nach § 40 II S. 1 VwGO.[357]
> Zur Verdeutlichung: Die Naturalrestitution i.S.d. Amtshaftungsanspruches orientiert sich hypothetisch an der Zukunft (wie würde der Geschädigte heute stehen, wenn das schädigende Ereignis nicht eingetreten wäre?), der FBA orientiert sich dagegen an der Vergangenheit (der frühere Zustand ist wiederherzustellen). Wichtig ist diese Unterscheidung vor allem für entgangenen Gewinn, der nur von einem Schadensersatzanspruch erfasst wird.[358]

bei Drittbelastung Eingriffsbefugnis erforderlich

(b) Dass die Wiederherstellung nur dann verlangt werden kann, wenn sie rechtlich zulässig ist, versteht sich von selbst.

228

Probleme können sich in diesem Zusammenhang insbesondere dann ergeben, wenn die Folgenbeseitigung in einer drittbelastenden Eingriffsmaßnahme besteht. Dann muss wegen des Gesetzesvorbehaltes (Art. 1 III, 20 III GG) eine entsprechende Rechtsgrundlage bestehen.[359]

> *Bsp.:*[360] Wohnungseigentümer W begehrt, nachdem die Beschlagnahmeverfügung aufgehoben worden ist, die Räumung seiner Wohnung in der bayerischen Stadt S, in die von der Stadt S Obdachlose eingewiesen wurden.

---

354 Rn. 229 a.E.
355 Maurer/Waldhoff, § 30, Rn. 13.
356 Vgl. VGH BW, NVwZ-RR 1990, 449; BayVGH, BayVBl. 1992, 147.
357 Vgl. hierzu sowie zu der Gegenansicht, die einen unter § 40 I VwGO fallenden Folgenentschädigungsanspruch bejaht, Schenke, JuS 1990, 376 ff.; vgl. auch schon oben Rn. 172.
358 BayVGH, BayVBl. 2002, 637 = **juris**byhemmer.
359 Vgl. oben Rn. 210.
360 Vgl. zu diesem Klassiker den ausführlichen Klausurfall von Deubert/Müller, JA 1993, 195.

Da die Räumungsaufforderung die eingewiesenen Obdachlosen beeinträchtigt, ist die Wiederherstellung des früheren Zustands nur dann rechtlich zulässig, wenn der Stadt S eine Rechtsgrundlage (Eingriffsbefugnis) für die Räumungsverfügung zusteht.

Diesbezüglich kommt alleine die sicherheitsrechtliche Generalklausel (in Bayern: Art. 7 II Nr. 1 BayLStVG) in Betracht[361]. Danach kann die Stadt S als Sicherheitsbehörde (vgl. Art. 6 BayLStVG) in ihrem Aufgabenbereich für den Einzelfall Anordnungen treffen, um rechtswidrige Taten zu verhüten oder zu unterbinden. Wegen der Verletzung des § 123 StGB sind sowohl der Aufgabenbereich des Art. 6 BayLStVG (Gefahr für die öffentliche Sicherheit), als auch die Befugnis des Art. 7 II Nr. 1 BayLStVG eröffnet. Die Stadt S ist bereits damit zum Einschreiten berechtigt. Da Art. 7 II BayLStVG jedoch als Ermessensnorm ausgestaltet ist, ist die Stadt S nur bei der sog. Ermessensreduzierung auf Null auch zum Einschreiten verpflichtet. Wegen des Wegfalls der tatsächlichen Notwendigkeit der Inanspruchnahme der Wohnung, wegen des grds. gegebenen FBA etc. ist vorliegend jedoch eine Ermessensreduzierung auf Null anzunehmen. Die Wiederherstellung ist rechtlich zulässig.

hemmer-Methode: In dieser Konstellation wird zum Teil auch vertreten, dass das Begehren des Eigentümers auf den Erlass eines Räumungs-Verwaltungsakts gerichtet sei, sodass statthafte Klageart die Verpflichtungsklage wäre. Überzeugender ist, die Räumung als das eigentliche Begehren zu sehen. Die Möglichkeit, diese ggf. per entsprechendem Verwaltungsakt durchzusetzen, ist Voraussetzung für das Bestehen eines Räumungsanspruchs, aber nicht eigentliches Begehren. Auf welche Art und Weise die Gemeinde die Räumung durchsetzt, kann dem Eigentümer egal sein, solange er seine Wohnung wieder erhält.

Kriterium der Zumutbarkeit folgt aus dem Grds. von Treu und Glauben

(c) Die Zumutbarkeit fehlt, wenn die Wiederherstellung einen unverhältnismäßig großen Aufwand erfordern würde. In diesem Bereich wird oft das allgemeine, auch für das öffentliche Recht geltende Gebot von Treu und Glauben (§§ 242, 275 II BGB) herangezogen.[362]

Bsp.: Bürger B möchte die Beseitigung einer an sein Grundstück angrenzenden, rechtswidrig errichteten und ihn beeinträchtigenden Kläranlage erreichen.

Unter Berücksichtigung des aus Treu und Glauben resultierenden nachbarlichen Gemeinschaftsverhältnisses ist von der Rspr.[363] anerkannt, dass eine den Bürger begünstigende Verwaltungsmaßnahme dann unterbleiben muss, wenn diese Maßnahme völlig außer Verhältnis zu dem mit der Maßnahme angestrebten Zweck stünde und die berechtigten Interessen des Bürgers auf andere Weise - etwa durch Schadensersatzzahlungen - gesichert werden können.

**hemmer-Methode: Bei Unmöglichkeit bzw. Unzumutbarkeit kann sich der FBA also wieder in einen Entschädigungsanspruch aus enteignungsgleichem Eingriff (s.o.) umwandeln.[364] Wie Sie sehen, bestehen teilweise fließende Übergänge vom FBA zu Amtshaftungs- und Entschädigungsansprüchen, die jedoch vor den Zivilgerichten geltend zu machen sind.
Beachten Sie in diesem Zusammenhang auch folgende Rspr.:[365] In Fällen, in denen der FBA im Nachbarschaftsverhältnis z.B. wegen Unzumutbarkeit der Wiederherstellung ausscheidet, wird ein zweckgebundener Geldausgleichsanspruch für Maßnahmen des passiven Schutzes (z.B. Schallschutzfenster gegen den Lärm einer Feueralarmsirene) gewährt.**

---

361 Zum FBA im Drei-Personen-Verhältnis vgl. bereits oben Rn. 29.

362 Dies entspricht auch der Wertung des § 275 II BGB, der im Zivilrecht auch i.R.d. § 1004 BGB entsprechend herangezogen wird, vgl. BGH, NJW 2010, 2341 = **Life&Law 09/ 2010, 619 ff.** = **juris**byhemmer; VGH München, Urteil vom 05.11.2012, 8 ZB 12.116 = **Life&Law 03/2013** = **juris**byhemmer.

363 Vgl. etwa VGH Kassel, NJW 1993, 3088 = **juris**byhemmer.

364 Einen eigenständigen Folgenentschädigungsanspruch, der in die Zuständigkeit der Verwaltungsgerichte fiele, lehnt die ganz h.M. ab, m.w.N. Ossenbühl/Cornils, S. 332 ff; in diese Richtung aber wohl gehend BVerwG, NJW 1989, 2484 = **juris**byhemmer.

365 Vgl. BVerwG, BayVBl. 1989, 20 (22) = **juris**byhemmer.

Dieser soll sich im öffentlich-rechtlichen Nachbarschaftsverhältnis aus dem Rechtsgedanken der § 906 II S. 2 BGB, § 74 II S. 3 VwVfG, § 41 II BlmSchG, § 17 IV FStrG ergeben. Der Vorteil dieses Anspruches ist darin zu sehen, dass ein schwerer und unerträglicher Eingriff in das Eigentumsgrundrecht gerade nicht gefordert wird.

Bsp.: Ein an sich gegebener FBA kann auch deswegen entfallen, weil die Behörde die Möglichkeit hat, rechtmäßige Zustände herbeizuführen (nachträgliche Legalisierung, s.o.) und hinreichend gesichert ist, dass die Behörde von dieser Möglichkeit alsbald Gebrauch machen wird.[366] Auch in diesem Fall würde die Geltendmachung des FBA Treu und Glauben widersprechen („dolo facit, qui petit, quod statim redditurus est").

(5) Einwand des Mitverschuldens

§ 254 BGB analog

Besteht nach alledem grundsätzlich ein FBA, so kann die Geltendmachung doch wegen Mitverschuldens des Bürgers, § 254 BGB analog, ausgeschlossen sein.[367]

früher: alles oder nichts

Da der FBA auf Wiederherstellung gerichtet ist und eine nur teilweise Wiederherstellung oft nicht möglich ist, entfiel der FBA bei überwiegendem Verschulden des Bürgers nach früherer Rspr.[368] total („Alles-oder-nichts-Prinzip").

heute: entspr. § 251 I BGB Ausgleich in Geld

Dieses „Alles-oder-nichts-Prinzip" wurde zu Recht als unbillig empfunden. Heute ist daher weitgehend anerkannt, dass sich der Anspruch auf Herstellung eines (unteilbaren) Zustandes bei einem zu berücksichtigenden Mitverschulden des Bürgers analog § 251 I BGB in einen Anspruch auf Zahlung eines Ausgleichsbetrages in Geld, dessen Höhe sich nach dem Grad der Mitverursachung richtet, umwandelt.[369]

Bsp.:[370] Beim Bau einer Straße ist eine Böschung so weitgehend abgetragen worden, dass das Hanggrundstück des Klägers bei Regenfällen „abzusacken" droht. Nachdem der Kläger während der Bauarbeiten nichts unternommen hatte, verlangt er jetzt vor dem Verwaltungsgericht, die beklagte Stadt solle den früheren Zustand wiederherstellen.

Unterstellt, die Voraussetzungen eines FBA liegen vor, so trifft den Kläger doch eine erhebliche Mitverantwortung, da er dem Eingriff „tatenlos" zugesehen hat. Wegen seines analog § 254 BGB ins Gewicht fallenden Mitverschuldens kann der Kläger daher nicht Wiederherstellung des früheren Zustands verlangen. Möglicherweise steht ihm jedoch analog § 251 I BGB ein Ausgleichsanspruch in Geld zu. Dazu ist der Grad der Mitverursachung durch den Kläger festzustellen. Da hier das völlig widerspruchslose Dulden des Eingriffs eine erhebliche Mitverursachung bedeutet, muss der Ausgleichsanspruch jedenfalls erheblich gemindert werden, möglicherweise ist er sogar ganz ausgeschlossen. Für die Beurteilung dieser Frage sind die Angaben im Sachverhalt zu knapp.

Folgenbeseitigungsanspruch

Subsumtionsebene
⇨ Eingriffsobjekte
⇨ hoheitlicher Eingriff
⇨ rechtswidriger Zustand
⇨ Wiederherstellung mögl. u. zulässig

Wertungsebenen
⇨ Wiederherstellung zumutbar, § 242 BGB analog
⇨ Mitverschulden § 254 BGB analog

---

366 Schwerdtfeger, § 18, Rn. 292 m.w.N.
367 So die h.M., vgl. Schwerdtfeger, § 18, Rn. 291; Maurer/Waldhoff, § 30, Rn. 20.
368 BVerwG, DÖV 1971, 857 (859) = **juris**byhemmer.
369 BVerwGE 82, 24 = **juris**byhemmer; Schwerdtfeger, § 18, Rn. 291.
370 Nach Schwerdtfeger, § 18, Rn. 283.

> **Anhang: Prüfungsschema für den Vollzugs-FBA i.S.v. § 113 I S. 2 VwGO:**
>
> **A)** Zulässigkeit
>
>   I. Eröffnung des Verwaltungsrechtswegs
>
>   II. Klageart
>
>   1. Allgemeine Leistungsklage: entsprechendes Klagebegehren; aber keine Aussicht auf Erfolg, da Verwaltungsakt Eingriff rechtfertigt
>
>   2. Anfechtungsklage alleine: lässt nur Verwaltungsakt wegfallen, beseitigt aber Folgen des Vollzugs nicht
>
>   3. Daher Verbindung nach § 113 I S. 2 VwGO (Beseitigungsverlangen für den Fall des Erfolgs der Anfechtungsklage)
>
>   III. Klagebefugnis, § 42 II VwGO
>
>   IV. Vorverfahren, §§ 68 ff. VwGO
>
>   V. Klagefrist, § 74 VwGO
>
>   VI. Sonstige Zulässigkeitsvoraussetzungen
>
> **B)** Beiladung etc.
>
> **C)** Begründetheit der Anfechtungsklage nach Maßgabe der §§ 78 I, 113 I S. 1 VwGO (vgl. Hemmer/Wüst, Verwaltungsrecht I, Rn. 255 ff.), falls (+):
>
> **D)** Begründetheit des Antrags nach § 113 I S. 2 VwGO
>
>   I. FBA gegeben (s. obiges Prüfungsschema)
>
>   II. Voraussetzungen des § 113 I S. 3 VwGO
>
>   1. Behörde ist zur Wiederherstellung in der Lage
>
>   2. Spruchreife

b) Die öffentlich-rechtlichen Erstattungsansprüche

allgemeiner Erstattungsanspruch ist subsidiär

Sofern die Rückzahlung eines zu Unrecht gezahlten Geldbetrages begehrt wird, ist zwischen vorrangigem geschriebenen und dem subsidiären ungeschriebenen Erstattungsanspruch zu differenzieren.

aa) Geschriebene Erstattungsansprüche

wichtig: § 49a VwVfG

Wegen des Gesetzesvorbehaltes finden sich in der Regel dann geschriebene Erstattungsansprüche, wenn der Staat vom Bürger Erstattung verlangt.

Bsp.:

– *Rückforderung zuviel gezahlter Dienst- oder Versorgungsbezüge nach §§ 12 II BBesG und § 52 II BeamtVG.*

– *Rückgewähr des aufgrund eines später zurückgenommenen rechtswidrigen begünstigenden Verwaltungsakts Gewährten, § 49a VwVfG.*

Prüfung letztendlich wie im Bereicherungsrecht

Die genannten Vorschriften verweisen regelmäßig auf die Vorschriften des BGB über die ungerechtfertigte Bereicherung. Somit sind die Voraussetzungen der §§ 812 ff. BGB zu prüfen:

> **hemmer-Methode:** Beachten Sie, dass die Erstattung im Fall des § 49a VwVfG durch gesonderten Verwaltungsakt festzusetzen ist. Wehrt sich der Betroffene sowohl gegen die Aufhebung des Verwaltungsakts als auch gegen die Rückforderung des Geldes, liegen damit zwei getrennte Anfechtungsklagen vor!

(1) Vermögensverschiebung

i.d.R. „Leistungskondiktion"

Grundvoraussetzung ist, dass der Anspruchsgegner „etwas erlangt" hat (vgl. § 812 I BGB). Es muss also eine Vermögensverschiebung vom Anspruchsteller zum Anspruchsgegner stattgefunden haben. Dies muss durch Leistung oder auf sonstige Weise geschehen sein (§ 812 I BGB). In der Regel ist unproblematisch von einer „Leistungskondiktion" auszugehen. Da es sich um öffentlich-rechtliche Erstattungsansprüche handelt, muss die Vermögensverschiebung innerhalb öffentlich-rechtlicher Rechtsbeziehungen erfolgt sein.

> **hemmer-Methode:** Die Voraussetzungen des § 812 BGB, auf den die einschlägigen öffentlich-rechtlichen Vorschriften regelmäßig verweisen, sind - bis auf den Rechtsgrund - eigentlich nie problematisch. Schließlich handelt es sich um Klausuren aus dem öffentlichen Recht. Es genügt daher in der Regel, wenn Sie feststellen, dass eine unmittelbare Vermögensverschiebung erfolgt ist.

(2) Fehlender Rechtsgrund

Inzidentprüfung des § 44 VwVfG kann Schwerpunkt sein

Hier sind in der Regel ausführliche Erörterungen angezeigt. Die Vermögensverschiebung muss ohne Rechtsgrund erfolgt sein bzw. der Rechtsgrund muss später weggefallen sein.

Meist ist auf einen Verwaltungsakt als Rechtsgrund abzustellen. Nicht das Gesetz selbst, das zum Erlass des Verwaltungsakts berechtigt, ist der Rechtsgrund. Auch ein rechtswidriger (nicht aber ein gem. § 44 VwVfG nichtiger, siehe hierzu **Hemmer/Wüst, Verwaltungsrecht I, Rn. 245, 325 ff.**) Verwaltungsakt ist Rechtsgrund, da er trotz Rechtswidrigkeit rechtswirksam ist, solange er nicht aufgehoben worden ist.

(3) Wegfall der Bereicherung (§ 818 III BGB)

beachte: Einwand der Entreicherung schon bei grober Fahrlässigkeit abgeschnitten

Soweit auf die §§ 812 ff. BGB verwiesen wird, ist auch der Einwand des Wegfalls der Bereicherung nach § 818 III BGB zu berücksichtigen. Der Einwand des § 818 III BGB wird - über die §§ 819, 818 IV BGB hinausgehend - nach §§ 49a II S. 2 VwVfG schon dann abgeschnitten, wenn der Bürger die Umstände des Mangels infolge grober Fahrlässigkeit nicht kannte.

Beachte: Wird nicht ausdrücklich auf die §§ 812 ff. BGB verwiesen, so ist auf die Frage, ob § 818 III BGB entsprechend angewendet werden kann, näher einzugehen. Siehe dazu Rn. 239.

bb) Ungeschriebene Erstattungsansprüche

Rückgriff auf ungeschriebenen Erstattungsanspruch

Soweit kein vorrangiger geschriebener Erstattungsanspruch einschlägig ist, ist auf den ungeschriebenen Erstattungsanspruch zurückzugreifen.

> **hemmer-Methode:** Wenden Sie nicht vorschnell den ungeschriebenen Erstattungsanspruch an. Kodifizierte Erstattungsansprüche gehen als leges speciales vor. Die Erörterung der Rechtsgrundlage ist dann überflüssig.

(1) Rechtsgrundlage

Rechtsgrundlage knapp diskutieren

Der ungeschriebene öffentlich-rechtliche Erstattungsanspruch ist allgemein anerkannt. Lediglich bzgl. der Rechtsgrundlage besteht Streit.

Teilweise wird vertreten, der Anspruch ergebe sich aus einer analogen Anwendung der §§ 812 ff. BGB.[371]

Die h.M.[372] sieht in dem Erstattungsanspruch jedoch einen eigenständigen öffentlich-rechtlichen Anspruch, der nicht von den §§ 812 ff. BGB abzuleiten ist. Vielmehr ergebe sich der Anspruch aus allgemeinen Grundsätzen des Verwaltungsrechts, insbesondere der Gesetzmäßigkeit der Verwaltung (Art. 1 III, 20 III GG). Er ist gegeben, wenn die Gerechtigkeit einen Ausgleich der mit der Rechtslage nicht mehr übereinstimmenden Vermögenslage erfordert.

> **hemmer-Methode:** Diesen Streit sollten Sie in der Klausurlösung zwar immer kurz ansprechen. Letztlich besitzt er jedoch keine große Fallrelevanz, da über die Tatbestandsmerkmale weitgehend Einigkeit besteht.

(2) Voraussetzungen

tatbestandlich keine Unterschiede

Auch der ungeschriebene Erstattungsanspruch setzt eine rechtsgrundlose Vermögensverschiebung innerhalb einer öffentlich-rechtlichen Rechtsbeziehung voraus. Vgl. insoweit die obigen Ausführungen.

(3) Wegfall der Bereicherung

Problem des § 818 III BGB

Die Frage, ob § 818 III BGB analog auf den ungeschriebenen Erstattungsanspruch anzuwenden ist, ist umstritten.

Staat darf sich nicht auf Entreicherung berufen

(a) Weitgehend anerkannt ist, dass sich der Staat nicht auf den Wegfall der Bereicherung berufen kann.[373] Zum einen dürften die tatsächlichen Voraussetzungen dafür selten vorliegen. Vor allem aber würde dieser Einwand dem Grundsatz der Gesetzmäßigkeit der Verwaltung (Art. 20 III GG) und der finanziellen Leistungsfähigkeit der öffentlichen Hand widersprechen.

(b) Fraglich ist indessen, ob der Bürger Entreicherung einwenden kann.

Bürger schon durch § 48 VwVfG geschützt

Soweit ein Verwaltungsakt zwischengeschaltet ist, ist der Bürger schon durch die beschränkte Rücknehmbarkeit rechtswidriger begünstigender Verwaltungsakte geschützt. Die Entreicherung ist hier überdies durch § 49a II VwVfG speziell geregelt.

---

[371] BayVGH, NJW 1974, 2021.
[372] BVerwGE 48, 279 (286) = **juris**byhemmer.
[373] Maurer/Waldhoff, § 29, Rn. 33 ff; BVerwGE 36, 108 (113) = **juris**byhemmer.

statt Entreicherung gilt der Grundsatz des Vertrauensschutzes

In den übrigen Fällen verneint die h.M. die analoge Anwendung der §§ 818 III, 819 I BGB.[374] Vielmehr sei der Grundsatz des Vertrauensschutzes heranzuziehen.

Dies ist für den Bürger insofern ungünstiger, als - anders als bei § 819 I BGB - nicht nur positive Kenntnis, sondern bereits grob fahrlässige Unkenntnis vom Fehlen/Wegfall des Rechtsgrundes den Entreicherungseinwand ausschließt. Für diese Ansicht spricht auch die Existenz des § 49a II VwVfG.

> *Bsp.: Die Empfängerin E erhielt im Januar 2020 von der Behörde B die Sozialhilfe versehentlich zweimal ausgezahlt. Die Behörde verlangt daraufhin im Februar 2020 die Rückzahlung des zuviel gezahlten Betrages. E lehnt ab, da sie das Geld - obgleich verwundert über die zweimalige Zahlung - im Vertrauen auf die Richtigkeit der Geschehnisse für ihren Lebensunterhalt ersatzlos verbraucht hat. Kann die Behörde Rückzahlung verlangen?*

Mangels Sonderregelung kommt nur der ungeschriebene öfftl.-rechtl. Erstattungsanspruch in Betracht. Fraglich ist, ob E sich auf Entreicherung berufen kann. Das ist mit der h.M. abzulehnen, da E grob fahrlässig hinsichtlich der Unkenntnis des fehlenden Rechtsgrundes war. Der Entreicherungseinwand wird im öffentlichen Recht stärker als durch § 819 I BGB im Zivilrecht eingeschränkt.

öffentlich-rechtlicher Erstattungsanspruch

geschriebene Erstattungsansprüche
- ⇨ Erstattung überzahlter Dienstbezüge: §§ 12 II BBesG, 52 II BeamtVG
- ⇨ Erstattung nach Aufhebung eines VA: § 49a VwVfG

ungeschriebener Erstattungsanspruch

Rechtsgrundlage str.:
- ⇨ **e.A.:** §§ 812 ff. BGB analog
- ⇨ **a.A.:** allg. Grundsätze des öffentl. Rechts (Art. 20 III, 1 III GG)

Prüfungsschema ungeschriebener ör Erstattungsanspruch

I. Rechtsgrundlage

II. Unmittelbare Vermögensverschiebung innerhalb einer ör Rechtsbeziehung

III. Ohne Rechtsgrund bzw. Rechtsgrund später weggefallen

IV. Evtl. Wegfall der Bereicherung
- ⇨ Staat kann sich nicht auf Entreicherung berufen (Art. 20 III GG); finanzielle Leistungsfähigkeit d. öffentl. Hand)
- ⇨ str., ob Bürger Entreicherung anwenden kann; h.M.: §§ 818 III, 819 I BGB nicht anwendbar, ör Grundsatz des Vertrauensschutzes (entsprechende Anwendung des § 49a VwVfG

---

[374] BVerwGE 71, 85 = **juris**byhemmer; Schwerdtfeger, § 17, Rn. 280; bezweifelt von Maurer/Waldhoff, § 29, Rn. 33 ff.

G) Die allgemeine Leistungsklage im Zusammenhang mit öffentlich-rechtlichen Verträgen

beim öfftl.-rechtl. Vertrag meist Leistungsklage

Der öffentlich-rechtliche Vertrag spielt in Examensklausuren meist insoweit eine Rolle, als der Betroffene einen (Primär- oder Sekundär-) Anspruch aus dem Vertrag geltend macht. Regelmäßig ist dann nach den Erfolgsaussichten eines verwaltungsgerichtlichen Rechtsbehelfs gefragt.

I. Eröffnung des Verwaltungsrechtsweges, § 40 I VwGO

1. Problem: Öffentlich-rechtliche Streitigkeit

Vertragsfreiheit der Behörde

Soweit die Wahrnehmung öffentlicher Aufgaben nicht durch spezielle öffentlich-rechtliche Vorschriften geregelt ist, besteht für die Verwaltung die Wahlfreiheit, ob sie ihre Leistungen aufgrund öffentlich-rechtlicher oder privater Rechtsformen erbringt (s.o. Rn. 5, Benutzerstreitigkeiten). Dementsprechend kann die Behörde also auch privatrechtlich zu beurteilende Verträge schließen, für die bei Streitigkeiten der ordentliche Rechtsweg, § 13 GVG, eröffnet ist.

Daneben räumen die §§ 54 ff. VwVfG der Verwaltung die Möglichkeit ein, verwaltungsrechtliche Beziehungen einvernehmlich durch Vertrag zu regeln. Für Streitigkeiten aus solchen „öffentlich-rechtlichen" (wegen § 1 I VwVfG besser „verwaltungsrechtlichen") Verträgen steht der Verwaltungsrechtsweg nach § 40 I VwGO offen.

Beachte: Dies gilt auch für Schadensersatzansprüche aus öffentlich-rechtlichen Verträgen, arg. § 40 II S. 1 VwGO. Allerdings lässt die Rechtsprechung für Ansprüche aus der Pflichtverletzung eines öffentlich-rechtlichen Vertrages auch den Zivilrechtsweg zu, wenn ein enger Zusammenhang mit Amtshaftungsansprüchen besteht.[375]

2. Rechtsnatur des Vertrages

Einordnung des Vertrages

Für die Frage, ob der Streit aus Verträgen öffentlich-rechtlicher Art ist, muss die Rechtsnatur des Vertrages bzw. des streitgegenständlichen Vertragsteiles ermittelt werden.

Kriterium: Vertragsgegenstand

Abgrenzungskriterium ist hier der Vertragsgegenstand, wie er sich aus dem konkreten Inhalt ergibt. Unerheblich ist dagegen die Stellung der Vertragspartner (auch Behörden können privatrechtliche Verträge schließen) und der subjektive Wille der Vertragsschließenden. Bezieht sich der Inhalt des Vertrages auf einen öffentlich-rechtlich geregelten Sachverhalt oder steht er mit diesem in engem Sachzusammenhang, so ist der Gegenstand öffentlich-rechtlich.[376]

Verpflichtet sich also die Behörde zum Erlass eines Bebauungsplanes (ob sie das darf, ist eine Frage der Begründetheit) oder zur Erteilung einer Baugenehmigung im Gegenzug für eine bestimmte Leistung des Bürgers, dann bezieht sich der Vertragsgegenstand auf einen öffentlich-rechtlich geregelten Sachverhalt, nämlich das öffentliche Baurecht. Gleiches gilt für Verträge zwischen Bürger und Behörde über den Vollzug öffentlicher Rechtsnormen (z.B. § 110 BauGB) oder für öffentlich-rechtliche Berechtigungen und Verpflichtungen des Bürgers (z.B. Straßenreinigungspflicht).

---

375 BVerwG, NJW 2002, 2894 = DVBl. 2002, 1555 = **Life&Law 2002, 851** = Bl. 2003, 22 = **juris**byhemmer; bspw. in DVBl. 2002, 1648 von Kellner.
376 BayVGH, BayVBl. 2005, 143: Der Vertragsgegenstand ist öffentlich-rechtlich, wenn er als Gesetz „gedacht" dem öffentlichen Recht zuzuordnen wäre.

Problematisch ist die Ermittlung der Rechtsnatur dann, wenn - wie das regelmäßig der Fall sein wird - mehrere Verpflichtungen vertraglich vereinbart sind, von denen einzelne bei einer isolierten Betrachtungsweise „rechtlich neutral" sind und sich somit zunächst nicht eindeutig zuordnen lassen. So ist die Verpflichtung zur Zahlung einer Geldleistung des Bürgers für sich betrachtet weder eindeutig öffentlich-rechtlich noch privatrechtlich, mithin also rechtlich „indifferent".

Kriterium: Schwerpunkt

Lässt sich der streitgegenständliche Vertragsteil nicht eindeutig qualifizieren, ist auf den Zweck der Verpflichtung und den Gesamtcharakter der Vereinbarung abzustellen. Wurde die Geldleistung versprochen, damit sich die Behörde zum Erlass eines Bebauungsplanes bzw. der Baugenehmigung verpflichtet, dann bezweckt sie ein hoheitliches Handeln. Der Gesamtcharakter der Vereinbarung ist öffentlich-rechtlich.

Dies soll selbst dann gelten, wenn die bezweckte hoheitliche Behördenhandlung nur zur Geschäftsgrundlage der Vereinbarung gemacht wurde, also weder ausdrücklich noch konkludent Vertragsgegenstand ist.

Abgrenzung zu § 40 II S. 1 VwGO

Sowohl der primäre Erfüllungsanspruch als auch sekundäre Ersatzansprüche (vgl. § 40 II S. 1 VwGO) aus dem öffentlich-rechtlichen Vertrag werden durch verwaltungsgerichtliche Klage durchgesetzt.

II. Zulässigkeit der Klage

1. Klageart

normalerweise Leistungsklage

Die richtige Klageart für die Durchsetzung vertraglicher Ansprüche ist die allg. Leistungs-Vornahme-Klage.

243

Auch wenn es um Klagen auf Abgabe öffentlich-rechtlicher Willenserklärungen, z.B. auf Abgabe einer Annahmeerklärung beim Abschluss eines öffentlich-rechtlichen Subventionsvertrages, geht, handelt es sich dabei um einen typischen Anwendungsfall der Leistungs-Vornahme-Klage.[377]

244

ausnahmsweise: Verpflichtungsklage

Nur wenn sich die Behörde vertraglich zum Erlass eines Verwaltungsakts verpflichtet hat, kann mit der Verpflichtungsklage vorgegangen werden.[378]

negative Feststellungsklage

Der Vertragspartner oder Dritte i.S.d. § 58 I VwVfG können durch Erhebung einer negativen Feststellungsklage gemäß § 43 I VwGO die Unwirksamkeit des Vertrages geltend machen.[379]

2. Klagebefugnis, § 42 II VwGO analog

bei § 42 II VwGO auf möglichen Vertragsanspruch abstellen

Da der Kläger möglicherweise einen Primär- oder Sekundäranspruch aus dem öffentlich-rechtlichen Vertrag innehat, ist er klagebefugt.

245

---

377 Steiner, JuS 1984, 854 m.w.N.
378 Umstr., so Schmalz, Allg. Verwaltungsrecht, Rn. 1018, 1020; a.A. Ule/Laubinger, § 72, Rn. 14.
379 Vgl. Schmalz, Verwaltungsrecht – Fälle und Lösungen - Fall 18, S.153 ff.

§ 5 ALLGEMEINE LEISTUNGSKLAGE

3. Sonstige Zulässigkeitsvoraussetzungen

sonst keine spezifischen Problemstellungen der Zulässigkeit

Diese sind wie üblich nur dann zu prüfen, wenn sich in diesem Bereich Probleme stellen. Hier kann bei einer Bürgerverurteilungsklage, also einer Klage des Staates gegen den Bürger auf Vertragserfüllung, das Rechtsschutzbedürfnis problematisiert werden, da der Staat ja grundsätzlich als schnelleren Weg auf den Erlass eines Leistungsbescheides zurückgreifen kann.[380] Allerdings hat der Staat auf seine Verwaltungsakt-Befugnis verzichtet, indem er sich auf die Ebene der Gleichordnung begeben hat.[381] Im Übrigen fehlt es an einer Rechtsgrundlage für den Erlass eines entsprechenden Verwaltungsaktes.[382]

246

III. Begründetheit

Obersatz bei Primäranspruch

Die allgemeine Leistungsklage ist begründet, wenn die Klage gegen den richtigen Beklagten gerichtet ist und dem Kläger ein entsprechender Leistungsanspruch aus dem Vertrag zusteht.

247

hemmer-Methode: Hier soll nur die allgemeine Leistungsklage in Bezug auf einen Primäranspruch aus dem öffentlich-rechtlichen Vertrag geprüft werden. Im Zusammenhang mit den Sekundäransprüchen (z.B. der öff.-rechtl. Erstattungsanspruch) sei auf die diesbezüglichen Ausführungen verwiesen (Rn. 231 ff.).

1. Passivlegitimation

Hier ergeben sich keine Sonderprobleme.

248

2. Bestehen des Leistungsanspruchs

Aufbaufrage

Ein entsprechender Anspruch könnte sich aus dem öffentlich-rechtlichen Vertrag ergeben. Es ist also zu untersuchen, ob überhaupt ein entsprechender Vertrag geschlossen wurde und ob dieser rechtswirksam ist.

249

**hemmer-Methode: Klausuren über öffentlich-rechtliche Verträge leiden oft unter erheblichen Aufbaumängeln. Die Bearbeiter behalten angesichts der relativ seltenen Materie oftmals keinen klaren Kopf und prüfen die §§ 54 ff. VwVfG kreuz und quer durcheinander.
Dagegen hilft, sich auf seine Grundkenntnisse zu besinnen und wie in jeder anderen Begründetheitsprüfung zunächst festzustellen, dass es einer Grundlage für den geltend gemachten Anspruch bedarf. Diese kann sich dann aus dem Vertrag ergeben. Dazu müsste der Vertrag wirksam, nicht zwingend rechtmäßig sein. Allerdings knüpft die Unwirksamkeit des Vertrages an die Rechtswidrigkeit des Vertrages an, sodass die formelle und die materielle Rechtmäßigkeit des Vertrages i.R.d. Wirksamkeit des Vertrages zu prüfen sind.**

a) Vorliegen eines Vertrages

Vorliegen eines Vertrages

Ein Anspruch gem. §§ 54 ff. VwVfG ist im Einzelfall nur denkbar, wenn überhaupt ein Vertrag i.d.S. vorliegt.[383]

250

---

380 Vgl. oben Rn. 195.
381 BayVGH, BayVBl. 2005, 143.
382 Vgl. oben Rn. 214.
383 Vor Vertragsschluss, jedoch während der Vertragsanbahnung besteht auch im öff. Recht die Möglichkeit eines Anspruchs aus öff.-rechtl. c.i.c.; gem. § 40 II S. 1 VwGO ist dabei der Rechtsweg zu den ordentlichen Gerichten eröffnet, vgl. NJW 1999, 3574 f.

Zunächst muss daher der öffentlich-rechtliche Vertrag von ähnlichen Formen des Verwaltungshandelns abgegrenzt werden.

aa) Verwaltungsvertrag und zustimmungsbedürftiger Verwaltungsakt

Abgrenzung zum zustimmungsbedürftigen Verwaltungsakt

Sowohl beim öffentlich-rechtlichen Vertrag, als auch beim zustimmungsbedürftigen Verwaltungsakt wird der Bürger am Entstehen einer öffentlich-rechtlichen Regelung beteiligt.

zustimmungsbedürftiger Verwaltungsakt: einseitig

Der zustimmungsbedürftige Verwaltungsakt bleibt eine einseitige Regelung der Behörde (vgl. § 35 S. 1 VwVfG). Durch die Zustimmung soll nur erreicht werden, dass dem Bürger nicht ein Verwaltungsakt aufgedrängt wird, den er nicht haben will. Die Erklärung des Bürgers ist Rechtmäßigkeitsvoraussetzung. Fehlt sie, dann liegt zwar ein Verwaltungsakt vor, er ist aber rechtswidrig und unwirksam.

Vertrag: zweiseitig

Dem gegenüber wird der Bürger beim öffentlich-rechtlichen Vertrag mitentscheidend in den Regelungsvorgang einbezogen. Der Vertrag setzt zwei Willenserklärungen voraus; ohne die Erklärung des Bürgers liegt kein Vertrag vor. Sie ist also Wirksamkeitsvoraussetzung.

Kriterium: Grad der Beteiligung

Entscheidend dafür, welche Handlungsform vorliegt, ist der erklärte Wille der Beteiligten, der evtl. durch Auslegung zu ermitteln ist. Je stärker die Beteiligung des Bürgers ist, desto eher ist ein öffentlich-rechtlicher Vertrag anzunehmen.

bb) Öffentlich-rechtlicher Vertrag und Zusicherung, § 38 VwVfG

Abgrenzung von Zusicherung

Die Abgrenzung zwischen Vertrag und Zusicherung eines Verwaltungsakts nach § 38 VwVfG ist nach den gleichen Grundsätzen vorzunehmen, wie die Abgrenzung zwischen Vertrag und zustimmungsbedürftigem Verwaltungsakt.

b) wirksamer Vertragsschluss

Ob ein wirksamer Vertragsschluss vorliegt, richtet sich gem. § 62 S. 2 VwVfG nach den entsprechend anwendbaren Vorschriften des BGB, also den §§ 145 ff. BGB. Hier kann das Problem auftreten, ob der für eine Gemeinde handelnde Bürgermeister gesetzliche Vertretungsmacht hat oder ob er hierfür einen Beschluss des Gemeinderats benötigt, vgl. Art. 36 - 38 BayGO.

hemmer-Methode: Für Bayern stellt hier Art. 38 I S. 2 GO klar, dass Art. 38 I S. 1 GO dem Ersten Bürgermeister keine umfassende gesetzliche Vertretungsmacht gibt. Der Erste Bürgermeister benötigt deshalb grundsätzlich einen Gemeinderatsbeschluss, um die Gemeinde wirksam nach außen vertreten zu können – es sei denn der Erste Bürgermeister besitzt für den konkreten Fall eine originäre Zuständigkeit nach Art. 37 GO.

c) Wirksamkeit des öffentlich-rechtlichen Vertrages

Ein öffentlich-rechtlicher Vertrag ist dann unwirksam, soweit ein Nichtigkeitsgrund nach § 59 VwVfG greift. Vorfrage hierfür ist (meist) die Rechtmäßigkeit des Vertrages.

hemmer-Methode: Beim öffentlich-rechtlichen Vertrag kommt es primär nicht auf seine Rechtmäßigkeit, sondern allein auf seine Wirksamkeit an. Dogmatisch genau wäre deshalb eine Prüfung ausgehend von § 59 VwVfG:

Der Vertrag ist – ungeachtet seiner möglichen Rechtswidrigkeit - nur dann unwirksam, wenn einer der dort genannten Nichtigkeitsgründe vorliegt. Über § 59 II Nr. 2 VwVfG bzw. über § 59 I VwVfG i.V.m. § 134 BGB könnte dann die Rechtswidrigkeit des Vertrages geprüft werden.[384] Dieser Aufbau ist allerdings anspruchsvoll und kompliziert, sodass hier zunächst die Rechtmäßigkeit des Vertrages und dann die mögliche Fehlerfolge geprüft werden. Wichtig ist bei diesem Aufbau allerdings, dass Sie bereits im Obersatz klarstellen, dass es eigentlich allein auf die Wirksamkeit des Vertrages ankommt und die Rechtmäßigkeit hierfür nur Vorfrage ist.

aa) Formelle Rechtmäßigkeit

(1) Zuständigkeit

Zuständigkeit nach allg. Grundsätzen

Es ist eine normale Zuständigkeitsprüfung vorzunehmen. Auch beim Abschluss eines öffentlich-rechtlichen Vertrages ist die Verwaltung an die gesetzliche Kompetenzordnung gebunden. Der Vertrag ist nur dann rechtmäßig, wenn die Verwaltungsbehörde für die Regelung auch zuständig wäre, wenn sie eine andere Handlungsform gewählt hätte.

(2) Verfahren

Verfahrensregelung des § 58 VwVfG

Eine besondere Verfahrensregelung für den öffentlich-rechtlichen Vertrag enthält § 58 VwVfG. Danach wird der öffentlich-rechtliche Vertrag nur wirksam, wenn ein zustimmungsberechtigter Dritter bzw. eine mitwirkungsberechtigte Behörde auf die gesetzlich vorgesehene Art und Weise mitgewirkt haben.

Die Gemeinde ist im Baurecht mitwirkungsberechtigte Behörde i.S.d. § 58 II VwVfG. Erteilt sie ihr Einvernehmen nach § 36 I S. 1 BauGB nicht, so wird die Verpflichtung zur Erteilung einer Baugenehmigung nicht wirksam.

Mitwirkungsberechtigte Behörde kann auch die Kommission der EG sein, wenn durch Vertrag eine Beihilfe versprochen wird, vgl. Art. 108 III AEUV.

Verstoßfolge: schwebende Unwirksamkeit

§ 58 VwVfG ist nicht nur Rechtmäßigkeits-, sondern Wirksamkeitsvoraussetzung des öffentlich-rechtlichen Vertrages. Fehlt es also an der erforderlichen Mitwirkung, so ist der Vertrag schwebend unwirksam.

(3) Form

Schriftform

Öffentlich-rechtliche Verträge bedürfen grundsätzlich der Schriftform, § 57 VwVfG. Diese erfordert die Unterschrift der Vertragspartner auf einem Schriftstück, sog. Urkundeneinheit.[385] Eine strengere Form (§ 57 HS 2 VwVfG) kann sich aber aus anderen gesetzlichen Vorschriften ergeben. So etwa, wenn der Vertrag die Verpflichtung zum Verkauf eines Grundstückes enthält - in diesem Fall gilt über § 62 S. 2 VwVfG die Vorschrift des § 311b BGB.[386]

---

384 Vgl. unten Rn. 264.
385 NVwZ 1998, 1087 = **juris**byhemmer.
386 BGHZ 58, 386 = **juris**byhemmer.

bb) Materielle Rechtmäßigkeit

Zweierschritt der Rechtmäßigkeitsprüfung

Die materielle Rechtmäßigkeit eines öffentlich-rechtlichen Vertrages ist in einem Zweierschritt zu prüfen.

⇨ Ist der Vertrag als Handlungsform zulässig?
⇨ Ist der Inhalt des Vertrages zulässig?

(1) Vertragsformverbot

Vertragsformverbot

Weiter ist zu prüfen, ob eine Regelung der vorgenommenen Art überhaupt durch einen öffentlich-rechtlichen Vertrag erfolgen darf oder ob nicht etwa ein Verwaltungsakt zwingend vorgeschrieben ist.

Ein ausdrückliches Vertragsformverbot wird sich selten direkt aus dem Gesetz ergeben. Es genügt insbesondere nicht, wenn das Gesetz lediglich eine andere Handlungsform (meist Verwaltungsakt) bereitstellt.[387] Die generelle Unzulässigkeit einer vertraglichen Regelung kann sich jedoch im Wege der Auslegung (gegebenenfalls i.V.m. anderen Vorschriften und allgemeinen Rechtsgrundsätzen) ergeben.

Bsp.:

Vertragsformverbot bei Prüfungen
– Das Vertragsformverbot bei Leistungs-, Eignungs- und ähnlichen Prüfungen folgt aus § 2 III Nr. 2 VwVfG.

Vertragsformverbot bei Ernennung
– Auch bei der Ernennung zum Beamten, der Einberufung zum Wehrdienst und der Einbürgerung ist eine vertragliche Vereinbarung unzulässig.[388]

Vertragsformverbot im Abgabenrecht
– Im Abgabenrecht ist eine vertragliche Vereinbarung über die Steuerzahlung grundsätzlich wegen des Prinzips der Steuergerechtigkeit ausgeschlossen, vgl. aber auch § 133 III S. 5 BauGB.

Vertragsformverbot im Baurecht
– Die Gemeinde darf sich auch nicht durch Vertrag zur Aufstellung oder Änderung eines Bebauungsplanes verpflichten, soweit sie sich dadurch ihrer Planungshoheit begibt. Die Entscheidung, welche Regelungen ein Bebauungsplan enthält, muss in dem in §§ 1 ff., 10 BauGB geregelten Verfahren erfolgen und darf nicht vorweggenommen werden, vgl. § 1 III S. 2 HS 2 BauGB[389].

> **hemmer-Methode:** Enttäuschen Sie nicht die Erwartungshaltung Ihres Korrektors und seien Sie mit der Annahme eines Vertragsformverbotes vorsichtig. Lässt sich ein Verbot nicht zwingend aus dem gesetzlichen Kontext entnehmen, empfiehlt es sich, in der Klausur darauf abzustellen, dass es entscheidend auf den konkreten Inhalt des Vertrages ankommt.
> Die Zweifel an der Zulässigkeit der Vertragsform können dann bei der inhaltlichen Prüfung berücksichtigt werden.
> **Wie immer gilt: Probleme schaffen, nicht wegschaffen!**

Verstoßfolge: Nichtigkeit

Liegt einmal ein Verstoß gegen das Vertragsformverbot vor, so ist der Vertrag nach § 59 I VwVfG i.V.m. § 134 BGB nichtig.

---

[387] Scherzberg, JuS 1992, 205 ff.
[388] Vgl. Stelkens/Bonk/Sachs, § 54 VwVfG, Rn. 54 ff.
[389] Dieses Verbot lässt sich allerdings auch i.R.d. inhaltlichen Überprüfung des Vertrages ansiedeln.

(2) Inhaltliche Rechtmäßigkeit des Vertrages

(a) Öffentlich-rechtlicher Vertrag und Gesetzesvorbehalt

Gesetzmäßigkeit der Verwaltung und öff.-rechtl. Vertrag

Im Wesen eines Vertrages liegt es, dass der Inhalt von den Parteien ausgehandelt wird. Damit unvereinbar wäre die Forderung, dass sich der gesamte zulässige Inhalt eines öffentlich-rechtlichen Vertrages, insbesondere die vom Bürger übernommenen Verpflichtungen, aus dem Gesetz ergeben muss.

Andererseits ist der Verwaltungsvertrag ein Mittel des Gesetzesvollzugs, nicht etwa ein Mittel der Gesetzesdurchbrechung. Deshalb kann sich der Abschluss eines öffentlich-rechtlichen Vertrages nicht nach dem Prinzip der reinen Vertragsfreiheit richten.

Vorrang, nicht Vorbehalt des Gesetzes gilt

Es besteht also ein Spannungsverhältnis zwischen Gesetzesbindung und Regelungsfreiheit. Als Faustregel kann man sich merken, dass der Grundsatz des Vorbehalts des Gesetzes für einen öffentlich-rechtlichen Vertrag nicht gilt. Es gilt nur der Vorrang des Gesetzes. Der öffentlich-rechtliche Vertrag darf also dem geltenden Recht nicht widersprechen, vgl. den Wortlaut des § 54 S. 1 VwVfG *„soweit Rechtsvorschriften nicht entgegenstehen".*

(b) Prüfung der Rechtswidrigkeit

(aa) Verstoß gegen Normen außerhalb des VwVfG

normale Rechtmäßigkeitsprüfung

Hier ist zu untersuchen, ob der Vertragsinhalt gegen Normen des besonderen Verwaltungsrechts oder der Verfassung verstößt. Es ist eine normale materielle Rechtmäßigkeitsprüfung vorzunehmen.

rechtmäßige Ermessensausübung

Im Bereich der Ermessensverwaltung ist der Vertrag rechtmäßig, wenn sein Abschluss auf pflichtgemäßer Ermessensausübung beruht.

Verstoß gegen ius cogens

Rechtswidrig ist der Vertrag, wenn er von zwingenden gesetzlich geregelten Rechten und Pflichten abweicht. Bei einer Abweichung reicht es zur Rechtfertigung auch nicht aus, dass sich Bürger oder Behörde mit ihr formal einverstanden erklärt haben.

Insbesondere darf durch die vertragliche Regelung auch nicht gegen die verfassungsrechtlichen Prinzipien der Gleichbehandlung (Art. 3 I GG) und der Verhältnismäßigkeit (spezieller ist aber in seinem Anwendungsbereich § 56 I S. 2 VwVfG) verstoßen werden.

Verzicht auf Rechtspositionen?

Bei Grundrechten ist zu prüfen, ob die Beteiligten, vor allem der Bürger, auf die Rechtspositionen verzichten konnten oder ob die Einhaltung der Norm zwingend ist. Grundsätzlich liegt in dem Abschluss eines Vertrages kein staatlicher Eingriff in Grundrechte des Bürgers, sondern eine Betätigung des Grundrechtsschutzes durch den Grundrechtsträger.

hemmer-Methode: Ist der öffentlich-rechtliche Vertrag nur die Verpackung der Klausur, wird hier ein Prüfungsschwerpunkt liegen. Liegen hingegen die Schwierigkeiten ersichtlich bei §§ 54 ff. VwVfG, müssen Sie sich hier kurz fassen.

(bb) Verstoß gegen §§ 55, 56 VwVfG

hemmer-Methode: Ein folgerichtiger Aufbau ist Bewertungsschwerpunkt in jeder Klausur. Hüten Sie sich also davor, die Prüfung des Vertrages mit einem abstrakten Wortschwall über dessen rechtliche Einordnung gem. §§ 55, 56 VwVfG zu beginnen.
Die Einordnung ist nur insoweit von Interesse, als das Gesetz für die einzelnen Vertragstypen unterschiedliche Rechtmäßigkeitsvoraussetzungen aufstellt. Daher ist der konkrete Vertrag (erst) an dieser Stelle in die gesetzliche Struktur einzuordnen.

⇨ Abgrenzungen

Einordnung des Vertrages

Begrifflich zu unterscheiden sind koordinationsrechtlicher und subordinationsrechtlicher Vertrag.

koordinationsrechtl. Vertrag

Koordinationsrechtlich sind Verträge zwischen zwei gleichgeordneten Trägern öffentlicher Verwaltung.

Bsp.: Zwei Gemeinden einigen sich über die Bebauungsplanung an der Gemarkungsgrenze.

subordinationsrechtl. Vertrag

Subordinationsrechtlich ist ein Vertrag, wenn zwischen Verwaltungsbehörde und Vertragspartner normalerweise ein Über-/Unterordnungsverhältnis besteht und die Behörde die Möglichkeit hätte, den Vertragsgegenstand auch einseitig durch Verwaltungsakt zu regeln, vgl. § 54 S. 2 VwVfG.

Bedeutung wegen §§ 55, 56 und § 59 II VwVfG

Die Unterscheidung ist insofern von Belang, als § 59 II VwVfG einen speziellen Katalog an Nichtigkeitsgründen für subordinationsrechtliche Verträge enthält und §§ 55, 56 VwVfG für zwei Untergruppen des subordinationsrechtlichen Vertrages (Vergleichs- und Austauschvertrag) spezielle Anforderungen an die Rechtmäßigkeit stellen.

Verfügungs- und Verpflichtungsverträge

Weiterhin ist zu unterscheiden zwischen Verfügungs- und Verpflichtungsverträgen: Der Verfügungsvertrag führt bereits mit Vertragsschluss eine Rechtsänderung herbei. Der Verpflichtungsvertrag stellt dagegen nur die causa dar, aus der sich die Pflicht zur Herbeiführung der Rechtsänderung ergibt.

hemmer-Methode: Beachten Sie, dass Vergleichs- und Austauschvertrag jeweils Unterfälle des subordinationsrechtlichen Vertrages aus § 54 S. 2 VwVfG sind, vgl. §§ 55, 56 I S. 1 VwVfG.

⇨ § 55 VwVfG

Vergleichsvertrag

Voraussetzung für das Vorliegen eines Vergleichsvertrages nach § 55 VwVfG ist ein gegenseitiges Nachgeben, um eine Ungewissheit zu beseitigen. Die Ungewissheit und das Nachgeben müssen sich auf dieselben Probleme beziehen.[390] Stellt sich später heraus, dass der Vergleich von der tatsächlichen Rechts- oder Sachlage abweicht, ist dieser Verstoß gegen den Vorrang des Gesetzes ausnahmsweise unbeachtlich. Hier ordnet der Gesetzgeber im Interesse der Rechtssicherheit eine Ausnahme von diesem Grundsatz an.[391]

---

[390] Beispiel bei Schwerdtfeger, § 19, Rn. 297.
[391] Vgl. Kopp/Ramsauer, § 55 VwVfG, Rn. 3.

⇨ § 56 VwVfG (Gegenleistung des Bürgers)

Austauschvertrag - § 56 VwVfG für die Gegenleistung des Bürgers

Ein Austauschvertrag nach § 56 VwVfG liegt vor, wenn die vertraglichen Leistungen in einem Gegenleistungsverhältnis stehen.

Nicht erforderlich ist aber, dass es sich um ein strenges Synallagma i.S.d. §§ 320 ff. BGB handelt.

Erfüllung öffentlicher Aufgaben

Ein Austauschvertrag ist nur rechtmäßig, wenn die Gegenleistung für einen bestimmten Zweck vereinbart wurde und der Erfüllung öffentlicher Aufgaben dient.

Angemessenheit

Die Gegenleistung muss angemessen sein. Oftmals wird die behördliche Gegenleistung etwa in einem Genehmigungsakt liegen, der auf den ersten Blick zu einer - z.B. erheblichen materiellen - Leistung des Bürgers außer Verhältnis steht. Aus der Tatsache, dass der Bürger sich aber auf den Vertrag eingelassen hat, ist meist zu folgern, dass er die behördliche Gegenleistung für angemessen erachtet.

Koppelungsverbot

Schließlich muss ein sachlicher Zusammenhang zwischen Leistung der Behörde und Gegenleistung bestehen, sog. Koppelungsverbot.

Bsp.: Wird eine Baugenehmigung gegen Zahlung einer bestimmten Geldsumme erteilt, so besteht ein sachlicher Zusammenhang, wenn das Geld von der Behörde für die Erschließung des Baugrundstücks verwendet wird.[392]

Als zusätzliche Schranke ist § 56 II VwVfG zu beachten, wenn die Behördenleistung in einem gebundenen Vertrag besteht.

Bsp.: Wird wie in obigen Bsp. eine Baugenehmigung von der Behörde in dem Vertrag versprochen, sind nur Gegenleistungen zulässig, die auch nach § 36 I VwVfG Gegenstand einer Nebenbestimmung sein könnten. Demnach wäre eine Geldzahlung des Bürgers für die Erschließung des Grundstücks zulässig, da diese Erschließung nach §§ 29 ff. BauGB Rechtmäßigkeitsvoraussetzung für die Baugenehmigung ist.

cc) Nichtigkeit des öffentlich-rechtlichen Vertrages, § 59 VwVfG

auch Ansprüche bei rechtswidrigem Vertrag

Die Rechtswidrigkeit des öffentlich-rechtlichen Vertrages hat für sich genommen noch keine Bedeutung für die sich aus dem Vertrag ergebenden Ansprüche. Grundsätzlich bestehen auch Ansprüche aus einem rechtswidrigen Vertrag fort. Nur wenn § 59 VwVfG die Nichtigkeit positiv anordnet, entfallen die vertraglichen Ansprüche.

hemmer-Methode: Das „Interessante" am öffentlich-rechtlichen Vertrag ist die Regelung der Fehlerfolgen. Da die Leistungsansprüche nur entfallen, wenn der Vertrag nichtig ist, kreisen die meisten Klausuren um § 59 VwVfG. Es gibt - anders als beim Verwaltungsakt - keinen „nur" rechtswidrigen, aber anfechtbaren Vertrag.
Wichtig ist auch die umgekehrte Konstellation: Ein Vertragspartner verlangt Rückgewähr einer bereits erbrachten Leistung. Es wird also ein öffentlich-rechtlicher Erstattungsanspruch geltend gemacht. Er ist nur begründet, wenn die Leistung ohne Rechtsgrund erfolgte. Da auch ein rechtswidriger Vertrag als rechtlicher Grund genügt, ist wiederum entscheidend, ob der Vertrag nichtig ist.

---

[392] Eine unzulässige Koppelung von Leistung und Gegenleistung i.S.d. §§ 54 S. 2, 56, 59 II Nr. 4 VwVfG liegt jedoch vor, wenn das Einvernehmen der Gemeinde zu einer Baugenehmigung „erkauft" wurde, ohne dass das Geld für die Erschließung oder anderweitige Verwendung für die Bebauung notwendig war, vgl. NVwZ 1998, 876.

(1) Nichtigkeit nach § 59 II VwVfG

§ 59 II VwVfG - spezielle Nichtigkeitsgründe

Bei der Prüfung von § 59 VwVfG sind zunächst die speziellen Unwirksamkeitsgründe des § 59 II VwVfG zu untersuchen. Fallwichtig ist vor allem § 59 II Nr. 4 VwVfG, der den Verstoß gegen die Angemessenheit der Gegenleistung bzw. das Koppelungsverbot des § 56 I S. 2 VwVfG sanktioniert.

(2) Nichtigkeit nach § 59 I VwVfG

Nichtigkeit nach § 59 I VwVfG

Lässt sich die Nichtigkeit nicht aus § 59 II VwVfG begründen, so ist § 59 I VwVfG zu prüfen.

Anwendbarkeit des § 134 BGB

§ 59 I VwVfG verweist hinsichtlich der Nichtigkeit auf die BGB-Vorschriften. Die Frage, ob und inwieweit § 134 BGB (Verstoß gegen ein gesetzliches Verbot) entsprechend über § 59 I VwVfG einbezogen werden kann, ist umstritten.

konsequente Anwendung des § 134 BGB?

Die Folge einer konsequenten Anwendung von § 134 BGB wäre, dass alle rechtswidrigen Verwaltungsverträge nichtig wären, da die Verwaltung die Gesetze beachten muss (Vorrang des Gesetzes).

Damit aber wäre das in den speziellen Nichtigkeitsgründen des § 59 II VwVfG zum Ausdruck kommende gesetzgeberische Anliegen missachtet, nicht jede Rechtswidrigkeit solle die Nichtigkeit des Vertrages zur Folge haben.[393]

eingeschränkte Anwendung des § 134 BGB

Andererseits kann § 134 BGB auch nicht für völlig unanwendbar gehalten werden, da ansonsten unter Umständen auch schwerste Rechtsverstöße nicht sanktioniert würden. Eine Lockerung der verfassungsrechtlichen Bindung der Verwaltung an das Gesetz kann aber nur unter engen Voraussetzungen möglich sein.

Jedenfalls soll ein Verstoß gegen das Vertragsformverbot (vgl. oben Rn. 257) zwingend zur Nichtigkeit gem. § 59 I VwVfG i.V.m. § 134 BGB führen.[394]

> **hemmer-Methode:** Wägen Sie die widerstreitenden Argumente knapp und sauber ab und zeigen Sie so, dass Ihnen die zugrundeliegenden Wertungen bekannt sind. Im Ergebnis ist hier abzuwägen, ob die Gültigkeit des Vertrages angesichts der mit ihr verbundenen Folgen unerträglich wäre.[395] Diese Abgrenzungsformel ist sehr schwammig. Sie haben hier Gelegenheit, Ihre juristische Argumentationstechnik unter Beweis zu stellen.
>
> Machen Sie sich auch noch einmal den alternativen Aufbau der Vertragsprüfung bewusst: Sie prüfen ausgehend von § 59 II, I VwVfG die Wirksamkeit des Vertrages. Zur Rechtmäßigkeit des Vertrages als Vorfrage kommen Sie so inzident, bspw. über § 59 II Nr. 4 VwVfG, zu der Frage, ob § 56 VwVfG eingehalten wurde oder über § 59 I VwVfG i.V.m. § 134 BGB, ob der Vertrag gegen sonstige zwingende Rechtsvorschriften verstößt.

IV. Fallbeispiel

K ist Eigentümer eines etwa 500 qm großen Waldgrundstücks, das weit außerhalb der im Zusammenhang bebauten Ortsteile der bayerischen kreisfreien Stadt F liegt. In der weiteren Umgebung befinden sich nur ein Wohnhaus und mehrere landwirtschaftliche Betriebe. Im Jahre 2013 erhielt der unmittelbare Nachbar N die Bauerlaubnis zur Errichtung eines Schreinereibetriebes. Hiergegen wandte sich K unter Berufung darauf, dass der Betrieb den Wald auf seinem Grundstück gefährde.

---

393 Schwerdtfeger, § 19, Rn. 304 ff.
394 Umstr., vgl. Nachw. bei Maurer/Waldhoff, § 14, Rn. 44, 48 f.
395 Vgl. Maurer/Waldhoff, § 14, Rn. 49.

Noch während das verwaltungsgerichtliche Verfahren lief, schlossen K, der Oberbürgermeister sowie der beigeladene Nachbar N schriftlich einen außergerichtlichen Vergleich, in dem u.a. bestimmt wurde:

„Die beklagte Stadt F sagt dem Kläger K bezüglich seines Grundstücks die Erteilung einer Baugenehmigung für ein eingeschossiges Wohnhaus zu. Der Kläger verpflichtet sich, seine Klage zurückzunehmen. Er erklärt ferner, dass er gegenüber der Beklagten künftig wegen der dem Beigeladenen N erteilten Baugenehmigung keine möglichen Schadensersatzforderungen erheben wird. Vielmehr erklärt er sich mit der erteilten Baugenehmigung einverstanden."

K nahm seine Klage zurück und beantragte eine Baugenehmigung i.S.d. vertraglichen Absprache. Die Behörde lehnte dies mit der Begründung ab, dass die Erteilung einer Bauerlaubnis - was zutrifft - dem Bauplanungsrecht widerspreche. K beruft sich demgegenüber auf Vertrauensschutz. Die Behörde hätte sich früher überlegen müssen, dass eine Baugenehmigung nicht erteilt werden dürfe. Schließlich habe er seinerzeit im Hinblick auf die ihm versprochene Baugenehmigung seine Klage zurückgenommen. Es könne nicht richtig sein, dass er nun die seiner Ansicht nach rechtswidrig errichtete Schreinerei auf Dauer erdulden müsse.

Hat K einen Anspruch auf Erteilung einer Baugenehmigung?

1. Anspruch aus Art. 68 I BayBO[396]

kein Anspruch aus Art. 68 I BayBO

Ein Anspruch könnte sich aus Art. 68 I BayBO ergeben. Voraussetzung ist, dass dem Bauvorhaben keine öffentlich-rechtlichen Vorschriften entgegenstehen. Dies ist hier aber nach dem Sachverhalt nicht der Fall.

2. Anspruch aus öffentlich-rechtlichem Vertrag

Anspruch aus öfftl.-rechtl. Vertrag?

Ein Anspruch aus dem außergerichtlichen Vergleich könnte sich ergeben, wenn sich die Gemeinde darin wirksam zum Erlass der Baugenehmigung verpflichtet hat.

Es handelt sich um eine Regelung auf dem Gebiet des öffentlichen Baurechts.

Abgrenzung zu einseitigen Regelungen

Je nach dem Grad der Mitwirkung und dem Vorhandensein oder Fehlen einer Gegenleistung muss zwischen Zusicherung, Art. 38 BayVwVfG, mitwirkungsbedürftigem Verwaltungsakt und öffentlich-rechtlichem Vertrag unterschieden werden. Hier konnten die Parteien rechtlich gleichberechtigt Einfluss auf den Inhalt der getroffenen Regelung nehmen, K war nicht auf ein bloßes Ja oder Nein beschränkt. Seine Gegenleistung bestand in der Verpflichtung zur Klagerücknahme.

Es handelt sich damit um einen öffentlich-rechtlichen Vertrag i.S.d. Art. 54 ff. BayVwVfG.[397] Fraglich ist, ob dieser wirksam ist. Eine Unwirksamkeit nach Art. 59 BayVwVfG setzt zunächst einmal die Rechtswidrigkeit des Vertrages voraus.

Beachte: Da hier eindeutig das VwVfG der jeweiligen Länder einschlägig ist, ist dieses auch zu zitieren.

a) formelle Rechtmäßigkeit

aa) Zuständigkeit

Zuständigkeit der kreisfreien Stadt

Zuständig für die Erteilung von Baugenehmigungen ist gem. Art. 53 I BayBO i.V.m. Art. 9 I S. 1 BayGO die kreisfreie Stadt als untere Bauaufsichtsbehörde.

---

[396] Für Leser außerhalb Bayerns: Art. 68 BayBO gewährt einen Anspruch auf Baugenehmigung, soweit das Vorhaben öff.-rechtl. Vorschriften nicht widerspricht. Das BayVwVfG ist in den hier zitierten Vorschriften identisch mit dem BundesVwVfG.

[397] Und entsprechender Ländergesetze.

Die Organkompetenz für den Abschluss einer derartigen Vereinbarung liegt beim Stadtrat, da es sich nicht um eine Angelegenheit der laufenden Verwaltung handelt, Art. 29, 37 I S. 1 Nr. 1 BayGO. Es ist davon auszugehen, dass der OB hier einen ordnungsgemäß gefassten Gemeinderatsbeschluss vollzog, Art. 36 BayGO. Er handelt damit für den Gemeinderat, Art. 38 I BayGO, und vertrat die Gemeinde wirksam nach außen.

Schriftform

bb) Das Schriftformerfordernis, Art. 57 BayVwVfG, wurde gewahrt.

Zustimmung nach Art. 58 BayVwVfG

cc) Die Zustimmung des Nachbarn nach Art. 58 I BayVwVfG ist nicht nur Rechtmäßigkeits-, sondern Wirksamkeitsvoraussetzung. Unabhängig davon, ob die Baugenehmigung tatsächlich in Rechte des N eingreift, steht Art. 58 I BayVwVfG der Wirksamkeit des Vertrages nicht entgegen, da N ja auch Vertragspartner war.

dd) Zwischenergebnis:

Der Vertrag ist formell rechtmäßig.

b) materielle Rechtmäßigkeit

aa) Verstoß gegen das Bauplanungsrecht

Verstoß gegen Bauplanungsrecht

Dass die Verpflichtung der Gemeinde zur Erteilung einer Baugenehmigung mit dem Bauplanungsrecht unvereinbar ist, ergibt sich schon aus dem Sachverhalt.

bb) Verstoß gegen Art. 55 f. BayVwVfG

(1) Vorliegen eines Vergleichsvertrages

kein Vergleichsvertrag

Bei dem Vertrag würde es sich um einen Vergleichsvertrag handeln, wenn durch ihn eine Ungewissheit durch gegenseitiges Nachgeben beseitigt würde (Art. 55 BayVwVfG).

zwar gegenseitiges Nachgeben

Gegenseitiges Nachgeben scheint vorzuliegen: Klagerücknahme des K und das Versprechen einer Baugenehmigung durch den Oberbürgermeister. Die erforderliche Ungewissheit bezog sich hier auf den zweifelhaften Ausgang des Prozesses.

Problematisch ist allerdings, ob die Anforderungen für das (begriffliche) Vorliegen eines Vergleichsvertrages, die Art. 55 BayVwVfG aufstellt, hier erfüllt sind. Das BVerwG hat entschieden, dass sich die Ungewissheit und das Nachgeben auf dieselben Probleme beziehen müssen.[398]

aber: nicht i.R.d. Ungewissheit

Hieran fehlt es jedoch. Die Ungewissheit, die durch die Vereinbarung beseitigt werden sollte, betraf die Erfolgsaussichten der Klage des K. Nur sein Nachgeben (Rücknahme der Klage, Verzicht auf Schadensersatzansprüche) stand hiermit im Zusammenhang, nicht aber die von der Behörde versprochene Gegenleistung.

Es fehlt also an einem sachlichen Zusammenhang zwischen Ungewissheit und Nachgeben. Es liegt daher schon begrifflich kein Vergleichsvertrag i.S.d. Art. 55 BayVwVfG vor.

(2) Austauschvertrag, Art. 56 BayVwVfG

Austauschvertrag

Klagerücknahme und Versprechen der Baugenehmigung stehen hier allerdings in einem Austauschverhältnis i.S.d. Art. 56 BayVwVfG.

Hier kann davon ausgegangen werden, dass die Klagerücknahme des K angemessen war und auch im sachlichen Zusammenhang mit der Baugenehmigung der Behörde stand. Dass die Klagerücknahme (im weitesten Sinne) der Behörde zur Erfüllung ihrer öffentlichen Aufgaben diente, kann angenommen werden.

---

[398] BVerwGE 49, 359 (364) = juris

c) Nichtigkeit des Vertrages

Fehlerfolge

Ein Vertrag mit unzulässigem Inhalt (Verstoß gegen das Bauplanungsrecht) ist zwar rechtswidrig, aber noch nicht automatisch nichtig. Die Rechtsfolge der Nichtigkeit eines Vertrages bestimmt sich allein nach Art. 59 BayVwVfG, sodass auch fehlerhafte Verträge wirksam sind, wenn Art. 59 BayVwVfG nicht eingreift.

Die Nichtigkeitsregelung des Art. 59 BayVwVfG beruht auf dem Gedanken eines Kompromisses zwischen dem Grundsatz unbedingter Vertragsbindung („pacta sunt servanda") als Erfordernis der Rechtssicherheit im Rechtsstaat und den ebenfalls im Rechtsstaatsprinzip verankerten Erfordernissen der Gesetzmäßigkeit der Verwaltung.

aa) Art. 59 II BayVwVfG

subordinationsrechtlicher Vertrag

Die Nichtigkeitsbestimmungen des Art. 59 II BayVwVfG betreffen im Gegensatz zu Art. 59 I BayVwVfG, der für alle Verwaltungsverträge gilt, nur subordinationsrechtliche Verträge. Da K und die Gemeinde in einem Verhältnis öffentlicher Über-/Unterordnung stehen, handelt es sich um einen subordinationsrechtlichen Vertrag i.S.d. Art. 54 S. 2 BayVwVfG.

(1) Art. 59 II Nr. 1 BayVwVfG

Art. 59 II Nr. 1 BayVwVfG

Ein Verwaltungsakt mit entsprechendem Inhalt (Parallele: Zusicherung nach Art. 38 BayVwVfG) wäre trotz seiner Rechtswidrigkeit nicht nach Art. 44 BayVwVfG nichtig. Evidenz liegt nicht vor.

(2) Art. 59 II Nr. 2 BayVwVfG

Art. 59 II Nr. 2 BayVwVfG

Kenntnis der Vertragsparteien von der Rechtswidrigkeit eines entsprechenden Verwaltungsakts (Kollusion) kann nicht unterstellt werden.

(3) Art. 59 II Nr. 3 BayVwVfG

Art. 59 II Nr. 3 BayVwVfG

Art. 59 II Nr. 3 BayVwVfG ist schon nicht anwendbar, da sich die Vorschrift nur auf Vergleichsverträge i.S.d. Art. 55 BayVwVfG bezieht.

Mit „Voraussetzungen" ist lediglich der Fall einer fehlerhaften Ermessensausübung bei Vorliegen eines Vergleichsvertrages gemeint (Art. 55 BayVwVfG: „wenn" ...).

(4) Art. 59 II Nr. 4 BayVwVfG

Art. 59 II Nr. 4 BayVwVfG

Auch hier wird das begriffliche Vorliegen eines Austauschvertrages vorausgesetzt. Grundsätzlich ist Art. 59 II Nr. 4 BayVwVfG also anwendbar. Im hier vorliegenden Fall ist aber zu beachten, dass nicht etwa die Gegenleistung (Klagerücknahme des K) unzulässig war, sondern ausschließlich die Leistung der Behörde!

(5) Aus Art. 59 II BayVwVfG lässt sich also die Nichtigkeit nicht begründen.

Art. 59 I BayVwVfG

bb) Art. 59 I BayVwVfG

Die Nichtigkeit könnte sich aber aus den entsprechend anwendbaren Vorschriften des BGB ergeben.

(1) § 275 BGB

§ 306 BGB

Die kreisfreie Stadt durfte die Baugenehmigung zwar nicht erlassen, gleichwohl liegt kein Fall anfänglicher objektiver Unmöglichkeit vor. Die Baugenehmigungsbehörde kann faktisch sehr wohl auch rechtswidrige Baugenehmigungen erlassen.

(2) § 134 BGB

§ 134 BGB

Unbestritten darf nicht jeder Verstoß gegen ein gesetzliches Verbot zur Nichtigkeit des öffentlich-rechtlichen Vertrages führen, da sonst die differenzierte Fehlerregelung in Art. 59 II BayVwVfG überflüssig wäre.

Es ist durch Abwägung zu ermitteln, ob hier der Vertrauensschutz des K das Interesse der Verwaltung, keine rechtswidrigen Genehmigungen zu erteilen überwiegt.

> **hemmer-Methode:** Wenn Sie so weit gekommen sind, ist es gleichgültig, zu welchem Ergebnis Sie schließlich gelangen. Wichtig ist wie immer die Folgerichtigkeit der Begründung.
> Kommen Sie im Ergebnis zur Wirksamkeit des Vertrages, sollten Sie noch an die Möglichkeit der Kündigung des Vertrages durch die Verwaltungsbehörde (Art. 60 I S. 2 BayVwVfG) denken.

H) Kommunalverfassungsrechtliche Streitigkeit

I. Begriff

Fallgruppen der KVS

Unter dem Oberbegriff der Kommunalverfassungsstreitigkeit (im Folgenden mit KVS abgekürzt) fasst man zum einen Klagen von Mitgliedern kommunaler Vertretungskörperschaften zusammen, die sich gegen Beschlüsse, Abstimmungen, Wahlhandlungen oder die Nichtvollziehung von Beschlüssen (Unterfall des Intraorganstreits) richten können, zum anderen werden Klagen eines Organs gegen ein anderes Organ der Kommune so bezeichnet (Unterfall des Interorganstreits).[399]

273

> *Typische Fälle:* Klagen eines Gemeinderatsmitglieds gegen den Ausschluss wegen persönlicher Beteiligung (Art. 49 BayGO) oder wegen der Störung der Ordnung (Art. 53 BayGO), auf Widerruf ehrverletzender Äußerungen durch andere Gemeinderatsmitglieder oder den Bürgermeister. Klage der Fraktion auf Vertretung in einem Ausschuss (Art. 33 BayGO). Klagen eines Organs wegen etwaiger Kompetenzübergriffe eines anderen Organs (Verhältnis Bürgermeister-Gemeinderat).

II. Eröffnung des Verwaltungsrechtsweges, § 40 I VwGO

öfftl.-rechtl. Streitigkeit i.d.R. unproblematisch

Da regelmäßig Vorschriften des Kommunalrechts als typischerweise öffentliches Recht den Streitgegenstand bestimmen, handelt es sich bei der KVS normalerweise um eine öffentlich-rechtliche Streitigkeit.

274

> **Beachte:** Wenn es sich um Streitigkeiten im Innenverhältnis von Gemeinderatsfraktionen handelt (sog. fraktionsinterne Streitigkeiten), ist die Rechtswegfrage heftig umstritten. Während eine Ansicht den Zivilrechtsweg favorisiert, da es sich um eine vereinsinterne Streitigkeit handelt,[400] nimmt die Gegenansicht eine öffentlich-rechtliche Streitigkeit an, da die Fraktion als Teil des Gemeinderats gesehen wird.[401]

---

399 Burgi, § 14, Rn. 2.
400 BayVGH, BayVBl. 1988, 433.
401 OVG Münster, NJW 1989, 1105 m.w.N. = **juris**byhemmer.

§ 5 ALLGEMEINE LEISTUNGSKLAGE

in Klausur kurz darstellen: KVS ist „nichtverfassungsrechtlicher Art"

Der Begriff der Kommunalverfassungsstreitigkeit kann dazu verführen, die Eröffnung des Verwaltungsrechtsweges deshalb abzulehnen, weil die Streitigkeit als verfassungsrechtlicher Art angesehen wird. Eine Streitigkeit ist indes nur dann verfassungsrechtlicher Art i.S.d. § 40 I S. 1 VwGO, wenn zwei Verfassungsorgane bzw. unmittelbar am Verfassungsleben beteiligte Rechtsträger über Rechte und Pflichten streiten, die unmittelbar in der Verfassung geregelt sind, sog. doppelte Verfassungsunmittelbarkeit.[402] Bei der Kommunalverfassungsstreitigkeit geht es hingegen in der Regel nicht um Staatsverfassungsrecht, sondern um kommunales Organisationsrecht. Zudem ist der Gemeinderat kein Parlament, sondern bloßes Verwaltungsorgan der Gemeinde. Die kommunalverfassungsrechtliche Streitigkeit ist somit nichtverfassungsrechtlicher Art.

III. Zulässigkeit der Klage

1. Statthafte Klageart

KVS ist keine eigenständige Klageart

Der Begriff der Kommunalverfassungsstreitigkeit ist lediglich ein prozessrechtlich unbeachtlicher Gruppenbegriff. Die Klageart muss für jeden Einzelfall speziell bestimmt werden.

> **hemmer-Methode:** Letztlich sagt der Begriff der KVS für sich gesehen i.R.d. Zulässigkeit der Klage also gar nichts aus. Trotzdem wird von Ihnen erwartet, dass Sie an den „typischen" Stellen (§ 40 I VwGO, Bestimmung der Klageart, Klagebefugnis, Beteiligtenfähigkeit) ausgehend von diesem Begriff die Probleme erörtern. Es handelt sich bei dem Begriff der KVS um ein „Sound-Wort", das der Korrektor auf jeden Fall sehen will.
> Wenn die Problematik auch meist nur i.R.d. KVS diskutiert wird, sollten Sie sich dennoch dessen bewusst sein, dass diese auch für andere Organstreitigkeiten, z.B. für Universitäts- oder Rundfunkverfassungsstreitigkeiten, zu beachten ist.[403]

a) Anfechtungs- und Verpflichtungsklage vorrangig

zunächst Anfechtungsklage prüfen

Soweit der Kläger sein Ziel mit der Anfechtungs- oder Verpflichtungsklage i.S.d. § 42 I VwGO verfolgen kann, ist für die subsidiäre allgemeine Leistungsklage kein Raum.

fraglich ist die Außenwirkung der Maßnahme

Somit kommt es wieder entscheidend darauf an, ob der angegriffenen Maßnahme Verwaltungsakt-Charakter i.S.v. § 35 S. 1 VwVfG zukommt. Problematisch ist hier das Merkmal der Außenwirkung. Streiten lediglich unselbstständige Verwaltungsteile miteinander, wäre die Außenwirkung zu verneinen.

> *Bsp.[404]:* K wird - seiner Ansicht nach unberechtigt - bei einer Gemeinderatssitzung wegen angeblicher persönlicher Beteiligung von der Abstimmung ausgeschlossen. K will den Ausschlussbeschluss mit einer Klage vor dem Verwaltungsgericht anfechten. Ist die Klage zulässig, obwohl K noch kein Widerspruchsverfahren durchgeführt hat?

Fraglich ist hier, ob ein Widerspruchsverfahren überhaupt notwendig ist. Dies ist nur dann der Fall, wenn richtige Klageart hier die Anfechtungsklage wäre, wenn es sich also bei dem Beschluss des Gemeinderates um einen Verwaltungsakt handelte. Bei kommunalverfassungsrechtlichen Entscheidungen ist das Merkmal der Außenwirkung problematisch.

---

402 Vgl. **Hemmer/Wüst, Verwaltungsrecht I**, Rn. 44.
403 Vgl. Schmitt-Glaeser, Rn. 385 m.w.N.
404 Bayerisches Staatsexamen, Termin 1976/II, 6; BayVBl. 1978, 156/190.

e.A.: grundsätzlich Verwaltungsakt	Nach e.A. liegt grundsätzlich dann ein Verwaltungsakt vor, wenn die Maßnahme im Über- und Unterordnungsverhältnis ergeht und persönliche oder organschaftliche Rechte der Mitglieder oder von mit solchen Rechten ausgestalteten Organen berührt werden. Dies gelte insbesondere für Akte, die die Organisation der Körperschaft regeln.
a.A.: Verwaltungsakt, wenn Außenrechtssphäre betroffen	Eine andere Ansicht differenziert dahingehend, dass organisatorische Maßnahmen jedenfalls dann Außenwirkung haben, wenn sie sich nicht nur innerhalb der Verwaltung auswirken, sondern zugleich die Rechtssphäre bestimmter Personen berühren. Demnach handelte es sich beim Ausschluss des K von der Sitzung wegen Befangenheit um einen Verwaltungsakt, da K zumindest in seinem Recht auf Teilnahme und Abstimmung gem. Art. 48 I BayGO verletzt wird.
h.M.: kein Verwaltungsakt, da Gleichordnung	Dagegen argumentiert die h.M., in derartigen Fällen liege jedenfalls kein Über-/Unterordnungsverhältnis, sondern vielmehr ein Gleichordnungsverhältnis vor. V.a. aber fehle es an der unmittelbaren Außenwirkung, da nur die organschaftliche Rechtsstellung betroffen ist. Es bestehe im Übrigen kein Anlass, die kommunalverfassungsrechtliche Entscheidung dem Begriff des Verwaltungsakts zu unterstellen, da die VwGO den Rechtsschutz gegen hoheitliche Maßnahmen nicht auf Anfechtungs- und Verpflichtungsklage beschränkt.[405]
	Folgt man dem, ist im vorliegenden Fall in dem Beschluss, der einen Eingriff in das Mitgliedschaftsrecht des K enthält, seiner Zweckbestimmung und seinem Wesen nach nicht eine nach außen gerichtete, einen Einzelfall regelnde Verwaltungsmaßnahme der Gemeinde zu sehen. Vielmehr handelte es sich um eine im Gemeindeverfassungsrecht wurzelnde, innerorganisatorische Entscheidung ohne Außenwirkung.
Stellungnahme	Letztlich kann hier eine Entscheidung offenbleiben. Folgt man der h.M., liegt kein Verwaltungsakt vor, sodass ein Widerspruchsverfahren schon deshalb ausscheidet. Nimmt man mit den Gegenansichten einen Verwaltungsakt an, hat sich dieser allerdings mit dem Ende der Sitzung erledigt, sodass auch nach diesen Ansichten nur eine Fortsetzungsfeststellungsklage analog § 113 I S. 4 VwGO in Betracht kommt und ein Widerspruch damit ausscheidet.[406]
	Ebenfalls weitgehend unstreitig ist die Verneinung der Außenwirkung und damit der Verwaltungsakt-Qualität bei Streitigkeiten über die Bildung und Besetzung von Ausschüssen.[407] Strittig ist dies für die Feststellung des vollständigen Mandatsverlustes. Mit der Begründung, dass auch hier nur organschaftliche Rechte betroffen sind, lässt sich auch in diesem Fall die Außenwirkung und die Verwaltungsakt-Qualität verneinen.[408]
Verwaltungsakt (+)	Weitgehend anerkannt ist allerdings die Verwaltungsakt-Qualität der Verhängung eines Ordnungsgeldes z.B. nach Art. 48 II BayGO oder Art. 19 I S. 4 BayGO.[409]

b) Klageart bei Verneinung eines Verwaltungsakts

welche Klageart schöpft Klagebegehren aus?	Sofern kein Verwaltungsakt vorliegt, ist zu untersuchen, ob eine allgemeine Leistungsklage, eine Feststellungsklage oder eine Klage sui generis einschlägig ist.
h.M.: keine Klage sui generis	Von der Annahme einer Klage sui generis kommt man zunehmend ab und versucht stattdessen, die KVS in die üblichen Klagearten einzuordnen.[410]

---

405 Burgi, § 14, Rn. 10.
406 Vgl. oben Rn. 146.
407 Bauer/Böhle/Ecker, Art. 33 GO, Rn. 15.
408 Sehr str., vgl. zur Gegenansicht OVG Münster, Beschluss vom 23.06.1997, 15 A 3457/95.
409 Bauer/Böhle/Ecker, Art. 48 GO, Rn. 12, 13; BayVGH, BayVBl. 1979, 685.
410 Vgl. die Nachweise bei Suerbaum, JuS 1994, 329.

§ 5 ALLGEMEINE LEISTUNGSKLAGE

Abgrenzung zw. allg. LK und Feststellungsklage

Somit stellt sich das Problem der Abgrenzung von Feststellungsklage und allgemeiner Leistungsklage. Erstere ist gem. § 43 II VwGO grds. subsidiär.

nach Erledigung Feststellungsklage

Die allgemeine Feststellungsklage ist unstreitig dann einschlägig, wenn sich der organinterne Beschluss im Zeitpunkt der gerichtlichen Entscheidung bereits erledigt hat. Ein erledigter Realakt kann genauso wenig aufgehoben werden, wie ein erledigter Verwaltungsakt. Ist z.B. nur der Ausschluss von Beratung und Abstimmung in einer einzigen Sitzung in der Vergangenheit nach Art. 49 BayGO im Streit, so kommt nur die Feststellungsklage in Betracht, da für die Aufhebung nach dem Ende der Sitzung kein Rechtsschutzinteresse mehr besteht.[411]

Hat sich der Beschluss noch nicht erledigt, sondern wirkt er auch in die Zukunft fort, ist streitig, ob eine allgemeine Feststellungsklage oder eine Leistungsklage mit (ausnahmsweise) kassatorischer Wirkung oder eine Leistungsklage auf Aufhebung des Beschlusses durch die Gemeinde heranzuziehen ist.

> **Bsp.:** *Gemeinderatsmitglied G wird aus dem Bauausschuss der Gemeinde abberufen.*

e.A.: immer Feststellungsklage

Nach h.M. kommt alleine die Feststellungsklage als richtige Klageart in Betracht. Diese Ansicht wird damit begründet, dass die Leistungsklage gerade keine Klageart zur Kassation öffentlichen Handelns sei. Zudem seien gemeindliche Beschlüsse, die noch keine Außenwirkung erlangt haben, bei einer fehlerhaften Beschlussfassung ohne weiteres nichtig und entfalteten daher keine Rechtswirkung, deren Kassation es bedürfe.[412]

a.A.: LK mit kassatorischer Wirkung

Nach der Gegenansicht besteht wegen der Vermutung der Rechtmäßigkeit ein Rechtsschutzbedürfnis des Klägers auf rechtsgestaltende Aufhebung. Es handle sich um hoheitliche Machtäußerungen, die nur deshalb nicht als Verwaltungsakte angesehen würden, weil ihnen die Außenwirkung fehle. Die Interessenkonstellation (vgl. die Vermutung der Rechtmäßigkeit von Ratsbeschlüssen in Art. 112 BayGO) sei aber ähnlich wie bei einem Verwaltungsakt.[413] Wegen des sich aus Art. 19 IV GG ergebenden „substanziellen Rechts auf effektiven Rechtsschutz" bedürfe es einer Gestaltungsklage („allgemeine Leistungsklage mit kassatorischer Wirkung"),[414] die gem. § 43 II VwGO gegenüber der Feststellungsklage Vorrang habe. Eine vermittelnde Ansicht hält zwar einen Aufhebungsakt für erforderlich, lässt aber eine (normale) Leistungsklage auf Aufhebung des umstrittenen Beschlusses durch die Gemeinde genügen.

> **hemmer-Methode:** In diesem Punkt erscheinen alle Meinungen gut vertretbar. Wichtig ist es nur, den Streit überhaupt zu erkennen und zu diskutieren. Dies gilt wegen der ständigen Rspr. des BayVGH natürlich in besonderem Maße für die Bearbeiter bayerischer Examensklausuren. Für die nachfolgende Prüfung wird von einer allgemeinen Leistungsklage ausgegangen. Bzgl. des Aufbaus einer Feststellungsklage vgl. Rn. 292 ff.

---

411 Schenke, § 8, Rn. 346.
412 Renck-Laufke, BayVBl. 1982, 75; VGH BadWürtt., BadWüVBl. 1974, 137.
413 Bauer/Böhle/Ecker, Art. 29 GO, Rn. 11; Graf, BayVBl. 1982, 332.
414 BayVGH, BayVBl. 1968, 324; 1976, 753.

2. Klagebefugnis, § 42 II VwGO analog

organschaftliche Rechte begründen Klagebefugnis

Nach h.M. sind Rechte i.S.v. § 42 II VwGO auch die sog. organschaftlichen Rechte. Diese müssen einer natürlichen oder juristischen Person oder einer sonstigen Vereinigung i.S.v. § 61 Nr. 2 VwGO zur Wahrung eigener persönlicher oder „funktionaler" und nicht ausschließlich zur Wahrung öffentlicher Interessen zuerkannt sein.[415]

281

Die nötige Wahrung persönlicher Interessen wurde z.B. in folgenden Fällen bejaht:

⇨ Das Recht eines Mitglieds des Gemeinderats an Sitzungen, Beratungen und Abstimmungen des Gemeinderats teilzunehmen; auf Antragstellung; sich mit anderen zu einer Fraktion zusammenzuschließen; auf Berücksichtigung bei der Besetzung von Ausschüssen; das Recht der Gemeinderatsfraktion auf Berücksichtigung ihrer Fraktionsstärke bei der Besetzung von Ausschüssen (vgl. Art. 33 BayGO).

Verneint wird von der h.M. hingegen

⇨ ein individuelles Recht eines Gemeinderatsmitglieds darauf, dass der Gemeinderat nur rechtmäßige Beschlüsse fasst.[416] Ebenso wird ein subjektives Recht gegen die objektiv rechtswidrige Mitwirkung eines Befangenen an der Beschlussfassung (vgl. Art. 49 I BayGO) verneint.[417] Diese Rechte dienen nur der Wahrung des öffentlichen Interesses.

3. Beteiligtenfähigkeit, § 61 VwGO

Beteiligtenfähigkeit immer darstellen

I.R.d. Beteiligtenfähigkeit sind bei der Kommunalverfassungsstreitigkeit regelmäßig Ausführungen angezeigt.

282

a) Gemeinderat

Gemeinderat: § 61 Nr. 2 VwGO

Die Beteiligtenfähigkeit des Gemeinderates als Kollegialorgan wird aus § 61 Nr. 2 VwGO in direkter oder analoger Anwendung begründet. Der Gemeinderat wird regelmäßig als nicht-rechtsfähige Vereinigung i.d.S. angesehen, der i.R.d. Kommunalverfassungsstreitigkeit eigene Rechte zustehen können. Es muss im Einzelfall untersucht werden, ob der Gemeinderat Zuordnungsobjekt der im konkreten Rechtsstreit berührten Rechte und Pflichten sein kann. Dies ist jedenfalls dann zu bejahen, wenn die Rechtsordnung dem Gemeinderat die Rolle zuweist, dass er den von ihr zu betreuenden Aspekt des Gesamtinteresses wie ein eigenes partikulares Interesse gegen die Beeinträchtigung durch andere Gemeindeorgane verteidigt.[418]

283

b) Gemeinderatsfraktion

Fraktion: § 61 Nr. 2 VwGO

Auch eine Fraktion ist nach h.M. dann beteiligtenfähig nach § 61 Nr. 2 VwGO, wenn sie Zuordnungsobjekt der berührten Interessen im obigen Sinne ist.[419]

284

---

415 Kopp/Schenke, § 42 VwGO, Rn. 80 m.w.N.
416 BayVGH, VerwRspr 28, 460 (463); BayVGH, BayBl. 2001, 665; OVG Koblenz, NVwZ 1985, 283.
417 Kopp/Schenke, § 42 VwGO, Rn. 80; OVG Koblenz, NVwZ 1985, 283.
418 Schmitt-Glaeser, Rn. 94.
419 Kopp/Schenke, § 61 VwGO, Rn. 11 m.w.N.

> *Bsp.:* Der typische Fall der von einer Fraktion erhobenen KVS ist das Begehren der Beteiligung von Fraktionsmitgliedern in einem Ausschuss. Insofern ist die Fraktion wegen ihres Rechts aus Art. 33 I BayGO, in den Ausschüssen vertreten zu sein, beteiligtenfähig i.S.v. § 61 Nr. 2 VwGO.

c) Einzelnes Gemeinderatsmitglied

Gemeinderatsmitglied: h.M. § 61 Nr. 2 VwGO (analog)

Teilweise wird bei einer Klage durch ein einzelnes Gemeinderatsmitglied auf die Beteiligtenfähigkeit aus § 61 Nr. 1 VwGO abgestellt.[420] Die wohl h.M.[421] wendet jedoch auch hier § 61 Nr. 2 VwGO (wohl analog) an.

Schließlich geht es bei der Kommunalverfassungsstreitigkeit nicht um die Geltendmachung von Außenrechten der natürlichen Person, sondern es stehen gerade organschaftliche Rechte im Streit.

d) Der Erste Bürgermeister

1. Bürgermeister: h.M.: § 61 Nr. 2 VwGO

Auch für den Bürgermeister ist nach wohl h.M. auf § 61 Nr. 2 VwGO abzustellen.[422] In Ländern in denen der Bürgermeister/Vorsitzende des Gemeinderates keine eigene Organstellung besitzt, ist dieses Ergebnis wie auch für das einzelne Gemeinderatsmitglied durch eine erweiternde Auslegung der Nr. 2 zu erreichen.[423]

> **hemmer-Methode: Auf § 61 Nr. 3 VwGO kann nicht abgestellt werden:**
> 1. Die meisten Länder kennen eine solche Bestimmung nicht (Ausnahme z.B. Saarland) oder jedenfalls nicht auf Gemeindeebene.
> 2. § 61 Nr. 3 VwGO bezieht sich nach h.M. nur auf Außenrechtsstreitigkeiten der Verwaltung mit dem Bürger, nicht auf Binnenrechtsstreitigkeiten wie bei der KVS.

4. Sonstige Zulässigkeitsvoraussetzungen

Diese sind nur zu prüfen, soweit diesbezüglich Probleme ersichtlich sind.

IV. Begründetheit der Kommunalverfassungsstreitigkeit

Obersatz

Die Kommunalverfassungsstreitigkeit in Form der allgemeinen Leistungsklage ist begründet, wenn die Klage gegen den richtigen Beklagten gerichtet ist und dem Kläger ein entsprechender Leistungsanspruch zusteht.

Wer sich in der Zulässigkeitsprüfung für die Feststellungsklage entschieden hat, muss auf das Bestehen bzw. auf das Nichtbestehen eines Rechtsverhältnisses abstellen.

1. Passivlegitimation, § 78 I Nr. 1 VwGO analog

Gemeinde oder Organ selbst zu verklagen?

Da mit der Kommunalverfassungsstreitigkeit regelmäßig eine Handlung des Gemeinderates als Organ bzw. eines einzelnen Gemeinderatsmitglieds oder des Bürgermeisters begehrt wird, stellt sich hier die Frage, ob dieses Handeln der Gemeinde zuzurechnen ist. Man könnte auch eine Klage direkt gegen das jeweilige Organ oder Organteil erwägen.

---

[420] Kopp/Schenke, § 61 VwGO, Rn. 5, sofern der Organwalter Individualrechte als natürliche Person geltend macht.
[421] VG Kassel, NVwZ 1983, 372; OVG Münster, NVwZ 1983, 486.
[422] Kopp/Schenke, § 61 VwGO, Rn. 5, der eine Analogie des § 61 Nr. 2 VwGO annimmt.
[423] Schwerdtfeger, § 54, Rn. 751.

BayVGH: Gemeinde verklagen

Nach dem BayVGH[424] ist das Handeln bzw. Unterlassen eines Organs bzw. Organteils der Gemeinde zuzurechnen. Sie ist als Rechtsträger ihres Organs zu verklagen.

andere OVG: Gemeindeorgan

Nach a.A. ist das jeweils zum Handeln verpflichtete Organ zu verklagen, also der Gemeinderat bzw. der Bürgermeister oder sogar das einzelne Gemeinderatsmitglied selbst.[425] Für diese Ansicht spricht, dass es ansonsten zu prozessrechtlich komplizierten Situationen kommen kann.

Wenn es etwa um eine Klage des Bürgermeisters gegen den Gemeinderat geht, etwa, weil ihm Kompetenzen streitig gemacht werden, würde der Bürgermeister grundsätzlich auf beiden Seiten des Prozesses stehen: Zum einen wäre er Kläger, gem. Art. 38 I BayGO aber auch Vertreter der Gemeinde als Beklagter. Dies müsste erst wieder dadurch verhindert werden, dass der zweite Bürgermeister an Stelle des ersten handelt.

> **hemmer-Methode: In diesem Punkt sind beide Ansichten vertretbar. Besonders für die Bearbeiter bayerischer Examensklausuren ist es wegen der Rspr. des BayVGH jedoch wichtig, diesen Streit darzustellen. In Bayern ist mit der Ansicht, die als richtigen Beklagten das Organ selbst ansieht, aber äußerste Vorsicht geboten. Diese Ansicht entspricht letztlich der Anwendung des § 78 I Nr. 2 VwGO, der in Bayern vom Gesetzgeber aber bewusst nicht umgesetzt wurde. Außerdem wäre mit einer Klage gegen das Organ ein In-Sich-Prozess meist nicht vermieden, da bspw. bei Klagen des Bürgermeisters gegen den Gemeinderat der Bürgermeister nach Art. 36 BayGO auch den Gemeinderat vertreten müsste. Hier erscheint es deutlich einfacher, einen In-Sich-Prozess dadurch zu vermeiden, dass der klagende Bürgermeister die beklagte Gemeinde nicht vertreten kann, vgl. Art. 38 KWBG, und sich deshalb nach Art. 39 BayGO durch den zweiten Bürgermeister vertreten lassen muss.**

2. Bestehen des Leistungsanspruchs

Die Prüfung des Leistungsanspruchs ist vom jeweiligen Einzelfall und den spezifischen landesrechtlichen Vorschriften abhängig.

Problemschwerpunkte bei der KVS

Station:	Problemschwerpunkt:
1. Rechtswegeröffnung	Streitigkeit nichtverfassungsrechtlicher Art
2. Klageart	Anfechtungsklage vorrangig; Abgrenzung von aLK und FK
3. Klagebefugnis	Verletzung organschaftlicher Rechte
4. Beteiligtenfähigkeit	des einzelnen Organ(teil)s, § 61 Nr. 2
5. Passivlegitimation	Organ(-Teil) oder Kommune

---

424 BayVGH, BayVBl. 1984, 77.
425 OVG Koblenz, DVBl. 1992, 449; OVG Münster, NWVBl. 1992, 17 (18).

§ 6 ALLGEMEINE FESTSTELLUNGSKLAGE

zahlreiche Sonderfälle

Die allgemeine Feststellungsklage (FK) ist als eine eigenständige Klageart in § 43 VwGO geregelt. Die Feststellungsklage ist im Vergleich zu den anderen Klagearten von eher untergeordneter Bedeutung. Dies liegt zum einen an ihrer grundsätzlichen Subsidiarität gegenüber der Gestaltungs- und Leistungsklage (§ 43 II S. 1 VwGO) und zum anderen an dem weiten Anwendungsbereich der Fortsetzungsfeststellungsklage.

hemmer-Methode: In der Klausur bedeutet dies, dass die Feststellungsklage häufig in Abgrenzung zu anderen Klagearten diskutiert werden muss. Einige hierfür typische Konstellationen wurden bereits/bzw. werden im Folgenden noch besprochen und sollten bei der Durcharbeitung dieses Kapitels mitbedacht werden:
- die FK im Verhältnis zur analogen Anwendung des § 113 I S. 4 VwGO auf die Fälle der Verpflichtungsklage (Rn. 134 ff.)
- die FK bei Erledigung von Realakten (Rn. 152 und 205)
- die FK bei der KVS (Rn. 153, 273 ff.)
- die FK als Ersatz für die Normenkontrolle gemäß § 47 I Nr. 2 VwGO (Rn. 184, 358)
- die FK als Normerlassklage (Rn. 185)
- die FK als vorbeugende Normenkontrolle (siehe Hemmer/Wüst, Verwaltungsrecht III, Rn. 280)

besondere Feststellungsklagen

Neben der allgemeinen Feststellungsklage gibt es noch verschiedene besondere Feststellungsklagen:

(1) Die Fortsetzungsfeststellungsklage gem. § 113 I S. 4 VwGO direkt bzw. analog. Diese haben Sie bereits unter Rn. 99 ff. kennengelernt.

(2) Die vorbeugende Feststellungsklage. Deren Zulässigkeit ist heute überwiegend anerkannt.[426]

hemmer-Methode: Die vorbeugende FK wird i.R.d. vorbeugenden Rechtsschutzes in Hemmer/Wüst, Verwaltungsrecht III, Rn. 73 ff. behandelt.

(3) Die Zwischenfeststellungsklage gem. § 173 VwGO i.V.m. § 256 II ZPO. Diese bedarf anders als die allgemeine Feststellungsklage nicht des zusätzlichen Nachweises eines berechtigten Interesses.

hemmer-Methode: Einer solchen Zwischenfeststellungsklage kommt jedoch in einer öffentlich-rechtlichen Klausur allenfalls untergeordnete Bedeutung zu.

(4) Feststellungsklage besonderer Art ist das verwaltungsgerichtliche Normenkontrollverfahren nach § 47 VwGO (vgl. Rn. 353).

EXKURS ZU §§ 80 V, 80a III VwGO:

Feststellungsbegehren innerhalb des § 80 V VwGO

Auch mit dem Antrag gemäß § 80 V VwGO (i.V.m. § 80a III VwGO) kann eine Feststellung begehrt werden, nämlich die aufschiebende Wirkung des eingelegten Widerspruchs. Diese ist angezeigt, wenn die Behörde den Verwaltungsakt trotz des Widerspruchs mit Suspensivwirkung nach § 80 I VwGO zu vollziehen droht. Hierbei handelt es sich natürlich nicht um eine Klage, sondern um einen Antrag auf vorläufigen Rechtsschutz.

Exkurs Ende

---

[426] BVerwGE 40, 323 = **juris**byhemmer.

> **Sachentscheidungsvoraussetzungen der allgemeinen Feststellungsklage**
>
> **A)** Rechtswegeröffnung § 40 I VwGO
>
> **B)** Zulässigkeitsvoraussetzungen
>
>   I. Statthaftigkeit
>
>   1. der Klage auf Feststellung des Bestehens eines Rechtsverhältnisses (§ 43 I HS 1 Alt. 1 VwGO)
>
>   2. der Klage auf Feststellung des Nichtbestehens eines Rechtsverhältnisses (§ 43 I HS 1 Alt. 2 VwGO)
>
>   3. der Nichtigkeitsfeststellungsklage (§ 43 I HS 1 Alt. 3 VwGO)
>
>   II. Subsidiarität der Klagen gemäß § 43 II HS 1 VwGO
>
>   III. Anwendbarkeit des § 42 II VwGO analog
>
>   IV. Besonderes Feststellungsbedürfnis
>
>   V. Allgemeines Rechtsschutzbedürfnis
>
>   VI. § 126 II BBG: Vorverfahren und Klagefrist
>
>   VII. Sonstige Zulässigkeitsvoraussetzungen, soweit problematisch

A) Die Eröffnung des Verwaltungsrechtsweges, § 40 I VwGO

öff.-rechtl. Streitigkeit

Gegenstand einer allgemeinen Feststellungsklage nach § 43 VwGO kann nur eine öffentlich-rechtliche Streitigkeit nichtverfassungsrechtlicher Art sein.

Darüber hinaus darf keine anderweitige ausdrückliche gesetzliche Zuweisung an ein anderes Gericht vorliegen.

Natur des Rechtsverhältnisses Gegenstand des öff.-rechtl. Vertrages

Bei der Feststellung des (Nicht-)Bestehens eines Rechtsverhältnisses muss darauf abgestellt werden, ob dieses - sein Bestehen unterstellt - öffentlich-rechtlicher Natur wäre. Geht es um die Feststellung des Nichtbestehens eines öffentlich-rechtlichen Vertrages als Rechtsverhältnis, muss bereits hier auf die Rechtsnatur des Vertrages abgestellt werden, vorausgesetzt er wäre wirksam (vgl. Rn. 241 f.).

> **hemmer-Methode:** Allenfalls bei der Prüfung des Vorliegens einer öffentlich-rechtlichen Streitigkeit könnte sich ein Anlass zu einer eingehenderen Erörterung ergeben.
> **Zur Erinnerung:**
> Eine öffentlich-rechtliche Streitigkeit liegt dann vor, wenn sich das Klagebegehren als Folge eines Sachverhaltes darstellt, der dem öffentlichen Recht zuzuordnen ist.
> 1. Suchen Sie zunächst nach in Betracht kommenden streitentscheidenden Normen bzw. Normkomplexen. Sofern Sie solche auffinden, prüfen Sie anhand der entsprechenden Theorien, ob es sich aufgrund der Einschlägigkeit dieser Normen um eine öffentlich-rechtliche Streitigkeit handelt.
> 2. Sollten keine passenden Vorschriften auffindbar sein oder sich gerade die Frage stellen, ob bei möglicher Einschlägigkeit sowohl zivilrechtlicher als auch öffentlich-rechtlicher Normen die eine oder die andere Norm in Betracht kommt, dann müssen Sie auf den Sachzusammenhang zum öffentlichen Recht abstellen.

§ 6 ALLGEMEINE FESTSTELLUNGSKLAGE

B) Zulässigkeit der allgemeinen Feststellungsklage

I. Statthaftigkeit

zwei Regelungskomplexe in § 43 I VwGO

§ 43 I VwGO regelt die allgemeine Feststellungsklage für zwei Fallgruppen. Danach kann zum einen auf die Feststellung des Bestehens oder Nichtbestehens eines Rechtsverhältnisses geklagt werden, § 43 I Alt. 1 VwGO. Weiterhin besteht die Möglichkeit einer Klage auf Feststellung der Nichtigkeit eines Verwaltungsakts, sog. Nichtigkeitsfeststellungsklage, § 43 I Alt. 3 VwGO.

```
                    Allgemeine Feststellungsklage, § 43
                    /                              \
           Feststellung des                  Feststellung der
              /         \                    Nichtigkeit eines VA
             /           \                           |
  Bestehens eines    Nichtbestehens eines      Nichtigkeits-
  Rechtsverhältnisses Rechtsverhältnisses      feststellungsklage,
  ⇨ positive FK      ⇨ negative FK             § 43 I HS 1 Alt. 3
  § 43 I HS 1 Alt. 1  § 43 I HS 1 Alt. 2
```

1. Feststellung des Bestehens oder Nichtbestehens eines Rechtsverhältnisses

a) Ausgangspunkt: Klagebegehren

wie immer: vom Klagebegehren ausgehen

Die allgemeine Feststellungsklage ist zum einen dann die richtige Klageart, wenn das Klagebegehren des Klägers auf die Feststellung des Bestehens oder Nichtbestehens eines Rechtsverhältnisses gerichtet ist.

hemmer-Methode: Vergessen Sie niemals, die Prüfung der Statthaftigkeit einer Klage grds. mit der Frage nach dem Klagebegehren zu beginnen!

Bei einem solchen Klagebegehren ist zunächst einmal terminologisch zu differenzieren:

positive FK

Eine Klage auf Feststellung des Bestehens eines Rechtsverhältnisses bezeichnet man als positive Feststellungsklage.

negative FK

Hingegen spricht man bei einer Klage auf Feststellung des Nichtbestehens eines Rechtsverhältnisses von einer negativen Feststellungsklage.

Hierbei gilt es allerdings zu beachten, dass im Verwaltungsprozess aufgrund des dort geltenden Amtsermittlungsgrundsatzes (§ 86 VwGO) nicht im gleichen Sinne von Beweislast gesprochen werden kann wie im Zivilprozess, in dem grds. der Beibringungsgrundsatz gilt.

b) Das Rechtsverhältnis

aa) Definition des Rechtsverhältnisses

Definition Rechtsverhältnis

Unter einem Rechtsverhältnis i.S.d. § 43 I VwGO versteht man „eine sich aus einem konkreten Sachverhalt aufgrund einer öffentlich-rechtlichen Regelung ergebende rechtliche Beziehung einer Person zu einer anderen Person oder zu einer Sache.[427]

bestimmt und streitig

Der Begriff ist grds. weit auszulegen. Allerdings wird eine hinreichende Konkretisierung des Rechtsverhältnisses verlangt, rein abstrakte Rechtsfragen können nicht geklärt werden.[428] Es muss also schon ein bestimmter, bereits überschaubarer Sachverhalt vorliegen, dessen Rechtsfolgen festgestellt werden sollen. Das sich aus dem Sachverhalt ergebende Rechtsverhältnis oder einzelne daraus resultierende Rechte und Pflichten müssen streitig sein. Oder der Prozessgegner muss sich des Rechtsverhältnisses bzw. einzelner Rechte und Pflichten daraus „berühmen".

Bsp.:

- *Ein Schwerbeschädigter klagt gegen ein öff.-rechtl. Verkehrsunternehmen, das sich weigert, ihn unentgeltlich zu befördern.[429]*

- *Rechtsverhältnis ist der Streit über die Genehmigungsbedürftigkeit eines Vorhabens (Bau, Gewerbe).*

- *Statusrechte, wie z.B. die Zugehörigkeit zu einem öff.-rechtl. Verband: Staatsangehörigkeit, Gemeindebürgerschaft, Anerkennung als Kriegsdienstverweigerer, etc.*

- *Nicht darunter fallen Eigenschaften von Personen oder Sachen, die lediglich einen unselbstständigen Teilaspekt eines Rechtsverhältnisses bilden: z.B. das Erfordernis der Zuverlässigkeit gemäß § 4 I Nr. 1 GastG.*

bb) Beziehungen zwischen Personen und Sachen

Sache vermittelt lediglich

Bei den sog. rechtlichen Beziehungen zwischen einer Person und einer Sache ist zu beachten, dass es sich ebenfalls um rechtliche Beziehungen zwischen Personen handelt, die durch die Sache lediglich vermittelt werden. Diese rechtlichen Beziehungen bestehen also in Ansehung einer Sache.

Bsp.: Durch die Begründung der Eigenschaft einer Sache als öffentliche Sache (z.B. Widmung und rein tatsächliche In-Dienst-Stellung einer Straße für die Öffentlichkeit) werden eine Reihe von Rechten und Pflichten zwischen Personen in Bezug auf diese Sache begründet.

cc) Begründungsmöglichkeiten

Quellen von Rechtsverhältnissen

Öffentlich-rechtliche Rechtsverhältnisse (subjektiv öffentliche Rechte) können sich v.a. aus Gesetz, Verwaltungsakt, öffentlich-rechtlichem Vertrag oder auch aus einem sonstigen öffentlich-rechtlichen Verhalten (z.B. Realakt) begründen, verändern oder aufgehoben werden.

---

427 BVerwGE 89, 327 (329) = **juris**byhemmer.
428 BVerwG, DÖV 1992, 790 = **juris**byhemmer.
429 BVerwGE 37, 234 ff.

§ 6 ALLGEMEINE FESTSTELLUNGSKLAGE

(1) Die Begründung von Rechtsverhältnissen durch Normen

unmittelbar aus Normen

Durch Normen werden zum einen bereits Rechtsverhältnisse gestaltet. Dies eröffnet die Möglichkeit, durch Feststellung des Bestehens oder Nichtbestehens eines Rechtsverhältnisses, welches durch die Norm begründet wird, zugleich inzident eine gerichtliche Überprüfung der Rechtmäßigkeit der für das Bestehen eines Rechtsverhältnisses relevanten Norm herbeizuführen.

self-executing-Gesetz

Praktische Bedeutung hat dies vor allem bei sich selbst vollziehenden Normen (sog. self-executing-Normen), welche nicht erst den Erlass von Vollziehungsakten der Verwaltung erfordern.

> **Bsp.:** Nach § 2 I IHK-Gesetz wird mit Erfüllung der entsprechenden Tatbestandsvoraussetzungen automatisch die Zwangsmitgliedschaft in der Industrie- und Handelskammer begründet. Ein darüber hinaus ergehender Vollzugsakt ist nicht erforderlich.

inzidente Normenkontrolle

Hier bietet die Feststellungsklage aufgrund der Einschränkungen des § 47 VwGO häufig die einzige Möglichkeit, eine inzidente Normenkontrolle durchzuführen.

> **hemmer-Methode:** Die Normenkontrolle nach § 47 VwGO scheidet aus, wenn es um eine VO des Bundesrechts geht, von der Möglichkeit des § 47 I Nr. 2 VwGO im entsprechenden Bundesland kein Gebrauch gemacht wurde oder die Antragsfrist nach § 47 II S. 1 VwGO verstrichen ist. In diesem Fall kann die Norm über § 47 VwGO inzident überprüft werden. Der Antrag ist dann darauf gerichtet festzustellen, dass durch die Norm gerade kein Rechtsverhältnis begründet wurde. Verbietet eine kommunale Satzung bspw. den Alkoholgenuss in städtischen Grünanlagen, kann die Feststellung begehrt werden, dass der Alkoholgenuss in diesen Grünanlagen gerade zulässig ist.

Allerdings sind oft eine Anfechtung von Vollzugsakten und letztlich hierbei eine inzidente Normenkontrolle möglich. Eine Feststellungsklage ist in solchen Fällen bereits gem. § 43 II S. 1 VwGO aufgrund der Subsidiarität ausgeschlossen.

letzte Möglichkeit: Verfassungsbeschwerde

Soweit weder eine inzidente Kontrolle der Norm über § 43 VwGO noch i.R.d. Anfechtungsklage denkbar ist und auch § 47 VwGO nicht eingreifen kann, muss die Kontrolle über § 90 BVerfGG mittels einer Verfassungsbeschwerde erfolgen.

(2) Die Begründung von Rechtsverhältnissen durch Verwaltungsakt

bei Verwaltungsakt zwei Rechtsverhältnisse unterscheiden:

Soweit es um die Feststellung des Bestehens oder Nichtbestehens von Rechtsverhältnissen in Verbindung mit dem Erlass von Verwaltungsakten geht, ist jeweils genau darauf zu achten, welches Rechtsverhältnis festgestellt werden soll.

Man muss hier folgende Differenzierung vornehmen:

dem Verwaltungsakt vorgelagertes RV

Zum einen kommt das dem Erlass des Verwaltungsakts vorgelagerte Rechtsverhältnis in Betracht. Dieses wird durch die Berechtigung des Hoheitsträgers, gegenüber dem Bürger einen Verwaltungsakt zu erlassen, begründet.

durch den Verwaltungsakt begründetes RV

Ferner kann ein Rechtsverhältnis durch den erlassenen Verwaltungsakt selbst begründet werden.

> **hemmer-Methode:** Differenzieren Sie also zunächst genau: Beispielsweise stellt die Berechtigung der Bauaufsichtsbehörde nach Art. 76 S. 1 BayBO, unter bestimmten Voraussetzungen die Beseitigung von baulichen Anlagen zu verlangen, ein Rechtsverhältnis dar. Sofern die Bauaufsichtsbehörde letztlich tatsächlich die Beseitigung verfügt, wird durch diesen Verwaltungsakt ebenfalls ein Rechtsverhältnis begründet.

Unterschiede bei Subsidiarität

Hier gilt es zu berücksichtigen, dass der Subsidiaritätsklausel, je nachdem welches Rechtsverhältnis festzustellen ist, unterschiedliche Bedeutung zukommt.

Für den Fall, dass ein Verwaltungsakt erlassen wurde, ist eine Feststellungsklage auf Feststellung der Nichtberechtigung zum Verwaltungsakt-Erlass gem. § 43 II S. 1 VwGO ausgeschlossen. Hier besteht die Möglichkeit, den Verwaltungsakt bei Nichtberechtigung zum Erlass mit der Anfechtungsklage anzufechten.

> **hemmer-Methode:** Im obigen Beispielsfall kann somit bei Erlass der Baubeseitigungsanordnung nicht über § 43 VwGO die Feststellung der Nichtberechtigung für den konkreten Fall verlangt werden. Hier ist die Anfechtungsklage gegen die Anordnung zu erheben. Diese eröffnet insoweit einen weiter gehenden Rechtsschutz.

Hingegen stellt das Recht des Hoheitsträgers, die Befolgung des erlassenen Verwaltungsakts zu verlangen, selbst ein Rechtsverhältnis dar, dessen Nichtbestehen der Betroffene über § 43 VwGO geltend machen kann, ohne dass hier § 43 II S. 1 VwGO im Wege steht.

> **hemmer-Methode:** Im oben erwähnten Beispiel wird durch den Verwaltungsakt „Baubeseitigungsanordnung" ein Rechtsverhältnis begründet. § 43 VwGO kommt insoweit in Betracht, als der Kläger Feststellung des Nicht (-mehr-) bestehens der Pflicht zur Befolgung des Verwaltungsakts begehrt. Dies kommt insbesondere in Betracht, wenn der Betroffene der Anordnung bereits nachkam. Hier steht § 43 II S. 1 VwGO nicht entgegen. Eine Anfechtung der Anordnung selbst kann hier gerade nicht gefordert werden, da die Rechtmäßigkeit der Anordnung insoweit nicht zur Disposition steht.

dd) Rechtliche Beziehung und subjektives öffentliches Recht

rechtl. Bez. setzt mindestens ein subj.-öff. Recht voraus

Die rechtliche Beziehung, die ein Rechtsverhältnis zwischen zwei (oder mehr) Personen begründet, kann sich aus einem einzigen Recht auf der Seite des Rechtsinhabers konstituieren, das mit einer Pflicht auf der anderen Seite korrespondiert. Oder es kann aus einem ganzen Bündel gegenseitiger Rechte und Pflichten bestehen.

> *Bsp.:* Der Gehaltsanspruch einer Beamtin gegenüber ihrem Dienstherrn begründet für sich bereits ein Rechtsverhältnis. Das zugrunde liegende Beamtenverhältnis beinhaltet als Rechtsverhältnis ein Bündel von Rechten und Pflichten.[430]

Letztlich setzt ein Rechtsverhältnis also das Bestehen mindestens eines subjektiven Rechts voraus, wobei unter einem subjektiven öffentlichen Recht die dem Rechtsinhaber in Bezug auf ein rechtlich geschütztes Interesse eingeräumte Rechtsmacht (durch öffentliches Recht) zu verstehen ist.

---

[430] Schenke, § 10, Rn. 381.

§ 6 ALLGEMEINE FESTSTELLUNGSKLAGE

(1) Subjektive Rechte des Bürgers

drei wichtige Gruppen des subjektiv-öffentlichen Rechts

Dogmatisch lässt sich somit die Begründung eines öffentlich-rechtlichen Rechtsverhältnisses auch durch das unmittelbare Abstellen auf ein subjektiv-öffentliches Recht des Bürgers begründen.[431] Zu diesen sind v.a. Ansprüche, Beherrschungs- und Gestaltungsrechte des Bürgers zu rechnen.

Bspe.:

– Ein Anspruch ist z.B. der Anspruch auf Erteilung einer Baugenehmigung, Art. 68 I BayBO.

– Ein Gestaltungsrecht stellt etwa das Recht des Bürgers auf Kündigung oder Anfechtung eines von ihm abgeschlossenen öffentlich-rechtlichen Vertrages dar.

– Beherrschungsrechte sind insbesondere die Grundrechte.

(2) Subjektive Rechte des Staates

subj.-öfftl. Rechte des Staates

Auch rechtliche Beziehungen des Staates zum Bürger können damit problemlos hergeleitet werden, da die dem Staat verliehene Rechtsmacht in Bezug auf staatliche Interessen heute allgemein als subjektives Recht des Staates begriffen wird.[432]

Kompetenzen des Staates sind jedoch nur dann als subjektive Rechte zu begreifen, wenn sie dem Staat eine dem subjektiven öffentlichen Recht Privater vergleichbare Rechtsmacht einräumen.

Bspe.:

– Als Anspruch kommt z.B. der staatliche Steueranspruch in Betracht.

– Ein staatliches Beherrschungsrecht ist die öffentliche Sachherrschaft über eine öffentliche Sache.

– Gestaltungsrecht ist z.B. das staatliche Recht, gegenüber dem Bürger einen Verwaltungsakt zu erlassen.

organschaftliche Rechte

Auch staatliche Innenrechte, die einem Organ bzw. Organteil hinsichtlich einer von ihm wahrgenommenen Kompetenz eine Rechtsmacht einräumen, können als das Rechtsverhältnis begründende subjektive Rechte angesehen werden.

Bsp.: Die Befugnis des Vorsitzenden des Gemeinderates, ein Gemeinderatsmitglied bei fortgesetzter erheblicher Störung der Ordnung von der Sitzung auszuschließen, Art. 53 I S. 3 BayGO.

hemmer-Methode: Vergleichen Sie hierzu die Problematik der Kommunalverfassungsstreitigkeit oben bei Rn. 273 ff.

ee) Gegenwärtige Rechtsverhältnisse

gegenw. RV ist Normalfall

Einer Feststellung nach § 43 VwGO sind grds. gegenwärtige Rechtsverhältnisse zugänglich. Dies sind Rechtsverhältnisse, die zu dem Zeitpunkt, in welchem um deren Bestehen oder Nichtbestehen gestritten wird, bestehen bzw. bestehen sollen.

---

431 Schenke, § 10, Rn. 380 ff.
432 Ehlers/Pünder, § 12, Rn. 27 ff.

ff) Vergangene und zukünftige Rechtsverhältnisse

aber auch vergangene und künftige Rechtsverhältnisse feststellbar

Auch die Feststellung eines künftigen bzw. eines in der Vergangenheit liegenden, abgeschlossenen Rechtsverhältnisses ist zulässig, wenn sich daraus schon bzw. noch konkrete, überschaubare Auswirkungen ergeben können.[433]

Bspe.:

– Pflicht zu einer erst künftig fällig werdenden Leistungserbringung

– Der Kläger begehrt die Feststellung, dass früher einmal ein Beamtenverhältnis bestand.

Dies ergibt sich bereits daraus, dass § 43 VwGO bezüglich des Zeitpunktes, in welchem das Rechtsverhältnis besteht, keine Aussagen trifft.

aber: besonderes Feststellungsinteresse

Für vergangene Rechtsverhältnisse, nämlich solche, deren früheres Bestehen oder Nichtbestehen umstritten ist, ist dies weitgehend anerkannt. Hier werden jedoch erhöhte Anforderungen an das Vorliegen eines berechtigten Interesses gestellt. Dabei kann die zu § 113 I S. 4 VwGO entwickelte Rspr. herangezogen werden.

Ein zukünftiges Rechtsverhältnis ist dann gegeben, wenn ein subjektives Recht noch nicht besteht, sondern vom Eintritt weiterer Umstände abhängt.[434]

gg) Abgrenzung zur vorbeugenden Feststellungsklage

vorbeugende FK stellt auf gegenwärtiges Rechtsverhältnis ab

Die Feststellungsklage auf Feststellung eines künftigen Rechtsverhältnisses ist von der vorbeugenden Feststellungsklage abzugrenzen:

Bei dieser handelt es sich nämlich um die Feststellung eines gegenwärtigen(!) Rechtsverhältnisses, also eines bereits bestehenden subjektiven Rechtes, nicht eines zukünftigen Rechtsverhältnisses.

Die vorbeugende Feststellungsklage richtet sich auf Feststellung des Bestehens einer staatlichen Handlungsberechtigung bzw. eines Anspruches des Bürgers auf Unterlassung rechtswidrigen hoheitlichen Handelns. Die Feststellungsklage wird aber i.d.R. an der Subsidiarität nach § 43 II VwGO scheitern, da hier auch eine vorbeugende (Leistungs-)Unterlassungsklage statthaft ist. Etwas anders ist denkbar, wenn es um die Unterlassung eines Normerlass geht.[435]

hh) Die Beteiligten des Rechtsverhältnisses

„Drittrechtsverhältnisse"

Das Rechtsverhältnis braucht nicht notwendig zwischen den Prozessparteien zu bestehen. Die Klage kann auch auf Feststellung des Bestehens oder Nichtbestehens eines Rechtsverhältnisses zwischen dem Beklagten und einem Dritten gerichtet sein, sog. „Drittrechtsverhältnisse", sofern auch eigene Rechte des Klägers davon abhängen.[436] Das ist der Fall, wenn die Feststellung bzw. Nichtfeststellung des Drittrechtsverhältnisses präjudiziell auf das Rechtsverhältnis der Prozessparteien wirkt.[437]

---

433 Anders: Stern/Blanke, § 14, Rn. 459.
434 Kopp/Schenke, § 43 VwGO, Rn. 18.
435 Vgl. oben Rn. 187.
436 BVerwGE 39, 248, vgl. hierzu auch BVerwG, NVwZ 2007, 1428 = **Life&Law 2008, 1372**.
437 Schenke, § 10, Rn. 409 f.

c) Schlüssige Behauptung des Bestehens bzw. Nichtbestehens eines Rechtsverhältnisses

schlüssige Behauptung

Für die Zulässigkeit muss der Kläger das Bestehen bzw. Nichtbestehen schlüssig behaupten. Das erfordert die Schilderung des Sachverhaltes, aus dem sich das Rechtsverhältnis ergibt, und der Umstände des Streitigseins.

Ob das Rechtsverhältnis rechtlich existent oder nichtexistent ist, ist Frage der Begründetheit.

d) Fallbeispiel zur Feststellung eines Rechtsverhältnisses

Fall: Die Gemeinde H möchte einen Bebauungsplan aufstellen für ein bereits gewerblich genutztes Gebiet, um u.a. die Immissionsbelastungen für ein angrenzendes Wohngebiet in den Griff zu bekommen.

Daher wendet sie sich an das Landratsamt als zuständige Immissionsschutzbehörde und erhält von diesem Daten über die Emissionen der Betriebe in dem Planbereich. Unternehmer U, der auch betroffen ist, möchte dieses Handeln des LRA angreifen und zumindest gerichtlich feststellen lassen, dass das LRA rechtswidrig gehandelt hat. Welche Klageart ist statthaft?

1. Der Verwaltungsrechtsweg (§ 40 I VwGO) ist eröffnet. Streitgegenständlich ist der von U behauptete Anspruch auf Rückgängigmachung bzw. auf Feststellung der Rechtswidrigkeit des Verhaltens der Behörde. Da es sich hierbei um eine Amtshilfemaßnahme i.S.v. §§ 4, 5 VwVfG handelt, ist der Streit nach der Sonderrechtstheorie öff.-rechtl. Natur.

2. Die Zulässigkeitsvoraussetzungen müssten vorliegen.

a) Statthaft wäre eine Anfechtungsklage, wenn die Auskunft als Verwaltungsakt i.S.d. § 35 S. 1 VwVfG einzuordnen ist. Fraglich erscheint die Außenwirkung. Die §§ 4, 5 VwVfG regeln alleine das innerbehördliche Verhältnis der Amtshilfe. Die Auskunft ist auch nicht unmittelbar nach außen gerichtet, sondern nur an die ersuchende Behörde. Nach der h.M. sind Amtshilfemaßnahmen im Verhältnis der Behörden untereinander keine Verwaltungsakte, was § 5 V S. 2 VwVfG als systematisches Argument zu § 68 VwGO bestätigt.[438] Im Verhältnis zum Bürger fehlt es damit erst recht an einem Verwaltungsakt.

b) Somit kommt die Feststellungsklage in Betracht.[439] U will festgestellt wissen, dass die Amtshilfemaßnahme rechtswidrig war, also die Voraussetzungen des § 5 VwVfG nicht vorlagen. Damit stellt er auf das zwischen der Gemeinde und dem LRA bestehende Rechtsverhältnis ab, das aufgrund des möglichen Anspruchs auf Amtshilfe besteht. Dass das Rechtsverhältnis in der Vergangenheit liegt, steht der Statthaftigkeit nicht entgegen, soweit es noch Auswirkungen in der Gegenwart zeitigt, was hier zu bejahen ist, da die Folgen der Amtshilfeleistung noch fortbestehen. Weiterhin wirkt das streitgegenständliche Drittrechtsverhältnis zwischen LRA und Gemeinde auch präjudiziell auf das Rechtsverhältnis zwischen U und dem beklagten Land als Rechtsträger des LRA, das (in Bayern) den Immissionsschutz als Staatsbehörde wahrnimmt (Art. 37 I S. 2 LKrO, Art. 1 Ic BayImSchG): z.B. wenn der U später evtl. Schadensersatz aus Staatshaftungsrecht anmelden will.

2. Feststellung der Nichtigkeit eines Verwaltungsakts

3. Fall des § 43 I VwGO

Sofern das Klagebegehren auf Feststellung der Nichtigkeit eines Verwaltungsakts gerichtet ist, kommt eine Nichtigkeitsfeststellungsklage als richtige Klageart in Betracht.

---

438 Kopp/Ramsauer, § 5 VwVfG, Rn. 41.
439 Vertretbar erscheint allerdings auch eine Klage auf Unterlassung künftiger Auskunftserteilung.

a) Abgrenzung zu § 43 I Alt. 1 VwGO

nichtiger Verwaltungsakt selbst kein RV

Eine besondere Regelung gegenüber der Feststellungsklage auf Feststellung des Bestehens oder Nichtbestehens ist deshalb notwendig, da es sich hier um eine Ausnahme von dem Grundsatz handelt, dass nur Rechtsverhältnisse feststellungsfähig sind.

Ein Verwaltungsakt ist selbst kein Rechtsverhältnis, sondern begründet, verändert oder beendet es lediglich.

b) Abgrenzung zur Anfechtungsklage

unterscheide Nichtigkeit und Rechtswidrigkeit

Gegenstand der allgemeinen Feststellungsklage kann nur ein nichtiger Verwaltungsakt sein, niemals die isolierte Feststellung der Rechtswidrigkeit eines Verwaltungsakts.

hemmer-Methode: Führen Sie sich nochmals klar den Unterschied zwischen Rechtswidrigkeit und Nichtigkeit vor Augen:
Ein fehlerhafter Verwaltungsakt ist grds. rechtswidrig, sofern er nicht ausnahmsweise nichtig ist.
Ein rechtswidriger Verwaltungsakt ist jedoch, solange er nicht angefochten ist, wirksam. Dagegen ist ein nichtiger Verwaltungsakt unwirksam. Eine Anfechtung ist nicht erforderlich.

Voraussetzung für die Zulässigkeit einer Klage gem. § 43 I Alt. 3 VwGO ist lediglich das objektive Vorliegen eines Verwaltungsakts.

Die Nichtigkeit braucht dagegen nur plausibel geltend gemacht zu werden. Ob der Verwaltungsakt tatsächlich nichtig ist, ist eine Frage der Begründetheit der Klage.

Wahlrecht

Ein nichtiger Verwaltungsakt kann sowohl zum Gegenstand einer Anfechtungsklage als auch einer Feststellungsklage gemacht werden. Der Grund hierfür liegt darin, dass häufig schwer zu beurteilen ist, ob der einem Verwaltungsakt anhaftende Fehler dessen Nichtigkeit oder nur dessen Rechtswidrigkeit zur Folge hat.

hemmer-Methode: Ist die an sich statthafte Anfechtungsklage z.B. wegen Fristablaufs unzulässig, kann sie in eine nicht fristgebundene und damit zulässige Nichtigkeitsfeststellungsklage umgedeutet werden. Auf diesem Weg vermeiden Sie ein lästiges Hilfsgutachten!

Umstellung der Klage im Prozess

Stellt sich die Nichtigkeit erst im Laufe des Prozesses heraus, so ist die ursprünglich erhobene Anfechtungsklage ggf. auf einen richterlichen Hinweis hin auf eine Nichtigkeitsfeststellungsklage umzustellen (§§ 91, 86 III VwGO). Umstritten ist die vom BayVGH vertretene Ansicht, dass die gegen einen nichtigen Verwaltungsakt zulässigerweise erhobene Anfechtungsklage auch ohne Umstellung der Klage nicht zur Aufhebung, sondern automatisch zur Feststellung der Nichtigkeit führt.[440] Eine Anfechtungsklage lässt grds. kein Feststellungsurteil zu und kann nur zur Aufhebung des Verwaltungsakts führen. Allerdings könnte man in dem Anfechtungsantrag als „Minus" den Feststellungsantrag mitenthalten sehen.

Umgekehrt ist die Nichtigkeitsfeststellungsklage als Anfechtungs- bzw. Fortsetzungsfeststellungsklage fortzuführen, wenn sich im Prozess ergibt, dass der Verwaltungsakt lediglich rechtswidrig ist.[441] In diesem Fall wird sich allerdings die Einhaltung der Fristen nach §§ 70, 74 VwGO meist als problematisch erweisen.

---

440 BayVGH, BayVBl. 1976, 756.
441 Kopp/Schenke, § 43 VwGO, Rn. 21 m.w.N.

derselbe Streitgegenstand	Anfechtungsklage und Nichtigkeitsfeststellungsklage können aber niemals gleichzeitig nebeneinander erhoben werden. Dem steht wegen der Gleichartigkeit des Streitgegenstandes die Rechtshängigkeit der Sache (§ 17 I S. 2 GVG) entgegen.[442] Im Zweifel kann von einer Anfechtungsklage ausgegangen werden.[443]	319

c) Keine Feststellung der Wirksamkeit

keine Wirksamkeitsfeststellung	Umstritten ist die Frage, ob umgekehrt auch die Feststellung begehrt werden kann, dass ein Verwaltungsakt nicht nichtig ist, oder dass er einen bestimmten Inhalt hat.[444]	320

Hiergegen spricht jedoch bereits eindeutig der Wortlaut des § 43 VwGO. Darüber hinaus widerspricht dies dem Sinn und Zweck der Regelung. Mit § 43 VwGO soll dem durch einen nichtigen Verwaltungsakt Betroffenen die Möglichkeit gegeben werden, den einem solchen Verwaltungsakt anhängenden Rechtsschein wirksam beseitigen zu lassen.

Fall des § 43 I Alt. 1 VwGO	Ferner besteht für das Feststellungsziel, dass der Verwaltungsakt nicht nichtig ist oder einen bestimmten Inhalt hat, also die Möglichkeit, das Bestehen des Rechtsverhältnisses, welches durch den nicht nichtig erachteten Verwaltungsakt begründet wird, feststellen zu lassen.

d) Analoge Anwendung auf Nicht-Verwaltungsakte?

§ 43 I Alt. 3 VwGO auf Verwaltungsakte beschränkt	Strittig ist die Frage, ob die Nichtigkeitsfeststellungsklage analog auf Nicht-Verwaltungsakte anwendbar ist oder ob dort nur die allgemeine Feststellungsklage über ein sich daraus ergebendes Rechtsverhältnis statthaft ist.	321

Ein Unterschied besteht bei der Feststellung des Rechtsschutzbedürfnisses, da von nichtigen Verwaltungsakten ein Rechtsschein ausgeht, von Nicht-Akten dagegen nicht ohne weiteres. Vertretbar erscheint die Analogie, wenn die Unterscheidung zwischen Verwaltungsakt und Nicht-Verwaltungsakt nicht ohne weiteres erkennbar ist.[445]

II. Subsidiarität gemäß § 43 II S. 1 VwGO

Klagen gemäß § 43 I VwGO sind subsidiär	Die Feststellung des Bestehens oder Nichtbestehens eines Rechtsverhältnisses ist gemäß § 43 II S. 1 VwGO ausgeschlossen, soweit der Kläger seine Rechte mittels einer Gestaltungsklage oder einer Leistungsklage in zumindest gleichem Umfang und mit gleicher Effektivität verfolgen kann oder hätte verfolgen können. Dabei kommt es nur auf die Statthaftigkeit, nicht auf die Zulässigkeit dieser Klagen an.	322

Es handelt sich hierbei um den Grundsatz der Subsidiarität der allgemeinen Feststellungsklage.

1. Hintergrund der Subsidiarität

keine Umgehung besonderer Sachentscheidungsvoraussetzungen, Prozessökonomie	Sinn dieser Regelung ist es insbesondere, die Umgehung des bei der Anfechtungs- und der Verpflichtungsklage erforderlichen Vorverfahrens gem. §§ 68 ff. VwGO sowie der entsprechenden Klagefristen auszuschließen.	323

---

442 Eyermann, § 43 VwGO, Rn. 26.
443 Vgl. **Hemmer/Wüst, Verwaltungsrecht I, Rn. 326**.
444 Schmitt-Glaeser, Rn. 336.
445 Früher Kopp (bis 10. Aufl., heute: Koppe/Schenke), § 43 VwGO, Rn. 20; BFH, NVwZ 1986, 157; a.A. Kopp/Schenke, § 43 VwGO, Rn. 20 sowie BVerwG, NVwZ 1987, 330. = **juris**byhemmer.

Darüber hinaus wird dem tatsächlichen Klagebegehren des Klägers in der Regel durch eine Anfechtungs-, Verpflichtungs- oder Leistungsklage in umfassenderer Weise Genüge getan als durch Erlass eines Feststellungsurteiles. Schließlich soll das Gericht auch nicht ein zweites Mal mit der Sache befasst werden, wenn der Beklagte aus seinem Unterliegen keine Konsequenzen zieht und damit doch auf Leistung geklagt werden muss.[446]

2. Ausnahmen

a) Rechtsschutzinteresse nur durch Feststellung gedient

Kriterium: Rechtsschutzinteresse

Der Grundsatz der Subsidiarität steht der Erhebung einer Feststellungsklage dann nicht entgegen, wenn die Erhebung gerade dieser Klage dem Rechtsschutzinteresse des Klägers in besonderer Weise entspricht.[447]

Bsp.:

– *Krabbenkamp, BVerwGE 40, 323: Die kreisfreie Gemeinde G will auf der Grundlage des § 33 BauGB eine Vielzahl von Baugenehmigungen für ein geplantes Wohngebiet erlassen. Die Nachbargemeinde N, deren Gewerbegebiet an den Planbereich unmittelbar angrenzt, möchte dagegen rechtlich vorgehen.*

sonst Vielzahl von Anfechtungsklagen notwendig

N könnte jede einzelne Baugenehmigung anfechten (§ 42 I Alt. 1 VwGO). Dies wäre sehr ineffizient und zudem müsste N als Nichtadressatin eine mögliche subjektive Rechtsverletzung bzgl. jedes einzelnen Vorhabens dartun. Der direkte Angriff gegen den noch nicht erlassenen Bebauungsplan ist nach § 47 I Nr. 1 VwGO noch nicht möglich. Eine vorbeugende Normenkontrolle über § 47 VwGO wird von der h.M. abgelehnt. Daher ist es vertretbar, eine vorbeugende Feststellung der Nichtigkeit des vorgesehenen Bebauungsplans zu bejahen.

– *Der Kläger möchte die Erlaubnisfreiheit einer beabsichtigten Handlung feststellen lassen.*

Verwaltungsakt gerade nicht begehrt

K könnte hier den Erlass eines feststellenden Verwaltungsakts mit der Verpflichtungsklage begehren. Damit erhielte er jedoch nicht mehr als mit der einfachen Feststellungsklage, müsste jedoch einen prozessual höheren Aufwand betreiben (Antrag, Vorverfahren, Klagefrist). Eine Klage auf Erteilung einer Erlaubnis ist ihm nicht zumutbar, da er ja gerade von der Erlaubnisfreiheit ausgeht.

b) Beklagter ist öffentlich-rechtliche Körperschaft

Rspr.: Ausnahme, wenn öff.-rechtl. Körperschaft Beklagte einer allgem. Leistungsklage

Entgegen dem Wortlaut des § 43 II S. 1 VwGO soll nach dem BVerwG das Subsidiaritätsverhältnis nicht auf die allgemeine Leistungsklage zu beziehen sein, wenn der Bund/ein Land oder eine andere öffentlich-rechtliche Körperschaft verklagt werde (teleologische Reduktion). Denn zum einen sei bei der allg. Leistungsklage keine Umgehung der §§ 68 ff. VwGO zu befürchten,[448] zum anderen könne davon ausgegangen werden, dass sich eine juristische Person des öffentlichen Rechts an das Feststellungsurteil halte.[449] Dieser Gedanke entstammt der ständigen Rspr. der Zivilgerichte.[450] Wegen der ausdrücklichen Regelung in § 43 II S. 1 VwGO ist diese Ansicht jedoch problematisch, zumal die VwGO selbst in § 172 VwGO die Rechtstreue des Staates nicht als selbstverständlich voraussetzt.

---

446 Kopp/Schenke, § 43 VwGO, Rn. 26; Stern/Blanke, § 14, Rn. 463.
447 BVerwG, NVwZ 1982, 616 f.
448 BVerwGE 40, 328; BVerwG, NVwZ 2002, 1505.
449 BVerwG, NJW 1967, 996 f. = **juris**byhemmer.
450 BGH, NJW 1984, 1118 = **juris**byhemmer; Kopp/Schenke, § 43 VwGO, Rn. 28; Thomas/Putzo, § 256 ZPO, Rn. 19.

c) Beamtenrechtliche Klagen

§ 126 BBG

Bei beamtenrechtlichen Klagen wird ebenfalls erwogen, die Subsidiaritätsklausel nicht anzuwenden, da wegen § 126 II BBG die besonderen Zulässigkeitsvoraussetzungen von Anfechtungs- und Verpflichtungsklagen zu beachten sind.[451]

3. Keine Anwendung auf Nichtigkeitsfeststellungsklage, § 43 II S. 2 VwGO

§ 43 II S. 2 VwGO: Nichtigkeitsfeststellungsklage nicht subsidiär

Die in § 43 II S. 1 VwGO zum Ausdruck gebrachte Subsidiarität der Feststellungsklage gilt nicht, wenn damit die Feststellung der Nichtigkeit eines Verwaltungsakts begehrt wird, § 43 II S. 2 VwGO.

hemmer-Methode: Die Subsidiarität nach § 43 II S. 1 VwGO ist somit nur bei der Feststellungsklage auf Bestehen oder Nichtbestehen eines Rechtsverhältnisses gem. § 43 I Alt. 1 und 2 VwGO relevant. Zeigen Sie dem Korrektor Ihrer Klausur, dass Ihnen dieses Regel-Ausnahme-Prinzip bekannt ist.

III. Klagebefugnis analog § 42 II VwGO?

str.: § 42 II VwGO analog

I.R.d. allgemeinen Feststellungsklage ist insbesondere strittig, ob eine Klagebefugnis analog § 42 II VwGO zu fordern ist.

hemmer-Methode: Die Frage nach der Erforderlichkeit einer Klagebefugnis ist als Standardstreitpunkt im Rahmen einer einschlägigen Feststellungsklage in der Klausur immer anzusprechen. Häufig muss der Streit aber nicht geklärt werden, wenn § 42 II VwGO erfüllt ist.

1. Standpunkt der h.M.

Rspr.: (+)

Die Rspr. und ein weite Teile der Lit. wendet § 42 II VwGO hier analog an.[452] Dies gilt sowohl für Nichtigkeitsfeststellungsklagen als auch für Klagen auf Feststellung des Bestehens oder Nichtbestehens eines Rechtsverhältnisses.

insbes. bei Drittrechtsverhältnissen Bedürfnis nach Einschränkung

Grund dafür ist, dass der Anwendungsbereich von allgemeinen Feststellungsklagen sehr weit reicht. Es wird schließlich auch Klage auf Feststellung eines Rechtsverhältnisses zugelassen, welches zwischen dem Beklagten und einem Dritten besteht (vgl. bereits oben Rn. 312).

keine Popularklage

Man begründet die analoge Anwendung vor allem mit dem Erfordernis, eine Feststellungspopularklage zu vermeiden. Die Rechtsschutzgarantie des Art. 19 IV GG knüpft an die Verletzung eigener Rechte an.

jedenfalls bei § 43 I Alt. 3 VwGO

Bei der Nichtigkeitsfeststellungsklage kann zudem auf die sachliche Nähe zur Anfechtungsklage abgestellt werden, stellt doch die Nichtigkeit eines Verwaltungsakts nur eine besondere Form der Rechtswidrigkeit dar. Bei jedem Angriff gegen einen Verwaltungsakt, muss geltend gemacht werden, dass dieser möglicherweise in Rechte des Betroffenen eingreift. Wenn schon bei Wirksamkeit des Verwaltungsakts keine Rechtsbetroffenheit vorliegen kann, dann bedarf es auch keiner Feststellung der Nichtigkeit.

---

451 BVerwGE 36, 183 = **juris**byhemmer.
452 Stern/Blanke, § 14, Rn. 462; BVerwG, NVwZ 1991, 470 ff.; BayVGH, BayVBl. 1992, 469.

2. Gegenansicht

a.A.: keine Regelungslücke

Die Gegenauffassung verneint die Notwendigkeit eines Analogieschlusses mangels Regelungslücke.[453]

Gesetzeswortlaut

Hier wird insbesondere mit dem Wortlaut der Vorschriften der §§ 42 und 43 VwGO argumentiert. Während § 43 VwGO für die Feststellungsklage ein „berechtigtes Interesse" verlangt, so beziehe sich § 42 II VwGO unmissverständlich auf die in der Norm genannte Gestaltungs- und Leistungsklage.

§ 42 II VwGO setzt weiterhin die Geltendmachung einer Rechtsverletzung voraus, während streitgegenständlich aber nur die Feststellung eines Rechtsverhältnisses ist. Schließlich wird auch in der Begründetheit nicht auf eine subjektive Rechtsverletzung abgestellt.[454]

ausreichende Eingrenzung durch berechtigtes Interesse

Insbesondere werde ein „Ausufern" des § 43 VwGO durch das geforderte berechtigte Interesse ausreichend vermieden.

hemmer-Methode: Die gute Klausur zeichnet sich durch die Argumentation am Einzelfall aus. Statt pauschal der einen oder anderen Meinung zu folgen, bietet sich in den Fallgestaltungen der Nichtigkeitsfeststellungsklage und des Drittrechtsverhältnisses an, die in der Literatur verbreitete Ablehnung der Analogie zu § 42 II VwGO darzustellen, um dann mit den oben genannten Argumenten der Rechtsprechung jedenfalls für diese Einzelfälle zu differenzieren.

IV. Berechtigtes Interesse an baldiger Feststellung als besonderes Rechtsschutzbedürfnis

besondere Erscheinungsform des RSB

Die allgemeine Feststellungsklage ist nur zulässig, wenn der Kläger ein berechtigtes Interesse an der baldigen Feststellung des Bestehens oder Nichtbestehens eines Rechtsverhältnisses oder der Nichtigkeit eines Verwaltungsakts hat.

Es handelt sich hierbei um eine besondere Erscheinungsform des Rechtsschutzbedürfnisses.

hemmer-Methode: Trennen Sie in der Zulässigkeitsprüfung das berechtigte Interesse an baldiger Feststellung als besonderes Rechtsschutzbedürfnis immer vom allgemeinen Rechtsschutzbedürfnis und erörtern Sie diese Punkte getrennt.

1. Berechtigtes Interesse

„berechtigtes", nicht „rechtliches" Interesse!

Im Gegensatz zur zivilprozessrechtlichen Feststellungsklage gem. § 256 I ZPO ist bei der allgemeinen Feststellungsklage gem. § 43 VwGO nicht ein rechtliches Interesse erforderlich, sondern es ist ein weiter gehendes berechtigtes Interesse ausreichend.

Ein solches liegt bei jedem nach vernünftigen Erwägungen durch die Sachlage gerechtfertigten Interesse wirtschaftlicher, rechtlicher oder auch ideeller Art vor.[455]

---

453 Schenke, § 10, Rn. 410; Schoch, S. 190; Schmitt-Glaeser, Rn. 341; Kopp/Schenke, § 42 VwGO, Rn. 63. Diese Gegenansichten sind aber zumeist auf den Fall des § 43 I Alt. 1 VwGO beschränkt.
454 Vgl. Schmitt-Glaeser, Rn. 349.
455 Kopp/Schenke, § 43 VwGO, Rn. 23.

> **hemmer-Methode:** Auch ein Drittrechtsverhältnis, also ein Rechtsverhältnis, das nicht zwischen Kläger und Beklagtem, sondern zwischen dem Beklagten und einem Dritten besteht, kann Gegenstand der FK sein. In diesem Fall muss das Feststellungsinteresse jedoch gerade gegenüber der beklagten Partei und nicht gegenüber dem Dritten bestehen.[456]

2. Interesse an baldiger Feststellung

„an der baldigen Feststellung"

Ein Interesse an baldiger Feststellung liegt vor, wenn das Bedürfnis des Klägers nach Klarstellung der Rechtslage bereits in der Gegenwart oder für eine nicht ferne Zukunft besteht.

> **hemmer-Methode:** Beachten Sie in der Klausur, dass regelmäßig die Gründe, die ein berechtigtes Interesse an einer Feststellung geben, auch die Rechtfertigung für eine baldige Feststellung tragen.

3. Fallgruppen zu § 113 I S. 4 VwGO

Interessenlage im Einzelfall, Heranziehung der anerkannten Fallgruppen des § 113 I S. 4 VwGO

Der weite Begriff des berechtigten Interesses ist nur praktikabel, wenn man jeweils auf die Interessenlage im Einzelfall abstellt. Wegen des beinahe gleichen Wortlautes zu § 113 I S. 4 VwGO können bei der Prüfung die dort anerkannten Fallgruppen herangezogen werden (vgl. Rn. 118 ff.).[457] Dies gilt jedenfalls für bereits erledigte Rechtsverhältnisse. Bei noch aktuellen Rechtsverhältnissen ist die Rspr. des BVerwG großzügiger.

> **hemmer-Methode:** Bei der vorbeugenden Feststellungsklage muss ein qualifiziertes Rechtsschutzinteresse bestehen. Es liegt vor, wenn mit dem Abwarten einer Maßnahme für den Kläger Nachteile verbunden wären, die ihm auch unter Berücksichtigung der Möglichkeiten der §§ 80 V, 123 VwGO nicht zumutbar sind. Siehe dazu näher Hemmer/Wüst, Verwaltungsrecht III, Rn. 73 ff.

V. Allgemeines Rechtsschutzbedürfnis

> **hemmer-Methode:** Hierher gehört an sich auch das Erfordernis, dass das festzustellende Rechtsverhältnis zwischen den Parteien streitig ist und es nicht nur um die Klärung abstrakter Rechtsfragen geht. Die Prüfung kann aber kaum sinnvoll von der Begründung der hinreichenden Konkretisierung des Rechtsverhältnisses innerhalb der Statthaftigkeit abgetrennt werden und sollte daher im dortigen Zusammenhang erfolgen.[458]

1. Verwirkung

bei Verwirkung RSB (-)

Das allgemeine Rechtsschutzbedürfnis fehlt grds. bei Verwirkung der Rechtsschutzmöglichkeiten. Dies ist vor allem dann der Fall, wenn der Kläger so spät zur Klageerhebung schreitet, dass der Klagegegner nicht mehr damit zu rechnen brauchte.

---

456 Ausführlich zu diesem Problemkreis vgl. BVerwG, **Life&Law 1998, 183 f.** = DVBl. 1998, 49 f. = **juris**byhemmer.
457 Schenke, § 16, Rn. 579; Schmitt-Glaeser, Rn. 345.
458 Vgl. dazu Kopp/Schenke, § 43 VwGO, Rn. 17.

2. Verwaltungsakt-Befugnis der Behörde

Bsp.: *Ein Bundesland begehrt, die Unterhaltspflicht des Landwirts L hinsichtlich eines Wassergrabens festzustellen, obwohl ein diesbezüglicher feststellender Verwaltungsakt möglich wäre.*[459]

bei Verwaltungsakt-Befugnis differenzieren

Eine parallele Konstellation ist aus der allgemeinen Leistungsklage bekannt. Hat die Behörde die Verwaltungsakt-Befugnis, kann sie auf einfacherem Weg selbst die bestandskräftige Regelung erreichen, sodass für eine Bürgerverurteilungsklage das Rechtsschutzbedürfnis fehlt (siehe Rn. 195).

Anders verhält es sich nur, wenn absehbar ist, dass der Bürger gegen einen Verwaltungsakt ohnehin gerichtlich vorgehen würde.

3. Antrag gemäß § 44 V VwVfG

str.: Antrag gem. § 44 V VwVfG

Teilweise wird für die Nichtigkeitsfeststellungsklage verlangt, dass der Kläger gemäß § 44 V VwVfG einen erfolglosen Antrag auf Feststellung der Nichtigkeit des Verwaltungsakts bei der zuständigen Behörde gestellt haben muss.[460]

Dies soll sich aus dem allgemeinen Grundsatz, dass das Rechtsschutzbedürfnis einer Klage fehlt, wenn der angestrebte Erfolg auf einfachere Art und Weise erreicht werden kann, ergeben.

Ein solcher einfacherer Weg ist demnach der Antrag gemäß § 44 V VwVfG, der zum gleichen Ergebnis führen kann wie die Feststellungsklage.

Nach der Gegenauffassung ist ein erfolgloser Antrag gem. § 44 V VwVfG nicht notwendig.[461] Zur Argumentation kann man hier auf § 121 VwGO abstellen. Rechtskräftige Urteile haben eine qualitativ höhere Bindungswirkung zur Folge.

hemmer-Methode: Bereits bei der Frage der Subsidiarität der Feststellungsklage kann danach gefragt werden, ob nicht an Stelle der Nichtigkeitsfeststellungsklage eine Verpflichtungsklage auf Erlass eines feststellenden Verwaltungsakts i.S.d. § 44 V VwVfG in Betracht kommt. Lassen Sie sich hier nicht verwirren. Zum einen kann man bereits die Statthaftigkeit dieser Klage ablehnen, wenn man die Nichtigkeitsfeststellungsklage als lex specialis ansieht.[462] Zum anderen scheitert die Subsidiarität jedenfalls an § 43 II S. 2 VwGO!

VI. Vorverfahren und Klagefrist

kein Vorverfahren, keine Klagefrist

Von der Ausnahme des § 126 II BBG abgesehen, ist, wie sich bereits aus dem Wortlaut des § 68 VwGO ergibt, für eine allgemeine Feststellungsklage kein Vorverfahren erforderlich.

hemmer-Methode: Beachten Sie gerade die Besonderheit des § 126 II BBG, welche nicht nur ausschließlich für den Bereich der Wahlfachgruppe relevant ist. § 126 II BBG hat die Besonderheit, dass hier ein nach h.M. ansonsten grds. unzulässiger Feststellungswiderspruch durchzuführen ist.

---

459 Vgl. BVerwGE 28, 154 = **juris**byhemmer.
460 Schmitt-Glaeser, Rn. 342.
461 Kopp/Ramsauer, § 44 VwVfG, Rn. 69, und Kopp/Schenke, § 43 VwGO, Rn. 20.
462 Schenke, § 10, Rn. 425.

Auch die Einhaltung einer Klagefrist ist grds. nicht geboten. Sollte wegen § 126 II BBG ausnahmsweise ein Feststellungswiderspruch notwendig sein, so ergibt sich aufgrund der Zustellung dieses Widerspruchsbescheides gem. § 74 I S. 1 VwGO analog auch das Erfordernis der Einhaltung einer Klagefrist von einem Monat.

hemmer-Methode: Eine Feststellungsklage erfordert zwar nicht die Einhaltung einer Klagefrist; sie ist aber trotzdem nicht zeitlich unbeschränkt zulässig. Hier ist das Instrumentarium der prozessualen Verwirkung zu berücksichtigen. Dogmatisch korrekt sollten Sie dies bei der Prüfung des allgemeinen Rechtsschutzbedürfnisses tun.

VII. Sonstige allgemeine Sachurteilsvoraussetzungen

sonst keine Besonderheiten

Bei den sonstigen allgemeinen Zulässigkeitsvoraussetzungen ergeben sich zu den anderen verwaltungsgerichtlichen Klagearten keine besonderen Abweichungen.

342

VIII. Fallbeispiel:

„Bundesberti"-Fall

Nach seinem Ausscheiden aus dem Amt des Cheftrainers lebt Bundesberti (BB) weiterhin getreu dem Motto „Keine Macht den Drogen". Er möchte in seiner pfälzischen Heimat eine Milchbar eröffnen, deren Leitung der „Effe" übernehmen soll, mit dem sich BB, für alle völlig überraschend, wieder versöhnt hat. Deshalb beantragt BB bei der örtlichen Behörde eine Gaststättenerlaubnis.

343

Die Behörde verweigert dieselbe mit der Begründung, der vorgesehene Leiter „Effe" sei nicht zuverlässig i.S.v. § 4 I Nr. 1 GastG,[463] da aufgrund seines allseits bekannten Verhaltens zu befürchten sei, dass der Unsittlichkeit Vorschub geleistet werde. Der Widerspruch bleibt erfolglos. BB fragt seinen RA Mayer-Hinterwäldler, ob er vom VG einen positiven Fingerzeig in dieser öffentlich-rechtlichen Streitigkeit erhoffen darf.

1. BB hat eine Erlaubnis i.S.d. §§ 2 I, 9 GastG beantragt. Diese ist ein Verwaltungsakt. Angesichts der Versagung wäre die Verpflichtungsklage in ihrer Unterart der Versagungsgegenklage diejenige Klageart, die sein Begehren ausschöpft. Ob in der Sache der Erlass eines Verwaltungsakts tatsächlich zulässig und möglich ist, ist keine Frage der Statthaftigkeit.[464]

BB müsste behaupten, dass die Versagung ihn möglicherweise in einem subjektiven Recht verletzt. Weiterhin darf die behauptete Rechtsverletzung nicht offensichtlich und eindeutig nach jeder denkbaren Betrachtungsweise unmöglich erscheinen. Hier bedarf BB wegen § 2 II Nr. 1 GastG für den Betrieb einer Milchbar ganz offensichtlich keiner Erlaubnis. Damit scheidet ein Anspruch auf Erlaubnis ganz eindeutig aus. Es gibt auch keinen Anspruch auf einen sog. Negativ-Bescheid, der besagt, dass das Vorhaben nicht genehmigungsbedürftig ist.[465]

2. BB könnte den Versagungsbescheid isoliert anfechten. Ebenso denkbar ist eine Nichtigkeitsfeststellungsklage, die wegen § 43 II S. 2 VwGO nicht subsidiär zur Gestaltungs- und Leistungsklage ist. Ausscheiden muss dagegen die Verpflichtungsklage auf Erlass eines feststellenden Verwaltungsakts i.S.d. Art. 44 V VwVfG. Diese ist in Anbetracht der speziellen Regelung in § 43 VwGO bereits unstatthaft. Außerdem würde auch das Rechtsschutzbedürfnis fehlen, da zum einen kein Antrag bei der Behörde gestellt worden ist und zum anderen die genannten Möglichkeiten einfacher zum Klageziel führen.[466]

---

463 Das GastG gilt als Bundesgesetz grds. weiter fort, auch wenn der Bund i.R.d. Föderalismusreform die Gesetzgebungskompetenz hierfür verloren hat, vgl. Art. 74 I Nr. 9 GG; allerdings können die Bundesländer nun eigene, abweichende Gaststättengesetze erlassen, Art. 125a I GG.

464 Kopp/Schenke, § 42 VwGO, Rn. 6.

465 BayVGH, BayVBl. 87, 499.

466 Setzt man für die Nichtigkeitsfeststellungsklage einen Antrag nach § 44 V VwVfG gerade voraus, greift dieses Argument natürlich nicht durch (vgl. Schwerdtfeger, § 5, Rn. 103; a.A. Kopp/Schenke, § 43 VwGO, Rn. 20; Schenke, § 10, Rn. 415, 425). Diese Ansicht schränkt jedoch den eigenen Anwendungsbereich der Nichtigkeitsfeststellungsklage zu stark ein.

Zwischen beiden Klagen steht dem Kläger ein Wahlrecht zu, da ihm das Risiko der Wahl der an sich statthaften Klageart nicht aufgebürdet werden soll. Die Abgrenzung zwischen bloßer Rechtswidrigkeit und Nichtigkeit ist häufig schwierig.

3. Sein Rechtsschutzinteresse ist damit jedoch noch nicht voll befriedigt. Denn die Rechtskraft der Anfechtungsklage bzw. der Nichtigkeitsfeststellungsklage würde sich allein auf den Ausspruch im Tenor des Urteils beziehen. Die Frage der Erlaubnisfreiheit seines Tuns würde zwar inzident vom VG als Vorfrage geprüft, wäre aber nicht von der Rechtskraft erfasst. Daher ist dem BB anzuraten, eine Zwischenfeststellungsklage gemäß § 173 VwGO i.V.m. § 256 ZPO zu erheben. Damit erwächst auch die Feststellung der Erlaubnisfreiheit in Rechtskraft.

4a) Die Klagebefugnis für die Anfechtungsklage ergibt sich aus seiner Adressatenstellung. Jedenfalls sein Recht aus Art. 2 I, 12 I GG scheint möglicherweise verletzt, da der Ablehnungsbescheid eine Erlaubnispflicht indiziert, die nach Ansicht des Klägers nicht vorliegt, ihm also ein vermeintlich erlaubtes Verhalten verbietet.

4b) Für die Nichtigkeitsfeststellungsklage ist das Erfordernis einer Klagebefugnis zu bejahen. Es gilt dazu das eben Ausgeführte.

5. Die Durchführung eines Vorverfahrens ist nicht mehr erforderlich. Grundsätzlich bedarf es bei Erhebung einer Anfechtungsklage an Stelle einer auch möglichen Nichtigkeitsfeststellungsklage eines Vorverfahrens.[467] Anlässlich des erhobenen Verpflichtungswiderspruchs hatte die Widerspruchsbehörde innerhalb des durch diesen abgesteckten Rahmens über die Rechtmäßigkeit der Versagung zu entscheiden. Mithin lag es innerhalb ihres Prüfungs- und Kompetenzrahmens, den Versagungsbescheid aufzuheben.

Weiterhin kann darauf abgestellt werden, dass angesichts des bisherigen Verhaltens der Widerspruchsbehörde ein weiteres Vorverfahren keine Aussicht auf Erfolg hätte und daher überflüssig wäre.[468]

6. Das Rechtsschutzbedürfnis des BB ist zu bejahen. Mit der Ablehnung des Verwaltungsakts aus sachlichen Gründen ist der Anschein verbunden, BB tue etwas Unerlaubtes. Er muss auch bei Aufnahme seines Geschäftsbetriebes damit rechnen, dass die Behörde im Irrglauben der Erlaubnispflichtigkeit Maßnahmen dagegen einleiten würde (OWi-Verfahren gem. § 28 I Nr. 1 GastG, Untersagung gem. § 31 GastG i.V.m. § 35 I S. 1 GewO).

7. BB hat die Klagefrist des § 74 I VwGO einzuhalten (Für die Nichtigkeitsfeststellungsklage gilt keine Frist).

8. Seine Anfechtungsklage wäre begründet, da sein Vorhaben nach §§ 2 II Nr. 1, 9 GastG nicht erlaubnispflichtig ist.

Anmerkung: Steht gerade die Erlaubnis-/Genehmigungspflicht im Streit, ist die Verpflichtungsklage natürlich zulässig und geht der Feststellungsklage wegen § 43 II S. 1 VwGO vor.

hemmer-Methode: Bei der Abgrenzung von Feststellungsklage und Verpflichtungsklage ist i.R.d. Statthaftigkeit besonders darauf zu achten, was der Kläger erreichen will. Geht dieser von der Genehmigungsfreiheit seiner Tätigkeit aus und empört sich über die versagte Genehmigung, will er nur die Feststellung der Genehmigungsfreiheit, nicht die Genehmigung. Das Klagebegehren ist zwar gem. § 86 III VwGO auszulegen, jedoch nicht über das Klagebegehren hinaus, vgl. § 88 VwGO.

---

[467] Kopp/Schenke, § 68 VwGO, Rn. 36.
[468] Str.: Kopp/Schenke, § 68 VwGO, Rn. 32.

C) Begründetheit der allgemeinen Feststellungsklage

Obersatz

Der Obersatz richtet sich nach dem Klagebegehren, benennt also das festzustellende Rechtsverhältnis bzw. den möglicherweise nichtigen Verwaltungsakt.

I. Passivlegitimation

Je nachdem, ob sich das Klagebegehren auf Feststellung des Bestehens oder Nichtbestehens eines Rechtsverhältnisses richtet oder auf die Feststellung der Nichtigkeit eines Verwaltungsakts, ergibt sich für die Passivlegitimation Folgendes:

1. Positive Feststellungsklage

Beklagter: wem gegenüber das RV festgestellt werden soll

Bei einer positiven Feststellungsklage ist der richtige Beklagte derjenige, der das vom Kläger behauptete Rechtsverhältnis bestreitet.

2. Negative Feststellungsklage

Beklagter: wer das bestrittene RV als existent behauptet

Bei einer negativen Feststellungsklage ist der richtige Beklagte derjenige, der für sich ein bestimmtes Recht in Anspruch nimmt, dessen Existenz der Kläger bestreitet.

Rechtsträgerprinzip

Der richtige Beklagte ergibt sich in beiden Fällen aus dem Rechtsverhältnis. Zwar ist § 78 I VwGO nicht einschlägig, doch ist auf das dort niedergelegte Rechtsträgerprinzip abzustellen.[469]

3. Nichtigkeitsfeststellungsklage

bei § 43 I HS 2 VwGO gilt § 78 I Nr. 1 VwGO analog

Bei einer Nichtigkeitsfeststellungsklage ist der Beklagte in Anlehnung an § 78 I Nr. 1 VwGO zu ermitteln. Die Klage ist also gegen den Rechtsträger der den Verwaltungsakt erlassenden Behörde zu richten.

II. Die weitere Begründetheitsprüfung

1. Die positive / negative Feststellungsklage

rechtl. Existenz bzw. Nichtexistenz des Rechtsverhältnisses

Die positive Feststellungsklage ist begründet, wenn das Rechtsverhältnis besteht, die negative, wenn es nicht besteht. Eine subjektive Rechtsverletzung ist nicht zu prüfen.

wichtige Fallgruppen

Innerhalb der Frage nach dem Rechtsverhältnis können häufig folgende Fragen zu prüfen sein:

> a) Die Genehmigungsfreiheit eines Vorhabens: vgl. Rn. 72 ff.
> b) Die Wirksamkeit eines öffentlich-rechtlichen Vertrages: Rn. 240 ff.
> c) Die inzidente Normenkontrolle von sog. self-executing Gesetzen: Rn. 302

---

[469] Nach Kopp ist jedenfalls § 78 I Nr. 1 letzter HS VwGO analog anwendbar: Kopp/Schenke, § 78 VwGO, Rn. 2 und 3; nach BayVBl. 1994, 32, 61 f. (= Examen 1992/I, 6) gilt § 78 I VwGO analog.

Das Fehlen einer Verwaltungsakt-Befugnis ist ein typischer Anwendungsfall der vorbeugenden Feststellungsklage. Das Gleiche gilt für die Überprüfung von Gesetzen, deren Vollzug abzuwarten nicht zugemutet werden kann.[470]

2. Nichtigkeitsfeststellungsklage

Prüfung des § 44 VwVfG

Die Klage auf Feststellung der Nichtigkeit eines Verwaltungsakts ist begründet, wenn der Verwaltungsakt nach speziellen Nichtigkeitsvorschriften, z.B. § 11 BBG, ansonsten nach § 44 VwVfG nichtig ist.

Die Prüfung des § 44 VwVfG ist in **Hemmer/Wüst, Verwaltungsrecht I, Rn. 325 ff.** dargestellt.

D) Sonderproblem

I. Kommunalverfassungsstreitigkeiten

KVS

Die allgemeine Feststellungsklage gewinnt insbesondere im sog. Kommunalverfassungsstreit besondere Bedeutung. Vergleichen Sie hierzu die entsprechenden Ausführungen unter Rn. 273, 276 ff.

II. Normerlassklage

Normerlass

I.R.d. Streites hinsichtlich der Zulässigkeit einer Klage auf Erlass einer untergesetzlichen Norm (Rechtsverordnung, Satzung) ist vor allem die Statthaftigkeit der allgemeinen Feststellungsklage als Normerlassklage umstritten. Vgl. hierzu die im Bereich der allgemeinen Leistungsklage getroffenen Ausführungen unter Rn. 185 ff., 308.

---

470 Bsp. bei Schenke, § 10, Rn. 375 und § 10, Rn. 435.

§ 7 VERWALTUNGSGERICHTLICHES NORMENKONTROLLVERFAHREN, § 47 VWGO

A) Einordnung der verwaltungsgerichtlichen Normenkontrolle (NK)

I. Prüfungsrecht und Verwerfungsrecht

Unterscheide Prüfungs- und Verwerfungskompetenz

In der Normenkontrolle (§ 47 VwGO) wird die Gültigkeit einer Rechtsvorschrift überprüft. In jedem gerichtlichen Verfahren kann der Richter die Rechtmäßigkeit einer Norm überprüfen. Verwerfen kann er die Norm jedoch nur, wenn ihm eine gesetzliche Regelung diese Kompetenz zuweist.

Um die richterliche Normenkontrolle verstehen zu können, hat man deshalb zwei grundlegende Unterscheidungen zu treffen:

⇨ das richterliche Prüfungsrecht und

⇨ das richterliche Verwerfungsrecht.

Prüfungsrecht bei jedem Gericht

Das Recht (und die Pflicht) eine Norm, auf die es in einem Verfahren ankommt, auf ihre formelle und materielle Gültigkeit hin zu überprüfen, steht jedem Gericht zu. Dies ergibt sich zum einen aus dem Grundsatz der richterlichen Unabhängigkeit (Art. 97 I GG). Art. 100 I S. 1 GG setzt dieses Recht zudem voraus.

Verwerfungsrecht durch Art. 100 GG tlw. monopolisiert

Aus dem Prüfungsrecht folgt grundsätzlich, dass solche Normen, die das Gericht für ungültig hält, nicht anzuwenden sind.

Art. 100 I GG nimmt davon nachkonstitutionelle, formelle Gesetze aus, für die ausschließlich dem BVerfG ein Verwerfungsmonopol zusteht.[471]

> **hemmer-Methode:** Das Verwerfungsmonopol des BVerfG dient der Gewaltenteilung, dem Schutz der legislatorischen Willensbildung und flankiert die richterliche Gesetzesbindung. Nicht jeder Richter soll ein vom Parlament geschaffenes Gesetz mit dem vagen Hinweis auf die Verfassung verwerfen können.

II. Prinzipale und inzidente Normenkontrolle

1. Begriff

inzident: NK ist Vorfrage der Hauptsache

Zu unterscheiden sind weiterhin die Begriffe der prinzipalen und der inzidenten Normenkontrolle.

Unter Ersterer versteht man ein Verfahren, in welchem die Gültigkeit der Norm als solche Gegenstand des Verfahrens ist, während bei Letzterer die Gültigkeit nur als Vorfrage der eigentlichen Entscheidung, bspw. der Rechtmäßigkeit eines Verwaltungsaktes, geklärt wird.

prinzipal: NK ist selbst Hauptsache

Die prinzipale Normenkontrolle wird grundsätzlich von den Verfassungsgerichten ausgeübt. Das Grundgesetz macht dies in Art. 93 I Nr. 2 deutlich, der nicht nur formelle Bundes- und Landesgesetze, sondern auch im Rang unter dem Gesetz stehende Rechtsvorschriften erfasst.

---

471 Vorkonstitutionelle Gesetze verwirft in B.-W. das Landesverfassungsgericht: Art. 88 B.-W. Verf.

Allerdings ist auch § 47 VwGO eine prinzipale Normenkontrolle, da es um die Überprüfung einer Norm als solchen und nicht um die Lösung eines Einzelfalles geht.

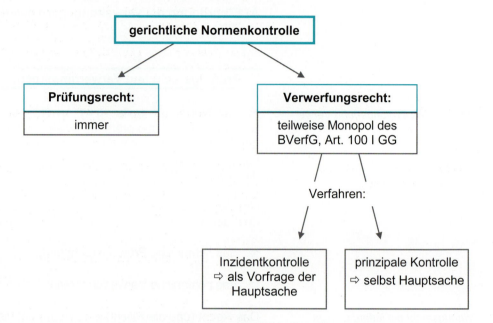

2. Unterschiedliche Rechtsfolgen

prinzipale NK: allgemeinverbindlich; inzidente NK nur inter partes

Während die prinzipale[472] Verwerfung einer Norm durch das BVerfG bzw. das OVG allgemein verbindlich wirkt (§§ 31 II, 78, 82 I, 95 III BVerfGG, 47 V S. 2 VwGO), beschränkt sich die Rechtskraft der verwaltungsgerichtlichen inzidenten Normenkontrolle auf die Parteien und Beteiligten (§ 121 VwGO, inter partes).[473]

hemmer-Methode: Die Wirkung erga omnes nach § 47 V S. 2 VwGO tritt nur ein, soweit dem Normenkontrollantrag stattgegeben wird. Ist hingegen der Antrag unzulässig oder unbegründet, beschränkt sich die Rechtskraft der Entscheidung wiederum allein auf die Beteiligten.

§ 47 VwGO ist besonderes Feststellungsverfahren

Die Normenkontrolle nach § 47 VwGO ist ein besonders geartetes Feststellungsverfahren.[474] Zu diesem Ergebnis gelangt jedenfalls, wer mit der h.M. von der „ipso-iure-Nichtigkeitstheorie" ausgeht, nach der eine gegen höherrangiges Recht verstoßende Norm aus sich selbst heraus ungültig ist. Nach der Gegenmeinung ist der Richterspruch für die Nichtigkeit der Norm konstitutiv, d.h. die Norm wird erst durch den Richterspruch unwirksam gemacht. Danach wäre die Normenkontrolle eine Gestaltungsklage.

hemmer-Methode: Für erstere Ansicht spricht der Wortlaut des § 47 V S. 2 VwGO. Auch nichtige Verwaltungsakte sind von Anfang an unwirksam (§ 43 III VwVfG). Eine Ausnahme bilden §§ 214, 215 BauGB, nach denen bestimmte Rechtsmängel für die Gültigkeit der Satzung unbeachtlich sind. Zugleich bestätigt der Wortlaut des § 214 I S. 1 und II BauGB die ipso-iure-Nichtigkeitstheorie. Bedeutung hat der Streit allerdings eher im Verfassungsrecht. Für die Vertreter der „Vernichtbarkeitstheorie" spricht dabei die Rspr. des BVerfG, wonach eine rechtswidrige Norm dann wirksam sein kann, wenn ihre Aufhebung zu einem rechtsstaatlichen Vakuum führen könnte.[475]

---

472 Auch die inzidente verfassungsgerichtliche Überprüfung ist allgemein verbindlich: § 95 III S. 2 BVerfGG.
473 Zur Frage der Normenkontrolle durch die Verwaltung: siehe Rn. 382.
474 Schmitt-Glaeser, Rn. 404.
475 Zu diesem Problemkreis Schwerdtfeger, § 26, Rn. 401 f.

§ 7 VERWALTUNGSGERICHTLICHES NORMENKONTROLLVERFAHREN, § 47 VWGO

Ein anderes Ihnen bekanntes Begriffspaar ist abstrakte und konkrete Normenkontrolle, Art. 93 I Nr. 2, 100 I GG. Beides sind prinzipale Verfahren, da die Gültigkeit der Norm selbst überprüft wird. Allerdings geht der konkreten Normenkontrolle eine Inzidentkontrolle durch das vorlegende Gericht voraus, bei der dieses zum Ergebnis der Verfassungswidrigkeit kommt. Da das Verwerfungsmonopol für formelle, nachkonstitutionelle Gesetze aber dem BVerfG zukommt, darf das Gericht nicht durchentscheiden, also die Inzidentkontrolle auch mit einer Inzidentverwerfung abschließen, sondern muss das Gesetz dem BVerfG vorlegen.

3. Mischfunktion der verwaltungsgerichtlichen Normenkontrolle

objektive Rechtsbeanstandung und subj. Rechtsschutz

Wegen der allgemeinverbindlichen Wirkung der stattgebenden Normenkontrollentscheidung dient die verwaltungsgerichtliche Normenkontrolle jedenfalls der objektiven Rechtskontrolle („objektives Rechtsbeanstandungsverfahren", „abstrakte Normenkontrolle").

Sofern der Antrag von einem Bürger (bzw. einer juristischen Person) gestellt wird, kommt die Funktion als Rechtsschutzverfahren hinzu.[476]

hemmer-Methode: Ob das Schwergewicht auf der einen oder der anderen Funktion liegt, ist in der Lit. umstritten. Wichtig ist vor allem, dass in der Begründetheit nur noch der Aspekt der objektiven Rechtskontrolle von Bedeutung ist: Dort kommt es im Gegensatz zu § 113 I VwGO nicht mehr auf eine subjektive Rechtsverletzung an. Der Nachweis der Rechtsverletzung als Zulässigkeitsvoraussetzung (§ 47 II S. 1 VwGO) dient damit lediglich als Filter zum Ausschluss der Popularklage.

§ 47 VwGO ist auch Verfahrensvorschrift

Entgegen der nichtamtlichen Überschrift im Sartorius ist § 47 VwGO nicht nur Zuständigkeitsnorm, sondern auch Verfahrensvorschrift.

Das sachlich zuständige Oberverwaltungsgericht (OVG) wird in manchen Bundesländern Verwaltungsgerichtshof (VGH) genannt: § 184 VwGO i.V.m. den jeweiligen Landesvorschriften.[477]

B) Zulässigkeitsvoraussetzungen des § 47 VwGO

Zulässigkeitsvoraussetzungen der NK:

1. Statthaftigkeit, § 47 I VwGO
2. Entscheidung des OVG/VGH nur im Rahmen seiner Gerichtsbarkeit
3. Antragsberechtigung, § 47 II S. 1 VwGO
4. Antragsbefugnis, § 47 II S. 1 VwGO
5. Antragsfrist, § 47 II S. 1 VwGO
6. Landesverfassungsrechtlicher Vorbehalt, § 47 III VwGO (str.)
7. Ordnungsgemäße Antragstellung
8. Allgemeines Rechtsschutzbedürfnis

---

[476] Schmitt-Glaeser, Rn. 405; Pietzner/Ronellenfitsch, § 12 Rn. 348; Kopp/Schenke, § 47 VwGO, Rn. 3; Schenke, § 24, Rn. 873.
[477] In Bayern: Art. 1 I S. 1 BayAGVwGO.

I. Statthaftigkeit der Normenkontrolle

Gegenstand der NK: BauGB-Satzungen

Der Rechtsbehelf der Normenkontrolle kann gegen Satzungen, die nach den Vorschriften des BauGB erlassen worden sind, sowie gegen Rechtsverordnungen, die die Stadtstaaten Berlin, Bremen und Hamburg an Stelle von derartigen Satzungen erlassen können (§ 47 I Nr. 1 VwGO), eingesetzt werden.

> **hemmer-Methode:** Die Rechtsform von behördlichen Maßnahmen ist nach dem Empfängerhorizont zu bestimmen, wobei die äußere Form eine wichtige Rolle spielt.

§ 47 I Nr. 2 VwGO landesrechtliche, nicht formelle Gesetze

In § 47 I Nr. 2 VwGO werden die Landesgesetzgeber ermächtigt, unter dem Landesgesetz stehende Rechtsvorschriften (also nicht formelle Gesetze) der Normenkontrolle des OVG/VGH zuzuweisen.[478] In Ländern, die von dieser Ermächtigung Gebrauch gemacht haben, hat § 47 I Nr. 1 VwGO an sich nur deklaratorische Bedeutung, da auch Satzungen auf Grund des BauGB zum Landesrecht gehören.[479]

1. Satzungen i.S.d. § 47 I Nr. 1 VwGO

Satzungsbegriff

Eine Satzung ist im Unterschied zur Rechtsverordnung nichtstaatliches, autonomes Recht, das von öffentlich-rechtlichen Körperschaften in Selbstverwaltungsangelegenheiten aufgrund staatlich verliehener Rechtsetzungsgewalt erlassen wird.

Klausurrelevante Satzungen des BauGB sind Bebauungspläne (§ 10 BauGB) und Veränderungssperren (§§ 14, 16 BauGB), evtl. auch Erschließungsbeitragssatzungen (§ 132 BauGB). Im Übrigen sollte man sich einmal die §§ 34 IV, V, 142 I, III, 162 II, 172 BauGB angesehen haben.

Flächennutzungsplan ist keine Satzung!

Keine Satzungen sind dagegen die vorbereitenden Bauleitpläne (Flächennutzungspläne §§ 1 II, 5 BauGB), für welche § 10 BauGB nicht gilt.[480] Allerdings kommt eine Überprüfung nach § 47 I Nr. 2 VwGO in Betracht. Eine Ansicht bejaht dies zumindest dann, wenn dem Flächennutzungsplan über § 35 III S. 3 BauGB verbindliche Wirkung zukommt.[481] Das BVerwG wendet in diesen Fällen § 47 I Nr. 1 VwGO analog an.[482]

> **hemmer-Methode:** Formelle Gesetze sind nicht Gegenstand der Normenkontrolle gem. § 47 VwGO, vgl. Art. 100 I GG, Art. 93 Nr. 2 GG. Dies darf nicht dadurch umgangen werden, dass eine Satzung, welche eine gültige Gesetzesbestimmung nur wiederholt, gem. § 47 VwGO kontrolliert und verworfen wird. Einem solchen Antrag fehlen sowohl Antragsbefugnis als auch das Rechtsschutzbedürfnis.[483]

2. Rechtsvorschriften i.S.d. § 47 I Nr. 2 VwGO

Sofern das Landesrecht dies bestimmt, sind landesrechtliche, nichtformelle Normen überprüfbar.

---

[478] Z.B. folgende AGVwGO sehen eine solche Zuweisung vor: § 5 B.-W., Art. 5 Bay., § 4 Brand., Art. 7 Brem., § 11 Hess. § 7 Nds., § 4 RhlPf., § 16 Saarl., § 10 S.-A., § 5 S.-H., § 8 Thr.

[479] Schmitt-Glaeser, Rn. 414.

[480] Zur Gegenansicht, die eine Normenkontrolle gegen Flächennutzungspläne wegen der mittelbaren Außenwirkung nach § 35 III Nr. 1 BauGB zulassen will, vgl. Kment, NVwZ 2004, 314.

[481] Vgl. OVG Koblenz, NVwZ 2006, 1442 ff. = **Life&Law 2007, 116** = **juris**byhemmer; vgl. auch Rn. 381.

[482] BVerwG, Urt. v. 26.04.2007, 4 CN-(3) 3.06 = **juris**byhemmer.

[483] VGH Mannheim, NVwZ 1998, 643 f. = **juris**byhemmer.

> **hemmer-Methode:** In Ländern, die von der Ermächtigung in § 47 I Nr. 2 VwGO keinen Gebrauch gemacht haben, stellt sich die Frage, ob und wie diese Normen auf ihre Wirksamkeit hin überprüft werden können; siehe dazu Rn. 184 ff.

a) Allgemeine Erwägungen

Abgrenzung Bundes-/Landesrecht durch Zuordnung des Normgebers

Das gesamte Bundesrecht (Grundgesetz, Gesetze, VOen, Satzungen[484]) scheidet hier folglich aus. Abgrenzungskriterium zwischen Bundes- und Landesrecht ist nicht die Einordnung der Ermächtigungsgrundlage, sondern die Zuordnung des die Norm erlassenden Trägers öffentlicher Gewalt zur unmittelbaren bzw. mittelbaren Landesverwaltung.[485] Gegen Bundesrecht stehen dem Bürger nur die Inzidentkontrolle etwa im Rahmen einer Feststellungsklage nach § 43 VwGO[486] und die Verfassungsbeschwerde nach Art. 93 I Nr. 4a GG zur Verfügung, wobei letztere subsidiär ist.[487]

keine formellen Gesetze

Formelle Landesgesetze unterliegen der bundesverfassungs- bzw. landesverfassungsgerichtlichen Normenkontrolle (Art. 100 I GG, Art. 93 Nr. 2 GG, in Bayern z.B. Art. 98 S. 4 BayVerf).

Ausnahme: satzungsvertretende formelle Gesetze

Das BVerfG unterstellt förmliche Landesgesetze dennoch der Normenkontrolle gem. § 47 VwGO, wenn sie lediglich satzungsvertretend sind. Dies trifft insbesondere auf die Fälle des § 246 II BauGB zu, der den Stadtstaaten die Wahl der Form freistellt.[488] Gegen diese Rspr. argumentiert die Lit. mit dem klaren Wortlaut des § 47 I VwGO und der Kollision mit Art. 100 I GG.[489]

b) Maßgeblichkeit der äußeren Form

Problem: materiell keine abstrakt generelle Regelung

Problematisch sind ferner solche Fälle, in denen eine Rechtsvorschrift nur im formellen Sinne vorliegt (z.B. ein Verwaltungsakt im Kleid einer Verordnung). Sinnvoll ist hier die folgende Vorgehensweise:

Hat der Gesetzgeber die Form der Regelung vorgeschrieben, ist die Normenkontrolle schon aufgrund dieser Vorgabe statthaft.

Abstellen auf äußere Form

Auch im Übrigen ist auf die äußere Form abzustellen. Argumente hierfür sind zum einen die Rechtssicherheit und zum anderen das Erfordernis, dass der gegenüber der Allgemeinheit erfolgte Publikationsakt als Satzung oder Verordnung in gleicher Weise wieder rückgängig gemacht werden muss. Letzteres gewährleistet nur § 47 V S. 2 VwGO.[490]

Für diese Ansicht spricht außerdem der Wortlaut des § 47 II VwGO, der eine subjektive Rechtsverletzung durch die Rechtsvorschrift als möglich voraussetzt („durch die Rechtsvorschrift"). Ausnahmsweise ist dann auf den Inhalt abzustellen, wenn die Form selbst mehrdeutig ist.

---

484 Diskutiert wird allerdings die analoge Anwendung von § 47 VwGO auf untergesetzliche bundesrechtliche Vorschriften. Vertretbar ist hier die Ablehnung mit Hinweis auf eine mögliche Inzidentkontrolle, die Art. 19 IV GG Genüge tut, oder die Möglichkeit der Verfassungsbeschwerde (Schenke, § 24, Rn. 883; a.A. Schwerdtfeger, § 25, Rn. 394). Für Länder, die eine Vorschrift gemäß § 47 I Nr. 2 VwGO nicht eingeführt haben gilt das entsprechend.
485 Schenke, § 24, Rn. 879.
486 Vgl. oben Rn. 302.
487 BVerfG, NVwZ 2005, 79 = **juris**byhemmer; **Hemmer/Wüst, Staatsrecht I, Rn. 49 ff.**
488 BVerfGE 70, 35 = **juris**byhemmer.
489 Kopp/Schenke, § 47 VwGO, Rn. 21.
490 Schmitt-Glaeser, Rn. 410 ff.; a.A. Kopp/Schenke, § 47 VwGO, Rn. 27.

Bsp. (vgl. Bay Examen 1986/I, 7): Durch Verordnung der Bay. Staatsregierung wurde ein Landkreisgebiet aus dem IHK-Bezirk Oberfranken zum IHK-Bezirk Mittelfranken umgegliedert. Die IHK Ofr. legt dagegen Normenkontrolle ein.

Gem. Art. 8 BayAGIHKG ist die Staatsregierung u.a. zu dieser Umgliederung durch VO ermächtigt.

Gem. obigen Ausführungen handelt es sich also um eine Rechtsvorschrift i.S.d. § 47 I Nr. 2 VwGO, die aufgrund der Zuweisung des Art. 5 BayAGVwGO normenkontrollfähig ist. Ob der Organisationsakt der Umgliederung materiell als Rechtsnorm einzuordnen ist, muss gar nicht näher untersucht werden.

c) Verwaltungsvorschriften

Verwaltungsvorschriften sind sog. Innenrechtssätze

Verwaltungsvorschriften sind grundsätzlich nicht durch die Normenkontrolle überprüfbar.[491]

Unter dem Begriff der „Rechtsvorschrift" versteht die h.M. sog. Außenrechtssätze. Bei Verwaltungsvorschriften handelt es sich dagegen um bloße Innenrechtssätze, da sie nur behördenintern Bindungswirkung entfalten. Diese kommen auch nicht in einem besonderen Rechtssetzungsverfahren zustande und sind bei Rechtswidrigkeit nicht wie Normen ipso-iure unwirksam.

Da Verwaltungsvorschriften zumindest faktisch in Rechte des Bürgers eingreifen können (über die Bindungswirkung für den ausführenden Beamten und den Grundsatz der Selbstbindung der Verwaltung), wird zwar die Anwendbarkeit auch unter dem Gesichtspunkt einer effizienteren Kontrolle der Exekutive vertreten, ist aber (zumindest in der Klausur) abzulehnen. Zu denken ist hier an eine allgemeine Leistungsklage auf Rücknahme der Verwaltungsvorschrift.[492]

Ausnahme: gesetzesvertretende Funktion

Ausnahmsweise können auch Verwaltungsvorschriften i.R.d. Normenkontrolle überprüft werden, wenn sie eine gesetzesvertretende Funktion haben.[493]

Bsp.: Der TA-Lärm und der TA-Luft wird normkonkretisierende Wirkung mit begrenzter Bindungswirkung auch für Gerichte beigemessen. Da es sich allerdings um Bundesrecht handelt, scheidet eine Normenkontrolle nach § 47 I Nr. 2 VwGO aus.

hemmer-Methode: Wenn sich in der Klausur das Abgrenzungsproblem zwischen Rechtsverordnung und Verwaltungsvorschrift stellt, achten Sie auf folgende Kriterien:
- formelle Gesichtspunkte, d.h. die Rechtsverordnung bedarf einer Verkündung, sie muss in der Überschrift als Verordnung erkennbar sein und im Text eine Ermächtigungsgrundlage angeben (vgl. für Bundesrecht Art. 80 GG),
- materielle Gesichtspunkte, d.h. eine Rechtsverordnung richtet sich an den Bürger, eine Verwaltungsvorschrift an nachgeordnete Behörden; die Rechtsverordnung begründet Rechte und Pflichten für den Bürger, die Verwaltungsverordnung konkretisiert die Handlungspflichten der Behörden.

---

491 Nach BayVGH, DVBl. 2001, 311 = BayVBl. 2001, 238 = jurisbyhemmer gilt dies auch dann, wenn die Verwaltungsvorschrift eigentlich als Norm hätte erlassen werden müssen.
492 Zu diesem Problemkreis: Beckmann, DVBl. 1987, 612; Schenke, NVwZ 1993, 71.
493 Vgl. bspw. BayVGH, BayVBl. 2006, 370 = jurisbyhemmer für Richtlinien nach Art. 37 II BayGO.

d) Geschäftsordnung des Gemeinderates

Nach dem BVerwG kann die Geschäftsordnung des Gemeinderats Gegenstand der Normenkontrolle sein.[494]

Problem: GSchO Gemeinderat

Problempunkt dieser Fallkonstellation ist, dass eine Geschäftsordnung lediglich die organinternen Beziehungen regelt, nicht aber das Verhältnis zwischen Gemeindebürger und Gemeinde.

Weiterhin fehlt es in der Regel an der Verkündung im Publikationsorgan.

BVerwG: abstrakt-generelle Wirkung maßgeblich

Das BVerwG stellt angesichts der fehlenden Außenwirkung alleine auf die abstrakt-generelle Wirkung der GeschO innerhalb des Gemeinderats ab, um eine Rechtsvorschrift i.S.d. § 47 I Nr. 2 VwGO anzunehmen. Als Argumentationslinie zieht es die Rechtsschutzoptimierung und zugleich die Entlastung der VGe durch Vorbeugung gegen viele Einzelprozesse heran.

hemmer-Methode: Diese Rechtsprechung des BVerwG kann auch als Argument für die Überprüfbarkeit von Verwaltungsvorschriften herangezogen werden.

3. Vorschriften, „die erlassen worden sind"

keine vorbeugende NK über § 47 VwGO

Kontrollfähig sind ausschließlich bereits erlassene Normen. Der Wortlaut in Nr. 1 ist insoweit in Nr. 2 vorauszusetzen. Der Erlass ist mit der Verkündung vollzogen. Die Norm muss noch nicht in Kraft getreten sein.[495]

Erlass aus Sicht des Normgebers beurteilen

Auf die Rechtmäßigkeit des Erlassverfahrens kommt es an dieser Stelle noch nicht an. Entscheidend ist, dass mit dem Vollzug der betreffenden untergesetzlichen Norm zu rechnen ist.

Das ist regelmäßig der Fall, wenn es sich aus der Sicht des Normgebers um eine bereits erlassene Norm handelt.[496]

Bsp.: Die kreisfreie Gemeinde A hat einen Bebauungsplan aufgestellt, ohne dass ein Flächennutzungsplan vorlag. Ohne ortsübliche Bekanntmachung will sie nun auf Grundlage des Bebauungsplans eine Baugenehmigung erteilen.

Hier fehlen sowohl die Genehmigung durch die höhere Verwaltungsbehörde als auch die Bekanntmachung: § 10 II BauGB i.V.m. § 8 II - IV BauGB und § 10 III BauGB i.V.m. z.B. in Bayern Art. 26 BayGO.

Im Unterschied zur Krabbenkamp-Entscheidung soll hier der Bebauungsplan selbst Grundlage der Baugenehmigungen sein (§ 30 I BauGB). Demnach ist schon jetzt eine Normenkontrolle zulässig, da aus Sicht der Gemeinde A als Normanwenderin die Norm erlassen ist.

hemmer-Methode: Da ein Antrag nach § 47 VwGO grundsätzlich erst nach Veröffentlichung der angegriffenen Norm statthaft ist, ist ein gem. § 33 BauGB planreifer Bebauungsplan noch kein statthafter Prüfungsgegenstand.[497] Dies gilt auch dann, wenn auf Grundlage des künftigen Bebauungsplans schon Genehmigungen nach § 33 BauGB erteilt werden. In einem solchen Fall ist allerdings an eine Klage auf Unterlassung des Normerlass zu denken, wenn eine Anfechtung der einzelnen Baugenehmigungen nicht zumutbar ist.[498]

---

494 BVerwG, NVwZ 1988, 1119 = **juris**byhemmer.
495 BayVGH, BayVBl. 1999, 760 = **juris**byhemmer.
496 BVerwG, BayVBl. 1993, 58 (59) = **juris**byhemmer.
497 OVG Bautzen, NVwZ 1998, 527 = **Life&Law 1998, 536 ff.**; BayVGH, BayVBl. 1999, 760 = **juris**byhemmer.
498 Sog. Krabbenkamp-Entscheidung des BVerwG 40, 323 = **juris**byhemmer; vgl. hierzu Rn. 325 sowie **Hemmer/Wüst, Verwaltungsrecht III, Rn. 73**.

beachte: bei außer Kraft getretenen Normen fehlt RSB	Die Norm muss grds. auch noch gültig sein. Ist sie zur Zeit der Antragstellung außer Kraft getreten oder zwischenzeitlich aufgehoben worden, bleibt die Normenkontrolle zwar statthaft, es stellt sich aber die Frage nach dem Rechtsschutzbedürfnis des Antragstellers (s.u. Rn. 380).[499]	364
jedenfalls: Normenkontrolle, wenn Außerkrafttreten strittig	Eine Normenkontrolle kommt aber jedenfalls dann noch in Betracht, wenn das Außerkrafttreten der Norm gerade umstritten ist.[500]	

II. Entscheidung nur i.R.d. Gerichtsbarkeit des OVG/VGH

Streit aus Vollzug müsste unter § 40 I VwGO fallen	Eine Normenkontrolle nach § 47 VwGO kann nur i.R.d. Gerichtsbarkeit des OVG/VGH erfolgen. Diesen Rahmen steckt die in § 40 VwGO vorgegebene Rechtswegzuständigkeit.	365

> Der Rahmen der Gerichtsbarkeit des OVG/VGH ist eröffnet, wenn Streitigkeiten, die sich aus dem Vollzug der angegriffenen untergesetzlichen Norm ergeben können, solche sind, die unter § 40 VwGO fallen würden.

⇨ *v.a. Normen, die Verwaltungsakt-Befugnis vorsehen*	Überprüfbar sind demnach zum einen Rechtssätze, zu deren Vollzug im Verwaltungsrechtsweg anfechtbare oder mit Verpflichtungsklagen erzwingbare Verwaltungsakte ergehen können.
	Weiterhin sind solche Rechtssätze angreifbar, aus deren Anwendung sonstige öffentlich-rechtliche Streitigkeiten entstehen können, für die der Verwaltungsrechtsweg gegeben ist, sowie Rechtssätze, durch die solche aufgehoben werden.[501]
Zweck: keine Präjudizierung anderer Gerichtszweige	Mit dieser Einschränkung soll die Präjudizierung von Gerichten anderer Gerichtszweige durch das OVG/den VGH verhindert werden.

Beispiele für „Vollzugsstreitigkeiten":

– Eine Gemeinde beschließt per Satzung die Erhebung einer Feuerschutzabgabe. Die Satzung regelt einen Gegenstand des öffentlichen Rechts. Eine andere gesetzliche Zuweisung (§ 40 I VwGO) ist nicht gegeben, da die Finanzgerichte nach § 33 I Nr. 1 FGO nur zuständig wären, wenn die Abgabe der Gesetzgebung des Bundes unterläge oder durch Bundes- oder Landesfinanzbehörden verwaltet werden würde.

– Die Bez.Reg. erlässt eine SperrbezirksVO, um das „horizontale" Gewerbe aus der Innenstadt der Gemeinde W. herauszuhalten. (Art. 297 I, II EGStGB i.V.m. der entsprechenden landesrechtlichen VO über das Verbot der Prostitution) Die VO beinhaltet auch Bußgeld- und Strafvorschriften. Hier kann die Verordnung aufgrund ihres präventiv-polizeilichen Inhalts mit einer Normenkontrolle angegriffen werden.[502] Ausgenommen von dieser Überprüfung sind aber die Bußgeldvorschriften, da Streitigkeiten aus dem Vollzug der Bußgeldvorschrift nach § 68 OWiG vor den ordentlichen Gerichten auszufechten sind.[503]

---

499 Kopp/Schenke, § 47 VwGO, Rn. 26.
500 BVerwG, NVwZ 1999, 986. = **juris**byhemmer.
501 Kopp/Schenke, § 47 VwGO, Rn. 17; Schmitt-Glaeser, Rn. 417.
502 VGH Mannheim, NJW 1984, 506.
503 Vgl. zu diesem gespaltenen Rechtsweg auch BayVGH, BayVBl. 2001, 83 = **juris**byhemmer.

§ 7 VERWALTUNGSGERICHTLICHES NORMENKONTROLLVERFAHREN, § 47 VwGO

III. Antragsberechtigung

§ 47 II S. 1 VwGO entspricht § 61 Nr. 1 und 2 VwGO

Antragsteller kann gem. § 47 II S. 1 VwGO jede natürliche und juristische Person des privaten oder öffentlichen Rechts sein. Insoweit besteht Deckungsgleichheit mit § 61 Nr. 1 VwGO.

Nach h.M. sind Personenmehrheiten, die hinsichtlich der Parteifähigkeit den jur. Personen gleichgestellt werden (z.B. OHG: § 124 II HGB, Parteien: § 3 ParteienG) und die daher nach § 61 Nr. 2 VwGO beteiligungsfähig sind, in diesen Kreis einzubeziehen.[504]

Besonderheit: Behörden immer beteiligtenfähig

Auch in Ländern, in denen Behörden nicht nach § 61 Nr. 3 VwGO beteiligtenfähig sind (z.B. Bayern) können Anträge von diesen gestellt werden (§ 47 II S. 1 HS 2 VwGO). Eine Legaldefinition für Behörden im verwaltungsverfahrensrechtlichen Sinn finden Sie in § 1 IV VwVfG. Hintergrund für dieses Antragsrecht der Behörden ist, dass gerade umstritten ist, wieweit dieser ein eigenes Verwerfungsrecht hinsichtlich rein materieller Gesetze zusteht.[505]

hemmer-Methode: Antragsgegner ist der Rechtsträger, dem der Erlass der angegriffenen Norm zuzurechnen ist (§ 47 II S. 2 VwGO). Wer in § 78 VwGO nicht die Regelung der Passivlegitimation, sondern die der Prozessführungsbefugnis sieht,[506] muss konsequenterweise die Frage des richtigen Antragsgegners gem. § 47 II S. 2 VwGO in der Zulässigkeit prüfen. Andernfalls ist hier nur festzustellen, ob die normsetzende Körperschaft durch einen prozessfähigen gesetzlichen Vertreter vertreten wird. Soweit die antragstellende Behörde derselben jur. Person des öffentlichen Rechts angehört wie die Behörde, die die Norm erlassen hat, handelt es sich um einen unzulässigen In-Sich-Prozess.[507] Die Gültigkeit der Norm ist hier auf dem internen Dienstweg zu klären.

IV. Antragsbefugnis

Antragsteller, der nicht Behörde ist, muss subjektive Rechtsverletzung vortragen

§ 47 II S. 1 VwGO fordert, dass der Antragsteller geltend machen kann, durch die Rechtsvorschrift oder deren Anwendung in seinen Rechten verletzt zu sein oder in absehbarer Zeit verletzt zu werden. § 47 II VwGO entspricht damit weitgehend § 42 II VwGO. Der einzige Unterschied ist, dass i.R.d. § 47 II VwGO auch eine Rechtsverletzung in absehbarer Zeit ausreicht. Zur Antragsbefugnis von Behörden siehe unter Rn. 374.

Im Einzelnen gilt Folgendes:

⇨ Eine Rechtsverletzung i.S.d. § 47 II S. 1 VwGO kann nicht nur auf einer Anwendung oder dem Vollzug der Rechtsvorschrift beruhen, sondern auch von dieser unmittelbar ausgehen.

⇨ Es genügt das plausible Geltendmachen der gegenwärtigen oder zukünftigen Rechtsverletzung. Ein tatsächliches Vorliegen ist nicht erforderlich. Insoweit gelten die gleichen Anforderungen wie bei der Anfechtungs- und Verpflichtungsklage.

⇨ Erforderlich ist die mögliche Verletzung eigener Rechte. Als solche kommen nur subjektiv-öffentliche Rechte in Betracht. Insoweit gelten wieder die gleichen Anforderungen wie bei der Anfechtungs- und Verpflichtungsklage.

---

[504] Kopp/Schenke, § 47 VwGO, Rn. 38; Schmitt-Glaeser, Rn. 428; nach a.A. fällt die OHG bereits unter § 61 Nr. 1 VwGO.
[505] BGH, NVwZ 2004, 1143 = **Life&Law 2004, 775** = **juris**byhemmer.
[506] So z.B. Schenke, § 15, Rn. 543 und § 24, Rn. 887; a.A. Schmitt-Glaeser, Rn. 433.
[507] Schenke, § 24, Rn. 887.

⇨ Die Möglichkeit der Rechtsverletzung muss nicht notwendig gegenwärtig sein, es ist vielmehr ausreichend, dass sie in absehbarer Zeit zu erwarten ist.

jurist. Person: eigene Beeinträchtigung

Insbesondere bei juristischen Personen (Verbände, Vereine, Gemeinden) müssen Sie darauf achten, ob sie selbst oder lediglich ihre Mitglieder beeinträchtigt sind. Die Antragsberechtigung ist nur dann gegeben, wenn die Verletzung eigener Rechte plausibel behauptet ist.

Nicht erforderlich ist es, Adressat der Norm zu sein. So können auch Personen, die außerhalb des Bebauungsplangebietes wohnen, antragsbefugt sein, wenn sich die nachteiligen Wirkungen der Norm über das Plangebiet hinaus erstrecken.[508]

hemmer-Methode: Diese Änderungen führen jedoch keineswegs zu einer anderen Betrachtungsweise der Normenkontrolle i.R.d. Begründetheitsprüfung! Hier kommt es nach wie vor nur auf die Vereinbarkeit der Norm mit höherrangigem Recht an, ohne dass der Antragsteller dadurch in seinen Rechten verletzt sein muss. Mit anderen Worten: Prüfen Sie am Ende der Begründetheitsprüfung **keine subjektive Rechtsverletzung, da es sich um ein objektives Beanstandungsverfahren handelt!**

1. Bebauungspläne[509]

Baurecht: drei Schritte:

Die Anpassung der Antragsbefugnis an die Klagebefugnis stellt jedenfalls für die Normenkontrolle von Bebauungsplänen keine wesentliche Änderung gegenüber dem bisherigen Rechtszustand dar.[510] Die Rspr. nimmt weiterhin eine Verknüpfung der subjektiven Rechtsverletzung mit dem materiell-rechtlichen Abwägungsgebot des BauGB vor. Eine Rechtsverletzung liegt dann vor, wenn der Antragsteller durch den Bebauungsplan oder dessen Anwendung negativ in einem Interesse betroffen wird oder betroffen werden kann, was bei der Abwägung nach § 1 VII BauGB als privater Belang Berücksichtigung finden musste. Verletzt ist dann das Recht auf eine fehlerfreie Abwägung.

(1) abwägungsrelevantes Interesse?

Als erster Schritt ist zu fragen, ob das Interesse als solches in die Abwägung einzustellen ist. Abwägungsrelevant ist ein Interesse nur dann, wenn es objektiv nicht geringwertig ist. Die als Abwägungsmaterial beachtlichen privaten Interessen sind nicht auf subjektive Rechtspositionen oder gar Grundrechtspositionen beschränkt.[511]

Die Abgrenzung hat tendenziell eher weit als eng zu erfolgen.

(2) schutzwürdiges Interesse?

Im zweiten Schritt ist nach der Schutzwürdigkeit des Belangs zu fragen. Ohne diese ist der Belang aus dem Abwägungsmaterial auszuscheiden. Hier sind zwei Gruppen zu unterscheiden:

(-) wenn R.-Ord. entgegensteht

⇨ Das Interesse ist unter Missachtung der Rechtsordnung nur faktisch entstanden. z.B.: Der Antragsteller wohnt in einem Schwarzbau.

---

508 Schmitt-Glaeser, Rn. 423.
509 Umfassend hierzu Stüer, DVBl 2004, 83, 87 ff.
510 Radecker, NVwZ 1996, 105 (109).
511 BVerwG, NVwZ 2000, 1413 = **juris**by**hemmer**; kein schützenswerter Belang ist die schöne Aussicht.

§ 7 VERWALTUNGSGERICHTLICHES NORMENKONTROLLVERFAHREN, § 47 VWGO

(-) wenn R.-Ord. neutral

⇨ Die Rechtsordnung will sich dem Interesse gegenüber - jedenfalls was die Relevanz für die Bauleitplanung betrifft - bewusst neutral verhalten, obwohl es in tatsächlicher Hinsicht nicht als geringfügig anzusehen ist, z.B.: Wettbewerbsinteressen von Einzelhandelsunternehmen, Veränderung von Marktchancen infolge eines Bebauungsplans.[512]

problematisch: wenn absehbar, dass „so etwas geschieht"

Die Schutzwürdigkeit ist auch zu verneinen, wenn der Antragsteller von Anfang an damit rechnen musste, dass „so etwas geschieht".[513] Hier muss man aber darauf achten, dass Erwägungen, die in den Abwägungsvorgang selbst einzustellen sind, nicht bereits zur Verneinung der Abwägungsrelevanz herangezogen werden. Der Abwägungsvorgang ist Gegenstand der Begründetheitsprüfung, die nicht in die Zulässigkeitsprüfung vorgezogen werden darf.[514]

(3) Eingriffsintensität?

Dritter Schritt (Eingriffsintensität): Die negative Betroffenheit des Interesses darf nicht nur geringfügig (quantitativ), muss wahrscheinlich (nicht nur kausal) und für die planende Behörde (= Satzungsgeber) als abwägungserheblich erkennbar sein. Letzteres setzt für nicht offensichtliche Beeinträchtigungen eine Geltendmachung i.R.d. Bürgerbeteiligung (§ 3 BauGB) voraus. Der Wegfall einer gewerblichen Nutzungsmöglichkeit (z.B. Landwirtschaft) ist nicht deshalb als geringfügig anzusehen, als der Bebauungsplan den wirtschaftlichen Vorteil einer erheblichen Wertsteigerung des Bodens (Bauland) mit sich bringt, da eine Saldierung der unterschiedlichen Interessen nicht erfolgt.[515]

371

Beispiele

⇨ Grundsätzlich antragsbefugt sind die Eigentümer der Plangrundstücke.[516] Nach h.M gilt das auch für denjenigen Eigentümer, der sein Grundstück erst nach Inkrafttreten des Bebauungsplans erwirbt.[517]

⇨ Mieter: Das Baurecht ist grundsätzlich grundstücksbezogen. Die Anfechtung einer Baugenehmigung kann daher nur durch den Eigentümer des Nachbargrundstücks erfolgen, da dieser das belastete Grundstück „repräsentiert".[518]

Anders wurde früher (auf Grundlage des alten Wortlauts des § 47 II VwGO, der nur einen Nachteil des Antragstellers verlangte) bei der Normenkontrolle entschieden: Auch das Interesse eines Mieters an einer bestimmten Grundstücksnutzung sei schützenswert. Dies gelte nicht nur für das Interesse des langjährigen Dauermieters, sondern auch für das Interesse dessen, der erst nach Inkrafttreten des Bebauungsplans Räume im Planbereich anmietet und eine unvereinbare Nutzung aufnehmen will.[519]

Nach der Anpassung der Antragsbefugnis des § 47 II S. 1 VwGO an diejenige des § 42 II VwGO geht e.A. jedoch davon aus, dass obligatorisch Berechtigte grundsätzlich keine Antragsbefugnis haben. Sie sind darauf beschränkt, ihre Ansprüche gegenüber dem Eigentümer geltend zu machen.[520]

---

512 BVerwG, NVwZ 1990, 555 = **juris**byhemmer.
513 BVerwGE 59, 87, 103 = **juris**byhemmer.
514 BVerwG, NVwZ 1994, 683 = **juris**byhemmer: Wer am Rande eines Gemeindegebietes baut, muss damit rechnen, dass sich durch die zukünftige Bauleitplanung die Verkehrsverhältnisse ändern werden. Nach dem BVerwG kann dies zur Zurückstellung des Lärmschutzinteresses innerhalb der Abwägung mit dem öffentlichen Interesse an einer Lösung der Verkehrsprobleme führen. Dies ändert aber nichts an der Schutzbedürftigkeit von Lärmschutzbelangen, die sich aus §§ 3, 39 ff., 50 BImSchG und § 1 VI S. 1, 2 Nr. 1, 7 BauGB ergibt.
515 BVerwG 1993, 561; JuS 1994, 513, 516 (Assessorklausur).
516 BVerwG, NJW 1998, 770 = **juris**byhemmer.
517 Kopp/Schenke, § 47 VwGO, Rn. 61.
518 BVerwG, DVBl. 1998, 899 = **Life&Law 1998, 673 ff.** = **juris**byhemmer; siehe hierzu **Hemmer/Wüst, Verwaltungsrecht I, Rn. 132 f.**
519 BVerwG, DVBl. 1989, 359 f. = **juris**byhemmer.
520 Eyermann, § 47 VwGO, Rn. 46; OVG Münster, NVwZ 1997, 1002 ff. = **juris**byhemmer.

Das BVerwG hingegen hält (zu Recht) an seiner alten Rspr. fest, da sich durch die Neufassung des § 47 II VwGO nichts daran geändert hat, dass auch der Mieter und Pächter aus § 1 VII BauGB ein Recht auf eine fehlerfreie Abwägung haben kann.[521]

2. Andere Rechtsvorschriften

⇨ Gemeinde erlässt Satzung über Sondernutzung an Gemeindestraßen: Wer fortan einer Sondernutzungserlaubnis bedarf (z.B. Straßenmusiker in Fußgängerzone) oder einen bestimmten Gebrauch untersagt bekommt (z.B. Wahlwerbung in der Hauptstraße), ist antragsbefugt.[522]

⇨ Abgabenpflichtigkeit aufgrund gemeindlicher Feuerschutzsatzung: die Abgabepflichtigen[523]

⇨ Verkleinerung des IHK-Bezirkes: die betroffene IHK[524]

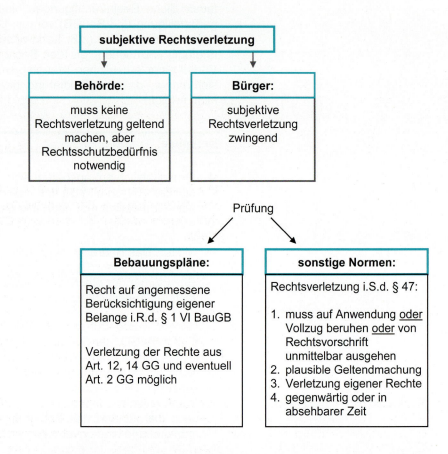

3. Antragsbefugnis von Behörden

Rechtsverletzung bei Behörden nicht erforderlich

Eine Behörde als Antragsteller muss keine Rechtsverletzung geltend machen, um antragsbefugt zu sein. Aus der Antragsberechtigung folgt somit auch die Antragsbefugnis. Behörde in diesem Sinne sind aber nur Stellen, die mit der Ausführung der Norm befasst sind.[525]

---

521 M.w.N. BVerwG, NJW 1999, 592 = BayVBl. 1999, 249; BVerwG, NVwZ 2000, 806: alle Entscheidungen = **juris**byhemmer.
522 BayVBl. 1989, 542, 573 = Examen 1987/II, 8.
523 BayVBl. 1987, 414, 444 = Examen 1985/II, 7.
524 BayVBl 1988, 159, 191 = Examen 1986/I, 7.
525 Vgl. Kopp/Schenke, § 47 VwGO, Rn. 82.

Bsp.: Die Gemeinde G stellt für den gemeindeeigenen Lärchenwald einen Bebauungsplan auf. Möchte die Nachbargemeinde S gegen diesen Bebauungsplan vorgehen, ist die Verletzung eigener Rechte hier nicht etwa deshalb entbehrlich, weil die Gemeinde S eine Behörde i.S.d. § 47 II S. 1 HS 2 VwGO wäre. Hier wird die Nachbargemeinde S durch den Bebauungsplan der Gemeinde G aber nicht anders berührt als eine natürliche Person. Daher ist eine Verletzung eigener Rechte der Gemeinde S nötig.

Allerdings ist für Behörden ein Antragsbedürfnis zu fordern. Prüfungsstation hierfür ist das „allgemeine Rechtsschutzbedürfnis" (s.u. Rn. 381).[526]

V. Antragsfrist

Frist

Nach § 47 II S. 1 VwGO gilt eine Antragsfrist von einem Jahr nach Bekanntmachung (nicht nach Inkrafttreten!) der Rechtsvorschrift. Für die Berechnung der Antragsfrist gelten keine Besonderheiten. Über § 57 II VwGO finden die einschlägigen Bestimmungen der ZPO und des BGB Anwendung.

Mit Fristablauf tritt dennoch keine „Bestandskraft" ein. § 47 II S. 1 VwGO bezieht sich nur auf die prinzipale Normenkontrolle und lässt die Möglichkeit der Inzidentkontrolle der betroffenen Norm, z.B. im Rahmen einer Anfechtungsklage gegen einen aufgrund dieser Vorschrift erlassenen Verwaltungsakt, auch nach Ablauf der Ein-Jahres-Frist völlig offen.[527] Handelt es sich um sog. self-executing-Normen, die keiner Vollziehung durch die Verwaltung zugänglich sind, ist der Rechtsschutz über eine zeitlich unbefristete Feststellungsklage möglich.

Die Fristenregelung in § 47 II S. 1 VwGO ist daher weitgehend sinnlos, da die Befugnis der Verwaltungsgerichte, Normen inzident auf ihre Vereinbarkeit mit höherrangigem Recht zu prüfen, unberührt bleibt.

VI. Landesverfassungsgerichtlicher Vorbehalt

h.M.: § 47 III VwGO beschränkt den Prüfungsmaßstab

Fraglich ist, ob § 47 III VwGO als Zulässigkeitsvoraussetzung der Zulässigkeit der Normenkontrolle entgegenstehen kann. Überwiegend wird dies verneint. Aus dem Wortlaut wird geschlossen, dass § 47 III VwGO ausschließlich den Prüfungsmaßstab der Begründetheitsprüfung beschränken kann.[528]

a.A.: Zulässigkeitsvoraussetzung

Aber selbst wenn man in § 47 III VwGO eine Zulässigkeitsregelung sieht, ist die Normenkontrolle nur dann unzulässig, wenn die Verletzung anderer als verfassungsrechtlicher Normen i.S.v. Abs. 3 offensichtlich und eindeutig nach keiner Betrachtungsweise vorliegen kann.[529]

hemmer-Methode: In der Zulässigkeitsprüfung können Sie daher § 47 III VwGO - soweit in Ihrem Bundesland davon Gebrauch gemacht wurde - kurz anprüfen und klarstellen, dass es sich nicht um eine Zulässigkeitsvoraussetzung handelt, sondern ausschließlich der Prüfungsmaßstab der Begründetheitsprüfung beschränkt wird (s.u. Rn. 387 f.). Eine andere Möglichkeit ist es, die Beschränkung des Prüfungsmaßstabs in der Antragsbefugnis zu erwähnen und dort klarzustellen, dass aufgrund des § 47 III VwGO die Antragsbefugnis nicht mit einer Verletzung landesverfassungsrechtlicher Grundrechte begründet werden kann.

---

526 VGH Mannheim, JuS 2000, 617 = **juris**byhemmer.
527 Schenke, NJW 1997, 81 (83).
528 Schmitt-Glaeser, Rn. 438; Schenke, § 24, Rn. 885; Pietzner/Ronellenfitsch, § 12, Rn. 348.
529 BayVGH, BayVBl. 1984, 460 = NJW 1984, 2454.

VII. Ordnungsgemäße Antragstellung

nur schriftl. Antrag zulässig

Für die Antragstellung gelten die Vorschriften zur Klageerhebung (§§ 81, 82 VwGO) entsprechend. Die Antragstellung zur Niederschrift der Geschäftsstelle ist folglich beim OVG unzulässig (§ 81 I S. 2 VwGO).

VG muss v.A.w. verweisen

Ein beim VG eingereichter Normenkontrollantrag ist gem. § 83 VwGO i.V.m. § 17a II GVG an das zuständige OVG/VGH zu verweisen.[530]

Die angegriffene Norm ist eindeutig zu bezeichnen. Aufgrund § 47 V S. 2 VwGO hat der Antrag auf Feststellung der Unwirksamkeit der Norm zu lauten. Ausnahmsweise kann auch beantragt werden:

⇨ Feststellung der Teilunwirksamkeit von einzelnen Bestimmungen der Rechtsvorschrift

keine positive Feststellung

⇨ Beschränkung auf Feststellung der Rechtswidrigkeit der Rechtsvorschrift, da eine Norm in Ausnahmefällen trotz ihrer Rechtswidrigkeit wirksam sein kann.

Dagegen ist ein Antrag auf ausdrückliche Feststellung der Gültigkeit einer Rechtsvorschrift unzulässig (Wortlaut des § 47 V S. 2 VwGO).

Anwaltszwang

Für das Verfahren vor dem OVG/VGH herrscht nach § 67 IV VwGO Anwaltszwang, sodass der Normenkontrollantrag von einem Rechtsanwalt eingereicht werden muss.

hemmer-Methode: Diesem Gebot der anwaltschaftlichen Vertretung wird nicht Genüge getan, wenn die vom Kläger persönlich verfasste Begründungsschrift die Unterschrift eines Rechtsanwalts trägt, ohne von diesem erarbeitet worden zu sein.[531]

VIII. Rechtsschutzbedürfnis

1. Von natürlichen und juristischen Personen

RSB: Beseitigung der Rechtsverletzung muss noch mögl. sein

Die zu erwartende Rechtsverletzung muss noch verhindert werden können, die erlittene muss noch beseitigt oder gemindert werden können.

Typische Problempunkte des Rechtsschutzbedürfnisses sind:

a) Rechtsmissbrauch / Verwirkung:

Dem Antrag kann in Ausnahmefällen der Einwand der Verwirkung entgegenstehen, z.B. wenn ein Folgenbeseitigungsanspruch offensichtlich nicht mehr durchgesetzt werden könnte, oder wenn sich der Antragsteller durch seinen Antrag in einen, gegen Treu und Glauben verstoßenden Widerspruch zu seinem früheren Verhalten setzt.[532]

„erkaufter Nachteil" rechtsmissbräuchlich

Rechtsmissbrauch liegt vor, wenn der Grundstückskauf allein deshalb erfolgte, um einen Normenkontrollantrag stellen zu können.

---

[530] Kopp/Schenke, § 83 VwGO, Rn. 4.
[531] BVerwG, NVwZ 1997, 798 = **juris**byhemmer.
[532] Kopp/Schenke, § 47 VwGO, Rn. 89.

b) Verhältnis zu Anfechtungs- und Verpflichtungsklage

Problem: Anfechtungs- bzw. Verpfl.-klage möglich

Wegen der unterschiedlichen Zielrichtung der Normenkontrolle (objektive Rechtskontrolle) und dem klaren Wortlaut des § 47 II S. 1 VwGO („oder deren Anwendung") kann ein Normenkontrollantrag auch neben oder unabhängig von einer Anfechtungs-/Verpflichtungsklage gestellt werden.

Ausgangsfrage: Kann Rechtsstellung verbessert werden?

Das Rechtsschutzbedürfnis kann fehlen, wenn die Rechtsstellung des Antragstellers durch die Nichtigerklärung der Norm nicht mehr verbessert werden kann.

Ist ein aufgrund der entsprechenden Norm ergangener Verwaltungsakt inzwischen bestandskräftig, muss differenziert werden.

bestandskräftiger Verwaltungsakt darf nicht mehr vollzogen werden

Wegen § 47 V S. 3 VwGO i.V.m. § 183 VwGO bleibt der Verwaltungsakt auch bei Nichtigerklärung der Norm wirksam, allerdings darf er nicht mehr vollstreckt werden.

Solange daher z.B. der bestandskräftige Gebührenbescheid einer kommunalen Abfallsatzung noch nicht vollstreckt ist, besteht noch ein Rechtsschutzbedürfnis. Ist er vollstreckt, entfällt es grundsätzlich.

Baugenehmigungen befristet

Bei Baugenehmigungen, von denen noch kein Gebrauch gemacht worden ist, kommt das Argument der zeitlichen Befristung dazu (vgl. für Bayern Art. 69 BayBO, sowie die dieser Norm entsprechenden anderweitigen landesrechtlichen Regelungen).

Ein Rechtsschutzbedürfnis entfällt hier, soweit eine aufgrund des entsprechenden Bebauungsplanes erteilte bestandskräftige Baugenehmigung eines anderen wegen Fristablaufes hinfällig wurde.

Aussicht auf Rücknahme

Selbst wenn der Verwaltungsakt bereits vollzogen/vollstreckt oder bestandskräftig geworden ist, ist an die Möglichkeit der Rücknahme des mangels Rechtsgrundlage rechtswidrigen Verwaltungsakts durch die Behörde zu denken.

Dieses Interesse genügt aber nur nach einer Mindermeinung zur Erhebung einer Normenkontrolle.[533] Etwas anderes gilt, wenn die Möglichkeit besteht, dass ein vergleichbarer Verwaltungsakt wieder erteilt werden wird.

hemmer-Methode: Hier ist vieles umstritten. Für die Klausur wird es ausreichen, die Differenzierung wie oben vorzunehmen. Die „richtige" Lösung sollten Sie dann klausurtaktisch davon abhängig machen, wie die Falllösung weiterläuft: Gibt es z.B. einen zweiten Antragsbefugten, sodass man ohnehin zur Begründetheit gelangt, besteht keine Gefahr, durch Ablehnung des Rechtsschutzbedürfnisses ins Hilfsgutachten zu schlittern.

c) Außerkrafttreten einer Norm

Kurzlebigkeit von Veränderungssperren beachten

Ein Rechtsschutzbedürfnis besteht nur, solange die Rechtsvorschrift noch Rechtswirkungen äußert bzw. zu äußern vermag. Fallrelevant ist hierfür die nur relativ kurzlebige Veränderungssperre (§§ 14, 17 BauGB), gegen die sonst kaum ein effektiver Rechtsschutz möglich wäre.

---

533 BVerwG, NVwZ 2000, 194, vgl. auch BayVGH, BayVBl. 2000, 438 = jurisbyhemmer.

> **hemmer-Methode:** Heben Sie den Wert Ihrer Klausur, indem Sie den Gedanken des § 113 I S. 4 VwGO ins Spiel bringen. Ein Rechtsschutzinteresse kann demnach bejaht werden, wenn die Norm vor oder nach Rechtshängigkeit zwar außer Kraft getreten ist, aber mögliche Schadensersatzansprüche, ein Rehabilitationsinteresse oder Wiederholungsgefahr in Betracht kommen.[534]

2. Von Behörden

statt RSB „obj. Kontrollinteresse"

Der Begriff „Rechtsschutzbedürfnis" passt an sich nicht für die rein objektive Rechtskontrolle durch die Behörde, die ja gerade keinen Rechtsschutz sucht. Auf jeden Fall sollte daher klargestellt werden, dass hier das Vorliegen eines objektiven Kontrollinteresses geprüft wird.

Die Behörde muss mit der zu überprüfenden Norm im Rahmen ihres gesetzlichen Wirkungskreises befasst sein. Das kann zum einen die normvollziehende Behörde sein oder zum anderen die Aufsichtsbehörde.[535]

a) Normverwerfungskompetenz der Verwaltung?

kein Kontrollinteresse, wenn eigene Verwerfungskompetenz

An dieser Stelle kann in der Klausur das Problem der Normverwerfungskompetenz der Exekutive diskutiert werden. Nimmt man ein solches an, könnte es der Behörde am Kontrollinteresse fehlen.

Für eine Verwerfungskompetenz spricht, dass auch die Exekutive an Art. 20 III, 1 III GG gebunden ist.

dagegen: Funktionenteilung zw. Exekutive und Judikative

Bei förmlichen Gesetzen ergibt sich jedoch aus Art. 100 I GG eindeutig, dass Behörden diese auch dann anwenden müssen, wenn sie sie für verfassungswidrig halten. Nur Gerichte haben hier ein Vorlagerecht.[536]

Auch bzgl. untergesetzlicher Normen lassen sich gewichtige Argumente gegen eine Normverwerfungskompetenz der Exekutive anführen: die Rechtssicherheit, der grds. Vorbehalt der Normverwerfung durch die Verfassungsgerichte (Art. 93 I Nr. 2 GG) und die besondere Zuweisung durch § 47 VwGO an das OVG/VGH, also letztlich die verfassungsrechtliche Funktionenteilung. Andererseits kann eine Behörde nicht gezwungen werden, sehenden Auges eine rechtswidrige untergesetzliche Norm anzuwenden, Art. 20 III GG.[537]

Selbst wenn man ein Verwerfungsrecht der Verwaltung bejaht, dürfte dies einem Rechtsschutzbedürfnis eines dennoch gestellten Normenkontrollantrags nicht entgegenstehen. Nur auf diesem Weg kann die Behörde nämlich eine allgemeinverbindliche Unwirksamkeitserklärung herbeiführen, § 47 V S. 2 VwGO.

b) Bei gemeindlichen Satzungen

keine NK der Gemeinde gegen eigene Satzung

Gemeinden können als Normgeber oder auch als Antragsteller beteiligt sein. Eine Normenkontrolle gegen eine eigene Satzung ist aber nicht zulässig: Diese sind im Rechtssetzungsverfahren aufzuheben bzw. abzuändern.[538]

---

534 Siehe dazu das Rechtsschutzbedürfnis bei der Fortsetzungsfeststellungsklage, Rn. 118 ff.
535 VGH Mannheim, JuS 2000, 617 = **juris**byhemmer.
536 Beachten Sie, dass § 47 VwGO bei diesen Gesetzen ohnehin nicht zur Anwendung kommt.
537 BGH, Urteil v. 16.09.2010, III ZR 29/10 = BGHZ 187, 51 = **Life&Law 06/2011, 422** = **juris**byhemmer.
538 BVerwGE 75, 142 = **juris**byhemmer.

§ 7 VERWALTUNGSGERICHTLICHES NORMENKONTROLLVERFAHREN, § 47 VWGO

Verhältnis zu Aufsichtsmitteln

Die Möglichkeit kommunalrechtlicher Aufsichtsmittel schließt das Kontrollinteresse für die Aufsichtsbehörden hingegen nicht aus (z.B. Beanstandungsverfahren mit dem Ziel der Aufhebung eines Bebauungsplans oder Aufhebung im Wege der Ersatzvornahme), denn während die Feststellung der Nichtigkeit ex-tunc wirkt, entfaltet die rechtsaufsichtliche Aufhebung nur ex-nunc-Wirkung. Beide Wege stehen daher nebeneinander.

hemmer-Methode: Die Möglichkeit eines verfassungsgerichtlichen Rechtsbehelfs schließt das Rechtsschutzbedürfnis nicht aus. Das ergibt sich aus § 47 IV VwGO. Dagegen setzt § 90 II BVerfGG die Ausschöpfung des Normenkontrollverfahrens für die Verfassungsbeschwerde voraus (Subsidiaritätsklausel). § 47 IV VwGO wird also i.d.R. nur dann relevant, wenn beim Verfassungsgericht die Beschwerde eines anderen Antragstellers hinsichtlich der gleichen untergesetzlichen Rechtsvorschrift anhängig ist.

IX. Weitere Zulässigkeitsvoraussetzungen

Beachten Sie insbesondere, dass es bei der Normenkontrollklage kein Vorverfahren gibt.

X. ANHANG: Fall[539]

Große Teile der bayerischen Gemeinde G sind sehr empört darüber, dass in jüngster Zeit zwei Kinder von sog. Kampfhunden angegriffen und erheblich verletzt worden sind. Auch im Gemeinderat wird die Angelegenheit anlässlich einer Sitzung, auf deren Tagesordnung an sich der Haushaltsbeschluss für das kommende Jahr steht, lebhaft diskutiert. Auf Vorschlag des Bürgermeisters wird daher der Erlass einer Hundesteuersatzung dahingehend erörtert, dass Halter von Kampfhunden einen erhöhten Satz zu entrichten haben.

Nach ordnungsgemäßen Verfahren verabschiedet der Gemeinderat noch mit einer Mehrheit von 7:6 Stimmen eine Satzung,[540] die der Mustersatzung für die Erhebung einer Hundesteuer des Staatsministeriums des Innern mit Ausnahme des folgenden § 7d entspricht:

Abs. 1: Die Eigentümer von Kampfhunden haben zuzüglich zur Grundbesteuerung eine jährliche Risikopauschale von 100,- € zu entrichten.

Abs. 2: Als Kampfhunde i.S.d. Satzung gelten: [es folgt eine Aufzählung div. Rassen]

Abs. 3: [Ausnahmetatbestände]

Nach Eingang der Genehmigung unterschreibt der Bürgermeister die Satzung und veranlasst die ordnungsgemäße Bekanntmachung im Gemeindeblatt. Diese erfolgt am 07.07.2014.

Gemeinderat Wolf, Vorstand des Hundezüchtervereins e.V. in G, der selbst Eigentümer eines unter § 7d fallenden Hundes ist und gegen die Satzung gestimmt hat, will selbst und als gesetzlicher Vertreter des Vereins die Nichtigkeit der Satzung vom OVG/VGH feststellen lassen. Er ist nämlich der Meinung, Kampfhunde seien nicht gefährlicher als andere Hunde. Zulässigkeit einer Normenkontrolle?

Zulässigkeit einer Normenkontrolle nach § 47 VwGO

1. Die Hundesteuersatzung ist eine unter dem Landesgesetz stehende landesrechtliche Rechtsvorschrift (§ 47 I Nr. 2 VwGO).

---

539 Einen weiteren Übungsfall zur Normenkontrolle finden Sie in VGH Mannheim, NVwZ 1999, 565 f. = **Life&Law 1999, 531 ff.** = **juris**byhemmer.

540 Zu den zahlreichen Entscheidungen zu den sog. Kampfhundesteuersatzungen vgl. NVwZ 1997, 801 f.; 816 f.; 819 f. = **juris**byhemmer.

Wegen Art. 5 S. 1 BayAGVwGO ist z.B. in Bayern der Antrag auf Feststellung der Nichtigkeit der Satzung statthaft.

Die Statthaftigkeit ist hier bereits jeweils nach den einschlägigen landesrechtlichen Regelungen zu beurteilen.

2. Der VGH entscheidet im Rahmen seiner Gerichtsbarkeit über die Gültigkeit der gemeindlichen Satzung, da für etwaige Vollzugsstreitigkeiten nach § 40 VwGO der Verwaltungsrechtsweg eröffnet wäre.

3. Als natürliche Person ist Wolf gem. § 47 II S. 1 VwGO beteiligtenfähig.

Auch der eingetragene Verein ist als juristische Person beteiligtenfähig. Durch seinen gesetzlichen Vertreter Wolf, § 26 II S. 1 BGB, kann er Prozesshandlungen vornehmen (§ 62 III VwGO).

G muss sich durch den ersten Bürgermeister vertreten lassen.

4a) Wolf wird aufgrund der Satzung hundesteuerpflichtig. Außerdem hat er den erhöhten „Risikozuschlag" zu bezahlen. Damit kann er eine mögliche Verletzung seines Eigentumsrechts am Hund sowie seiner Handlungsfreiheit geltend machen. Dies sind Interessen, die der Normgeber zu berücksichtigen hatte. Eine subjektive Rechtsverletzung i.S.d. § 47 II VwGO erscheint daher möglich.

4b) Die Antragsbefugnis des Vereins hängt davon ab, ob dieser selbst (z.B., weil er selbst Eigentümer von Kampfhunden ist) eine Verletzung subjektiver Rechte geltend machen kann. Es genügt nicht, dass einige Mitglieder Kampfhundeeigentümer sind. Der Sachverhalt bleibt insoweit offen.

4c) Der Berechtigte kann die Normenkontrolle nur innerhalb von einem Jahr nach Bekanntgabe der Norm erheben, § 47 II S. 1 VwGO.

5. Wolf muss seinen Antrag schriftlich beim OVG/VGH einreichen. Hierzu bedarf es nach § 67 IV S. 1 VwGO der Vertretung durch einen Anwalt.

6. Das Rechtsschutzbedürfnis ist unabhängig von der Möglichkeit eines Anfechtungswiderspruchs gegen den Steuerbescheid gegeben, da die NK als objektives Kontrollverfahren eine eigene Zielrichtung verfolgt.

Da Wolf in seiner Eigenschaft als Gemeindebürger auftritt, ist ein Insichprozess auszuschließen.

Ergebnis:

Die Klage des Wolf wäre unter diesen Voraussetzungen zulässig, für den Verein lässt sich aufgrund des Sachverhalts keine Entscheidung treffen.

C) Beiladung Dritter, § 65 VwGO?

Strittig war lange Zeit die Frage der Beiladung (§ 65 VwGO) im Normenkontroll-Verfahren.

BVerwG früher: keine Beiladung

Das BVerwG lehnte eine solche mangels Regelung in § 65 VwGO ab.[541] Für diese Ansicht wurde die Schwierigkeit angeführt, den Kreis von Personen, „deren rechtliche Interessen durch die Entscheidung berührt werden" (§ 65 I VwGO) zu bestimmen.

a.A. bei BBauPl vertretbar

Für den wichtigsten Fall, der Kontrolle eines Bebauungsplans, überzeugt(e) dieses Argument aber nur bedingt, da durch die konkret-individuellen Regelungen jedenfalls der/die Planbegünstigten bestimmt werden können.[542] Der BayVGH gewährte in diesen Fällen (ohne von der Rspr. des BVerwG grds. abzuweichen) diesen Personen rechtliches Gehör gem. Art. 103 I GG.[543]

---

541 BVerwGE 65, 131 ff. = **juris**byhemmer; Schenke, § 24, Rn. 888; Schmitt-Glaeser, Rn. 429.
542 Pietzner/Ronellenfitsch, § 7, Rn 222; Kopp/Schenke, § 47 VwGO, Rn. 68.
543 BayVGH, BayVBl. 1980, 116.

§ 7 VERWALTUNGSGERICHTLICHES NORMENKONTROLLVERFAHREN, § 47 VWGO

BVerfG: Beiladung erforderlich

Das BVerfG sah die Rechtsprechung des BVerwG im Hinblick auf Art. 14 GG als zumindest bedenklich an[544]. Der Gesetzgeber hat hierauf mit der Einführung des § 47 II S. 4 VwGO reagiert. Seitdem besteht damit im Normenkontrollverfahren die Möglichkeit einer einfachen Beiladung nach § 65 I VwGO.[545] Wenn – wie bei Bebauungsplänen – die Anzahl der möglichen Normadressaten überschaubar ist, dürfte das Ermessen des Gerichts auf Null reduziert sein, sodass faktisch sogar eine „notwendige Beiladung" vorliegen kann.[546]

> **Aufbauhinweis:** Das Problem der Beiladung ist zwischen der Zulässigkeits- und der Begründetheitsprüfung anzusprechen, da sich die Zulässigkeit bzw. Unzulässigkeit einer Beiladung nicht auf die Erfolgsaussichten des Verfahrens auswirken.

D) Begründetheit der Normenkontrolle

NK begründet, wenn Norm ungültig

Die Normenkontrolle ist begründet, wenn die Satzung oder je nach Landesrecht im Rahmen von § 47 I Nr. 2 VwGO die Verordnung ungültig ist, weil sie

⇨ formell rechtswidrig erlassen worden ist,

⇨ materiell mit ihrer Rechtsgrundlage nicht übereinstimmt,

⇨ trotz Übereinstimmung mit ihrer Rechtsgrundlage gegen höherrangige Rechtsvorschriften verstößt oder

⇨ die Rechtsgrundlage selbst gegen höherrangiges Recht verstößt und deshalb ungültig ist.

subj. Rechtsverl. nicht erforderlich

Einer subjektiven Rechtsverletzung des/der Antragsteller(s) bedarf es im Gegensatz zu § 113 I S. 1 VwGO nicht.

I. Richtiger Antragsgegner, § 47 II S. 2 VwGO

§ 78 VwGO nicht anzuwenden

Bei der Frage nach der Passivlegitimation enthält § 47 II S. 2 VwGO eine gegenüber § 78 VwGO speziellere Regelung.

dennoch Rechtsträgerprinzip: § 47 II S. 2 VwGO

Richtiger Antragsgegner ist der Rechtsträger, dem der Erlass der angegriffenen Norm zuzurechnen ist (§ 47 II S. 2 VwGO).

Auch § 47 II S. 2 VwGO folgt somit dem Rechtsträgerprinzip. Richtiger Antragsgegner ist die Körperschaft, Anstalt oder Stiftung, die die Rechtsvorschrift erlassen hat.

> **hemmer-Methode:** Wer in § 78 VwGO entgegen der h.M. nicht die Regelung der Passivlegitimation, sondern die der Prozessführungsbefugnis sieht,[547] muss konsequenterweise die Frage des richtigen Antragsgegners gem. § 47 II S. 2 VwGO in der Zulässigkeit prüfen.

II. Festlegung des Prüfungsmaßstabes: § 47 III VwGO

Prüfungsmaßstab: Bundesrecht und Landesrecht

Grundsätzlich uneingeschränkt ist die Rechtsvorschrift am Bundesrecht zu überprüfen. Das ergibt sich aus § 47 III und V VwGO.

soweit nicht durch § 47 III VwGO beschränkt

Problematisch ist die Überprüfung anhand von Landesrecht im Zusammenhang mit der Vorbehaltsklausel des § 47 III VwGO.

---

544   BVerfG, BayVBl. 2001, 16 = **juris**byhemmer.
545   Bracher, DVBl. 2002, 309; Die Beiladung im Normenkontrollverfahren gegen Bebauungspläne.
546   V. Komorowski, NVwZ 2003, 1458.
547   So z.B. Schenke, § 15, Rn. 543 und § 24, Rn. 887; a.A. Schmitt-Glaeser, Rn. 433.

Strittig ist zunächst der Anwendungsbereich des § 47 III VwGO.

e.A.: § 47 III VwGO gilt nicht bei § 47 I Nr. 1 VwGO; h.M. (+)

Nach einer Auffassung bezieht er sich nicht auf § 47 I Nr. 1 VwGO. Hier wird jedoch verkannt, dass auch Satzungen i.S.d. § 47 I Nr. 1 VwGO Landesrecht sind und der Bund sich nicht über eine abschließend gedachte landesverfassungsgerichtliche Kompetenzregelung hinwegsetzen kann.[548] Zudem hat § 47 I Nr. 1 VwGO in den meisten Ländern ohnehin nur deklaratorische Bedeutung.

Zumindest theoretische Relevanz hat § 47 III VwGO in Bayern und in Hessen.

in Bayern: Art. 98 S. 4 BV beachten

Die Popularklage nach Art. 98 S. 4 BayVerf behält dem BayVerfGH die Prüfung der Frage, ob die Rechtsvorschrift Grundrechte der bayerischen Verfassung verletzt, ausschließlich vor.[549]

Sind diese mit Grundrechten des Grundgesetzes inhaltsgleich, kann der VGH die Norm aber an diesen prüfen.

bei Rüge landesrechtl. Grundrechte: auslegen

Ein Prüfungsmaßstab ist also nur dann nicht gegeben, wenn die Verletzung anderer Normen als landesverfassungsrechtlicher Grundrechte offensichtlich und eindeutig nach keiner Betrachtungsweise vorliegen kann.

Beruft sich der Antragsteller nur auf ein Grundrecht der BayVerf (z.B. Art. 103 BayVerf - Eigentum), so hat der VGH den Inhalt des Antrags nach § 88 VwGO dahingehend auszulegen, dass Art. 14 GG herangezogen werden soll. Etwas anderes gilt dann, wenn der Antragsteller eine Gemeinde ist. Eine solche kann sich nur nach der Rspr. des BayVerfGH, nicht aber nach der des BVerfG auf die Eigentumsfreiheit berufen. Allerdings kommt hier eine Verletzung der durch Art. 28 II GG geschützten Finanzhoheit in Betracht.

III. Grundsätzliche Prüfungsfolge bei Rechtsverordnungen und Satzungen[550]

Überprüfung der Rechtsvorschrift i.R.d. Begründetheit der NK

I. Rechtsgrundlage
Landesrechtliche Spezialgesetze, Gemeindeordnung, allgemeines landesrechtliches Ordnungsrecht

II. Formelle Rechtmäßigkeit
1. **Zuständigkeit:** ergibt sich regelmäßig aus Ermächtigungsgrundlage (Gemeinde: Prüfung von Verbands- und Organzuständigkeit)
2. **Verfahren:**
   ⇨ ordnungsgemäße Beschlussfassung durch Kollegialorgan (z.B. Gemeinderat, Verbandsversamlung)
   ⇨ Bekanntmachung (Satzung: vorherige Ausfertigung)
   ⇨ eventl. Genehmigung bzw. Anzeige

III. Materielle Rechtmäßigkeit
1. Subsumtion unter Ermächtigungsgrundlage (evtl. zuvor inzident die Rechtmäßigkeit der Ermächtigungsgrundlage prüfen, falls problematisch)
2. Vereinbarkeit mit höherrangigem Recht
3. Fehlerfreier Gebrauch des Normsetzungsermessens

IV. Beachtlichkeit
Gerade im Baurecht Fehler zum Teil unbeachtlich bzw. behebbar, vgl. §§ 214, 215a BauGB

---

548 Kopp/Schenke, § 47 VwGO, Rn. 95; Schenke, § 24, Rn. 918; Scmitt-Glaeser, Rn. 438; a.A. Eyermann, § 47 VwGO, Rn. 8.
549 BayVGH, BayVBl. 1984, 460 f.; wesentlich zurückhaltender BayVerfGH, BayBl. 2002, 493; a.A. Schmitt-Glaeser, Rn. 439: bloße Zuständigkeitseröffnung, eine eindeutig ausschließliche Zuständigkeitseröffnung begründet Art. 132 HessVerf.
550 Vgl. **Hemmer/Wüst, Überblickskarteikarten Öffentliches Recht, Verwaltungsrecht II, KK 19**.

§ 7 VERWALTUNGSGERICHTLICHES NORMENKONTROLLVERFAHREN, § 47 VWGO

1. Feststellung der möglichen Rechtsgrundlage

Rechtsgrdl. aufsuchen

Am Anfang der eigentlichen Überprüfung der Norm steht die Suche nach ihrer Rechtsgrundlage.

a) Satzungen

spezifisches Landesrecht beachten

I.R.d. § 47 I Nr. 2 VwGO finden sich Ermächtigungen z.B. für den Universitätsbereich in den Hochschulgesetzen (z.B. Art. 6, 86 III BayHochschulG). Weiterhin ist an die Gemeindeordnungen (Anschluss- und Benutzungszwang) zu denken.

Auch der Bebauungsplan ist eine Satzung, vgl. § 10 I BauGB. Seine Prüfung bietet allerdings Besonderheiten, die im Anschluss (Rn. 402 ff.) gesondert dargestellt werden.

hemmer-Methode: Eine Vielzahl von examensrelevanten Satzungsermächtigungen bei einer Überprüfung nach § 47 I Nr. 2 VwGO findet sich in landesrechtlichen Normen. Erarbeiten Sie sich diese anhand der Hemmer-Hauptkurs-Fälle insbesondere im Baurecht und im Kommunalrecht.
Durch das Kennenlernen der Normen im Fall werden Sie zugleich einen Überblick über die jeweils mit der konkreten Norm verbundenen Problemkreise erhalten. Nicht das Einzelwissen, sondern die Einordnung in den Gesamtzusammenhang zeichnet die gute Klausur aus.

b) Verordnungen

VOen nur i.R.d. § 47 I Nr. 2 VwGO kontrollierbar

Verordnungen werden ebenfalls nur in Ländern relevant, in denen eine Überprüfung gem. § 47 I Nr. 2 VwGO landesrechtlich vorgesehen ist.

Examensrelevanz haben vor allem kommunale Verordnungen. Kommunale Verordnungen sind i.d.R. ordnungsrechtlicher Natur und können auf dem allgemeinen landesrechtlichen Ordnungsrecht oder auf SpezialG beruhen.

Verordnungen der Landesregierung beruhen oftmals auf „exotischen" Ermächtigungsgrundlagen, die dann aber in der Klausur regelmäßig angegeben werden.

Bei Verordnungen, die auf einer bundesgesetzlichen Ermächtigungsgrundlage beruhen, ist das Zitiergebot des Art. 80 I S. 3 GG zu beachten.

hemmer-Methode: Im Ordnungs- und Polizeirecht ist der Normalfall der Klausur nicht die isolierte, prinzipale Normenkontrolle. Eine VO wird viel eher inzident i.R.e. Fortsetzungsfeststellungsklage gegen einen behördlichen bzw. polizeilichen Verwaltungsakt zu prüfen sein. Denn die für die Fortsetzungsfeststellungsklage erforderliche Erledigung des Verwaltungsakts findet sich typischerweise gerade in ordnungsrechtlichen Konstellationen.

2. Formelle Rechtmäßigkeit

formelle Voraussetzungen

Die Rechtsvorschrift muss vom zuständigen Normgeber unter Beachtung der verfahrensrechtlichen Vorschriften in der richtigen Form erlassen worden sein.

a) Satzungen

aa) Zuständigkeit

Verbands- und Organkompetenz

Die sachliche Zuständigkeit (Verbandskompetenz) zum Satzungserlass ergibt sich zumeist aus der Ermächtigungsgrundlage. Denken Sie bei der Gemeinde sowohl an die Verbandskompetenz als auch die Organkompetenz (i.d.R. Gemeinderat).

bb) Verfahren

häufige Verfahrensfehler

Die wichtigsten Prüfungspunkte sind hier:

⇨ wenn erforderlich, Mitwirkung anderer Behörden (insbesondere die Abweichung von einer Mustersatzung löst ein Genehmigungserfordernis aus)

⇨ Überprüfung der Beschlussfassung in einem Gremium (Ladung, Beschlussfähigkeit, Befangenheit, Mehrheitsbeschluss)

⇨ Bekanntmachung und Verkündung (meist in Spezialgesetz geregelt)

b) Verordnungen

bei VOen ähnlich

Auch bei Verordnungen sind im Bereich der Prüfung der formellen Rechtmäßigkeit stets nach der Feststellung der einschlägigen Ermächtigungsgrundlage Zuständigkeit, Verfahren und Form zu prüfen.

Beim Verfahren ist ebenfalls an die Mitwirkung anderer Behörden zu denken, sowie die ordnungsgemäße Beschlussfassung in einem Gremium.

Schließlich gibt es auch bei einer Verordnung spezielle Vorgaben für die Bekanntmachung.

hemmer-Methode: Besondere Examensrelevanz hat im Bereich der Überprüfung von Verordnungen auch hier wiederum das Landesrecht. Arbeiten Sie hierzu die Hauptkursfälle, insbesondere das Ordnungsrecht, durch.

3. Materielle Rechtmäßigkeit

a) Wirksamkeit der Rechtsgrundlage

wirksame Rechtsgrundlage?

Nur wenn der Sachverhalt Anlass dazu bietet, ist die Wirksamkeit der Rechtsgrundlage näher zu überprüfen.

aa) Satzungen

bei Satzungen Art. 80 GG (-), aber Grundrechte und Bestimmtheitsgebot beachten

Die Anforderungen des Art. 80 GG (bzw. entsprechender Länderregelungen) gelten für Satzungen gerade nicht: Art. 80 GG hat seinen Grund in der Abweichung vom Gewaltenteilungsprinzip. Satzungen werden aber durch das Legislativorgan der Körperschaft erlassen. Nur Ermächtigungsgrundlagen für Verordnungen sind an Art. 80 GG zu messen.

§ 7 VERWALTUNGSGERICHTLICHES NORMENKONTROLLVERFAHREN, § 47 VWGO

Trotzdem kann natürlich die Satzungsermächtigung gegen höherrangiges Recht verstoßen. Zu denken ist hier etwa an Grundrechte oder das Bestimmtheitsgebot. Insbesondere bei der Ermächtigung zur Einführung von Anschluss- und Benutzungszwang sollten Sie kurz die Vereinbarkeit mit Art. 14 GG feststellen (keine Enteignung, vielmehr rechtmäßige Inhaltsbestimmung, wenn Ausnahme für Härtefälle vorgesehen).

bb) Rechtsverordnungen

bei VOen gilt Art. 80 GG

Hier stellen Sie fest, ob die Ermächtigungsgrundlage für den Erlass der Verordnung den Anforderungen von Art. 80 GG (bzw. Länderregelungen) genügt. Dabei müssen Inhalt, Zweck und Ausmaß der möglichen Belastung umso genauer bestimmt sein, je schwerwiegender die Auswirkungen auf die Grundrechte sind.

an Parlamentsvorbehalt denken

Denken Sie daran, dass bei Eingriffen in den Wesensgehalt von Grundrechten der Gesetzesvorbehalt zum Parlamentsvorbehalt gesteigert sein kann (vgl. **Hemmer/Wüst, Staatsrecht I, Rn. 118 f.**).

sonstige Mängel

Neben Art. 80 GG kann natürlich eine Verordnungsermächtigung gegen sonstiges höherrangiges Recht verstoßen.

So kann dem Gesetzgeber die Gesetzgebungskompetenz fehlen oder er kann materiell gegen Grundrechte oder objektive Verfassungsprinzipien verstoßen. Auf diese Fragen ist jedoch nur dann einzugehen, wenn der Sachverhalt klare Hinweise enthält.

hemmer-Methode: Vorsicht Falle! Die Ermächtigungsgrundlage kann als formelles Gesetz vom OVG/VGH zwar geprüft, aber natürlich nicht verworfen werden. Diese Kompetenz liegt bei den Verfassungsgerichten: Art. 100 I GG und die entsprechenden landesverfassungsrechtlichen Bestimmungen. Das OVG/ der VGH müsste also das Verfahren aussetzen und die Frage zur Entscheidung dem Verfassungsgericht vorlegen. Es empfiehlt sich, diese mögliche Konsequenz der eigentlichen Prüfung kurz voranzustellen. Sie zeigen damit, dass Sie sich der Unterschiede bewusst sind!

b) I.R.d. Rechtsgrundlage (Subsumtion)

aa) Satzungen

erst jetzt Subsumtion

Hier ist zu fragen, ob sich der Satzungsgeber im Rahmen seines Selbstverwaltungsbereiches hält und ob die sonstigen qualifizierten Voraussetzungen vorliegen (so müssen etwa für die Einführung des Anschluss- und Benutzungszwanges die Belange der Volksgesundheit vorliegen).

bb) Verordnungen

Auch bei Verordnungen ist die Vereinbarkeit mit der Ermächtigungsgrundlage durch exakte Subsumtion zu überprüfen. Insbesondere bei ordnungsbehördlichen Verordnungen muss festgestellt werden, ob eine abstrakte Gefahr vorliegt (= Vielzahl von Fällen).

hemmer-Methode: Da Verordnungsprüfungen im Examen häufig nur in landesspezifischen ordnungsrechtlichen Klausuren durchzuführen sind, ist es am sinnvollsten, sich in die Einzelheiten im Zusammenhang mit dieser Materie zu vertiefen. Erarbeiten Sie sich die Problematik anhand des Hemmer-Hauptkursprogrammes.

c) Ermessen

aa) Dimensionen des Ermessens

Ermessen des Normgebers

Wenn die materiellen Voraussetzungen vorliegen, hat der Verordnungs- oder Satzungsgeber sein Ermessen zu betätigen.

Je nach Ermächtigungsgrundlage kann ein Ermessen bzgl. des „Ob" (Entschließungsermessen) und ein Ermessen bzgl. des „Wie" (Gestaltungsermessen) bestehen.

> **hemmer-Methode:** Beim Verwaltungsakt sind grds. drei Dimensionen des Ermessens denkbar, die z.B. i.R.e. Polizeiverfügung zu prüfen sind:
> - Entschließungsermessen („ob" eingeschritten wird)
> - Auswahlermessen bzgl. des Adressaten (gegen wen eingeschritten wird)
> - Auswahlermessen bzgl. der Mittel („wie" eingeschritten wird, auch Gestaltungsermessen genannt)
>
> Bei Rechtsverordnungen und Satzungen fällt das Auswahlermessen bzgl. der Adressaten weg, da sie an eine unbestimmte Anzahl von Personen gerichtet sind. Hier sollte man deshalb das Begriffspaar Entschließungsermessen („ob") und Gestaltungsermessen („wie") verwenden. Beachten Sie jedoch, dass beides vorliegen kann, aber nicht muss. Sie entscheiden das je nach Ermächtigungsgrundlage.

bb) Überprüfung des Ermessens

unterscheide innere und äußere Ermessensfehler

Die Überprüfung erfolgt i.R.d. allgemeinen Ermessensfehlerlehre. § 114 S. 1 VwGO gilt seinem Wortlaut nach zwar nur bei Verwaltungsakten, die Vorschrift kann aber zumindest entsprechend herangezogen werden, wenn es um das sog. Planungsermessen des Normgebers geht. Unterschieden werden danach innere und äußere Ermessensfehler.

(1) Innere Ermessensfehler

Innere Ermessensfehler liegen vor, wenn die Betätigung des Ermessens dem Zweck der Ermächtigungsgrundlage zuwiderläuft. Bei den inneren Ermessensfehlern, auch Ermessensfehlgebrauch genannt, wird der Prozess der Willensbildung untersucht. Vom Sachverhalt her müssen also Informationen über die Motive der Behörde gegeben sein.

Ausgangspunkt bei inneren Ermessensfehlern: Zweck der Ermächtigungsgrdl.

Ausgangspunkt ist die Frage, ob die Behörde vom Zweck der Ermächtigungsgrundlage ausgeht (etwa bei einer ordnungsbehördlichen Verordnung vom Motiv der Gefahrenabwehr ausgeht). An Fehlerformen lassen sich unterscheiden:

einzelne Varianten

⇨ der Heranziehungsfehler

⇨ der Auslegungsfehler

⇨ der Abwägungsfehler

Nichtheranziehung bezweckter Gesichtspunkte

Ein negativer Heranziehungsfehler würde vorliegen, wenn der Normgeber Gesichtspunkte, die vom Zweck der Ermächtigungsgrundlage her relevant sind, nicht berücksichtigt hat.

§ 7 VERWALTUNGSGERICHTLICHES NORMENKONTROLLVERFAHREN, § 47 VWGO

Heranziehung zweckwidriger Gesichtspunkte

Ein positiver Heranziehungsfehler würde demgegenüber vorliegen, wenn der Normgeber Gesichtspunkte für die Willensbildung heranzieht, die dem Zweck der Ermächtigungsgrundlage zuwider laufen.

Fehlbestimmung relevanter Gesichtspunkte

Ein Auslegungsfehler wäre anzunehmen, wenn der Normgeber die vom Zweck der Norm her relevanten Gesichtspunkte in ihrer Bedeutung nicht richtig bestimmt.

> **Bsp.:** *Bei den Belangen des Naturschutzes war bei Normgebung umstritten, ob eine landwirtschaftliche Wiese noch zur Natur zählt. Die landwirtschaftliche Nutzung des Grundstücks schließt die Einstufung als Belang des Naturschutzes jedoch nicht aus.*

Fehlgewichtung relevanter Gesichtspunkte

Ein Abwägungsfehler ist dann anzunehmen, wenn die i.R.d. Normzwecks heranzuziehenden Belange untereinander im Konflikt stehen und der Verordnungsgeber diesen Konflikt nicht zu einem verhältnismäßigen Ausgleich gebracht hat.

Ermessensunterschreitung

Häufig wird auch die Ermessensunterschreitung als innerer Ermessenfehler behandelt, denn um festzustellen, ob der Normgeber sein Ermessen gar nicht ausgeübt hat, sind Informationen über innere Motive notwendig.

(2) Äußere Ermessensfehler

äußere Ermessensfehler: Verstoß gegen höherrangiges Recht

Äußere Ermessensfehler liegen vor, wenn das Ergebnis der Ermessensbetätigung gegen höherrangiges Recht verstößt.

401

Hier sollen nur die wichtigsten Fallgruppen angesprochen werden:

(a) Rückwirkungsproblematik

rückwirkend erlassene Normen:

Aus Regelungen wie z.B. in Bayern Art. 26 BayGO lässt sich nicht schließen, dass eine Rückwirkung grundsätzlich zulässig ist. Andererseits gibt es ein absolutes Rückwirkungsverbot nur für Strafgesetze (Art. 103 II GG).

Vertrauensschutzgesichtspunkte

Entscheidend für die Zulässigkeit im Einzelfall ist die Frage, ob nicht ein schutzwürdiges Vertrauen in das Weiterbestehen der alten Rechtslage, und damit das Gebot der Rechtssicherheit als Element des Rechtsstaatsprinzips entgegensteht.[551]

unechte Rückw. grds. zulässig

Hierbei ist zu beachten, dass eine unechte Rückwirkung grds. zulässig ist. Dies ist der Fall, wenn in einen in der Vergangenheit begonnenen Lebenssachverhalt eingegriffen wird, der noch nicht abgeschlossen ist.

echte Rückw. grds. unzulässig

Eine echte Rückwirkung, die bei einem Eingriff in einen bereits abgeschlossenen Vorgang gegeben ist, ist dagegen grds. unzulässig.

Ausnahme: Ersetzung nichtiger Norm

Sie ist ausnahmsweise zulässig, wenn eine nichtige Norm ersetzt wird, mit der Rückwirkung zu rechnen war oder überwiegende Interessen des Allgemeinwohls dies erfordern, vgl. § 214 IV BauGB.

> **hemmer-Methode:** Bei der Prüfung eines Verstoßes gegen höherrangiges Recht, insbesondere gegen Grundrechte, ist zu unterscheiden zwischen der Satzung/der Verordnung selbst und ihrer Rechtsgrundlage.

---

[551] Schwerdtfeger, § 28, Rn. 413 ff.; Bauer/Böhle/Ecker, Art. 26 GO, Rn. 6,7.

> Beide können gegen höherrangiges Recht verstoßen. An dieser Stelle ist alleine auf die Satzung/Verordnung einzugehen. Einen Verstoß der Ermächtigungsgrundlage haben Sie schon oben (Rn. 395 f.) bei den materiellen Voraussetzungen geprüft. Da die materiell-rechtlichen Voraussetzungen für den Erlass der Satzung/Verordnung vorliegen, kann die Behörde ihr Ermessen betätigen. Bei dieser Ermessensbetätigung hat sie eine Satzung mit Rückwirkung geschaffen. Deswegen gehört die Rückwirkungsproblematik zur Ermessenprüfung.

(b) Bestimmtheitsprinzip

wenn Norm im Wortlaut abgedruckt: Bestimmtheitsgebot beachten!

Auch hier ist zu berücksichtigen, dass es nicht um die Bestimmtheit der Ermächtigungsgrundlage geht, sondern um die Bestimmtheit der Normen aus der Satzung/Verordnung. Diese Prüfung ist natürlich nur dann durchzuführen, wenn der Wortlaut einzelner Paragraphen im Sachverhalt mitgeteilt wird.

(c) Grundrechte

Grundrechtsprüfung oft Schwerpunkt

Soweit der Sachverhalt Anlass dazu gibt, ist die Satzung/Verordnung auch an Grundrechten zu messen.

IV. Sonderfall: Konstellation bei Bebauungsplänen

1. Rechtsgrundlage

wichtigste Rechtsgrundlagen

Die wichtigsten baurechtlichen Rechtsgrundlagen sind §§ 2, 10 BauGB für Bebauungspläne und §§ 14, 16 BauGB für Veränderungssperren.

402

2. Formelle Rechtmäßigkeit

a) Zuständigkeit

Verbandskompetenz

Die sachliche Zuständigkeit (Verbandskompetenz) zum Satzungserlass ergibt sich aus der Ermächtigungsgrundlage, § 2 I BauGB i.V.m. § 1 III BauGB.

403

b) Verfahren

typische Verfahrensfehler

Verfahrensrechtlich ist insbesondere zu denken an:

404

⇨ fehlerhaften Planaufstellungsbeschluss (§ 2 I S. 2 BauGB): Der Aufstellungsbeschluss ist keine Wirksamkeitsvoraussetzung des Bebauungsplans[552], da er nach dem BauGB nicht zwingend vorgeschrieben ist. Er kann durch einen der folgenden Billigungs- und Auslegungsbeschlüsse nachgeholt werden. Allerdings ist er Voraussetzung der Veränderungssperre (§ 14 I BauGB sowie für § 15 BauGB und § 33 BauGB).[553]

⇨ fehlerhafte Beteiligung der Bürger oder der Träger öffentlicher Belange: §§ 3 f. BauGB (insbes. Auslegung nach § 3 II BauGB).

---

552 BVerwG, NVwZ 1988, 916 = **juris**byhemmer.
553 BayVGH, BayVBl. 2000, 598 = **juris**byhemmer.

⇨ fehlerhafte Ermittlung bzw. Bewertung der abwägungsrelevanten Belange, vgl. §§ 2 III, 214 I Nr. 1 BauGB (vgl. zur Abgrenzung zu § 1 VII BauGB unten Rn. 408)

⇨ Fehler beim Satzungsbeschluss: Ladungsmängel (Heilungsproblematik), Ausschluss wegen persönlicher Beteiligung, erforderliche Mehrheit (evtl. zu errechnen)

⇨ Begründungserfordernisse (z.B. § 9 VIII BauGB): Fehlen führt grds. zur Plannichtigkeit, vgl. § 214 I Nr. 3 HS 2 BauGB.[554]

⇨ Genehmigung, Vorlage, Anzeige der Satzung: § 10 II, III BauGB

⇨ Verkündung: z.B. Ausfertigung durch den Bürgermeister (erst nach Erteilung evtl. erforderlicher Genehmigung: Die Genehmigung ist Teil des Rechtsetzungsverfahrens. Die Ausfertigung der Satzung, die die Übereinstimmung der Veröffentlichung mit dem zugrunde liegenden Beschluss dokumentiert, gehört als Ausfluss des Rechtsstaatsprinzips (Gedanke des Art. 82 GG) an das Ende des Rechtsetzungsverfahrens.[555]

c) Unbeachtlichkeit nach §§ 214, 215 BauGB

Systematik der §§ 214, 215 BauGB

Im Baurecht ist immer an §§ 214, 215 BauGB zu denken, nach denen bestimmte Mängel unbeachtlich sind. Für Verfahrensfehler ist die folgende Prüfungssystematik anzuwenden:

⇨ Zunächst ist zu fragen, ob der gefundene Verfahrens- oder Formverstoß in § 214 I BauGB überhaupt genannt wird. Wenn das nicht der Fall ist, ist er unbeachtlich.

hemmer-Methode: Beachten Sie, dass sich § 214 I BauGB nur auf Verfahrens- und Formfehler des BauGB bezieht!

⇨ Erwähnt § 214 I BauGB den Fehler, dann ist die interne Unbeachtlichkeitsregel der Nr. 2 HS 2 und Nr. 3 HS 2 zu beachten.

⇨ Bei den noch verbleibenden Mängeln ist auf die Rügefrist des § 215 I Nr. 1 BauGB sowie auf die Heilungsmöglichkeit in § 214 IV BauGB zu achten.

Zur endgültigen Nichtigkeit eines Bebauungsplans können somit nur Fehler führen, die nach alledem noch übrig bleiben.

3. Materielle Rechtmäßigkeit

a) Planrechtfertigung

i.d.R. kein Schwerpunkt

Bei der Kontrolle von Bebauungsplänen wird hier i.d.R. kein Prüfungsschwerpunkt liegen, denn die Voraussetzung der städtebaulichen Erforderlichkeit (§ 1 III S. 1 BauGB) lässt sich in einer Klausur nicht sinnvoll thematisieren, zumal der Gemeinde hier ein großer Einschätzungsspielraum zukommt.

---

554 BVerwG, NVwZ 1990, 364 = **juris**byhemmer.
555 BVerwG, NVwZ 1990, 285.

b) Äußere Abwägungsfehler, zwingende Planungsleitsätze

⇨ § 1 IV BauGB: Anpassung an die verbindlichen Ziele der Landesplanung

⇨ § 8 II BauGB (Entwicklungsgebot): beachte §§ 214 II, 215 I Nr. 2 BauGB; hier können insbesondere Verfahrensfehler bei der Aufstellung des Flächennutzungsplanes prüfungsrelevant werden (Nr. 3).

⇨ § 9 BauGB: mögliche Festsetzungen

c) Abwägung, § 1 VII BauGB

Abwägung, § 1 VII BauGB

Beim Bebauungsplan gibt es kein Ermessen über das „Ob" und „Wann" der Planung. Liegt das städtebauliche Erfordernis i.S.d. § 1 III BauGB auch angesichts der Einschätzungsprärogative der Gemeinde vor, so muss ein Bebauungsplan aufgestellt werden. Für das „Wie" hat die Gemeinde allerdings einen Abwägungsspielraum nach § 1 VII BauGB. Dieser kann im Folgenden nur in einem Abriss dargestellt werden.

Das Entscheidende ist, dass die Abwägung nur auf Abwägungsfehler i.S.d. § 1 VII BauGB überprüft werden darf. Das Gericht darf auf keinen Fall eine eigene Abwägung vornehmen.

Das Grundlegende in Kürze:

⇨ Abwägungsfehlerlehre: Als Abwägungsfehler kommen in Betracht Ausfall/Defizit/Fehleinschätzung/Disproportionalität.[556] Dabei sind folgende inhaltliche Grundsätze der Bauleitplanung zu berücksichtigen: Optimierungsgebote (Raumschutzklausel § 1a II BauGB, Trennungsgebot § 50 BImSchG) haben besonderes Gewicht; generelle und konkrete Planungsleitlinien (§ 1 VI BauGB), Gebot der Rücksichtnahme, Gebot der Konfliktvermeidung, interkommunales Abstimmungsgebot nach § 2 II BauGB.

⇨ Unbeachtlichkeit von Abwägungsmängeln nach § 214 III BauGB: Wegen dieser Vorschrift ist zwischen dem Abwägungsvorgang und dem Abwägungsergebnis zu unterscheiden. Fehler im Abwägungsergebnis sind immer relevant. Nur Fehler im Vorgang können unbeachtlich sein. Außerdem ist von bloßen Fehlern bei der Ermittlung des abwägungsrelevanten Materials abzugrenzen, die als formeller Fehler i.S.d. § 2 III BauGB unter § 214 I Nr. 1 BauGB fallen.[557]

hemmer-Methode: Nach Einführung des § 2 III BauGB geht die wohl h.M. davon aus, dass nur noch die Abwägungsdisproportionalität als materieller Fehler zu sehen ist, während die übrigen Abwägungsfehler künftig i.R.d. § 2 III BauGB zu verorten sind.[558] Wichtig ist dies im Hinblick auf die Fehlerfolgen, § 214 I Nr. 1, III BauGB, wobei auch hier im Ergebnis keine allzu großen Unterschiede bestehen.[559]

---

556 Ausführlich zur Abwägungsfehlerlehre siehe in **Hemmer/Wüst, Baurecht, Rn. 601 ff.**

557 Vgl. hierzu Jäde/Dirnberger, § 1 BauGB, Rn. 82 ff, § 2 BauGB, Rn. 17 ff, § 214 BauGB, Rn. 4 ff.

558 OVG Lüneburg, NVwZ-RR 2005, 10.

559 Die Gegenansicht will § 2 III BauGB auf das Vorfeld der Abwägung im Gemeinderat beziehen und die Abwägungsfehlerlehre als solche nicht ändern, vgl. Jäde/Dirnberger, § 2 BauGB, Rn. 17, § 214 BauGB, Rn. 4, 5, 36 ff.

§ 214 III S. 2 BauGB ist wegen Art. 14 GG restriktiv auszulegen: Ein Fehler ist schon dann offensichtlich, wenn er auf objektiven Sachumständen beruht (z.B. sich aus Akten und Sitzungsprotokollen ergibt). Für die Ergebnisbeeinflussung ist die konkrete Möglichkeit ausreichend.

⇨ Unbeachtlichkeit von Mängeln der Abwägung gem. § 215 I Nr. 3 BauGB nach einem Jahr seit Bekanntmachung.

V. Entscheidung

Revision

Das Gericht entscheidet nach mündlicher Verhandlung durch Urteil, sonst durch Beschluss. Rechtsmittel gegen diese Beschlüsse ist die Revision (vgl. §§ 132 ff. VwGO).

Allgemeinverbindlichkeit

Kommt das OVG zu der Überzeugung, dass die angegriffene Norm rechtswidrig ist, erklärt es sie für unwirksam. Diese Entscheidung wirkt allgemeinverbindlich, § 47 V S. 2 VwGO.

hemmer-Methode: Die Abweisung eines Normenkontrollantrags wirkt hingegen nur zwischen den konkret Beteiligten des Verfahrens, § 121 VwGO.

keine Umdeutung

Eine unwirksame Rechtsvorschrift kann nicht in eine rechtmäßige umgedeutet werden (analog § 47 VwVfG, § 140 BGB), da dies gegen den Grundsatz der Normenklarheit verstoßen würde.[560]

teilweise Nichtigerklärung

Richtet sich der Antrag nur gegen einen Teil der Norm, dann erklärt das Gericht nur diesen Teil für unwirksam, sofern dieser ein abtrennbarer Teil ist und die Vorschrift im Übrigen Bestand haben kann. Andernfalls sind in notwendigem Zusammenhang stehende Teile bzw. die gesamte Norm für nichtig zu erklären.[561]

---

[560] Redeker/ von Oertzen, § 47 VwGO, Rn. 25.
[561] Kopp/Schenke, § 47 VwGO, Rn. 121.

WIEDERHOLUNGSFRAGEN .... Randnr.

§ 3 Verpflichtungsklage

1. Worin unterscheidet sich der Urteilsspruch der Verpflichtungsklage von dem der Anfechtungsklage? *1*

2. Wie kann das Benutzungsverhältnis einer öffentlichen Einrichtung rechtlich gestaltet sein? .... *5 ff.*

3. Warum ändert sich der zu beschreitende Rechtsweg nicht, wenn man statt der Zwei-Stufen-Theorie ein einheitliches Benutzungsverhältnis annimmt? *10*

4. Welchen Rechtsweg muss die Ö-Partei beschreiten, wenn sie sich dagegen wehren will, dass die Stadthalle in F ihr von der Betreiberin K-GmbH für ihren Parteitag nicht überlassen wird? *11*

5. Definieren Sie die den Begriff der Subvention! *11*

6. Welche beiden Konstellationen sind im Rahmen der Verpflichtungsklage typisch für Subventionsfälle? *13*

7. Welche Rechtswege sind für Ansprüche nach Rücknahme bzw. Widerruf eines VA eröffnet? Woraus ergibt sich das? *15*

8. Welche Bedeutung hat der Begriff der "Amtshandlung" in § 113 V 1 VwGO neben dem Begriff des VA? *16*

9. Warum dürfen Sie die Abgrenzung allgemeine Leistungsklage/Verpflichtungsklage nicht unbeantwortet lassen? *17, 192*

10. Nennen Sie drei Fallgestaltungen, in denen die Abgrenzungsfrage klausurrelevant ist! .... *18 ff.*

11. Wie kann sich der Bauwerber gegen die Versagung des gemeindlichen Einvernehmens wehren? *21*

12. Was bedeutet "relativer" VA? *22*

13. Warum müssen Sie an die Möglichkeit einer Erledigung des VA denken? Was bedeutet Erledigung im Zusammenhang der Verpflichtungsklage? *23*

14. In welchen Fällen bei Klagen Dritter können sich Abgrenzungsfragen zur Anfechtungsklage stellen? .... *27 ff.*

15. Wann kann der Versagungsbescheid ausnahmsweise isoliert angefochten werden? *32*

16. Wie ist die Interessenlage eines mit einer belastenden Nebenbestimmung beschiedenen Antragstellers? *34*

17. Unter welchen Voraussetzungen muss er Verpflichtungsklage erheben? *34*

18. Warum ist die sog. Adressatentheorie ungeeignet, um die Klagebefugnis der Verpflichtungsklage zu begründen? *36*

19. Nennen Sie fünf wichtige Anspruchsgrundlagen des Bundes- bzw. Ihres Landesrechts, die zur Begründung der Klagebefugnis herangezogen werden können! *38*

20. Was schreiben Sie zu dem Prüfungspunkt „Klagebefugnis" bei Ermessensnormen? *41*

21. Wie wirkt ein trotz § 68 I 2 eingelegter Widerspruch? *49*

22. Ist bei Untätigkeit (§ 75) eine Klagefrist einzuhalten? *52*

23. Was bedeutet Spruchreife? .... *55 f.*

24.	Welche Auswirkung hat die Spruchreife auf die Formulierung des Obersatzes?	57
25.	Formulieren Sie den Obersatz der Verpflichtungsvornahmeklage!	58
26.	Wann müssen Sie die Anspruchsgrundlage vor der Passivlegitimation prüfen? Warum?	61
27.	An welcher Stelle der Klausur ist die Zusicherung zu prüfen?	68
28.	Wie unterscheiden sich Zusicherung und unverbindliche Auskunft?	72
29.	Grenzen Sie Zusicherung und Vorbescheid ab!	73
30.	Wie unterscheiden sich Teilgenehmigung und Vorbescheid?	75
31.	Nennen Sie die beiden Hauptarten der verwaltungsgerichtlichen Genehmigung!	64
32.	Wie ist die Prüfung beim Anspruch auf eine Genehmigung aufgebaut?	65 ff.
33.	Definieren Sie den Gewerbebegriff!	65
34.	Wo finden Sie eine gesetzliche Definition des Gemeingebrauchs? Worin liegt der wesentliche Unterschied zur Sondernutzung?	65
35.	Lesen Sie die unter Rn.76 zitierten Genehmigungsansprüche im Gesetz nach!	67
36.	Welcher Punkt empfiehlt sich bei der Prüfung einer dem behördlichen Ermessen unterstellten Anspruchsnorm stets herauszuarbeiten?	77 ff.
37.	An welcher Stelle wird der Versagungsbescheid endlich einmal bedeutsam?	78
38.	Was unterscheidet den Beurteilungsspielraum der Verwaltung grundlegend von deren Ermessen?	81
39.	Auf welchen Zeitpunkt hat das Gericht für seine Entscheidung abzustellen?	83
40.	Wie unterscheidet sich die Frage des entscheidungsrelevanten Zeitpunkts von dem Problem der Zulässigkeit des Nachschiebens von Gründen?	85
41.	In welchem Ausnahmefall kann das VG den begehrten VA an Stelle der Verwaltung abändern?	86
42.	Wie unterscheidet sich das Wiederaufgreifen vom Zweitantrag?	88
43.	Wie viele Klagen müssen im Rahmen des Wiederaufgreifens erhoben werden, um eine Neuentscheidung in der Sache zu erreichen?	89
44.	Gibt es neben § 51 VwVfG noch weitere Wege, auf welchen der Bürger einen Anspruch auf Wiederaufgreifen geltend machen kann?	90
45.	Welche Zulässigkeitsvoraussetzungen hat der Antrag auf Wiederaufgreifen?	94
46.	Warum ist die Änderung der höchstrichterlichen Rechtsprechung kein Wiederaufgreifensgrund?	95
47.	Wo ist in der "§-51-VwVfG"-Klausur die materielle Rechtslage zu erörtern?	96
48.	Steht es beim Wiederaufgreifen im Ermessen der Verwaltung, den VA zu ändern, wenn sie erkannt hat, dass der VA rechtswidrig ist?	97

§ 4 Fortsetzungsfeststellungsklage

49. Welche vier Reaktionsmöglichkeiten stehen dem Kläger nach Erledigung der Hauptsache grundsätzlich zur Verfügung?.. 99

50. Warum kann man im direkten Anwendungsfall des § 113 I 4 VwGO von einer "amputierten" Anfechtungsklage sprechen?... 100

51. Gegen polizeiliches Handeln kann sowohl der ordentliche Rechtsweg als auch der Verwaltungsrechtsweg eröffnet sein. Nach welchen Grundsätzen wird abgegrenzt? Welche Ausnahmen kennen Sie?.. 103

52. Welche verschiedenen (analogen) Anwendungsfälle der FFK kennen Sie?........................ 100

53. Definieren Sie den Erledigungsbegriff bei der Anfechtung eines VA? Wo finden Sie im Gesetz eine Gedankenstütze?.. 107

54. Was ist ein "partieller" Zweitbescheid?.. 109

55. Welche beiden Formen der Erledigung sind insbesondere in der polizei- und sicherheitsrechtlichen Klausur relevant?.. 110, 115

56. Wann scheidet beim vollzogenen VA immer die Erledigung aus? Warum?....................... 113

57. Warum ist eine eingehende Auseinandersetzung mit dem Streit zum Begriff des "berechtigten Interesses" in der Klausur regelmäßig überflüssig?.. 118

58. Welche Fallgruppen werden als berechtigtes Interesse allgemein anerkannt?................. 119 ff.

59. Fassen Sie die Argumente zusammen, die für die Vorbereitung eines Zivilprozesses heranzuziehen sind. Inwiefern verschiebt sich der Blickwinkel bei analoger Anwendung des § 113 I 4 VwGO?... 121 f., 150

60. Die Begründetheitsprüfung der FFK entspricht der der Anfechtungsklage. Woraus erklärt sich das?... 125

61. Wie lautet die Fragestellung zum Begriff der Erledigung bei der Verpflichtungs-FFK?...... 126

62. Bilden Sie je ein Beispiel zu den beiden Fallgruppen der Erledigung des begehrten VA!... 129 ff.

63. Nennen Sie die Voraussetzungen der Analogie!... 134

64. Begründen Sie die analoge Anwendung des § 113 I 4 auf die Fälle der Verpflichtungs-FFK!........... 135 ff.

65. Warum und wie ist § 74 anwendbar?... 149

66. Was gilt für die Erledigung von Realakten?... 152

67. Welche Voraussetzung muss bejaht werden, um § 113 I 4 auf die KVS anwenden zu können?.. 153

68. Prüft das Gericht bei übereinstimmender Erledigungserklärung die ursprüngliche Zulässigkeit und Begründetheit?.. 157

69. Welche Folge hat es, wenn die Erledigungserklärung des Klägers einseitig bleibt? Was gilt im Zivilprozess?... 160

§ 5 Allgemeine Leistungsklage

70. Was ist die Rechtsgrundlage der allgemeinen Leistungsklage (aLK)?............................... 163

71. Beschreiben Sie die Auffangfunktion der aLK!... 164

72. Definieren Sie "Realakt"!.. 165

73. Äußerungen eines Beamten bei Gelegenheit seines Amtes sind privatrechtlicher Natur. Was gilt bei Äußerungen in Ausübung der Dienstgeschäfte? Nennen Sie die jeweils in Frage kommenden Anspruchsgrundlagen für den Widerruf! *405*

74. Im Stadtpark von B gibt es einen Froschteich. Die Anliegerin S stört das Gequake. Welchen Rechtsweg muss sie beschreiten, wenn sie gegen die Stadt vorgehen will? *170*

75. Welches zusätzliche Problem stellt sich bei Beteiligung einer Kirche? *171*

76. Welche Ansprüche werden gemäß § 40 II 1 VwGO "abgedrängt"? *172*

77. Welche Unterarten der aLK kennen Sie? .... *174, 175, 189 f.*

78. Ist die Auskunft ein VA? *176, 19*

79. Beim Begehren von Akteneinsicht ist die Problematik ähnlich wie bei der Auskunft. Was muss außerdem beachtet werden? *177*

80. Worauf müssen Sie Acht geben im Zusammenhang mit Geldleistungsansprüchen des Bürgers gegen den Staat? *178*

81. Stellen Sie die Unterschiede zwischen Verordnung und Satzung heraus! .... *181 f.*

82. In Ländern, die von der Ermächtigung in § 47 I Nr.2 keinen Gebrauch gemacht haben, ist streitig, ob eine Überprüfung mittels einer aLK oder einer allg. Feststellungsklage zulässig ist. Was spricht für die Feststellungsklage? *184*

83. Welche Meinungen werden zur richtigen Klageart der sog. Normerlassklage vertreten? .... *185 ff.*

84. Was versteht man unter repressivem Rechtsschutz, was unter präventiven Rechtsschutz? *189*

85. Wie erklärt sich die von der h.M. vertretene Anwendbarkeit des § 42 II auf die aLK? *191*

86. Bedarf es für die aLK immer eines sog. qualifizierten Rechtsschutzbedürfnisses? *194*

87. Innerhalb der "Bürgerverurteilungsklage" kommt dem RSB eine besondere Bedeutung zu. Stellen Sie diese im Grundsatz dar. Welche Konstellation ist klausurtypisch, wenn der Staat Geldleistungen vom Bürger einklagt? *195, 202*

88. Ist die Klagenhäufung ein Zulässigkeitsproblem? *197*

89. Wie lautet der Obersatz der aLK? *198*

90. Ist § 78 I analog anwendbar? Muss hierbei differenziert werden? *199*

91. Als Auffangklage ist das Anwendungsfeld der aLK sehr umfassend. Benennen Sie die wichtigsten Problemstellungen im Rahmen der Begründetheit! *200*

92. Welche Parallele können Sie für die Begründetheitsprüfung der aLK aus dem Zivilrecht ziehen? *201*

93. Welche Norm ist bei der Aufrechnung zu beachten? *203*

94. Schadensersatzansprüche (z.B. wegen Amtshaftung) zielen auf Naturalrestitution ab, orientieren sich also hypothetisch an der Zukunft (Stichwort: Differenzhypothese, vgl. Hemmer/Wüst Schadensersatzrecht III Rn.30 ff.). Woran orientiert sich im Gegensatz dazu der FBA? *206, 227*

95. Welche ist die richtige Klageart, wenn der Hauseigentümer die Herausgabe seiner Wohnung verlangt, nachdem die Zwangseinweisung von Obdachlosen durch Zeitablauf erledigt ist? *210*

96. Welche öffentlich-rechtlichen Beseitigungsansprüche kennen Sie? .... *206 f.*

97. Worin unterscheiden sich Vollzugs-FBA und der schlichte FBA? *211*

98. Welche Anspruchsvoraussetzungen hat der FBA? *220*

99. Stellen Sie das Problem der Rechtsgrundlage des FBA kurz dar! *221*

100. Warum kommt es beim FBA nicht auf die Rechtswidrigkeit des Eingriffs, sondern auf die des durch den Eingriff geschaffenen Zustands an? *223, 226*

101. Gibt es eine FFK nach Erledigung der Hauptsache der allgemeinen Leistungsklage? *152, 225*

102. Können Sie ein Beispiel für eine nachträgliche Legalisierung nennen? *226*

103. Fall zu Frage 102: Welches weitere Problem tritt innerhalb der Anspruchsvoraussetzungen des FBA auf? *228*

104. Benennen Sie die beiden zivilrechtlichen Institute, die als Anspruchsvoraussetzungen dem FBA zugrunde liegen! .... *229 f.*

105. Wann müssen Sie besonders sorgfältig überprüfen, ob ein geschriebener Erstattungsanspruch zur Verfügung steht? Nennen Sie zwei besonders wichtige Anspruchsgrundlagen! *232*

106. Der ungeschriebene öffentlich-rechtliche Erstattungsanspruch wird wie ein zivilrechtlicher Bereicherungsanspruch geprüft. Mit welcher Argumentation stützt die h.M. die Herleitung des Anspruchs aber dennoch nicht auf § 812 BGB? *237*

107. Welcher Grundsatz gilt an Stelle der Entreicherungseinrede (§ 818 III BGB)? Begründen Sie die h.M.! *235, 239*

108. Die Verwaltung kann sich durch verwaltungsrechtliche und durch zivilrechtliche Verträge binden. An welcher Stelle der Klausur wird die Abgrenzungsfrage relevant? *241*

109. Wie erfolgt diese Abgrenzung? *242*

110. Welche beiden Klagearten sind neben der aLK beim verwaltungsrechtlichen Vertrag ausnahmsweise denkbar? In welchen Fallkonstellationen? *244*

111. Wie unterscheidet sich der öffentlich-rechtliche Vertrag vom zustimmungsbedürftigen VA und von der Zusicherung? .... *250 ff.*

112. Welche besonderen formellen Anforderungen gelten für den öffentlich-rechtlichen Vertrag? ...... *253 ff.*

113. Was versteht man unter einem Vertragsformverbot? Nennen Sie Beispiele! *257*

114. In welchem Zweierschritt wird die materielle Rechtmäßigkeit des Vertrages geprüft? *255*

115. Welches Konfliktfeld eröffnen die Begriffe öffentlich-rechtlicher *Vertrag* und Gesetzesvorbehalt? *258*

116. Welchen Rechtmäßigkeitsvoraussetzungen muss ein öffentlich-rechtlicher Vertrag genügen? ...... *259 ff.*

117. Welche Kategorien verwaltungsrechtlicher Verträge sind zu unterscheiden? .... *260 ff.*

118. Wie Verhalten sich Ungewissheit und Nachgeben beim Vergleichsvertrag nach § 55 VwVfG? *261*

119. Welche Anforderungen sind an einen Austauschvertrag zu stellen? *262*

120. Gilt für rechtswidrige öffentlich-rechtliche Verträge dasselbe wie für Rechtsnormen? *263*

121. Warum verweist § 59 I VwVfG nicht uneingeschränkt auf § 134 BGB? *265*

122. Warum liegt im Fall Rn. 266 kein Vergleichsvertrag vor? *269*

123. Wie werden die beiden Fallgruppen der Kommunalen Verfassungsstreitigkeit bezeichnet? Kennen Sie einige typische Fälle? *273*

124. Warum ist der Kommunalverfassungsstreit nichtverfassungsrechtlicher Art i.S.d. § 40 I VwGO? *275*

125. Ist die KVS eine Klageart sui generis? *276, 278*

126. Wann ist im Kommunalverfassungsrecht die Außenwirkung einer Maßnahme zu bejahen? ... *277*

127. Wiederholen Sie Rn. 278 ff im Skript zur Frage, was für eine Klageart im Rahmen einer KVS in Betracht kommt, sofern kein VA vorliegt! ... *278 ff.*

128. Was bedeutet "organschaftliches Recht"? ... *281*

129. Wann lässt sich die Beteiligtenfähigkeit von Gemeinderat, -ratsfraktion, -ratsmitglied und Bürgermeister jeweils aus § 61 Nr.2 herleiten? ... *282 ff.*

130. Wer ist bei der KVS passivlegitimiert? ... *289 f.*

§ 6 Die allgemeine Feststellungsklage

131. Welche Arten von Feststellungsklagen kennt die VwGO? ... *293*

132. Definieren Sie den Begriff "Rechtsverhältnis" i.S.d. § 43 I VwGO! ... *299*

133. Gibt es feststellungsfähige rechtliche Beziehungen zwischen einer Person und einer Sache? ... *300*

134. Was setzt das Bestehen eines Rechtsverhältnisses immer voraus? ... *306 ff.*

135. Gibt es subjektive Rechte des Staates? ... *308*

136. Durch die Anfechtung des Vollzugsaktes kann eine Norm im Rahmen der Anfechtungsklage inzident auf ihre Rechtmäßigkeit überprüft werden. In welcher Konstellation muss auf die allgemeine Feststellungsklage zurückgegriffen werden? ... *302 f.*

137. Welche Differenzierung müssen Sie bei der Frage nach einem Rechtsverhältnis im Zusammenhang mit einem VA vornehmen? ... *304*

138. Erinnern Sie sich? Warum kann bei hypothetischer Erledigung des begehrten VA nach Erhebung der Verpflichtungsklage die Regelungslücke des Gesetzes nicht durch § 43 I VwGO geschlossen werden, sondern nur durch eine Analogie zu § 113 I 4 VwGO? ... *135 f.*

139. Können nur gegenwärtige Rechtsverhältnisse festgestellt werden? ... *309 f.*

140. Ist das Begehren der Feststellung eines künftigen Rechtsverhältnisses mit der *vorbeugenden* Feststellungsklage geltend zu machen? ... *310 f.*

141. Warum musste die Möglichkeit der Feststellung der Nichtigkeit eines VA in § 43 I Alt.3 vom Gesetzgeber gesondert geregelt werden? Wird dies nicht bereits vom Begriff des Rechtsverhältnisses (Alt.1) erfasst? ... *316*

142. Woraus erklärt sich die Subsidiarität der Feststellungsklage zur Gestaltungs- und Leistungsklage? ... *322 ff.*

143. Wie ist das Verhältnis Anfechtungsklage und *Nichtigkeits*feststellungsklage? ... *317 ff.*

144. Ist § 42 II VwGO *analog* für die Feststellungsklage einschlägig? ... *329 ff.*

145. Definieren Sie das Erfordernis des berechtigten Interesses an baldiger Feststellung (§ 43 I VwGO)! ... *334 ff.*

146. Die Feststellungsklage kennt grds. keine Klagefrist. Innerhalb welches Prüfungspunktes gehen Sie auf eine denkbare Verwirkung ein? ... *338*

147. Ein Vorverfahren gemäß § 68 VwGO gibt es mit Ausnahme der Fälle des § 126 BRRG bei der Feststellungsklage nicht. In welchen Fällen und auf welche Weise muss die Verwaltung aber trotzdem einbezogen werden, um erfolgreich klagen zu können? ... *340*

148. Wer ist richtiger Beklagter der Feststellungsklage? Müssen Sie differenzieren? ... *345 f.*

§ 7 Verwaltungsgerichtliche Normenkontrollverfahren nach § 47 VwGO

149. Was bedeuten die Begriffspaare "richterliches Prüfungs- und Verwerfungsrecht"? ... *350 f.*

150. Gilt das richterliche Verwerfungsrecht ohne Einschränkung? ... *350 f.*

151. Was bedeuten die Begriffspaare „prinzipale und inzidente Normenkontrolle"? ... *350 f.*

152. Welche Funktionen hat das verwaltungsgerichtliche Normenkontrollverfahren nach § 47 VwGO? ... *353 f.*

153. Sind Flächennutzungspläne Satzungen i.S.d. § 47 I Nr.1 VwGO? ... *357*

154. Wonach richtet sich die Abgrenzung zwischen Bundesrecht und Landesrecht i.S.d. § 47 I Nr.2 VwGO? ... *359*

155. Was bedeutet "VA im Kleid einer VO"? Ist hier eine Normenkontrolle zulässig? ... *360*

156. Warum können Verwaltungsvorschriften grds. nicht Gegenstand der Normenkontrolle sein? ... *361*

157. Wo liegen die Probleme bei der Subsumtion einer Gemeinderatsgeschäftsordnung unter den Satzungsbegriff? ... *362*

158. Auf wessen Sicht kommt es beim Tatbestandsmerkmal "... die ... erlassen worden sind, ..." in § 47 I Nr.1 VwGO an? ... *363*

159. Welche Normen können "im Rahmen der Gerichtsbarkeit" des VGH/OVG überprüft werden? ... *365*

160. Wie ist der Begriff der juristischen Person in § 47 II S. 1 VwGO nach der h.M. zu verstehen? ... *366*

161. Was ist bei der Antragsbefugnis im Rahmen eines Normenkontrollverfahrens gem. § 47 II VwGO zu beachten? ... *367 ff.*

162. Welche Schritte sind zu prüfen, um die Antragsbefugnis für die Normenkontrolle eines Bebauungsplans festzustellen? ... *370*

163. Welcher Prüfungspunkt tritt bei behördlichen Antragstellern an die Stelle der Antragsbefugnis? ... *374, 381*

164. Ist § 47 III VwGO Zulässigkeitsvoraussetzung? ... *375*

165. Kann der Antrag auf Normenkontrolle auch zur Niederschrift der Geschäftsstelle des OVG/VGH erklärt werden? ... *376*

166. Wie ist das Verhältnis von Normenkontrolle und Anfechtungs- bzw. Verpflichtungsklage? ... *379*

167. Gibt es eine Normverwerfungskompetenz der Verwaltung? An welcher Stelle der Klausur können Sie dieses Problem diskutieren? ... *381*

168. Gibt es eine Beiladung im verwaltungsgerichtlichen Normenkontrollverfahren? ... *384*

169. Gilt auch innerhalb der Normenkontrolle das Rechtsträgerprinzip? ... *386*

170. Bezieht sich die Vorbehaltsklausel des § 47 III VwGO auch auf Satzungen i.S.v. § 47 I Nr.1? ... *387*

171. Warum sollte die mögliche Rechtsgrundlage der zu überprüfenden Norm bereits vor der Abhandlung der formellen Prüfung ermittelt werden? ... *389 f.*

172. Was sind die wichtigsten formellen Prüfungspunkte bei der Normenkontrolle? ... *392 ff.*

173. Warum gilt Art. 80 GG nicht für Satzungen? ... *395*

174. Auch für das Ermessen des Normgebers gilt die allgemeine Ermessensfehlerlehre. Skizzieren Sie diese! .... *400 f.*

175. Nennen Sie die wichtigsten baurechtlichen Ermächtigungsgrundlagen! *402*

176. Welche baurechtliche Besonderheit ist zu beachten, wenn die Rechtswidrigkeit einer Satzung i.S.d. § 47 I Nr. 1 VwGO feststeht? *405*

177. Der Bürger hat keinen Anspruch auf Aufstellung eines Bebauungsplans (§ 2 III BauGB). Steht die Frage, *ob* ein Plan aufzustellen ist, also im Ermessen der Gemeinde? *407*

STICHWORTVERZEICHNIS

Die Zahlen verweisen auf die Randnummern des Skripts

A

abdrängende Sonderzuweisung, § 40 II S.1 VwGO	172
Abwehranspruch	169 f., 219
Abwehrklage	175
actus-contrarius-Theorie	89, 98, 166
Adressatentheorie	35
Akteneinsicht	177
Akzessorietätstheorie	168
Amtshaftung	122, 172, 178
Amtshandlung	16
Anfechtungsklage	1, 29, 31 ff., 69, 87, 99 ff., 117 ff., 145, 164, 277, 317 ff.
Anlage	64
Antragsbefugnis	367, 374
Antragsberechtigung	366
Antragsgegner	386
Aufhebung	87 ff., 90 ff., 109 ff., 154
Aufopferungsansprüche	172
Aufrechnung	179, 202
Aufsichtsbehörde	22, 381
Auskunft	19, 176
Ausnahmegenehmigung	62
Äußerungen	19, 166 ff., 213

B

Baubeseitigungsanordnung	305
Bebauungsplan	370 ff., 402 ff.
Beiladung	54, 197 ff., 384
Berufung	93
Bescheidungsklage	26, 59, 82
Beseitigungsanspruch	137, 206
s. auch Folgenbeseitigungsanspruch	
Beseitigungsklage	175
Bestandskraft	87, 94, 109
Beteiligtenfähigkeit	282 ff.
Beurteilungsspielraum	81
Bürgerverurteilungsklage	195

D

Diskriminierung	120 ff.
Dispositionsmaxime	99, 157
dolo agit, qui petit, quod statim redditurus est	154
Drittbeteiligung	22, 27 ff., 244

E

Eigenbetrieb	11
Einheitstheorie	10
Einvernehmen	21
Einwirkungsanspruch	11
enteignender/enteignungsgleicher Eingriff	172 f.
Enumerationsprinzip	135
Erlaubnis	63 ff.
Erledigung	23, 107 ff., 122
Ermessen	41, 77, 81, 90, 399 ff., 407 ff.
Erstattungsanspruch, öffentl.-rechtl.	113, 207, 214, 231 ff.
Europarecht	18

F

Feststellungsinteresse, besonderes	108, 118 ff., 150, 334
s. auch FFK und Feststellungsklage	
Feststellungsklage, allgemeine	292 ff.
bei einseitiger Erledigterklärung	158 ff.
bes. Feststellungsinteresse	118, 334
Nichtigkeitsfeststellungsklage	296, 315 ff., 344
Rechtsverhältnis	135 f., 152, 299 ff.
Subsidiarität	164, 187, 292, 305, 322 ff.
Überblick	292
vorbeugende FK	189, 293, 311
Zwischenfeststellungsklage	293, 343
fiskalische Hilfsgeschäfte	169
Folgenbeseitigungsanspruch	20, 166 ff., 172, 211, 220 ff.
Fortsetzungsfeststellungsklage	99 ff.
Änderung der Sach-/Rechtslage	132 f., 140
Anfechtungs-FFK	102 ff.
auf andere Weise	111 ff.
Aufhebung	109
beidseitige Erklärung	99, 157
bei kommunaler Verfassungsstreitigkeit	153
bei Realakten	152
bes. Feststellungsinteresse	108, 118 ff., 150
einseitige Erklärung	158
Erledigung	23, 107 ff., 121
erweiterte Fortsetzungsfeststellungsklage	141 ff.
hypothetische	23, 126, 130
Rehabilitationsinteresse	30, 120 ff., 381
Verpflichtungs-FFK	126 ff.
Vollzug	112 ff.
vor Klageerhebung	141 ff.
während Widerspruchsverfahren	147
Zeitablauf	110
Fortsetzungsfeststellungswiderspruch	146, 155 ff.
Funktionszusammenhang	170

G

Geldleistungsansprüche	18, 178 f.
Gemeingebrauch	64
Genehmigung	63 ff.
Gerichtsbarkeit	171, 365
Geschäftsordnung	362
Gesetzesvorbehalt	258
Gewerbe	64
Grundrechte	6, 123, 171
Abwehrrecht	39

als subjektives Recht	38
Leistungs- und Teilhaberechte	40

I

Immissionen	170
Interessenfortfall	32, 131, 156
ipso-iure-Nichtigkeit	184, 353
isolierte Anfechtung des WS-Bescheides	31 ff.

J

Justizverwaltungsakt	103 f.

K

Kirche	171
Klageänderung	99, 100, 156, 158
Klagebefugnis	36 ff., 92, 117, 138, 191, 215, 281, 329
Klagefrist	50 ff., 117, 138, 148 f., 192, 341
Klagegegnerschaft	53, 60, 199, 289, 345, 386
Klagenhäufung	197 ff.
Klagerücknahme	99
Kommunalverfassungsstreit	100, 153, 165, 273 ff., 348
Konkurrentenklage	13, 29 f.
Kontrollerlaubnis	62
Kosten	99, 118, 157

L

Leistungsbescheid	179, 339
Leistungsklage, allgemeine	1, 152, 163 ff.
Abgrenzung zur Verpflichtungsklage	17 ff., 164, 175 ff.
Beseitigungs-, Abwehrklage	175
Leistungs-Unterlassungsklage	174, 188 ff.
Leistungs-Vornahmeklage	174 ff., 178
Rechtsgrundlage	163
vorbeugende Unterlassungsklage	189 f.
Mitbewerberklage/Konkurrentenklage	13, 29 f.

M

Möglichkeitstheorie	37, 191

N

Nachbar/Nachbarklage	28, 111
Nachschieben von Gründen	85
nachträglicher Rechtsschutz	189
ne ultra petita	56
Nebenbestimmung	28, 34
Nichtigkeitsfeststellungsklage s. Feststellungsklage	
Norm	180, 359 ff.
Normenkontrolle	21, 183 ff., 350 ff.
Funktion	354
prinzipale	351
Normerlassklage	183, 185, 349

O

Ordnungsrecht	100, 103 ff., 141
öffentliche Einrichtung	5 ff., 141, 170
öffentlich-rechtliche Verwahrung	172

P

Passivlegitimation	53, 60, 199, 289, 345, 386
Polizeirecht	100, 103 ff., 141
Popularklage	36, 191, 330, 388
präventiver Rechtsschutz	189
Prozessurteil	176
Prüfungsentscheidungen, s. Beurteilungsspielraum	
Prüfungsmaßstab	375, 387

R

Realakt	152 f., 165, 170 f., 175
Rechtshängigkeit	156, 158
Rechtskraft	203, 343
Rechtsschutzinteresse,-bedürfnis	3, 30, 42, 99, 118, 177, 179, 193, 216, 334, 364, 377
Rechtsträgerprinzip	60, 345
Rechtsverhältnis	135
Rechtsverordnung	180 f., 355 ff., 389 ff.
Rehabilitationsinteresse	30, 120 ff., 380
repressiver Rechtsschutz	189
Rücknahme	15, 18, 87 ff., 90 ff., 173
Rückwirkungsverbot	84

S

Sachentscheidung	89, 92, 155
sachnäheres Gericht	121
Sachurteil	176, 197
Sachzusammenhang	165 ff., 170
Satzung	21 ff., 75, 181, 356, 389 ff.
schlichtes Verwaltungshandeln	152 ff., 175, 189
Schwergewicht, Schwerpunkttheorie	19, 104, 176 f.
Selbstbindung	90
Sicherheitsrecht	100
Sonderzuweisungen	15, 103 ff., 172, 173
Spruchreife	55 ff., 140, 198
Staatshaftung	18, 172, 178
Statthaftigkeit	16, 106 ff., 128 ff., 174 ff., 296 ff., 355 ff.
Strafrecht	84, 103 f., 123
Streitgegenstand	197 ff.
Streitgenossenschaft	197
subjektive Rechtsverletzung	37 ff., 79, 154
Subjektives Recht	38, 41, 79, 306 ff.
Subsidiarität, s. Feststellungsklage	
Subventionen	12 ff., 29, 195, 244

T

Teilgenehmigung	72
Teilungsgenehmigung	72

U

Unbeachtlichkeit	405
Untätigkeitsklage	25, 44 ff.
Unterlassungsanspruch	205
Unterlassungsklage	189

V

Veränderungssperre	132
Verfahrenshandlung	177
Verpflichtungsklage	1 ff., 163 f., 178, 191
Abgrenzung zur Leistungsklage	17 ff., 164, 175
Begründetheit	55 ff.
Bescheidungsklage,-urteil	26, 59 ff., 82
Beurteilungsspielraum	81 ff.
Doppelcharakter	1, Fn. 1, 24
Ermessensfälle	77 ff.
Genehmigungsfälle	72 ff.
Obersatzbildung	57
Spruchreife	55 ff., 140, 198
Vornahmeklage,-urteil	58
Zusicherung	67 ff.
Versagungsbescheid	Fn.1, 20, 24, 44, 47, 55, 135
Versagungsgegenklage	24, 48,
Verschulden	25, 94, 122, 230
Vertrag, öffentl.-rechtl.	5, 10, 165, 240 ff.
Verwahrung, öffentl.-rechtl.	172
Verwaltungsakt	
Abgrenzung zum Realakt	18 ff., 175 ff., 210
Aufhebung	87 ff., 90 ff., 109 ff., 154
Auflage	35
Auskunft	19
Außenwirkung	21, 153
Äußerung	19
Bestandskraft	87, 94, 109
Erledigung	107 ff., 122, 151
Maßnahmen der Rechts-, Fachaufsicht	22, 381
mehrstufiger VA	21
Nichtigkeit	317 ff.
Rechtsverhältnis	304
Regelung	115, 176
Rücknahme	15, 18, 87 ff., 90 ff., 173
unterlassener	25
Versagungsbescheid	24
Widerruf	15, 87 ff., 90 f., 173
Wiederaufgreifen	88 ff.
wiederholende Verfügung	89
zustimmungsbedürftiger	251
Zweitbescheid	89, 97 f., 109
Verwaltungsprivatrecht	169
Verwaltungsrechtsweg	4 ff., 102 ff., 165 ff., 171, 208, 274
Verwaltungsvorschriften	361
Verwirkung	148, 338
Vollzugs-FBA	211
Vorbereitung eines Amtshaftungsprozesses	121 ff.
Vorbescheid	71, 109, 110
vorbeugende Feststellungsklage	189, 293, 311
vorbeugende Unterlassungsklage	189 f.
vorläufiger Rechtsschutz	189, 296
Vorverfahren	43 ff., 117, 143 ff., 192, 341

W

Widerruf eines VA	15, 87 ff., 90 f., 173
Widerspruchsbescheid	87
isolierte Anfechtung	31
Wiederaufgreifen	88 ff.
Wiederaufnahme	88
wiederholende Verfügung, s. Verwaltungsakt	
Wiederholungsgefahr, s. FFK	
Wohnbedarf, dringender	404
Zeitpunkt, entscheidungsrelevanter	
Fortsetzungsfeststellungsklage	125, 132, 140
Verpflichtungsklage	83, 132
Erledigungszeitpunkt	124

Z

Zivilprozess	1, 121, 156, 160
Zusicherung	28, 67 ff., 71, 252
Zwei-Stufen-Theorie	5, 10, 14, 127, 130
Zweitantrag	88 ff.
Zweitbescheid	89, 97 f., 109